W0181136

Silke Kettelhake

»Erzähl allen, allen von mir!«

Silke Kettelhake

» *Erzähl allen, allen von mir!* «

Das schöne kurze Leben
der Libertas Schulze-Boysen
1913–1942

Droemer

Besuchen Sie uns im Internet:
www.droemer.de

Die Folie des Schutzumschlags sowie die Einschweißfolie sind PE-Folien und
biologisch abbaubar. Dieses Buch wurde auf chlor- und säurefreiem Papier gedruckt.

Copyright © 2008 by Silke Kettelhake
Copyright © 2008 der deutschsprachigen Ausgabe bei Droemer Verlag.
Ein Unternehmen der Droemerschen Verlagsanstalt
Th. Knaur Nachf. GmbH & Co. KG, München
Alle Rechte vorbehalten. Das Werk darf – auch teilweise –
nur mit Genehmigung des Verlages wiedergegeben werden.
Umschlaggestaltung: ZERO Werbeagentur, München
Umschlagfotos: Gedenkstätte Deutscher Widerstand
Satz: Adobe InDesign im Verlag
Druck und Bindung: CPI – Ebner & Spiegel, Ulm
Printed in Germany
ISBN 978-3-426-27437-8

2   4   5   3   1

Erzähl allen, allen von mir,
unser Tod muss ein Fanal sein.

Libertas Schulze-Boysen

Herzlichen Dank an
Johannes Haas-Heye und Hartmut Schulze-Boysen
für ihre Unterstützung

Inhalt

I

II

III

Anhang

I

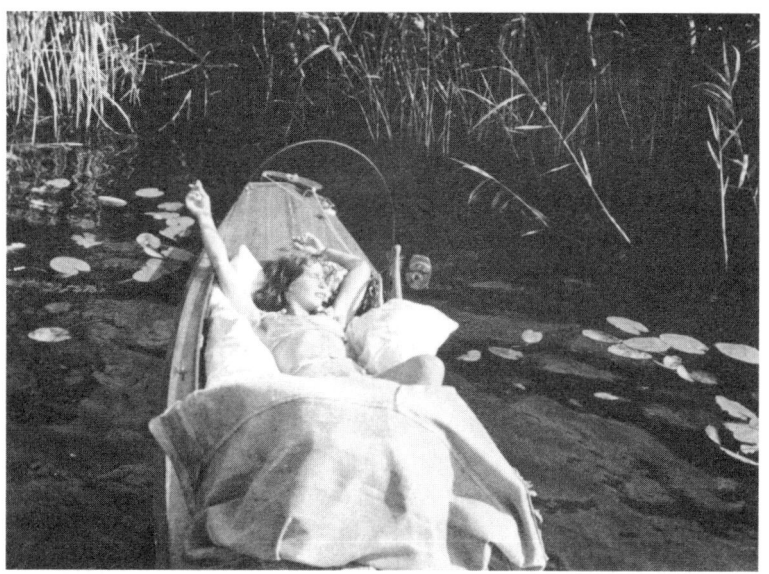

Rote Sonne

Ein blutroter Feuerball schwebt über dem Wannsee. Leise kräuselt die Abendbrise das glatte Wasser. Stille herrscht, in die sich alles zu fügen scheint. Berlin und seine überhitzten Steinburgen sind weit weg. Der Tag glüht nach, in diesem wirren Sommer 1934. »Such du doch das Paddel!«, sagt Libs zu dem Jungen, der sich Joe nennt. Gelangweilt rüttelt sie am Großsegel. Das flatternde Geräusch liebt sie, wenn der Wind nach der Halse mit voller Wucht sich den Stoff schnappt und das Boot voran schießen lässt. Jetzt baumelt das Segel schlaff am Mast. Und sie hängt hier mit Joe, der auf reichen Erben macht und stolz das teure Bootsspielzeug seines Vaters, des Erfolgsautors Heinrich Spoerl, vorführt.

Dass die Jungs sie bewundern, das war eigentlich schon immer so. Wäre ja auch komisch, wenn nicht. Ihre Arme gefallen ihr außerordentlich, schlank und braun – die goldenen Härchen glänzen –; sie reckt sie hoch gegen die rote Wand der Wolken, biegt sich, zieht sich, wie eine gespannte Feder. Ein Genuss für Joe. Sie spürt seine Blicke. Gut so, soll er sich doch ein wenig quälen. Das ist die Strafe für seine Angeberei. Sie legt sich wieder in den Bug – da passen zwei schlecht nebeneinander – und summt vor sich hin. Seit ihrer Pfadfinderzeit in der Schweiz gehen ihr die Lieder nicht aus. »Auprès de ma Blonde, qu'il fait bon, fait bon, fait bon! Et ma joli colombe, qui chante jour et nuit, qui chante pour les filles, qui n'ont pas de mari!« Die Schulzeiten als brave Zürcher Pensionstochter sind endlich vorbei. Sie ist wieder in Berlin. Sie will für Zeitungen schreiben, im Leben stehen, eigenes Geld verdienen. Das wird schon klappen, jetzt hier in der neuen Zeit – wer als rassisch und politisch einwandfrei gilt, darf publizieren.

Kaum scheint es einen Meter vorwärtszugehen, langsam schiebt sich das Boot durch den grünen Algenteppich Richtung Liegeplatz. Der rote Backstein des Grunewaldturms scheint stumpf durch den Wald; dunkel schon schmiegen sich die Bäume an den

Rand des Sees. Kein Lüftchen regt sich. Es ist, als hielte die Welt den Atem an. Ein Angler tuckert mit leisem Motorengeräusch in seine Fanggründe – manchmal Zander, meistens Plötzen. Von dort hinten, aus der Länge des Sees, sieht sie einen Paddler. Energischer Schlag, der kommt voran. Das macht der nicht zum ersten Mal. Zack, zack, Schlag, Schlag, links, rechts. Sitzt. Sieht so ein bisschen nach innen gekehrt aus. Oder tut er nur so, als ob er sie nicht sieht?»Schleppst du uns ab?«, ruft sie ihm zu. Zischend bremst er sein Kanu in die Wende. Wache Augen. Jung, aber schon was erlebt. Plötzlich ein Strahlen übers ganze Gesicht. Sie sieht gut aus, das blonde Mädchen da, irgendwie besonders. Kinnlange Haare, bernsteinfarbene Augen und einen Mund, der einen sofort ans Küssen denken lässt.»Klar schleppe ich dich ab. Das wolltest du doch hören, oder?«, fragt er zurück. Sie weiß nicht, ob sie lächeln soll oder nicht.»Ich kann euch helfen. Sonst sitzt ihr hier bis morgen früh.« Sie fragt nach seinem Namen und legt den Kopf schief. Die tut aber kokett, denkt er. Und was ist mit dem Typen da, der die Arme verschränkt und auf arrogant macht? Bessere Gesellschaft?»Harro«, sagt er.»Schulze-Boysen.«»Nie gehört. Komm doch rauf«, sagt sie lächelnd. Den Jungen auf dem Boot hat sie vergessen. Mit kräftigen Klimmzügen zieht sich Harro die kleine Schwimmleiter hoch. Jiu-Jitsu-Training macht er schon lange. Als die SA ihn und seinen Freund Henry Erlanger vor einem Jahr in der Redaktion des *Gegner* schnappten und in den Keller einer Gestapokneipe sperrten, durfte er sich nicht wehren. Henry prügelten sie tot. Seine Schreie wird er nie vergessen. Mit den Narben auf seinem Körper geht Harro nicht hausieren. Lang aufgeschossen ist er, schlaksig wie ein Halbwüchsiger, wie er da so steht und sich schnell sein Hemd über den geschundenen Rücken zieht.»Und selbst?«, fragt er wie beiläufig. Irgendetwas an ihr lässt ihn nicht los. Etwas Spöttisch-Respektloses, als wenn sie jeden Moment loslachen möchte. Über ihn? Dieser gestelzte Vorname schon. Libertas Viktoria Haas-Heye, geboren 1913 in Paris.»Du kannst einfach Libs sagen«, ein jungenhaftes Grinsen überfliegt ihr Gesicht.»Der Name war eine Idee meines Großvaters«, fährt Libs seelenruhig und selbstsicher fort. Sie hält das Ruder, die beiden

Libertas Haas-Heye auf dem Wannsee, Sommer 1934

Männer schaufeln Wasser mit den kleinen Holzpaddeln, jeder auf seiner Seite. »Das war eins meiner Lieblingsmärchen von Opapa, das Märchen von der Freiheit.« Harro mustert sie prüfend. Joe starrt geradeaus. »Ein Königsknappe trifft auf eine Fee in einem weißen Kleid. Und diese Fee heißt Libertas und singt ihm ein Lied über Freiheit und Einsamkeit vor. Und dass der Tod nicht warten kann.« Harro grinst und gräbt mit dem Paddel in regelmäßigen Zügen durch den Algenteppich. »Jedenfalls ein ungewöhnlicher Name«, gibt er zu. »Auf meinen Opapa lasse ich nichts kommen! Und auf unser Schloss Liebenberg auch nichts!« Ein Schlossfräulein also.

Joe blickt nur noch Richtung Liegeplatz. Warum dieser Harro jetzt an Bord kommen musste, warum sie die Leine seines blauen Klepper-Faltboots mit einem Schlag fing und festband, bleibt ihm schleierhaft. Dass sich zwischen den beiden etwas anbahnt, ist kaum zu übersehen. Diese Libs. Leichtlebig sei sie, heißt es, ein schneller Flirt.

Keiner spricht. Ohne ihr Lächeln sieht sie plötzlich einsam aus. Wie alle hier in dieser ansteigenden Nacht, in der nichts richtig vorwärtsgehen will. Mühsam staken sie voran. Als sie den Liegeplatz endlich erreichen, glimmen die Lichter der wenigen Häuser

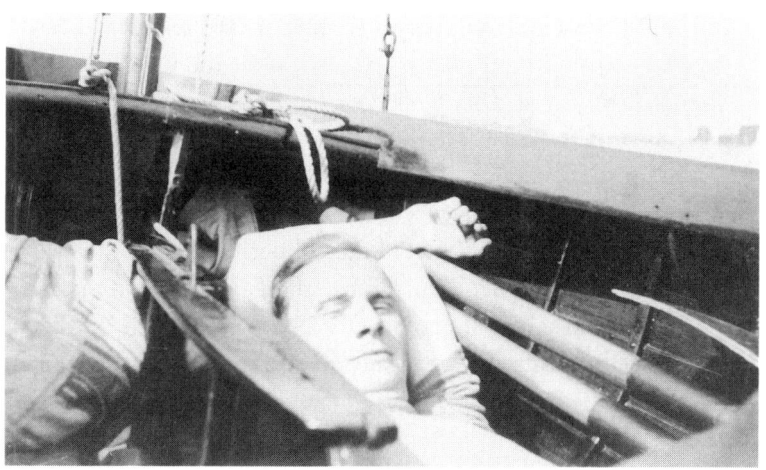

Harro Schulze-Boysen, Sommer 1934

am Ufer wie versteckte Leuchtkäfer. Ein Kohlentransporter zermalmt das schwarze Wasser im angrenzenden Kanal. Sonst ist es still. Plötzlich ist ihre Hand in seiner, plötzlich streicheln seine Finger über die ihren. Ihre Hände umarmen sich. Es ist wie ein Nachhausekommen, ein Fest, ein Zusammenspiel, sich Auffangen, Heiterkeit, und dann die Wärme. Das Pulsieren, wie ein gemeinsames Gebet. Eines, das nie aufhören möge. Sie sind verabredet.

Harro Schulze-Boysen schreibt am 19. Juli 1934, fünf Tage nach der ersten Begegnung mit Libertas Haas-Heye, in einem seiner vielen wöchentlichen Briefe nach Duisburg:

Liebe Eltern,
vielen Dank für Eure lieben Briefe und die Sachen im Paket. Ich wollte Euch längst schon wieder schreiben, aber tagsüber im Ministerium hatte ich zu viel zu tun, und abends bin ich fast jeden Tag segeln gegangen, und meistens habe ich dann die Nacht im Boot verbracht. Es waren herrliche Abende und Nächte und Sonnenaufgänge auf Havel und Wannsee [...]
Ist da das Mädchen Libertas, mit Nachnamen Haas-Heye, sie ist 20 Jahre alt und sieht sehr gut aus, arbeitet selbststän-

15

dig bei Metro-Goldwyn-Mayer (Film!) in der Pressestelle. Sie ist *sehr* nett und kann nichts dafür, dass sie die Enkelin vom alten Eulenburg ist. Die *ihm* zugesagten Eigenschaften hat *sie* jedenfalls nicht [...]

Sein Jurastudium hat Harro Schulze-Boysen abgebrochen; Abend um Abend treibt es ihn in die Politkessel der Hauptstadt. Der Anarchist und Schriftsteller Franz Jung übergab die Redaktionsleitung des intellektuellen Magazins *Der Gegner* an den 22-Jährigen. Harro schreibt und redigiert. Seine schwarzen Buchstaben sollen die Wahrheit benennen: Deutschland rüstet für einen Krieg. Das Versagen der Alten, die Niederlagen der Kommunisten. Das Schreckgespenst des alles umfassenden Nationalsozialismus. Jeden Morgen heißt es für den Hilfsreferenten in der Abteilung »Fremde Luftmächte« im neu gegründeten Reichsluftfahrtministerium in der Behrenstraße, mitten in der Hauptstadt, zackig die Hacken zusammenschlagen – Führergruß. Seinen Wäschesack schickt er jeden Montag nach Hause zur Mutter in Duisburg.
Harro ist kein Mann zum Anlehnen. Wer Harro ist, wem sie da eigentlich begegnet ist, wird Libertas erst nach und nach klar. Sich selbst versteht der Stürmer und Dränger als geborenen Revolutionär. Ein politischer Visionär, mitreißend. Einer, der die Gedanken fliegen lässt, dessen Worte Florett fechten im Kampf gegen tumbe Deutschtümelei, gegen alles, was klein und miefig daherkommt. Ein linksintellektueller Bourgeois, ein Bohemien im Wehrmachtstuch. Einer, der immer weiter muss, rastlos; einer, der sich nicht binden lassen will. Suchender in einer Welt, die nur die eine, die nationalsozialistische Perspektive zulässt.

Ein Stück vom Glück

Libertas notiert nach der Begegnung auf dem Wannsee in ihre schwarze Kladde, die sie immer gut verwahrt:

Quatorze Juillet I.

Es glitt dahin durch weiße Wasserrosen
Ein kleines Segelschiff im Abendgold
weil es der Augenblick ganz so gewollt
stand sie am Bug in weiten roten Hosen
und ihrem ärmellosen Hemd.

Ein Jauchzer plötzlich durch die Stille gellt –
Ein blaues Schiffchen kommt herangefahren
Darin ein Jung' mit winddurchwehten Haaren
Und mit dem Leuchten einer ganzen Welt;
Von Sonne ist der Abend überschwemmt.

Da fühlte sie das ganze Beben
Der warmen Julinacht in ihrem Blut
Und langsam ließ sie ihren Übermut
Zu stark gepackt von einem Leben
Das so das ihre war, dass es fast fremd.

Das Gefühl, die Hingabe an das Glück. Der Glaube daran überschwemmt sie, wer nicht darin leben kann, weiß von nichts. Sie gehen viel aus, das Lachen gehört ihnen. Sie reden schnell und lustig. Hin und wieder schenkt Harro ihr einen Blick, getarnt, gleichgültig. Alles ist möglich, alles ist leicht.

Feierabend im Reichsluftfahrtministerium. Nach dem Drill der Flugausbildung auf der Verkehrsfliegerschule in Warnemünde arbeitet Harro in dem Anfang April 1934 neu geschaffenen Führungsstab des Reichsluftfahrtministeriums[1]. Hermann Göring als

17

Reichskommissar untersteht unmittelbar die Befehls- und Kommandogewalt über alle Angehörigen und Dienststellen der Luftwaffe. Neben seiner ersten Festanstellung verfolgt Harro weiterhin seine für jeden Publizisten im Raum der deutschen Nation existenzwichtige Anerkennung in der Reichsschrifttumskammer, um als Schriftleiter, als Redakteur und Herausgeber arbeiten zu können. Nach dem Dienst. Als Adjutant des Leiters des Seeflugnachrichtenwesens, Major Bartz, ist er in der Pressestelle für militärpolitische Nachrichten zuständig. Dazu gehört »das Studium ausländischer Zeitschriften, Vorträge, Lichtbildersammlungen, journalistische Verwertung und damit auch die Möglichkeit von Nebenverdienst in der Presse usw.«, berichtet Harro Ostern 1934 seinen Eltern.

Vor der Berliner Hitlerjugend hält er im Juni einen außen- und wehrpolitischen Vortrag mit Lichtbildunterstützung unter großem Applaus. Innerhalb des Ministeriums lernt man ihn schnell als zuverlässigen, belastbaren Mitarbeiter kennen. Seine Sprachkenntnisse beeindrucken. »Ich hätte finanziell wesentlich bessere Sachen finden können; aber ich hielt das im Augenblick nicht für die Hauptsache, sondern meine persönliche Sicherheit, und die Chance, unerhört viel zu lernen, ohne in den Vordergrund oder in die Öffentlichkeit treten zu müssen. Ich mache das also zwei/drei Jahre. Meine Zeit kommt, wenn ich 35 oder 40 bin«, schreibt Harro am 31. März 1934 an die Eltern in Duisburg. Verbeamten lassen will er sich nicht, er bleibt erst einmal ohne Vertrag und bessert seinen Verdienst von 120 Reichsmark mit Übersetzungsarbeiten auf.

Ein Katzensprung ist es von der Behrenstraße zum MGM-Büro an der geschäftigen Friedrichstraße. Seit einer Woche holt Harro diese jungenhafte Frau ab, deren Augen ein ganz klein wenig zu nahe beisammenstehen und, wenn sie lacht, zu Schlitzen werden. Eine ganz andere unübersichtliche Routine entwickelt sich da; anstelle von heftig kochenden Diskussionszirkeln oder Auseinandersetzungen mit seiner Freundin Regine Schütt, die ein Kind von ihm will. Der langen nächtlichen Suche der angehenden Textildesignerin nach seiner Verhaftung durch die Gestapo ein Jahr zuvor hat er zwar sein Leben zu verdanken – aber gibt ihr das irgendwelche Rechte? Libs steht da im Eingang des Kontorhauses mit einem, dem der Schlips verrutscht ist. Sie wirft die Zigarette fort, ein kurzes Winken, und schon driften Harro und Libertas im Feierabendfluss. Sie lassen sich treiben. Sie dürfen das, weil sie es so und nicht anders wollen, alles ist Anfang und nichts Alltag.

Die Schaufensterreklamen der Friedrichstraße lassen ihre Lichter erflimmern, auf der nur 16 Meter breiten Einkaufsmeile drängen sich Pferdefuhrwerke, Taxis, Lieferwagen und mit Lasten behängte Fahrradkuriere. Die beiden biegen ab in Richtung Hausvogteiplatz; hier prangt groß an vielen der jüdischen Bekleidungshäuser das Schild »Zu vermieten«. Funken sprühend kreuzen am Alexanderplatz die Straßenbahnen in einem wirren Ballett die Gleisbahnen. Bei Aschinger verzehrt das Feierabendpublikum hinter den Panoramascheiben einen schnellen Snack, die Gasgesellschaft wirbt für den Besuch ihrer Lehrküchen. Großstädtische Schneisen mit modernen Bauten, sachlich, luftig. Hinter dem wuchtigen Warenhauskontor Hermann Tietz steckt das alte Berlin, das verruchte – wo man nicht weiß, wer wo wohnt. Meilenweit entfernt ist hier das diplomatische Tiergartenviertel, doch die Spree trägt alles zusammen. Die Lastkähne legen bravourös im letzten Moment vor der Monbijoubrücke ihre eben noch rauchenden Schornsteine um, der Kahn läuft aus, und das routinierte Festmachen folgt. Dunkelheit verschluckt die Farben, das Gewirr der kleinen Gassen der Spandauer Vorstadt nimmt Harro und Libertas auf. Pferdefuhrwerke, kauernde Gestalten unter Lumpen, nicht Mann, nicht Frau, scharfe Pfiffe der aufdringlich-wichtigtuerischen Jungsgruppen, Gewirr von lauten Stimmen, deren Worte unentzifferbar bleiben. Der Geruch von Misthaufen, ungelüfteten engen Wohnungen, schweißigen Menschen und schmalzigen Bratkartoffeln zieht durch Münzstraße und Almstadtstraße. Vom Bülowplatz führt die Tram sie fort. Eine ruckend genommene Kurve wirft Harro in Libs und Libs in Harro, aufeinander, ineinander, miteinander.

Der Bummelboulevard Kurfürstendamm brummt. Café liegt an Café, das Kranzler betreibt hier nach Unter den Linden seine zweite Dependance – in Fontane-, Hosemann- und Menzelzimmer eingeteilt. Hier gibt man sich piekfein, zu langweilig für Libs und Harro. Überall wirbt die Chlorodont-Reklame, damit man beim vielen Küssen auch ja den guten Atem behält. Libs schleudert die Beine wie eine Cancan-Tänzerin in den Aufgang des Doppeldeckerbusses, rügend droht der Kontrolleur mit dem Zeigefinger. »Flieger, grüß mir die Sonne!«, schreit sie. »Grüß mir die Sterne und grüß mir den Mond! Dein Leben, das ist ein Schweben durch die Ferne, die keiner bewohnt! Schneller und immer schneller rast der Propeller, wie dir's grad gefällt! Piloten ist nichts verboten, drum gib Vollgas und flieg um die Welt!« Der Titelsong von *F.P.1 antwortet nicht*, gebrummt von Hans Albers in dem Zukunftsfilm über die mysteriöse Fliegerstadt mitten im Ozean klingt bei Libertas ganz anders.

Ihr ist, als lächelten die Passanten ihnen zu, als sie auf den Gehsteig springen. Die Taxen hupen, und die Straßenbahnen rattern klingelnd, als wäre Berlin plötzlich wie für sie gemacht. Dieser Sommer soll der Anfang von vielen sein; ganz gehört er uns – ich und Harro, Harro und ich: »Hoch oben im Äther, da sind wir meist zu Haus! Bei fünftausend Meter sieht alles anders aus. Da gibt's keine Grenzen! Da gibt's keinen Pass! Der Flieger fliegt und fragt nicht: Wie und was?« Im braun vertäfelten Gastraum von Mampes Gute Stube zerrt Libs Harro hinter den Paravent und küsst ihn. Atemlos zwischen zwei Küssen, schnell den Bierschaum von der Oberlippe geleckt, und noch einmal Mundraub. Stickig ist es. Rauchschwaden und speckbestücktes Sauerkraut, Boxer, Luftikusse und Angestellte, die lieber Theatermädchen wären, bevölkern das Traditionslokal der Berliner Likörfabrik; hier macht die Luft schon satt.

Auf der Terrasse vor dem Tanzpalast Delphi jagt ein Hit den anderen; kleine Bengel, die staunenden Zaungäste, denen noch schlecht wird von der Zigarette an die Lippen geklebt, hocken dicht gedrängt auf den Mauern über der Treppe und pfeifen mit, wenn im Licht der schaukelnden Laternen die Paare durch die Nacht wirbeln. Berlin spielt Hollywood. Seit dem späten Nachmittag arbeiten die Orchester sich durch den Swing, unermüdlich; die Kellner winden sich wie Schwalben auf Mückenfang durch die wild Tanzenden zu den Tischen voller Gläser. Ein Fremder säuselt Libs ins Ohr: »Heil, Benny Goodman!«, und lächelt wissend. »Ist dein kleines Herz noch für mich frei, Baby?«, intoniert die Kapelle für den verbotenen Louis Armstrong-Song *I can't give you anything but love*. Der Swing ist der Sog, die Triebkraft; nicht umsonst ist den Berlinern ihr berühmter Delphi-Palast mit der hydraulisch auf und ab senkbaren Tanzbühne und den Tischtelefonen als »Süßigkeit des Vergessens« bekannt. Die Kleider kleben Libs am Leib; atemlos lässt sie sich von ihren Tänzern zurück zu Harro bringen. Die üppigen Kastanienbäume rauschen, und ein fern liegender Gewittersturm streichelt den Wind heiß und böig um die nackten Beine. Harro tanzt heute nicht. Und nein, er will es auch nicht versuchen, da helfen kein Bitten und kein Betteln. Soll sie nur die Arme der anderen austesten. Heimlich schielt sie doch immer von der Tanzfläche, ob er ja noch guckt.

Im Faun und in der Barberina-Bar geben die Rommees mit dem Schlagzeuger Max Rumpf *Für wen macht eine Frau sich schön?* und *Wir zahlen keine Miete mehr!* Die Spree-Revellers mit Rudi Schuricke tippen den Takt vor. Draußen auf der Straße hängt sie sich in Harros Arm, und es ist ihr egal, ob er sie albern findet. Plappernd fallen ihr die Lieder von den Lippen. Libs summt *Ich bin ja heut so glücklich*, das Lied der blonden Schauspielerin Renate Müller aus dem Film *Die Privatsekretärin*, und ihr *Today I Feel so Happy* und *Just Because I Lost My Heart to You*.

Im Groschenkeller in der Bismarckstraße treffen sich alle nach Bühnenschluss; aus dem Kino sind viele Gesichter bekannt. Die Musik kocht. Libs tanzt ihre Fantasiefiguren, die Schuhe hat sie unter dem Tisch vergessen, den *Steptanz im Selbstunterricht, 80 Figuren in Zeitlupe* hat sie vor dem Spiegel geübt. Jetzt fliegen die Füße – heute gilt, sonst nichts. Die Paare drehen umeinander, niemals nach Hause! Berlin tobt sich aus. Es schiebt, es giggelt, es flattert, es flirtet.

Schon werfen die Abluftventilatoren der Bars ein Gemisch aus Rauch, Parfum und Vergorenem auf die Straßen. Über der Kaiser-

Wilhelm-Gedächtnis-Kirche geht die Sonne auf und bricht sich in den Schaufenstern am Kurfürstendamm. Einige Käufliche stehen abgetakelt im Morgenlicht, unschlüssig, ob sie nicht einfach nach Hause gehen sollen. Die Kettensperren vor den U-Bahnhöfen werden klappernd entfernt; die ersten Autos rauschen an Harro und Libs vorbei. Die Stadt erwacht. In einen dunklen Hauseingang zieht sie ihn, die Küsse gehen unter die Haut. Sie spielt mit ihm Erwischt werden; doch erwischen will sie nur seinen Mund. Es ist die schwarze Seligkeit hinter den Augenlidern, die tiefe Lust für die Lust des anderen. Sie brauchen kein Bett, um sich zu lieben. Es ist das Einssein im Moment – vergessen, dass es morgen gibt, ein Beeilen, zu tun haben. Alles ist gut, ob du es glaubst oder nicht, wir werden weitersehen. Unsere Körper passen zueinander, wir fangen dieselbe Mücke im Sturm; unsere Schritte sind so, als wenn sie nie wieder auseinandergehen. Wir haben dieselbe Liebe zum Leben. Zueinander. Könnte das Glück sein. Könnte auch unglücklich ausgehen. Aber erst mal wollen wir nicht wissen. Nur, wie sich deine Lippen anfühlen.

Plötzlich ein klatschendes Knallen, schnell und regelmäßig – wie ein böses, unbekanntes Tier, das sich unaufhaltsam nähert. Harro und Libs bleiben still, aneinandergelehnt. Ein Trupp von acht Braunhemden, der Alkohol lässt sie ineinander torkeln. Grölend singen sie das Lied *Der Führer ruft SA, SA voran, den Feind zu schlagen, Mann für Mann* in die laue Sommerluft. »Juda verrecke, Deutschland erwache!«, gellt es, gefolgt von einem dumpfen »Heil Hitler!«. Kampfrufe wie aus einer einzigen rauchigen Kehle, die Hemden schlappen über den Gürtel. »Was ist denn in die gefahren?«, flüstert Libs. Harro hält seine Hand vor ihren Mund, der Griff um ihre Schultern wird noch fester. »Du kennst Deutschland wohl nicht?«, zischt er flüsternd. »Wo warst du denn, am 30. Januar in Berlin, als sie die Fackeln durchs Brandenburger Tor trugen, als letztes Jahr, nur einen Tag nachdem im Februar der Reichstag brannte, die Verhaftungen begannen. Hast du das übersehen wie all die anderen? Wo warst du denn, als zwei Monate später die Schaufenster der jüdischen Geschäfte mit Naziparolen beschmiert wurden? Als im Mai die Bücher auf den Scheiterhaufen brannten? Dort, wo man Bücher verbrennt, verbrennt man am Ende auch Menschen, das wusste Heinrich Heine schon.«

Am 1. April sei sie zu Hause in Schloss Liebenberg gewesen, da spüre man, auch bei allen benachbarten Großgrundbesitzern, die neue Aufbruchsstimmung. »Aufbruch wohin?«, fragt er sie. »In einen Krieg?« »Du spintisierst mal wieder«, kontert sie, verunsichert. Hart klirren männlich die Worte aus seinem Mund: Du begreifst nichts. Ich begreife nichts. Wie schnell kann er sie vernichten, einfach so, mit einem Satz! Das darf sie nicht zulassen; er lässt sie banal, dumm und hinterwäldlerisch dastehen. Wie kann er so etwas tun? Ihre Wut lässt einen traurigen dicken Kloß im Hals anwachsen. Sie vertraut ihm doch, sie will ihm vertrauen. Wie kann er sie jetzt allein lassen, hier mitten auf der breiten Straßentrasse über den Bahngleisen, obwohl er weiter ruhig neben ihr ausschreitet, die Hände in den Taschen vergraben? Wie kann er jetzt schweigen? Warum nimmt er ihn nicht zurück, den Satz? Einfach sagen: »So ernst meinte ich es nicht« – damit sie ihn wieder umarmen kann, damit sie wieder gut sein können miteinander?

Zwei Züge rattern quietschend aneinander vorbei. Sie bleibt auf der Brücke stehen, und es schießt ihr in den Kopf, das wären meine letzten Bilder, nur ein Sprung. Harro geht weiter, als wenn nie jemand an seiner Seite fehlen würde. Zwanzig Meter, fünfzig Meter; bald ist er ganz klein, fast verschwunden. Das Schluchzen lässt sich nicht aufhalten. Die Tränen schießen in die Augen wie heiße Blitze. Morgen wird wieder gearbeitet, Pressebetreuung bei der Filmgesellschaft Metro-Goldwyn-Mayer, Terminierungen. Sie erinnert sich, wie sie sich mit dem Schulabschluss Läuterung geschworen hat. Zu rasch lasse sie sich beeindrucken, zu schnelllebig sei sie, so dass »die errungenen Kerzen, anstatt in mir zu leuchten, mich verbrennen und quälen«. Bewusster leben, sagte sie sich damals; Wesentliches von Unwesentlichem trennen, sich nicht einfach Empfindungen überlassen. Endlich erwachsen werden.[2]

Libs tut ihm leid in ihrer Hilflosigkeit, wie sie dasteht und die Asche ihrer Zigarette achtlos verwehen lässt. »Komm«, sagt er leise und steckt die Nase in ihre zerzausten Haare. Hand in Hand wandern sie schweigend weiter. Harro hat eine kleine Wohnung am Hohenzollerndamm, der großen rauschenden Verkehrsader parallel zum Kurfürstendamm gelegen.

Nach kurzem nervösem Schlaf blickt sie im morgendlichen Grau wieder auf seinen Rücken. Harro atmet tief und erschöpft. Ihre Finger fahren die Linien der Peitschenhiebe ab, die er bei seiner Verhaftung 1933 kassieren musste. Rechts oben auf der Schulter haben sie ihn hart getroffen; ein langer Hieb zeichnet sich über den ganzen Rücken ab. Die Narben leuchten, als wenn sie sich gleich entzünden wollten. Langsam ertastet sie das Aderngeflecht der Striemen, er erwacht nicht. Warum, warum diese Brutalität, warum mein Mann? Mein Mann. Er ist ihr Mann, davon wird niemand sie abbringen können. Sie flüstert ihr Geheimnis wie ein Mantra in seinen Schlaf. Harro umarmt sie und hält sie fest – weit fort tragen sie die Träume.

Pressearbeit bei MGM

Der Volksempfänger VE 301 hat sich seinen Platz in den Wohnzimmern erobert. Die Typbezeichnung 301 soll an den Tag der »Machtergreifung« am 30. Januar erinnern, mit 76 Reichsmark ist er halb so teuer wie die Konkurrenzprodukte. Abend für Abend starren die Familien auf das schwarzrunde Loch, als würde dort eine Botschaft sichtbar. Lautsprecher werden in den Fabriken installiert, ebenso wie an belebten Plätzen der Innenstädte im Deutschen Reich. Der Minister für Volksaufklärung und Propaganda, Joseph Goebbels, erklärte im März 1933 den Intendanten der Rundfunkgesellschaften ihre Aufgaben: »Ich halte den Rundfunk für das allermodernste und für das allerwichtigste Massenbeeinflussungsinstrument, das es überhaupt gibt. Der Rundfunk muss der Regierung die fehlenden 48 Prozent zusammentrommeln, und haben wir sie dann, muss der Rundfunk die 100 Prozent halten, muss sie verteidigen, muss sie so innerlich durchträn-

MGM hört die Führerrede, Libertas sitzt in der zweiten Reihe rechts

ken mit den geistigen Inhalten unserer Zeit, dass niemand mehr ausbrechen kann. Nur nicht langweilig werden. Nur keine Öde. Nur nicht die Gesinnung auf den Präsentierteller legen. Der Rundfunk soll niemals an dem Wort kranken, man merkt die Absicht und wird verstimmt.«[3]

Vormittags um elf Uhr versammelt sich im Berliner Büro des amerikanischen Filmverleihs Metro-Goldwyn-Mayer die Belegschaft im Filmlager, um die Führerrede zu hören. Gleich vier Lautsprecher beschallen den großen Raum von allen Seiten, Hakenkreuzflaggen beherrschen die Wände. Das unruhige Scharren der Holzstühle über dem Granitboden endet abrupt; jeder verharrt starr in seiner Haltung, als wage keiner unter dem Wortschwall des Führers auch nur die kleinste Veränderung seiner Sitzposition. Ein Zeitungsfotograf steckt vorwitzig den Kopf in die Tür, die Sitzenden musternd. Gute Werbung fürs Haus, auch bei MGM ist das gemeinsame Lauschen der Führerreden zur Pflicht geworden. Der als Kontrollinstanz eingesetzte Büroleiter, die Parteibinde am Oberarm, stößt leise flüsternd seine Anweisungen hervor. Die ersten Reihen kann er bedenkenlos fotografieren, hier sitzen die Gesinnungsgenossen ohne Fehl und Tadel. Nicht in die Kamera schauen lautet das Gebot, sondern nach vorne auf die wellige rote

25

Fahne, die die gesamte Breite der Wand einnimmt. Nur der dicke Heinrich aus dem Labor im weißen Kittel kann's nicht lassen und blickt direkt in die Linse. Libs gibt sich Mühe, möglichst unbeteiligt zu wirken, als wolle sie sich verstecken hinter ihren Kollegen. Der Führer beginnt das R zu rollen:»In den nächsten 1000 Jahren findet in Deutschland keine Revolution mehr statt […]«

Die Luft im Filmlager ist zum Ersticken. Jemand öffnet ein Fenster, Unwille ob der Unterbrechung und erleichterte Zustimmung zeichnen sich in den Gesichtern ab. Endlich endet der Führer unter Beschwörungsformeln:»Wir wollen, dass dieses Volk treu ist […] ihr müsst diese Treue lernen. Wir wollen, dass dieses Volk gehorsam ist […] ihr müsst Gehorsam üben […] ihr könnt nicht anders als mit uns verbunden sein […] ihr schließt euch den Kolonnen an, und wir wissen alle: vor uns liegt Deutschland, in uns marschiert Deutschland und hinter uns kommt Deutschland! […]« Der dicke Heinrich kann ein unwilliges Brummen nicht unterdrücken:»Händchen falten, Köpfchen senken und an Adolf Hitler denken. Er gibt uns täglich Brot, er hilft aus aller Not«, murmelt er und erntet Gelächter. Endlich aufstehen, vorsichtig die steifen Glieder bewegen, hinaus an die frische Luft! Knarrende Ledernähte, pochende Damenabsätze, Füße scharren über das Parkett. Hier unter ihnen bei MGM kann kaum einer verstehen, was das Verbot des Reichssendeleiters Hadamovsky soll; auf keiner Frequenz mehr dürfe»Niggermusik« laufen.

Libs stimmt die Termine für die Pressevorführungen in den großen Kinos des Kurfürstendamms mit den Redaktionen der Zeitungen und den Filmtheaterführern ab. Im Marmorhaus, im Gloria-Palast, Union-Palast, Capitol und Ufa-Palast am Zoo finden die glanzvollen Premieren statt. Die internationalen Filme laufen zuerst hier am Kurfürstendamm im Original, bevor sie in übersetzter, synchronisierter Version einige Wochen danach in die Häuser in der Friedrichstraße kommen. Die Pressemeute will gefüttert werden: Dazu braucht Libs einen Wandkalender, auf dem sie mit Bleistift und Radiergummi die Daten ein- und austrägt. Ausradieren und überschreiben, bis das Papier porös wird. Wie schnell verschiebt sich ein Termin: Die Filmrollen sind noch nicht in Berlin, haben das Kopierwerk noch nicht verlassen oder sind gar dem neuen Lichtspielgesetz zum Opfer gefallen? Mit dem Lichtspielgesetz von 1934 muss jeder Film geprüft werden, ob er das nationalsozialistische, religiöse, sittliche oder künstlerische Empfinden verletzt. So will es das Gesetz. Eine Generalermächtigung, um nach Gutdünken über Filme und menschliche Schicksale zu entscheiden. Alle Drehbücher, Besetzungsvorschläge und Projektplanungen müssen vor der Verfilmung dem Reichsfilmdramaturgen vorgelegt werden. In den Zeitungsredaktionen gelten nicht mehr die fünf journalistischen W-Fragen, »Wer? Was? Wann? Wo? Wie?«. Nur noch »wir«. Denn die Partei hat immer recht. Es drohen Berufsverbot, Ausschluss aus der Partei, im schlimmsten Fall eine Strafbemessung für die neuen Konzentrationslager. »Der Presseeinfluss auf die Masse ist der weitaus stärkste und eindringlichste, da er nicht vorübergehend, sondern fortgesetzt zur Anwendung kommt«, schrieb Adolf Hitler in *Mein Kampf*.

Filmjournalistin. Libertas Haas-Heye würde dann unter ihren Texten stehen in den deutschen Zeitungen. Selbstverständlich würde sie auch nach einer Heirat immer ihren Mädchennamen behalten, das ist schließlich der Name, unter dem man sie dann kennt.

Vormittags um 10 Uhr versammelt sich auf dem breiten Boulevard am Kurfürstendamm vor dem Filmpalast eine kleine Schar internationaler Journalisten. Man grüßt sich im Foyer, plaudert die drei Sätze, die mit einem Lacher und einem freundschaftlichen Schulterklopfer enden. Pressevorführung von *Königin Christine*, dem neuen Garbo-Film, und Libertas steht wie ein Schulmädchen da unter all den Aktentaschenträgern. Der Gong ruft zum Betreten des Saals. Schon lümmeln sich die Kritiker in ihre Stammsessel. Libs setzt sich an den Rand einer der unteren Reihen in den roten Sessel, tief unter der Muscheldecke des berühmten Premierenkinos. Auf den Knien hält sie Block und Stift. Wichtig schnappen die Schlösser der Aktentaschen auf, ihr Sitznachbar prüft die Batterie seiner kleinen Taschenlampe, und schon wird es dunkel. Allein war sie noch nie im Kino, jetzt fällt es ihr auf. Es ist anders, keine Gelegenheit zum Händchenhalten oder für verstohlene Kniegriffe,

Konzentration von der ersten bis zur letzten Minute zählt. Seite um Seite notiert sie, den Satz der Garbo:»Nimm mich als Frau, nicht als Königin.« Eine dringende Bitte. Gar nicht königlich, sondern diktiert von einem körperlichen Bedürfnis nach Liebe wirkt sie, die stolze Garbo, und dennoch eiskalter Eros im schwarz-weißen Kalkül gegenüber ihrem Ex-Lover im wirklichen Leben, John Gilbert. Auf dem Notizblock bleibt so gut wie keiner der im Widerschein der hell ausgeleuchteten Filmsekunden hingeworfenen Sätze lesbar. Benommen vom Sog des Films wie von einer nicht ausgelebten Leidenschaft stolpert Libertas durch das grelle Tageslicht die Stufen hinunter in die Schwärze des U-Bahneingangs.

Harro, dem erfahrenen Publizisten, wird ihr Text nicht gefallen – sicherlich zu schwärmerisch oder zu poetisch geraten. Du dichtest schon wieder, sagt er dann. Es sei gut, aber noch nicht gut genug; Jungmädchenblumen nennt er ihre Versuche. Dabei schreibt sie Gedichte und Kurzgeschichten, seit sie gelernt hat, den Stift in der Hand zu führen. Ein wenig in den Wolken, nennt Harro sie manchmal.

Hier bei MGM wird sie immer die kleine Assistentin bleiben, die im Auftrag »Filmpropaganda-Artikel« für die Tageszeitungen verfasst. Veränderung! Wir leben doch in einer neuen Zeit!

Als leidenschaftlichen Liebhaber der filmischen Kunst bezeichnet sich Propagandaminister Joseph Goebbels. Seit der am 1. November 1933 von ihm erlassenen »Verordnung zur Durchführung des Reichskulturkammer-Gesetzes«[4] ist die Mitgliedschaft in einer der sieben Einzelkammern Pflicht für alle, die mit der »Erzeugung, der Erhaltung, dem Absatz oder der Vermittlung des Absatzes von Kulturgut« ihr Geld verdienen wollen. Die Präsidenten der Reichsschrifttumskammer, der Reichspresse-, der Reichsmusik-, der Reichsfilmkammer sowie der Reichskammer der Bildenden Künste und der Reichsrundfunkkammer entscheiden jeweils über »Zuverlässigkeit und Eignung« des Kulturkammerpflichtigen.

Libertas richtet am 17. November 1934 ihre Anfrage an den »Reichsverband Deutscher Schriftsteller e.V., Berlin W 50, Nürnberger Straße 8«. Sie sei bereits Mitglied der Arbeitsfront und der Reichsfachschaft Film und bewerbe sich nun für die Sparte der

Am Schreibtisch bei MGM

Erzähler. Sie arbeite mit sämtlichen deutschen Tageszeitungen für MGM zusammen. Unter den »zwei Bürgen, die erschöpfende Antwort geben können«, führt sie Ewald von Demandowksy, Schriftleiter des Völkischen Beobachters, Mitglied der NSDAP bereits seit 1930, späterer Reichsfilmdramaturg und Produktionschef der Tobis, an.

Das ist also die »Gleichschaltung«, ein Begriff aus der Elektrotechnik. Gleichstrom lässt sich eben besser steuern. Dabei brennt in fast jedem Berliner Haushalt das Licht in den Zimmern in Wechselschaltung!

Mitte August verlässt Harro Berlin, um in Genf die Deutsche Gesellschaft für Völkerbundfragen zu vertreten. Zehn junge Männer, die Mehrzahl SS-Delegierte, sollen deutschfeindlichen Vorwürfen entgegnen und den Verdacht einer verschleierten militärischen Vorbildung des Arbeitsdienstes entkräften.

Die Selbstverständlichkeit dieses neuen lässig-leichten Lebensgefühls mit Libertas muss ein Ende nehmen. Der Aufenthalt in der Schweiz ist eine gute Gelegenheit für sie beide, Abstand zu wahren; die zwei Wochen solle sie nutzen und in sich gehen. Um darüber nachzudenken, ob sie ihn will? Sie ist wie vor den Kopf geschlagen. Wird er ihr schreiben? Die Tage sind voller Programm.

Es gibt keine Versprechen. Noch spürt sie seine Lippen auf ihren, seine Hand in ihrem Nacken. Die Sehnsucht klemmt ihr Herz in die Zange. Sie kennt es ganz gut, dieses süchtig machende Gefühl, begehrt zu werden. Dieses Mal ist alles anders. Der Briefschlitz beginnt ein magisches Eigenleben zu führen, nie ist eine Nachricht von Harro darin, nicht einmal eine Postkarte. Hämisch zeigt ihr der gähnende Kasten sein offenes leeres Maul.

Warum lässt er sie warten? Will er sie erziehen? Will er sie anders haben – selbstständiger, erwachsener, wie er es nennt? Sie sind doch Komplizen geworden in diesem Sommer; ein Blick reicht, und der andere weiß, was gemeint ist. Keine Spielchen. Nicht bei Harro. Seinen Händen hat sie sich hingegeben, ihre Zärtlichkeit entdeckt, das Wunder des Einsseins. Wenn einer die Einsamkeit des anderen erahnt und sie mit ihm teilen will. Das tiefe Eindringen in die Welt des anderen, ohne Worte. Es ist nicht zu benennen. Und sie weiß, dass Harro es auch weiß.

Warten in der Ohnmacht, ohne Wissen, ohne ein Zeichen. Sie zählt die Tage, die Stunden. Ziellos läuft Libs nach Geschäftsschluss über den breiten Boulevard der Leipziger Straße, die Männer schauen ihr nach. Hier an dieser Ecke standen wir und wussten nicht, ob wir uns trennen sollten und jeder für sich nach Hause gehen; wir rauchten eine Zigarette, schon war die Schachtel leer. Wir machten uns lustig über den Moment, zwei Zyniker in Sachen Liebe. Damals wollte ich nur, dass du mein Gesicht in deinen Händen behältst, dass dein Mund mich nicht verlässt. Die Frage gibt nicht nach, was ist, wenn er sich nach seiner Rückkehr einfach nicht meldet.

Die morgendlichen Ausritte durch den Grunewald mit der Herrenrunde, deren Namen alle ein Von enthalten, die Autorennen auf der Avus, wieder ein Hoch auf Wernher von Brauchitsch: Alles ist schal geworden. Tanzgesellschaften voller Bücklinge, Sommerfeste im Rot-Weiß-Tennisclub am Hundekehlesee, der Jockey-Club, das Ciro, die Königin-Bar – das viele Werben um sie mit der glitzernden Eroberungsgier im Auge. Es ist ihr zuwider. Harro. Er hätte sie so nicht zurücklassen dürfen – ohne Hoffnung, ohne Trost, ohne ein Wort der Zuversicht.

30

Liebenberg

Mit dem Anziehen des Triebwagens am übervollen Stettiner Bahnhof, für die Berliner Inbegriff der fröhlichen Ferienabfahrten zur Ostsee, schließt Libertas das Schiebefenster. Die Geräusche der Stadt bleiben ausgeschlossen in der gleichmütigen Langsamkeit der sich voranarbeitenden Dampflokomotive. Verlässlich harken ihre eisernen Räder immer schneller nach den Gleisen in Richtung Norden und ziehen die elektrische Stadtbahn bis nach Oranienburg. Von dort geht es in einer knappen Stunde nach Löwenberg, Auszeit auf Schloss und Gut Liebenberg, dem Familiensitz: Reiten, Tennis spielen, im Lankesee schwimmen. Hinter dem großen Fenster der Galerie im Schloss wartet die Mutter auf ihr jüngstes Kind, um dann, wenn der Wagen endlich das Löwentor am Schloss passiert, hinauszueilen.

Seit der Scheidung von dem Kunstprofessor und Modegenie Otto Haas-Heye lebt Victoria, genannt Tora, zurückgezogen im Schloss der Eltern. Jeden Abend webt ihr Klavierspiel aus der Nordischen Halle den Teppich, in dem die Träume wohnen. Mit der beginnenden Dunkelheit gleiten ihre weißen Hände über die Tasten, und eine Weile trägt der Klang von Raum zu Raum ihr Sehnen.

Am Löwenberger Bahnsteig steht die Kutsche mit den nach Zigarrenrauch und Parfum duftenden alten Polstern für Libertas bereit. Vorbei an endlos wogenden Roggenfeldern; nach dem ohrenbetäubenden Kopfsteinpflaster wechselt die schwankende Kutsche auf den ruhigen sandigen Sommerweg. Ohne die sehnigen, robusten Trakehner ist Liebenberg nicht zu denken. Unter knarrenden Kiefern ducken sich die weißen Häuschen der Schäferei Luisenhof mit ihren dicken Reetdächern, und schon grüßt die spiegelglatte Scheibe des Lankesees.

Hinter den mächtigen Baumwipfeln lassen sich die Häuser der Deputanten erahnen. Die 43 Familien werden für ihre Arbeit in erster Linie in Naturalien entlohnt. Zu ebener Erde leben die Dorfbewohner, die Kälte dringt im Winter durch den Boden. Zwei

Schweine, Hasen in Etagenkäfigen, Kleinwirtschaft. Auf die Arbeit für Schloss und Gut Liebenberg sind sie angewiesen, doch es gibt genug zu tun, zu jeder Jahreszeit. 10 000 Morgen, 2500 Hektar sind zu bewirtschaften, die Mehrzahl bilden Äcker. Leicht abfallend senkt sich die Allee zum Schloss. Die Pferde traben locker dahin, der heimatliche Stall und das Futter warten. Rechts und links säumen die zwei nischenartigen Jägerhäuschen, sie dienten als Unterkünfte für die Wachen des Kaisers, eine mit alten Eichen bestandene Einfahrt in den Schlosshof. Die zwei steinernen Löwen am Tor winken mit ihren Tatzen, und die Pferde verlangsamen prustend den Schritt. Schon biegt die Kutsche vorbei am Ziehbrunnen, ein Geschenk des letzten deutschen Kaisers an den Großvater.

Von der niedrigen Treppe des Nebenportals eilt dienstfertig der Kammerdiener mit zweien der Mädchen heran. Tora schließt die Tochter lange in ihre Arme. Kaum angekommen, sprudelt die neue Liebesgeschichte aus ihrer Libertas nur so heraus. »Er wird sich sicher wieder bei dir melden«, meint Tora. »Vielleicht hat er Angst vor seiner eigenen Courage. Den Männern müssen wir ihr schlechtes Benehmen verzeihen. Geh du nur deinen Weg.«

In den längst vergangenen Kinderferienzeiten liefen die Geschwister Ottora, Johannes und Libertas als Erstes zum Ohrensessel mit dem vorgeblich mürrischen Großvater darin. Mit einem kratzigen Kuss aus seinem Bürstenbart begrüßte er sie und wollte sie nicht wieder von seinen Knien lassen. Dabei blitzten seine Augen vor schlecht zu verbergender Freude.

Vor der stattlichen Großmama versinkt Libertas wie zu Kinderzeiten in einen tiefen Knicks. Beschwichtigend klingt der schwedische Akzent der Botschaftergattin durch, die weißen Haarkuchen an den Schläfen sind wie immer verrutscht, und ihre schweren Edelsteine lassen die langen Ohrläppchen baumeln. Acht Kinder brachte Augusta zur Welt, zwei verstarben im frühen Kindesalter. Da ist die Älteste, Alexandrine, die den Diphtherietod eines ihrer Zwillinge nicht verwinden kann, verheiratet mit dem Grafen zu Schwerin. Friedrich Wend, der Onkel Büdi, führt endlich nach der Einstellung eines neuen Güterdirektors, eines baltischen Barons namens Rudolf von Engelhardt, mit Erfolg den maroden Gutbetrieb aus den roten Zahlen. Verheiratet ist er mit einer vermögenden Steiermärkerin, Marie von Meyr-Melnhof. Sie achtet als Hausvorsteherin in Liebenberg peinlich darauf, dass die Etikette eingehalten wird. Doch neben der Strenge lebt sie ihre schwärmerischen Phasen; auf Betreiben der Tante Marie kam Rudolf Steiner für einige Zeit nach Liebenberg. Onkel Karl folgte ebenso wie die Mutter Tora und ihre Schwester Augusta, genannt Lyckie, seinen Lehren und wandelte mit dem in Wollgarn gekleideten Barfußgänger durch den schlosseigenen Lenné-Park. Tante Lyckie, die Malerin, brannte mit dem slawischstämmigen Privatsekretär ihres Vaters, dem Hauslehrer Edmund Jaroljmek, durch. Ein sehr gut aussehender Mann mit dunklen schwermütigen Augen, so das Credo – und ein Schlag, den Philipp zu Eulenburg, der Großvater, nie verwinden konnte. Die vier Kinder aus dieser Ehe durften erst nach seinem Tod 1921 das Schloss besuchen, während alle anderen ihm zu jeder Tages- und Nachtzeit willkommen waren. Und Victoria, Tora, deren Heirat mit dem Kostümbildner und erfolgreichen Couturier Otto Haas-Heye, einem Bürgerlichen, einer Flucht gleichkam? Eine getrennt lebende Frau, das schickt sich nicht, auch wenn die Scheidung erst nach dem Tode ihres Vaters erfolgte. Seit mehr als einem Jahrzehnt bewohnt Tora nun einen Winkel des vorderen Schlossflügels, der Blick führt über die rauschenden Wipfel der Parkbäume hinaus in die Weite des Brandenburger Landes. Mit den alljährlichen Besuchen ihrer Kinder Ottora, Johannes und Libertas kehrte in den Ferienzeiten zusammen mit den vielen Cousins und Cousinen endlich wieder Leben ins Haus.

Seit dem Tod ihres Mannes Philipp legt Augusta Fürstin zu Eulenburg-Hertefeld, eine geborene Gräfin von Sandels aus traditionsreichem schwedischem Adelsgeschlecht, die streng gehaltenen viktorianischen Kleider aus schwarzer Seide nicht mehr ab. Ihrem Großvater verdankte Schweden einen spektakulären Sieg über Russland, wie der Apotheker und Schriftsteller Theodor Fontane, willkommener Schlossgast im ausgehenden 19. Jahrhundert in *Fünf Schlösser. Altes und Neues aus Mark Brandenburg* beschrieb.

Tante Marie, die Herrin in Liebenberg, ist für Disziplin; wer das Recht hat, hat die Pflicht. Mag der Großvater Philipp zu Eulenburg sich in der Hingabe zu Wilhelm II., dem letzten deutschen Kaiser, verloren haben, in der Familie führt sie nach seinem Tod das Regiment. Im großen Speisesaal nahmen die Erwachsenen am Herrschaftstisch Platz. Johannes Haas-Heye, Libertas' Bruder, erinnert sich: »Die Kinder saßen erst mit fünf oder sechs Jahren am Ende des langen Esstisches. Einen Kindertisch gab es nicht. Vorher aßen sie mit der Gouvernante in ihren Zimmern. Serviert wurde vom Kammerdiener Müller im Frack, gefolgt von Diener Arno in Dienstuniform. Den Kindern war es erlaubt, bei Tisch leise untereinander zu reden, das Wort an die Erwachsenen richteten sie nur, wenn sie angesprochen wurden. Ab ihrem 10. Geburtstag durften die Kinder sich aus den Schüsseln bedienen. Der Leutetisch war im Untergeschoss eingedeckt, neben der großen Küche. Nach dem Tod des Großvaters führten Omama und Tora mit Köchin, Zofe und Stubenmädchen ihren eigenen Haushalt. Wenn wir Hasen zu den Ferien kamen, aßen wir mal oben, mal unten.«[5] Der Speisenaufzug ratterte regelmäßig vor und nach den Mahlzeiten durchs Haus in den ersten Stock, hier lebt Victoria zusammen mit ihrer Mutter.

Jeden Tag kam ein anderes Service aus der großen Porzellansammlung zum Einsatz, Meißen, Nymphenburg, KPM, Sèvres, Chelsea oder Worcester. Drei qualitativ unterschiedliche Mahlzeiten wurden für jeden der Tische gereicht, doch die Sitte von Vorspeise, Hauptspeise und Nachtisch galt für alle Tische. Tante Marie und Onkel Büdi wurde zuerst vorgelegt, ihnen blieb das Privileg des süßgelben Tokajers aus Muscat-d'Alexandrie-Trauben, die an den südlich gewandten Wirtschaftsgebäuden herangezogen wurden. Gekocht wurde nach den Jahreszeiten. Stete Begleiter waren die Kartoffeln; Spinatrolle mit Krabben, gebratene Wildentenfilets, Rhabarberschaum und die von den Kindern heiß geliebte Götterspeise mit Sahnehäubchen gehörten zu den Ausnahmen. Wer von den Kindern bei Tisch sprach, bekam zielsicher von Tante Marie nach einem schnellen Blick durchs Lorgnon ein fest gerolltes Papierkügelchen an den Tellerrand geworfen. Naschwerkverbot.

Während der Mahlzeiten war nur das Klappern des schweren silbernen Bestecks und das Auf und Ab der Deckel über den schweren Schüsseln beim Servieren zu hören, ein leises Danke und Bitte und das Rascheln der Uniformen über dem eiligen Stakkato der Bediensteten, begleitet vom gedämpften Knarren des Parketts unter den langen Perserläufern.

Durch die große Spiegelglasscheibe, die nach Süden hin den Ausblick auf die Lindenallee zum Teehäuschen freigibt, beleuchtete das Abendlicht die »Poule-Blanche«, das Fräulein von Kalkstein als Henne in Öl, sie schien ihren Hals gackernd noch höher zu recken, und der Marquis de Valory, damals Gesandter am Hof Friedrichs des Großen, zwinkerte als Hahn verkleidet von den zwei berühmten Gemälden im Speisesaal. Antoine Pesne, in Rom und Venedig ausgebildeter Hofmaler Preußens und ab 1722 Direktor der Berliner Kunstakademie, porträtierte die beiden Vorfahren – eine Auftragsarbeit im Stil des von ihm geprägten friderizianischen Rokoko. Einen Pesne hängen zu haben, das zeugt von einem Savoir-vivre, einem Wissen, das einhergeht mit einer Raison-d'être, deren kulturelles Selbstverständnis das augenzwinkernde Belächeln der kurzzeitigen eigenen Existenz mit einschließt.

Hinaus stoben die Kinder nach den Essen durch den mit azurnen Seidentapeten ausgestatteten Blauen Salon über den wohlgepflegten Rasen, der sich bis in den Horizont sattgrün dehnt, zu ihrer Rosenburg. Auf einer seiner vielen Reisen in Begleitung des rastlosen Reise-Kaisers durch das Deutsche Reich machte Opapa Zwischenstation in Nürnberg. Die mächtige Sebaldus-Kirche, benannt nach dem Schutzheiligen der Stadt, stand eingerüstet. Gotische Zinnen und Figurinen lagerten achtlos verteilt in einem Seitenhof. Daraus ließ der Großvater auf einer Anhöhe mit Blick auf das Schloss im Liebenberger Park die Kinderburg errichten. Verzückt wollten die Mädchen Hochzeit in dem der Sebalduskirche nachempfundenen Brauttor spielen. Hinter dem Knappentor, hinter den Mauern des Parks gehen die Anpflanzungen in einen alten Buchenwald über, hier fängt die Wildnis an. Mit Wasserpistolen, geladen aus dem kleinen Schlossteich, in dem die Frösche ständig nach Quark verlangten, spielten Libertas, Johannes und die Cousins Angriff und Verteidigung auf ihre Kinderburg. Geändert hat sich eigentlich nichts in Schloss Liebenberg, seit Libertas mit 14 Jahren 1928 dichtete:

O, du mein Liebenberg, mein Heimatort,
wo bei der Ankunft liebe Menschen wartend stehen,
Wenn auf den Hof der Wagen rasselnd rollt,
Wo durch die hohen Bäume frohe Stimmen schallen,
wo leicht der Fuß auf weichem Teppich schreitet
und sonnig hell die großen Fenster blitzen
und wo melodisch durch die hohe Halle
des Flügels hehre Melodien schweben. –
Wo weiche Sessel uns zum Sitzen laden,
und wo die helle Flamme des Kamins
gastfreundlich flackernd zum Gespräch verhilft;
Wo kosend durch des Parks hohe Bäume
die sanften Winde wehn, die uns erfrischen,
und wo die Trauerweide hängend – grüne Zweige
sich träumerischen Teichen neigen. [...]

Liebenberg, das von Kletterrosen umrankte Märchenschloss der Kindertage mit dem unendlichen, von Peter Joseph Lenné gestalteten Park, der am äußeren Ende in einen dichten alten Baumbestand, die Kappe, übergeht. Die Treppenstufen knarren an den gleichen Stellen wie immer, unten aus der Küche im Keller des Schlosses duftet es nach Apfelkuchen. Die hölzerne Standuhr auf dem hochgelegenen Gang im vorderen Trakt, in dem die Zimmer von Tora und die der Kinder liegen, zerrt langsam und schwerfällig die Minuten aus ihrem Gebälk. Hier auf den Fluren erschraken die Kinder vor ihren nächtlichen weißen Gespenstergestalten im Nachthemd in den zwei großen Spiegeln, die die Tür zu Mutters Zimmer säumen.

Liebenberg war immer da, vor Harro, vor Berlin. Im Mädchenzimmer von Ottora und Libertas hebt verloren der Spielzeugaffe den Griffel über die Trommel, eine halbe Drehung am Aufziehme-

36

chanismus, und die Arme setzen sich zögernd in Bewegung. Zwei sanfte poch, poch, und es ist still. So still, dass das Blut in den Ohren zu rauschen beginnt. Die unruhigen Gedanken verfolgen Libertas wie Unheilsboten in die letzten Abendstrahlen. Was soll aus uns werden? Der schwarze Fernsprechapparat in der Diele läutet nicht für sie, keine Nachricht von Harro. Reglos liegt sie am Ufer des Lankesees, den Blick in das silbrige Rauschen der Pappeln verloren. Schal, endlos ist das Warten. Das Schilf des flachen Sees mit den Sandbänken beugt sich dem Wind, das Glucksen der springenden Fische zerbricht den stillen Wasserspiegel in endlose Kreise, so wie in den Jahren der Kinderferien, und die Dorfjugend schreit ihre Baderufe weit hinaus in den Sommer.

Die Bibliothek

Unten an den Ufern des in der Waldsenke hinter dem Park gelegenen Lindsees spukt es, aus dem moorigen Wasser ziehen die Dorfbewohner die Mumien, sagen die Liebenberger Arbeiter mit ihrem Brandenburger Dialekt. Kleine Mädchen mit gelben Knitterschürzen und dünnen Zöpfen, die Gesichter wie im Schrei festgezurrt in den langen Jahren des Mooreinlagerns, finden sie hier. In grauer Vorzeit wurden Opferkinder dem Moor geschenkt. Am Ufer des Lindsees darf man sich nicht vorwagen, ein Schritt und der Tod im Moor lauert. Der Glauben an etwas, das größer sein mag als Gott, herrscht immer noch im einsamen Löwenberger Land. In den Mondnächten kommen die Wahrsagerinnen an den Lindsee, seit Jahrhunderten.

Wahr dagegen ist, sagte nach den gefährlichen Erkundungsgängen in den Sumpf Libertas mit fester Stimme, dass 1806 die Neumann, die Hausvorsteherin, ihren Schlossherrn Friedrich Leopold von Hertefeld hierher ins Moor führte und ihm so das Leben rettete. Das Schloss brannte lichterloh, die napoleonischen Truppen ließen auf ihrem Weg nach Osten gegen Russland mit ihren Fackeln die Ernte in den Scheunen auflodern. Auf einem großen Findling steht die Inschrift wie ein Zeichen des Guten und Wahren einge-meißelt: »Als in den unglücksvollen Jahren der Feind den Herrn vom Herde trieb, und unter tödlichen Gefahren ihm nichts von seiner Habe blieb, als ihm, und die ihm treu ergeben des Schmerzes bittre Trän entfiel, da diente unter Furcht und Beben uns diese Stelle zum Asyl. Für Euch, die Ihr's empfinden könnt', erbaute man dies' Monument.«

Durch den Eingang zum großen Waffensaal stahlen sich die Kin-der in der Abenddämmerung zurück ins Schloss. Sie schlüpften unter dem ausgestreckten Arm eines lebensgroßen japanischen Scharfrichters hindurch; drohend zeigte die einen halben Meter lange Klinge auf die Eintretenden, als wenn er diesen den Tod durch das Schwert anmessen wollte. Der Urgroßonkel, Fritz Graf Albrecht zu Eulenburg, leitete die preußische Ostasienexpedition. Er segelte die gefährliche Passage über den Indischen Ozean nach Japan, China und Thailand. Seine Laufbahn endete für Fritz zu Eulenburg mit dem Amt des Preußischen Innenministers.

In der Mitte des Waffensaals steht mächtig der Billardtisch, um-ringt von Jagd- und Militärexponaten in mattglasigen Vitrinen, von eisernen Ritterrüstungen, von Säbeln und Helmen, die längst ihren eisernen Glanz verloren haben. Ganze Regimenter von To-desschwadronen ließen sich aufstellen mit den vorhandenen Waf-fen. Von dunkel brutalen Schlachten, Mann gegen Mann, erzählt der große Raum, dessen Eisengeruch an den Geschmack geron-nenen Blutes erinnert. Unheimlich sind den Kindern die Krieger mit den leeren, düsteren Augenschlitzen; wie viel hellroter Lebens-saft musste aus den dunklen Öffnungen geflossen sein. Hier in der Waffenhalle schüttelten die allesamt in dunkelgrünen schweren Lodenstoff gewandeten Herren der kaiserlichen Jagdgesellschaften die Spuren der Hatz von sich, ein lachendes Klopfen auf die Schul-tern, das Stampfen der ledernen Stiefel und das Klirren der kleinen Gläser mit dem Kartoffelbrand erfüllte den Saal, getaucht in eine Dunstwolke aus Schweiß, frischer Waldesluft und Tabakrauch. Im anschließenden Jagdsaal zeugen die verwirrenden Geäste der vielen Geweihe von den Erfolgen der Jäger. Hämisch grinsend klaffen die Hauer der beiden von der Wand hängenden kapitalen Keiler. Zwischen all dem präparierten großen und kleinen Volk des Waldes lugen vorwitzige Rehböcke mit langen Hasenohren hervor; die Wolpertinger gehören zu den Scherzen der Forstmeistergehilfen, denen das fachmännische Ausnehmen und Präparieren der Tiere vorbehalten ist.

Leise strebte die Kinderhorde um die drei Geschwister Ottora, Johannes und Libertas aus dem Jagdsaal durch die Galerie, an deren Stirnseite die drei Schwestern Adine, Lyckie und Tora musizierend lebensgroß prangen. Von dort passierten die Kinder, die schmutzigen Schuhe fest in der Hand, die im neoromanischen Stil gehaltene, großzügig angelegte Nordische Halle den Weg in die angrenzende Bibliothek – nicht ohne die täuschend lebensechte Holzschnitzfigur des heiligen Sankt Martin zu Pferd zu grüßen, der, in seiner Nische über dem Kamin thronend, nach Hilfsbedürftigen Ausschau hält. Die Nordische Halle ist Teil des im Auftrag von Großvater Philipp erbauten neuesten Teils des Schlosses, eine Reminiszenz an die Nordland-Reisen mit seinem Busenfreund Wilhelm II. In der etwa dreißig Meter langen und zehn Meter breiten Halle führten »Phili«, auch genannt »Philine«, und seine Freunde der Liebenberger Tafelrunde für Kaiser Wilhelm II. ihre Singspiele auf.

Auf der bühnenartigen Empore thront der Flügel der Mutter. Zur Weihnachtsfeier erklimmen nacheinander die Familien der Deputanten die wenigen Stufen, um die zuvor bei Wertheim in Berlin genauestens geordneten Geschenke in Empfang zu nehmen. Dann taucht der über drei Meter hinaufragende Weihnachtsbaum mit seinen elektrischen Kerzen den Saal in ein feierliches Licht.

In der angrenzenden Bibliothek heißt es innehalten, und schon nimmt das sonderbare Gefühl aus Stolz und Ergriffenheit von den Kindern Besitz. Ist die Bibliothek der warme Körper, dessen Wissen in den Regalen pulsiert, so bildete das ehemalige Schreibzimmer des Karl von Hertefeld, die »kleine Bibliothek«, die Herzkammer der Gedanken des schreibenden Großvaters Philipp zu Eulenburg. Hierin zog er sich zurück, das Auf und Ab der Getriebe auf dem Schlosshof kaum wahrnehmend. In Eulenburgs über

2000 Seiten starker Korrespondenz findet sich auch der Briefverkehr zwischen Georg von Hülsen, dem Intendanten der Königlichen Schauspielhäuser, und Emil Graf Görtz vom 17. Oktober 1892 mit Vorschlägen für die Liebenberger Jagd: »Sie müssen von mir als dressierter Pudel vorgeführt werden! – das ist ein ›Schlager‹ wie kein anderer. Bedenken Sie: hinten geschoren (Tricot), vorn langer Behang aus schwarzer oder weißer Wolle, hinten unter dem echten Pudelschwanz eine markierte Darmöffnung und, sobald Sie ›schön machen‹, vorne ein Feigenblatt. Denken Sie wie herrlich, wenn Sie bellen, zur Musik heulen, eine Pistole abschießen oder andere Mätzchen machen. Das ist einfach großartig! [...] Ich sehe bereits S. M. lachen wie wir.«

Hier notierte er, die Magazine der Universalität in nächster Nähe als verlässliche Freunde, seine Erinnerungen und Betrachtungen. Vorsichtig klopften die Kinder an der nur angelehnten Tür der Schreibstube, und zum geknurrten Herein spürte der Großvater schon ihr zaghaftes Zupfen an Ärmel und Rücken.

Bis zu der sechs Meter hohen mit tropischen Hölzern vertäfelten Decke reichen die etwa 12 000 Schätze, die nur ganz vorsichtig aus dem Regal genommen werden dürfen, Geheimnis und Erfüllung verheißend. Obwohl die Stubenmädchen regelmäßig mit dem Staubwedel in der Bücherwelt für Aufruhr sorgen, fielen von den in Leder gebundenen Ausgaben, deren Flecken unbekannter Herkunft zur Spekulation über die früheren Besitzer anregen, die Staubwolken wie müde graue Mäuse in den weiten hohen Raum. Dicke Memoiren und Chroniken füllen die Wände, die Seiten der wundersam illustrierten Bücher aus dem 16. und 17. Jahrhundert lassen sich schwer voneinander lösen. Es ist, als ob auch Bücher schwitzen könnten. Dass nur nichts einreißt! Dantes *Göttliche Komödie* in einer Ausgabe von 1564 war Großvaters ganzer Stolz. Näherte sich der alte Mann Schrittchen für Schrittchen, langsam, gestützt auf seine aus Horn geformte Krücke der Bibliothek, so konnte er sicher sein, dass sein kleiner Tross ihm folgte – geflissentlich ob seiner Verschnaufpausen gebührenden Abstand haltend. Der Opapa spürte die Geister auf Zehenspitzen hinter ihm huschen, und er ließ die Flügeltüren offen stehen. Vorsichtig, ohne jede Rangelei, wählten die drei Hasen, der Doppelname ihres Vaters Otto Haas-Heye sorgte für den Spitznamen, ein Sofa aus; manierlich drückten sie Knie an Knie. An keinem Ort der Welt wären sie lieber zu Hause als hier in der geordneten Geborgenheit der Bücherrücken. In der Stille dieses Weltgeistdepots hielten sie den Atem zurück.

Auch eine Kupferstichsammlung verwahrte die Bibliothek, mit zahlreichen schweren pergamentenen Blättern von Albrecht Dürer, Holbein, Lucas von Leyden, Salvator Rosa, Rembrandt und anderen. Streng untersagt war den Kindern der eigenmächtige Gebrauch dieser Schätze. Filigran gearbeitete Stiche zog der Großvater aus den Regalen hervor und rollte sie vor ihnen aus, die Welt ist in Stücke geteilt. Erst viel später wurde sie zu einer Kugel, bei der man keine Angst mehr haben musste, einfach herunterzufallen. Das träumte Libertas immer wieder; nach hinten fiel sie ins Bodenlose, doch manchmal konnte sie fliegen. Sie schlafe nur so schlecht, weil der Opapa so viel erzähle, sagte dann die Mama.

Opapa genoss es, im golden verkleideten Almanach die Verweise auf die Familie nachzuschlagen. Ritter waren die Hertefelds vom Niederrhein, geschickte Raubritter in den Kreuzzügen; im neunten Jahrhundert trugen die Pferde sie bis nach Jerusalem ins Gelobte Land. Die Rechtsprechung inne hatten die Hertefelds auf ihrem Stammsitz am Ostufer des Flüsschens Niers, Schloss Hertefeld in Weeze, aber waren sie wirklich immer gerecht? »Jedenfalls waren sie nicht katholisch, und das war schon einmal viel wert«, sagte der Großpapa und seufzte. Katholischer Pomp ist ihm zuwider, alles Jüdische erst recht. »Stephan der Fünfte, Hertefeld zu Kolk, war ein mutiger Mann«, erklärte der Großvater. »Er war für das Neue, frühzeitig nahm er den reformierten Glauben an. Auf dem Rittersitz Kolk, dorthin heiratete er, fanden geheim gehaltene Gottesdienste statt. Sein Enkel Stephan trat in Kontakt zur gleichfalls evangelischen Brandenburger Dynastie. In einem furchtbaren Racheakt brannten spanisch-katholische Truppen Burg Kolk bis auf die Grundmauern ab. Stephan zu Hertefeld musste hilflos dem Inferno der Flammen zusehen. Alles schien fini.

Umfangreiche Landgüter und Besitzungen gehörten den Herte-
felds, neben dem Schloss in Weeze waren da die Wasserburgen
Boetzlaer, Hönnepel, Kervenheim und Zelhem, unweit der hollän-
dischen Grenze. In langwierigen Erbauseinandersetzungen um die
Herzogtümer Kleve, Mark und Jülich schlugen sich die Herte-
felder auf die evangelische Seite Brandenburgs und förderten den
Machteinfluss der Hohenzollern am Rhein. Der Enkel Stephans,
Jobst Gerhard von Hertefeld zum Kolk, Erbherr zu Hertefeld und
zu Kolk am Niederrhein, erwarb 1652 für 119 000 Taler das vom
Dreißigjährigen Krieg verwüstete Anwesen Liebenberg aus der
Konkursmasse der Familie von Bredow. Jobst Gerhard von Hertefeld zum Kolk, Chur-Brandenburgischer Oberjägermeister, holte
die Broekers, die Torfstecher und Kanalbauer aus dem hollän-
dischen Grenzland nach Liebenberg. Im Gegensatz zum frucht-
baren Niederrhein lag das Havelland brach. Sie errichteten Deiche
und Dämme, sie blieben, sie zeugten Kinder. Neuholland nannten
sie ihre Kolonie. Bei hohem Wasserstand und an windstillen Tagen
befuhr Jobst Gerhard von Hertefeld in einem Kahn das über-
schwemmte Land und streute kleine Papierschnitzel aus. So entdeckte er die Flussrichtung des Wassers.« Und es entstanden die
vielen langen Gräben inmitten der Felder. Schmale Entwässe-
rungsgräben, immer geradeaus in die Unendlichkeit des weiten
brandenburgischen Horizonts.

Libertas liebt die Familiengeschichten, besonders die von Samuel
von Hertefeld, dem Sohn des Oberjägermeisters, der, kaum fünf-
zehnjährig, 1683 als Jagdpage dem Kronprinzen Friedrich, Preußens erstem König, diente. Mit Pfeil und Bogen hantierte er wie
ein Akrobat. Das ist doch Zauberei, munkelten die älteren Herr-
schaften unter den Jägern am Hof. Erst als er feierlich versicherte,
dass alles natürlich zugehe, traute man ihm und ließ sich in der
Fertigkeit des Im-Fluge-Schießens unterrichten. Eine Neuigkeit:
Man wagte es, Schüsse auf flüchtendes Wild abzugeben, und übte
mit rollenden Kegelkugeln im Schlosshof.

Samuel von Hertefeld gab Liebenberg seine erste Form, ein zwei-
stöckiges Herrenhaus. Und was wurde aus den Hertefelds? Mit
dem kinderlosen Freiherr Karl von und zu Hertefeld drohte der

Familienzweig auszusterben. Seiner Lieblingsgroßnichte Alexandrine von Rothkirch vermachte Karl überraschend sein Gesamterbe, darunter Liebenberg. Durch ihre Verheiratung mit Philipp Conrad Graf zu Eulenburg, einem Rittmeister und Major, nannten sich die Liebenberger nun zu Eulenburg und Hertefeld. Mit der Errichtung des großen Mittelbaus machte Philipp Conrad aus dem Hertefeldschen Herrenhaus ein Schloss. Und er brachte das von Albrecht Dürer entworfene blau-goldene Wappen mit dem zweischwänzigen Löwen mit in die Ehe. Bis ins 13. Jahrhundert lässt sich die Linie der Herren zur Ileburg in Sachsen und im Böhmischen Land zurückverfolgen; es blieb die ostpreußische Linie der Eulenburgs übrig, hier hatte der Staatsdienst Tradition. Rechtschaffenheit, Staatstreue und Obrigkeitsliebe galt bei den Eulenburgs.

Eine Liebesheirat gab es zwischen den Eltern des Opapas, Alexandrine und Philipp Conrad, etwas ganz Seltenes. Doch das Geld blieb knapp rationiert, denn der Rittmeister waltete über das große Erbe. Seine Frau durfte über ihr Geld nicht bestimmen. Aber Alexandrine zu Rothkirch hat in ihrer Ahnenreihe der Rothkirchs eine wilde Mongolenprinzessin zu verzeichnen. Auf und davon sei sie auf einem feuerspeienden Drachen geflogen, fort von dem Ritter aus altem schlesischen Adel, der sie mit Gewalt nahm nach dem Sieg der deutsch-polnischen Ritterverbände bei Liegnitz 1241 gegen die Reiter Dschingis Khans. Libertas, Johannes und Ottora saugen die Geschichte der mongolischen Prinzessin, die Schilderungen der bunten Jurten, der Pferde, die ohne Sattel und Zaumzeug geritten wurden und deren Reiterin aus dem fernen Land hinter dem Ural stammte, mit der Erzählung des Großvaters in sich auf. Nun, bei der Urgroßmutter kamen Liebe und Geld zusammen, ein Sonderfall, schloss der Großvater. Sinnig verheiratet werden, das ist ein Glück als solches, so gebietet es die Sitte den Mädchen, repetierte er immer wieder mit Entschiedenheit. Die Liebe komme schon mit der Ehe, das sei wie ein Naturgesetz. Vor der Ehe führe die Liebe zu nichts; ohne den Mann bleibe das Weib kraftlos und matt. Dass Alexandrine auf seine brieflichen Bitten hin ihm, ihrem Sohn, dem jung verheirateten Diplomaten, immer wieder Geldsummen aus ihrem Frauenerbe am knauserigen Gatten vorbei zusandte, verschwieg der Großvater lieber. Ottora und Libertas schauderte es beim Gedanken, einfach aus finanziellen Gründen verheiratet zu werden, das wollten sie sich lieber nicht vorstellen. Die größere Schwester gilt als schön, Libertas als hübsch,[6] was immer das auch heißen mag auf dem Heiratsmarkt.

Mühsam kletterte der Großpapa wieder auf die niedrige hölzerne Trittleiter. Vorsichtig beugte er die Knie, zog mit sicherem Griff einen schweren Band aus dem Regal, das bis unter die mit den barock geplusterten Engelchen verzierte Decke reichte. Biblische Darstellungen in Folianten, deren mächtige Papiere die Kinder vorsichtig auf den Knien ausbreiten durften, zeigten einen von einem güldenen Schein beschienenen Jesus, der selig zum Himmel fuhr. »Es lebte ein Mann im Lande Zu, sein Name war Hiob«, hob der Großvater an, und die Kinder staunten über die fein ziselierten, filigranen Kupferstiche des Malers Holbein in der Ausgabe von 1547 aus Lyon, die den Besitz des Hiob darstellten. »Ihm gehörten siebentausend Schafe und dreitausend Kamele und fünfhundert Gespanne Rinder und fünfhundert Eselinnen. Und sein Gesinde war so zahlreich, dass dieser Mann größer war als alle Söhne des Ostens« – das war sie wieder, die Geschichte vom großen Verlust, der irrenden Klagen, der Zweifel an Gott. Auswendig rezitierte Großvater die biblischen Verse. »Diese Nacht, Dunkelheit ergreife sie! Sie freue sich nicht unter den Tagen des Jahres, in die Zahl der Monate komme sie nicht!«, langsam breitete der alte Mann rudernd seine Arme aus, und im Dunkel der Bibliothek gerieten die Schatten in Bewegung. »Verfinstert seien die Sterne ihrer Dämmerung, sie hoffe auf Licht und da sei keines; sie schaue nicht die Wimpern der Morgenröte!« Unter der Geschichte des Hiob schwoll seine Stimme an, ein singendes Tosen, das seinen Gipfel nicht erreichen wollte. Das Scheitern, die Mühe, die Liebe, die Not, die Verleumdung, er kannte sie gut. Seit dem Skandal um seinen ehemals besten Freund Kaiser Wilhelm II. fühlte sich Philipp zu Eulenburg wie ein fortgewehtes Blatt, das jemand vergessen hatte aufzusammeln.

Der Großvater verbot es sich, zurückzudenken an den Prozess, als er aussagte, er habe niemals Männer geliebt, als er seine innersten Gedanken ausbreiten musste vor dem Sexualwissenschaftler Dr. Magnus Hirschfeld.

Alles begann mit einem Leitartikel unter der Überschrift »Wilhelm der Friedliche«, die der jüdisch-stämmige Journalist Maximilian Harden in seiner Zeitung *Die Zukunft* veröffentlichte. Regierungsunfähigkeit warf er der Reichsleitung vor, auch, weil der Kaiser unter dem Einfluss des »ungesunden Spätromantikers« Philipp zu Eulenburg stehe.

Harden zeichnete Eulenburg und seine Freunde als Weichlinge, Frankreich-Fans und Fantasten. Ihren Einfluss auf den Kaiser stellt er an den Pranger, doch eigentlich will er die öffentliche Kritik am selbstgerechten Staatsoberhaupt herausfordern, arbeitet publizistisch gegen eine weibische Kaiser-Kamarilla, die den Monarchen vom Volk abschirme und dem jungen Reich den ihm gebührenden »Platz an der Sonne« verwehre.

Verhängnisvoll erwies sich ein Bootsausflug auf dem Starnberger See zusammen mit dem letzten deutschen Kaiser, einziger Begleiter sei ein Fischerjunge gewesen. Dessen Aussagen über den Fürsten zu Eulenburg führten fast zwanzig Jahre später, am 8. Mai 1908, zur Verhaftung des Großpapas. Vorwurf: nachweisbare homosexuelle Handlungen, Paragraph 175. Des Meineids wurde der Fürst bezichtigt, er stritt die Beschuldigungen ab. Seitdem zog sich der ehemalige Repräsentant der deutschen Gesandtschaft in Wien zurück auf sein Schloss.

Insgeheim war sich Philipp zu Eulenburg sicher, dass das plötzliche Abbrechen der regelmäßigen Besuche des letzten deutschen Kaisers bei ihm als seinem engsten Berater mit zum Ausbruch des schrecklichen Weltkrieges mit seinen über acht Millionen Toten geführt hat. Bis in den Juli 1920 verfolgten den Großvater achtzehn Gerichtsvorladungen. Jedes Jahr traf eine Ärztekommission aus Berlin in Liebenberg ein, die prüfte, ob Fürst Philipp zu Eulenburg verhandlungsfähig sei. Unter aufgeregtem Pferdegetrappel verließen die geschlossenen Kutschen mit den Medizinern unverrichteter Dinge den Schlosshof. Es war die Traurigkeit, die den

Opapa ans Bett fesselte und die Märchen erfinden ließ, die die Kinder so liebten. Zu einem Ende führten seine Geschichten nie; dafür erfand er sie viel zu gerne.

Die Eltern

Der Sommer 1934 geht an Land wie ein müder Krebs. Die Ferientage dehnen sich träge aus, und das eigene Nichtstun, das Nichtsein der Person, die von ihren Freunden Libs genannt wird, verschwimmt in der Ziellosigkeit des Tages. Die Gedanken hören nicht auf zu kreiseln. Was ist wichtig? Rudi, er arbeitet für den Onkel, wartet am Ufer. Sein Badeanzug ist schlabberig wie sein Lächeln, doch er sagt, »Komm! Komm zu mir, du bist die Schönste. Ich sage es dir, ich zeige es dir, und ich will, dass du mein wirst.« Ein frecher Anspruch, aber so war es immer. Die Männer mögen Libs. Da ist er, der Betrug – dieser Mund auf ihrem und eine heiße Zunge, die fordert. Sie lässt sich drängen, sich liegen lassen, der Griff nach dem Knie, unnachgiebiger Druck, der gebeugte Schenkel zeigt sein leuchtendes Weiß. Vorsichtig tastet er nach ihrem Haar, seine Lippen wollen wieder. Eine unbändige Lust zu lachen befällt plötzlich Libs, sie fängt seine Hand und schüttelt sie fort. Den steilen Serpentinenweg hoch zum Seehaus läuft sie, immer noch kichernd und keuchend die Kurven schneidend, und steigt auf ihr ächzendes Mädchenfahrrad. Die Kette schlingert; sie radelt zurück zum Schloss, weg von dem klebrigen Geschmack der fremden Lippen.

Auf dem Nachttisch warten die Gedichte von Rilke, in den Zeilen will sie sich verlieren. »Ob bei Dir auch solche Sommer-Tage sind?«, fragt der Dichter, »Hier ist immer derselbe Himmel über dem täglich dichteren Land. Alle Häuser sind fortgenommen und in tiefen klaren Schatten gestellt, unter die Kastanien, zu den Syringenbüschen. Und sieht man, vorübergehend, in ein Fenster hinein, so ist drin ein anderes Fenster mit lichtgrünem Rasen davor, kein Innenraum. Die Häuser werden immer kleiner und der Sommer wird immer mehr.«

Einer begehrt sie und einer ist fort, warum sich den Kopf zerbrechen. Das Leben ist eben nur das eine Leben, da gibt es keine Ausrede – und es verrinnt. Doch die Sehnsucht nagt. Das also sind die Momente, in denen das Bett längst keinen Trost mehr bietet in der daunenweichen Umarmung seiner Kissen. In denen wütend leise und unaufhörlich Tränen rinnen. Die eigene herzzerreißende Heftigkeit erstaunt Libs. Harros Spott und seine Arroganz, sie wird sie schon ertragen. Natürlich, wie verabredet, es bleibt bei einem Abenteuer. Wir werden uns nicht binden.

Nach einem leichten Frühstück lassen Libertas und die Mutter die Pferde satteln. Die ersten Herbstnebel liegen auf der Ebene, und das Herz galoppiert sich frei über dem sandigen Boden. Dunkelgrüne Buchen und rotbraune Kiefern lösen einander ab, die Pferde sind unruhig nach der Nacht. In der frühmorgendlichen Luft liegen alle Konturen scharfkantig, und es ist, als müsste nur noch ein dünner Schleier der Erkenntnis fallen und das eigene Leben stände kräftestrotzend klar vor Augen.

Johannes Haas-Heye: »Unsere Mutter war eine passionierte Reiterin – natürlich im Damensattel. Als Kind litt sie unter Typhus,

Rudi, Ottora, Libertas

sie war nie so ganz gesund wie ›Kernseife‹. Als mein Vater ihr in der Semperoper in Dresden vorgestellt wurde, sagte er sich, die oder keine.« In der Liebenberger Schlosskapelle vermählte sich 1909 die jüngste Tochter des Fürsten Philipp mit dem vermögenden, aus einer Stuttgarter Bankiersfamilie mit jüdischen Wurzeln stammenden Otto Haas-Heye. Vor seiner Heirat erkaufte sich der Couturier und Kunstprofessor beim Bremer Senat das Recht, die Namen seiner Eltern, Haas und Heye, zu vereinigen. Sein Vater, Dr. iur. Julius Hermann Haas, in erster Ehe liiert mit der in New York geborenen und aus einer angesehenen Bremer Kaufmannsfamilie stammenden Hermanna Heye, gründete in Mannheim eine Druckerei. Mehrere große deutsche Tageszeitungen, darunter der *Mannheimer Morgen* und der *Münchner Merkur,* unterstanden Julius Hermann Haas. Sein Vater, David Haas, Bankier in Straßburg und Stuttgart, ließ Sohn Julius im Alter von sechs Jahren evangelisch taufen. Hermannas Bruder Ferdinand erfand in seinen Gerresheimer Glashütten die einheitliche Mineralwasserflasche mit Klebootilrott. In den 1890er Jahren exportierten die Gerresheimer Werke Flaschen für Mineralwasser, Bier, Wein, Champagner, Rum und anderes in alle Kontinente. Beide Familien konvertierten vom jüdischen zum christlichen Glauben.

Seine zweite Frau, eine minderjährige Fabrikarbeiterin aus der Druckerei, heiratete der 37-jährige Julius Hermann auf der Insel Helgoland, damals zum Ausland gehörig und unter britischer Verwaltung. Das Paar residierte im Münchner Stadtpalais der Geliebten des bayerischen Königs, Lola Montez, im Schlossgut Röschenauer Höhe über dem Isartal gelegen. Dr. Haas beschäftigte sich als Kritiker und Verfasser seichter Theaterstücke. Schriftsteller und ein Ritter Hoher Orden, so hieß es in der Todesanzeige 1902; als Trauernde verblieben sein Sohn Otto und die zweite Ehefrau Marie.[7]

Alle frühe sittenstrenge Erziehung der norddeutschen Mutter Hermanna konnte bei ihrem Sohn Otto nicht fruchten. Auf einer Reise nach Rom erhaschte der Fünfzehnjährige im Hotel einen verstohlenen Blick in eine Suite. Im milchig-roten Abendlicht schimmerte die Kuppel des Petersdomes im offenen Fenster, und in der Mitte des Raums stand Eleonora Duse, abwesend streichelte ihre Hand über einen Strauß schwarzer Iris. Die schönen Künste mussten es sein für Otto. In Rom, Paris und Düsseldorf studierte er Malerei, finanzielle Zwänge kannte er nicht. Otto Haas-Heye war ein nonchalant-eleganter Weltenbummler, ein blendend aussehender junger Mann, der es sich leisten konnte und wollte, zu wohnen, wo es ihm gefiel.[8] 1910 wurde in Garmisch-Partenkirchen die älteste Tochter Ottora geboren. Ein Wanderprediger taufte das Kind, weil der örtliche Pfarrer sich ob der ungewöhnlichen Namenszusammensetzung aus den Vornamen der Eltern weigerte. Eine Anstellung am Londoner National Theatre führte die kleine Familie in die britische Hauptstadt. Nobel residierte man in der Park Lane. Johannes Haas-Heye, geboren am 16. März 1912: »Schon ein Jahr später ging es nach Paris, L'Avenue du Bois de Boulogne, die heutige Avenue Foch. Nebenan bei uns in Paris lebte im Nachbarhaus Claude Debussy, und unsere Mutter Tora, eine begabte Pianistin, genoss es, wenn der Komponist bei geöffneten Fenstern über Stunden am Klavier saß.«[9] Den Geburtsort Paris verzeichnen auch die Urkunden für die am 20. November 1913 geborene Libertas. Die Wohnung der Familie lag zwischen der Place de l'Étoile mit dem Triumphbogen und dem südwestlich liegenden Bois de Boulogne. Im Juni 1940 feierte hier die Wehrmacht ihre Siegesparade.

»Unser Vater hat nie ein Kleid selbst abgesteckt, auch keine Modezeichnungen gemacht, sondern immer flüchtige Skizzen. Otto Haas-Heye hatte seine hervorragenden Mitarbeiterinnen: für das Zeichnen die spätere Professorin Eva Lemke, für das Nähen Frau Rapmund, als Putzmacherin für die Hüte Helene Nymphius. Unser Vater konnte Interesse und das Gefühl für Kunst und Schönheit wecken wie kaum ein anderer. Dies war der Grund für seine Erfolge, auch als Lehrer. Aus seiner Modeklasse sind die Leiterinnen der berühmten später entstandenen Modeschulen hervorgegangen.«[10] Ihren Geburtstag, den 13. Juli, wollte Tora wie immer auf Schloss Liebenberg mit den Eltern verbringen. Zusammen mit ihren drei kleinen Kindern, den drei Hasen, und zwei englischen Kinderschwestern reisten Victoria und Otto Haas-Heye

1914 aus Paris nach Liebenberg. Ungewöhnlich viele Transport-
züge standen auf den Bahnhöfen, die Mobilmachung des Ersten
Weltkrieges kündigte sich an.

In der Stadt der Mode versorgte Otto Haas-Heye die elegantesten
Kreise mit seinen Kreationen, sein enger Freund war der Pariser
Modezar Paul Poiret. Es war Zeit für die neue Mode für die moderne, schlanke Frau, die bewusst auf das Korsett verzichtet. »Natürlich musste unsere Mutter zu den bestangezogenen Frauen gehören. Zur Eröffnung seines Modehauses *Alfred Marie* in Berlin,
benannt nach einem engen Freund unseres Vaters, musste sie zwischen den beiden Direktricen eine breite Treppe hinunter schrei-
ten – sie fand es grässlich«, so ihr Sohn Johannes Haas-Heye. Die
deutsche Hauptstadt stand gleichberechtigt neben Paris in Sachen
Luxus und innovativer Modeschöpfungen. Das Modehaus *Alfred
Marie* im Palais Hatzfeld am Ende der Wilhelmstraße befand sich
an Berlins erster Adresse am Pariser Platz, neben dem Stadthaus
des Malers Max Liebermann. Die Kostbarkeit der Materialien,
die Stärke der Farben und die raffinierten Schnitte in der Tradition
des Art déco zeichneten die Kreationen von Otto Haas-Heye aus.
Für Berlin eine Sensation waren die Hosenröcke, sonst nur den
Radfahrerinnen vorbehalten. Er schuf Modelle aus fließenden
Stoffen, mit bewusstem Schwung. Die Berliner Gesellschaft
schwelgte in seinen Entwürfen, ein Besuch im Palais Hatzfeld in
Berlins Mitte nahe den Linden war ein Must für die Damen der
Upper Class.

Durch seinen Schwiegervater Philipp zu Eulenburg erhielt Otto
Haas-Heye eine Audienz beim Oberbefehlshaber der deutschen
Truppen, Helmuth von Moltke. Gerade habe er, Otto Haas-Heye,
den Graphik-Verlag in München gekauft und beabsichtige, diesen
in Berlin anzusiedeln, um hier eine neue Edition namens *Zeit-
Echo*[11] zu gründen, ein Kriegstagebuch der Künstler. So könne er
dem Kaiserreich besser dienen als in Uniform. Soireen mit Lesungen junger deutschsprachiger Autoren und Autorinnen wie
Else Lasker-Schüler fanden in den Räumen des Graphik-Verlags
im Liebermann-Haus neben dem Brandenburger Tor statt.

Eine Rückkehr nach Paris wurde durch den Kriegsausbruch für

die Familie immer unwahrscheinlicher. 1915 nahm Otto Haas-Heye den Auftrag zur Ausstellungsgestaltung in Bern vom Deutschen Werkbund an. Wenig zog ihn zurück in das kriegsfiebernde Deutschland – zwei Jahre nach der Geburt seiner jüngsten Tochter Libertas verließ er seine Familie.»Den drei Hasen schickte er Schokoladenpakete und viele Ansichtskarten aus der Schweiz. Er war immer an uns interessiert«, so Johannes Haas-Heye. Während das vom Gutbetrieb bestimmte Leben auf Schloss Liebenberg seinen jahreszeitlich geregelten Verlauf nahm, residierte Otto Haas-Heye im glamourösen Palace-Hotel in St. Moritz. Mit der Verwaltung seines ererbten Vermögens und seines Geschäftsetats war der Vater nicht bewandert, Ottora und Johannes führten zeitweilig seine Geschäfte. 1920 folgte Otto Haas-Heye dem Ruf an die Staatliche Kunstgewerbeschule in Berlin. In der Prinz-Albrecht-Straße 8 gründete er erstmals eine Mode- und Kostümabteilung an der staatlichen Institution und nahm seinen achtjährigen Sohn zu sich. Vater und Sohn bewohnten eine kleine Suite im Hotel Adlon Unter den Linden. Die Mädchen blieben in Liebenberg und erhielten in den ersten Schuljahren Hausunterricht.»Dass es 1921 zur Scheidung kam, lag wohl vor allem an der Familie Eulenburg, der es sicherlich nicht gefallen hat, dass sich unser Vater nicht mit der Waffe für Deutschland eingesetzt hat«, mutmaßt Johannes Haas-Heye.»1922 wurde ihm der Titel Professor verliehen. Seitdem kannte ihn jeder als den Professor Haas-Heye.«
Aufgrund der extravaganten Kostüme hieß das Staatliche Berliner Ballett im Volksmund»Haas-Heye-Ballett«. Zurück in Berlin feierte Otto Haas-Heye Triumphe, etwa mit der Tanzpantomime *Die östliche Göttin*, die Premiere fand statt auf der Grunewaldrennbahn. Hugo von Hofmannsthal empfahl Otto Haas-Heye dem Komponisten und Initiator der Salzburger Festspiele, Richard Strauss, für die *Josephslegende* an die Wiener Oper; zusammen mit Max Reinhardt arbeitete der Vater in Salzburg. Otto Haas-Heye liebte die Arbeit in verschiedenen hochkarätigen Engagements in den europäischen Metropolen. Eine zweite Hochzeit kam weder für Victoria zu Eulenburg-Hertefeld noch für Otto Haas-Heye in Frage.

Zugvogel Kindheit

In Berlin besuchten die drei Hasen nachmittags ihren Vater in der Kunstgewerbeschule. Sein Büro lag direkt über dem Eingang. Sie stürmten die Treppen zwischen den schwatzenden Studienanfängern hinauf und spielten Fangen und Verstecken auf den Korridoren des Hauses, das 1933 zur Gestapozentrale mit dem einliegenden Hausgefängnis umfunktioniert wurde. Johannes Haas-Heye: »Auf dem ersten Stock dieser Unterrichtsanstalt hatte unser Vater den gesamten linken Flügel mit der Gründung der Modeabteilung besetzt. In den Jahren 1921 bis 1925 bin ich fast täglich hier diesen Gang gegangen, da hinein und rauf in den ersten Stock. Auf den breiten Gängen kurvten wir mit unseren Holländern herum.«

Libertas zählte neun, Johannes elf und Ottora dreizehn Jahre, als die Kinder 1922 ein Jahr vereint in Berlin unter der Obhut der 27-jährigen Valerie Wolffenstein lebten. Sie lehrte Naturzeichnen in der Modeklasse der staatlichen Kunstgewerbeschule unter der Leitung von Otto Haas-Heye. An der Villa am Nollendorfplatz 2,

Die ehemalige Kunstgewerbeschule als Gestapohauptquartier

die der vermögende jüdische Geheimrat Wolffenstein, ein erfolgreicher Architekt, erwarb, zogen rumpelnd Tag und Nacht die Wagen der Hochbahn an den Fenstern vorbei. Die drei Hasen tobten durch den großen Garten des Anwesens, und einmal fragte Libertas die Geschwister:»Was liebt ihr mehr: Geld und Leben oder Ruhm und Ehre?« Geld und Leben schienen ihr nicht so wichtig, Ruhm und Ehre dagegen bedeuteten viel. Der Garten war der Lieblingsplatz der Kinder, im Haus musste man zu sehr Obacht geben, um nicht eine der vielen kostbaren ostasiatischen Vasen zu zerstören. Hinten im Garten, der Straße abgewandt, gab es einen kleinen Hügel. Im Efeu, verborgen unter tief hängenden Haselnussbüschen, lag ein steinernes Becken. Drehte Vally einen schweren Eisenschlüssel mühsam quietschend um seine Achse, so füllte sich das Becken auf wundersame Weise mit eiskaltem Wasser, das, über den Rand quellend, abwärts in ein großes Bassin sprudelte. In dessen Mitte spuckte ein dicker gusseiserner Fisch das Wasser in einer überraschend hohen Fontäne in die Luft.

Das weltoffene Haus der Familie Wolffenstein galt geradezu als ein Paradebeispiel der assimilierten, gesellschaftlich hoch angesehenen jüdischen Familie. Die Mutter wendete sich dem Christentum zu, und die drei Geschwister Wolffenstein wurden getauft. Geheimrat Wolffenstein, ein bekannter Architekt, baute Synagogen, Kirchen und Warenhäuser. Die Inflation zwang die Familie zum Verkauf des Hauses, und mit dem plötzlichen Tod des Vaters mussten die Schwestern Vally und Andrea lernen, sich in bürgerlichen Berufen durchzusetzen. Das Jahr mit den Haas-Heye-Kindern war für Vally ein glückliches Jahr. Valerie, Vally, liebte die drei Hasen wie ihre eigenen Kinder.

1925 arbeitete der Vater wieder in Paris. Libertas und Johannes lebten ab Herbst zusammen mit Alfred Marie, dem engen Freund des Vaters, im Haus seiner Eltern in Viroflay, einem Vorort nahe Versailles. Alfred Marie veröffentlichte opulent gestaltete Werke über die französische Gartenbaukunst, ein Publikumsrenner. Das Pariser Jahr war das Jahr der Freiheit, die zwölfjährige Libs und der dreizehnjährige Johnny nahmen den Vorortzug und streiften auf eigene Faust durch die aufregende Stadt. Sie lauschten den aufgezogenen Grammophonplatten und summten die Schlager nach. Obwohl das Ende des Ersten Weltkriegs sieben Jahre zurücklag, war es den beiden deutschen Kindern nicht gestattet, eine französische Schule zu besuchen; sie erhielten Privatunterricht. An den heißen Nachmittagen stiegen Libertas und Johnny in die Straßenbahn nach Versailles. Nahe dem Schloss lernten sie im Bain des Pages das Schwimmen. 1926 beschlossen die Eltern das Ende der Pariser Zeit ihrer Kinder. Libertas wurde als Pensionstochter nach Zürich geschickt, der ein Jahr ältere Johannes in einem bayerischen Internat und die sechzehnjährige Ottora in einer Haushaltsschule auf Hermannswerder nahe Potsdam angemeldet.

Johannes Haas-Heye: »Für uns drei Hasen war er ein wunderbarer Vater. Für mich ist es ein großes Glück, dass ich 1921, noch bevor der Großvater starb, aus Liebenberg herauskam, denn was hätte aus mir werden sollen? Auch Ottora hat ihm viel zu verdanken. Der Vater besuchte sie 1928 in Hermannswerder auf der Haushaltsschule für Höhere Töchter. Er fand das so unmöglich, dass er sie kurzerhand mit zu sich nach Paris nahm, wo sie, nachdem Otto Haas-Heye nach Zürich weitergezogen war, seine Arbeit als Beraterin großer deutscher Firmen in Sachen Mode fortführte und ihren späteren Mann, den schwedischen Diplomaten Graf Carl Douglas, kennenlernte. [...] Wäre Ottora in Hermannswerder geblieben, hätte sie vermutlich einen pommerschen Adeligen geheiratet.«

Ferienglück

In Liebenberg war die Welt noch in Ordnung, hier trafen sich die Geschwister mit den Cousinen und Cousins in den Ferien. Libertas wollte mit den Jungs mithalten. Da ist ihr Cousin Sigurd, der Sidi, und sein Bruder Harald, die Söhne von Alexandrine zu Schwerin. Zusammen mit Johnny, Johannes, bildeten die vier ein unzertrennliches Kleeblatt. Im Sommer planschten sie in dem flachen Wasser der Lankeseen und versuchten, Fische mit der bloßen Hand zu fangen. Mit den Landarbeiterkindern spielte man nicht.

»Abends, nach dem Essen, saßen wir im Eckerl, wo, von der übrigen Bibliothek durch einen Mauersprung teils abgetrennt, um einen niedrigen Tisch herum bequeme Sofas und Sessel standen. Dort gab es stapelweise Spiele: Wir spielten Karten, Charade, Pfänderspiele und das alte japanische Mah-Jongg, mit 144 Steinen zu viert ausgetragen. Je nach Alter ging es zwischen 9 und 10 Uhr abends ins Bett«, so Johannes Haas-Heye. »Manchmal tanzten wir auch in der Nordischen Halle zum Grammophon. So passierte es einmal, dass Libertas und ich von entgegengesetzter Richtung anlaufend, genau über den Kissen so zusammenstießen, dass wir beide eine Gehirnerschütterung davontrugen.«

Dichterin will Libertas werden – kein heimlicher Wunsch. Ob zum Erntedank oder zum Geburtstag des Opapas: Libertas liefert die Reime. »Von einem, den ich nie vergessen werde«, widmete sie 1928 ihrem Cousin Sigurd.

»Bald wurden die Vettern in all unsere kindlichen Glückseligkeiten eingeweiht: Vom Heuboden ging es zum Kohlenkeller. Von dort zum Ochsenkarussell oder zum Kletterbaum und dann in den Obstgarten. Bei schlechtem Wetter rannten wir bei Fangen, Blinde-Kuh- oder Wildes-Tier-Spiel, in der, wie es schien, eigens für uns geschaffenen Halle, oder das unheimliche Halbdunkel des Bodens, zu Entdeckungsreisen reizend, nahm uns in seine staubigen, unergründlichen Arme auf«,[12] schreibt die fünfzehnjährige Libertas über das letzte Jahr ihrer Kindheit. »›Sigurd! Sidi!‹, ich rief es, so laut ich konnte, und da erschien auch schon ein blauer Punkt auf der Liebenberger Schlossterrasse, der sich in Richtung des Lindenhauses, wo ich stand, bewegte. Er rannte, dass seine braunen Haare weit nach hinten flogen, der kleine Sidi, und dass die schwarzen Spinnenringlein an dem blauen Kittel, den ich so gerne an ihm sah, lustig auf der keuchenden Brust tanzten. Schon war er bei mir, und ich teilte ihm unseren Plan mit: ›Wir gehen auf den Strohhaufen an der Falkenthaler Chaussee! Die anderen sind schon vorausgegangen, ich habe nur noch auf dich gewartet, damit du nicht allein gehen musstest!‹«

Zu riesenhaften Zauberbergen pferchen die Arbeiter das gedroschene Stroh zusammen, trocknen soll es unter der gnadenlosen Sonne, die die abgeernteten märkischen Weiten zu einer sommerheißen Steppe machen. Endlich oben nach dem stachelnden Hinaufklettern auf dem goldgelben Haufen sitzend, verläuft die Landstraße wie ein schlängelndes Rinnsal, und dann kommt die eigentliche Mutprobe, der ungewisse Ritt hinunter, dort, wo sich die Jungs und Mädchen aus dem Dorf mit den sonnenstaubigen Halmen überschütten. Höher will Libertas hinauf, dort rutschen, wo noch niemand es wagte, hart und steil. Der Cousin traut sich. »Aber kein Sigurd tauchte auf. Da packte uns plötzlich eine lähmende Angst: ›Sigurd?‹ Wir riefen es mit zitterndem Atem, und schon glitten wir auf den verschiedensten Wegen abwärts und liefen zu der Stelle, an der er verschwunden war. Ein Reißen und Wühlen – und schon sahen wir ein totenblasses Gesichtchen. An den Wimpern der halbgeschlossenen Augen hing Ährenstaub, und nun holte der kleine Mund tief, tief Atem, wie erlöst hob er den Kopf und seufzte: ›Fast wäre ich erstickt!‹ Nun holten wir ihn vollends aus dem Stroh, und nachdem wir ihn tüchtig abgeklopft hatten, gingen wir heim; die Lust am Rutschen war uns vergangen.«

Den Erwachsenen gegenüber schwiegen sie. Zu den Geburtstagen des Opapas führten die Kinder ein Stück auf, in dem sie alle Blumen waren, weder Junge noch Mädchen, nur noch Veilchen, Vergissmeinnicht, Dotterblume, Rosen und Schneeglöckchen. Zu Ehren des betagten Geburtstagskindes gaben Libertas und Sigurd eine kleine kokette Schau der gelangweilt Tee trinkenden Hofdamen des Rokoko. Sie rührten in ihren Tassen, und es fiel ihnen nichts ein. Eine unfreiwillige Komik entstand, und Libertas schämte sich so für den Rollenwechsel des Cousins, dass sie ihm auf der Bühne der Nordischen Halle zum Applaus nicht die Hand reichen wollte. »Da kam es wie eine Verachtung über mich, und ich sah plötzlich den Bub in allen Bewegungen: ›Er ist eben doch ein Junge!‹, dachte ich. ›Da kann er lange Mädchenkleider anziehen!« Schrecklich ist ihr zumute. Sidi würde nicht verzeihen; er konnte doch nichts für seine gestelzte Rolle, über die sich die Erwachsenen amüsierten. Erst als Libertas ihre langen Haare auf die Pagenkopfkürze des Cousins abschneiden lassen darf, fühlt sie sich ihm gegenüber wieder wohl: »›Jetzt bin ich nicht mehr so ein dummes Mädchen mit langen Haaren, jetzt bin ich fast ein Bub! Fast ein Bub, was wird Sidi sagen?‹«

Im Winter warteten die dampfenden, vor der beißenden Kälte mit Decken geschützten Pferde vor dem Schlitten an der Bahnstation. Die Mama saß dort wie eine kleine Puppe und fror entsetzlich in dem eisigen Ostwind. Endlich hielt die Dampflok Ruß schnaubend in der Nacht, und schnell kuschelten sich die Kinder unter die Pelze zur Mama in den Schoß. Mit von der langen Zugfahrt versteiften Gliedern kletterten sie vom Schlitten in die von Kerzen erleuchtete Wärme des weihnachtlichen Schlosses. Seit Wochen pulsierte die Vorfreude auf den Heiligen Abend als ein flirrendes Glücksgefühl der Erwartung. Nachdem die drei Hasen ihre Kinderzimmer wohlbehalten vorgefunden hatten, nahm der Großvater ein silbernes Glöckchen in die Hand und schüttelte es zaghaft, dass es leise, kaum wahrnehmbar, zu klingen begann. Schon stürzten die drei aus ihren Zimmern die Treppen hinunter, doch die Türen zur Bibliothek, in der wie jedes Jahr der wundersam mit den althergebrachten Engeln und glitzernden Kugeln strahlend geschmückte Baum bis unter die Decke reichen würde, blieben noch verschlossen. In der kleinen Kirche, schräg über dem Schlosshof gelegen, leuchteten das Kruzifix und die Kommunionsleuchter aus Olivenholz, die der Großvater von seiner Reise nach Jerusalem und Palästina mit heimbrachte. Die über hundert Menschen aus den Familien der Deputanten drängten sich in dem kleinen

Altarraum. Kinderschreien, Niesen, ein fortdauernder Husten, das Scharren der vielen Füße auf den italienischen Fliesen. Zusammen mit einer Fayencenachbildung eines in Pompeji ausgegrabenen Mosaikfußbodens »Die Alexanderschlacht«, 1830 in Neapel gekauft, wurden die Fliesen über Ostsee und Oder nach Liebenberg in großen, mit Holzwolle ausgeschlagenen Kästen geschafft. Der Großvater, gestützt auf seinen Stock, sog heftig die Luft laut zwischen den Liedern ein, der vibrierende Bariton des Sängers führte zusammen mit dem Sopran der jüngsten Tochter Tora das Stimmenecho der Liebenberger Gemeinde an. Die Weihnachtslieder, insbesondere die *Stille Nacht, Heilige Nacht,* trieben dem Großvater wie jedes Jahr die Tränen der Rührung in die Augen. »Durch der Engel Halleluja, tönt es laut von Ferne und Nah: Christ, der Retter ist da! Christ, der Retter ist da!« Tora, die Klavierspielerin an der Orgel, und ihre Schwester Augusta, die Malerin, erfüllte tief der Glaube an die Erlösung durch den Tod Jesu Christi. Die Mystik der biblischen Geschichten trug sie durchs Leben, und der Glaube schloss die beiden geschiedenen Töchter ein wie in einen sicheren Kokon. Nach dem halbstündigen Gottesdienst mit der Ansprache durch den Großvater schickten die in dunkle Tücher gehüllten Deputantenmütter ihre Kinder zu den Mittelbänken. Hier erwartete, versehen mit einem Namensschildchen, jede Familie ein kleines nützliches Geschenk: Nähgarn, Stopfgarn, fester Mantelstoff, Schuhwichse, Windeln oder Pflanzensamen. Dann endlich kehrten alle ins Schloss zurück; der Geruch von reifen Südfrüchten, Goldreinetten und brennenden Kerzen lag feierlich im Raum.

Ottora, Johnny und Libertas, die Cousins und Cousinen hielten den Atem an. Gleich würde der Moment kommen, in dem die weißen gestärkten Tischtücher wie von Zauberhand von den Geschenktischen fliegen und den Blick auf die Köstlichkeiten freigeben: *Struwwelpeter, Häschenschule, Hochzeit der Tiere* – für jedes Kind ein Buch. Die Boxkamera für Libertas war das größte Geschenk, neben dem Frisiersets, Glasmurmeln, Federballschläger verblassten. Alle wollten sie einmal durch die kleine Öffnung die anderen ins Visier nehmen. Johannes und Libertas fassten sich an den Händen, die Cousins und Cousinen kamen hinzu, und die Kinder wünschten einander feierlich eine schöne Weihnacht. In Sigurds dunklen Augen spiegelten sich die Lichter, sein brauner Pagenkopf glänzte wie ein Helm. »Die Kinder sind verliebt«, flüsterte die Mama und lächelte beim Anblick ihrer Achtjährigen und des neunjährigen Cousins. Niemand wusste, dass diese Weihnachten 1920 für Sigurd und den Opapa die letzten werden sollten.

Libertas: »An einem sonnigen Spätsommertage war es, als die schwarze Trauerfahne auf dem Schloss aufgezogen wurde und ich fassungslos durch den Park irrte, auf erlösende Tränen wartend; wie ein Traum kam es mir vor, unfassbar, und wie schnell war es gegangen! Mit Ottora war ich auf dem Kletterbaum gewesen und hatte mich von den elastischen Ästen schaukeln lassen, und da war unsere Erzieherin den Weg heraufgekommen, todernst; und von unbekanntem Schrecken ergriffen, waren wir am Stamme heruntergerutscht und ihr entgegengesprungen. Und da erfuhr ich es, das unfassbar Traurige: Opapa war gestorben! Opapa! Mein sonniger, geliebter Großvater! Nie mehr sollte er durch den Park gehen, nie mehr würde er mir übers Haar streichen und seine lieben Witze machen! Er war gestorben; der Tod hatte ihn geholt. Meine kleinen Fäuste ballten sich bei dem Gedanken, und ich stellte mich dem Tode als enthusiastischer Feind entgegen: ›Grausamer, unerbittlicher, kalter Bursche!‹ Ich erklärte ihm den Krieg mit meinem ganzen Kinderherzen! Und dann lag plötzlich eine weiche Kinderhand in der meinen, und in ein paar rehbraunen Augen las ich Trost und Mitgefühl. – Nun knüpfte das Freundschaftsband zwischen Sidi und mir noch die gemeinsame Trauer. […] Ich kam mir oft so klein vor neben ihm und war doch unendlich stolz auf unsere Freundschaft. Von den Erwachsenen hörte ich von seiner Intelligenz, von seiner Begabung für Mathematik. […] Eines Morgens musste ich vergeblich auf meinen Spielkameraden warten. ›Warum kommt er nicht?‹, fragte ich mich ein wenig ängstlich, ›er ist doch sonst so pünktlich!‹ Eilig stieg ich die Treppe hinauf und klopfte an seine Tür. Tante Adine öffnete und rief, als sie mich sah: ›Du suchst wohl Sigurd? Er ist erkältet und soll heute im Bett bleiben!‹ ›Darf ich nicht rein zu ihm?‹ ›Nein, besser nicht, du könntest dich anstecken!‹ – Mit einem Seufzer drehte ich mich um, rief aber noch in das Zimmer hinein: ›Sigurd, du wirst bald gesund?‹ Und ein wenig heiser klang es zurück: ›Hoffentlich!‹ [...]

Auch Schwester Ottora erkrankte, kam in ein anderes Zimmer, und ängstlich wurde jede Berührung von Mutti, die Ottora pflegte, und mir vermieden. Eine immer ernstere Stimmung bemächtigte sich der Schlossbewohner, und ich selbst ging schweigend umher, noch nichts verstehend, immer nur das Wort ›Diphtheritis‹, unerklärlich und schrecklich, im Kopf. Meine Sehnsucht nach Sidi wuchs von Tag zu Tag, von Minute zu Minute. Auf meine bangen Fragen, ob Sigurd nicht endlich wieder aufstünde, wurde mir kaum mehr geantwortet, jeder war zu sehr mit sich und seinen Sorgen beschäftigt.

Das Hupen eines Krankenwagens meldete eilig die Ankunft auf dem Schlosshof. Schon kamen zwei Männer die Treppe herauf, und ich ging ein wenig zur Seite. Nun rissen sie die Tür zu Sidis Zimmer auf, ich hörte das Knarren eines Bettes, dann das Wimmern einer Kinderstimme. Ein weißer Kissenberg wälzte sich aus der Tür, und darauf sah ich mit Entsetzen ein kleines Kinderköpfchen, so blass, ach so blass!

›Sie nehmen mir den Sigurd weg!‹ Ich rief es in höchster Aufregung, fast wahnsinnig vor Entrüstung. Bei dem Klang meiner Stimme wandte sich das blasse Köpfchen ein wenig, ganz wenig öffneten sich die Wimpern – und dann fiel es erschöpft in die Kissen zurück. Schon trugen die schwarzen Männer meinen Sigurd die Treppe hinunter, ich hörte das Zuschlagen einer Autotür, und mit unheimlichem Rasseln sauste der Wagen davon – mit dem Liebsten, was ich auf Erden besaß.«

Im Sommer 1928 schrieb die vierzehnjährige Libertas auf Schloss Liebenberg die Geschichte ihrer ersten Liebe auf. Täglich saß sie verloren und unglücklich vor dem Wandapparat des Telefons, der nur von den weißen Handschuhen des Kammerdieners Müller bedient werden durfte. Die ältere Schwester überlebt die Krankheit, der Cousin nicht. »Als Fräulein Lynen [die Erzieherin] es mir später schonend sagen wollte, nickte ich nur schweigend mit dem Kopfe. Ich wusste es längst. Der Schmerz war so gewaltig, dass ich ihn gar nicht zu fassen vermochte – keine erlösende Träne entquoll meinen Augen. In einem Traumzustand ging ich umher, betäubt und gefühllos.« In den Armen der Mutter kommt endlich das heiße unhaltbare Weinen.»Mein Sigurd war schon auf Erden ein Engel, nun wird er es auch noch im Himmel sein!«, weinte Libertas. Und sie fand, wie sie schreibt,»in tiefer Demut den Weg zu Gott. Er hatte mir den Freund genommen, als er mir alles war. Sigurd steht vor mir als reiner unbefleckter Engel. Er hat ihn mir genommen, bevor die großen Kämpfe kamen, bei denen wir Menschen unterliegen müssen. Er hat ihn mir genommen als Sieger!«

Mit 15 Jahren dichtete Libertas:

Courte et bonne möchte ich das Leben
Stets voll heißem, großen Streben,
Aufwärts zur Vervollkommnung.

Kämpfen, fallen, unterliegen –
Aber immer vorwärts gehen.
Todesmutig streitend, siegen –
Aber niemals stille stehen.

Voll genießen alle Tage,
Edle Herzen, die Natur,
Ganz durchleiden jede Plage
Aber leben, leben nur!

Glühend brennst du mir im Herzen,
Treibst mich aufwärts hoch zur Sonne,
Doppelt fühl ich Freud und Schmerzen,
Zauberwörtchen: Courte et Bonne. –

Up, up and away

Libertas verfasste Kurzgeschichten und Gedichte, viele davon aus der sechsjährigen Schulverbannung in Zürich an die geliebte Mutter auf Schloss Liebenberg. Das Heimweh konnte sie, trotz aller Aktivitäten, nicht im Zaum halten, unter der Trennung von der Mutter litt sie entsetzlich.

Ein Internatsbesuch war für Libs nicht vorgesehen. Das erste halbe Jahr wurde die Dreizehnjährige bei einer Witwe untergebracht, die das Geschäft mit ihren Pensionstöchtern vor allem unter lukrativen Gesichtspunkten sah. Die Freunde des Vaters, Sophie Panchaud de Bottens und ihr Mann Adalbert, vertraten gegenüber den Behörden die elterliche Gewalt. Als Otto Haas-Heye 1930 von Paris nach Zürich wechselte, um dort eine Kunst- und Modeschule zu eröffnen, nahm er seinen Sohn zu sich; seine Tochter wusste er bei der Familie Maggi gut aufgehoben. Denn der Wechsel zur Familie Maggi war für Libs ein Glücksfall; mit der Tochter Ines besuchte sie die Gymnasialstufe der Städtischen Töchterschule im Schulhaus »Hohe Promenade«. Ines nahm sie Ostern

1930, mit Vater und Bruder in Zürich,
auf dem Dachgarten des Hauses Panchaud

1927 mit zu den Pfadfinderinnen: Draußen in der freien Natur campieren, das war ja fast wie in Liebenberg – Holz suchen, das Feuer anfachen, immer ein Lied auf den Lippen. Libs lernte Ziehharmonika spielen, und ihr Liedschatz wuchs mit jedem Ausflug. Das Schwyzerdeutsch ging ihr akzentfrei von den Lippen, und sie wurde zur Klassensprecherin gewählt. Die beiden Mädchen gründeten eine Zeitung und nannten sie *Simplicissimus*, in der sie ihre Gedichte und Kurzgeschichten veröffentlichten. Wegen des mühsamen Verfahrens, sie tippten Durchschläge auf Kohlepapier, stellten sie den Versuch bald wieder ein. Im *Schweizer Frauenblatt* veröffentlichte die fünfzehnjährige Libertas einen Text. Mit ihrer Schulklasse besuchte sie eine Ausstellung zur Frauenarbeit der Zukunft: »Wir werden auch einmal Frauen sein, werden mithelfen an der Ehre, dem Ruhm, dem Ganzen! Oh schönes, schönes Gefühl!« Das »herzquickende Aussehen eierüberstreuten Spinats«

fand noch ihre Zustimmung, bei den Erziehungsratgebern, die Mädchen zur Hausarbeit anhielten, versiegte allerdings ihre Begeisterung. Libs verbringt nach bestandenem Abitur in Zürich ein Dreivierteljahr bei Freunden in England. Hawksfold im südlichen Sussex, Osterglocken, Tulpen und Bluebells im Frühling, die Fülle der mit Rhododendronhecken bewachsenen Alleen, gepflegte Rosengärten und im Herbst Astern und Chrysanthemen; ein Sprachkurs in Oxford und Aufenthalte in London – eine unbeschwerte Zeit. Wie ins Endlose verlängerte Ferien, ein vorwiegend ländliches Leben, das scheinbar durch nichts aus der Ruhe zu bringen ist: Tennis, Teatime, Hockey, Reiten.

Libertas dichtet:

And now we great with joy and shout
A cheerful turning run-about.
»Oh, let us start!« – The chains resound
To which the airy seats are bound.
And now we fly
»Oh, we are high!«
And leave below us earth and crowd.

How wonderful to laugh aloud –
We are as children glad and proud!
»Give me your hand! Oh let us try
With all our hearts to touch the sky
And out we swing
Into the spring
– and deep beneath the earth and crowd.«

Von Mai bis Juli 1932 lebt Libertas beim Vater in London. Tennispartien und Cocktailpartys wechseln einander ab. Vater und Tochter unternehmen gemeinsam eine Autotour durch das blühende Südengland, sie besuchen die Isle of Wight. Otto Haas-Heye genießt die Auszeit mit seiner jüngsten Tochter; fern aller

Verpflichtungen fühlt er sich ein wenig wie der unbeschwerte, etwas ältere Freund seiner Libertas. Eine Rückkehr nach Deutschland kommt für ihn nicht in Frage. Wird man dort nicht inzwischen als Nazi geboren?

»Baden. Radeln. Fasten. Herumstrolchen«, untertitelt Libs ihre Ferienbilder in diesem Sommer aus England. Ihr Englisch ist inzwischen ganz passabel, auch französisch spricht sie fließend – und der weltgewandte Charme ihres Vaters findet sich auch bei der jüngsten Tochter – das passende Rüstzeug, um nonchalante Schlenker aufs internationale Parkett zu machen. Die Begriffswelt für das, was sich in Deutschland tut, ist ihr vollkommen fremd. Da ist eher eine Kinderangst vor aufständischen Kommunisten, die das Schloss plündern und brandschatzen könnten, vor Soldatenräten und irgendwie wilden Männern. Politisch ist man in Liebenberg insofern, dass der Großgrundbesitz und die damit verbundenen Werte unbedingt erhalten und vermehrt werden müssen. Bildung, Anstand, Aufrichtigkeit, Christentum – das zählt. Unter einer nationalsozialistischen Revolution kann sich Libertas nichts vorstellen.

»Christmas Pudding, da riss sie aus zum Deutschen Weihnachten«, schreibt sie in ihr Fotoalbum mit einem feinen weißen Stift auf schwarzem Untergrund und klebt sorgfältig die Bilder ein. Ende eines Sommerflirts mit England: »Mit der ›Southampton‹ zurück nach Bremen«.

Weihnachten abroad? Unmöglich! Die Herbstjagden sind beendet; die Schweißhunde, die Meute der Drahthaar-Dackel haben Winterpause, als Libs kurz vor Weihnachten wieder in Liebenberg eintrifft. Die Küchenleute hatten gut zu tun in diesem Jahr; die Eiskeller sind voll, das Fleisch ist gepökelt, das Gemüse eingelegt. In den mit roten Ziegeln gepflasterten Vorratsräumen läuft die große Zentrifuge in Betrieb. Ein sauer-nahrhafter Geruch nach Milch und werdendem Käse hängt hier im Untergeschoss, die Sahne kommt tropfenweise, die Magermilch in großen Strömen. Wie schon vor Jahrzehnten stehen die Kinder der Arbeiter an zwei Tagen der Woche geduldig wartend an auf ihr Deputat. In die mitgebrachten Milchkannen wird die Magermilch gefüllt, kaum Vollmilch, die Sahne auf dem Kuchen ist der Herrschaft vorbehalten.

Der neue Güterdirektor Baron Rudolf von Engelhardt müht sich um schwarze Zahlen. Während der Weltwirtschaftskrise wurde er als Assistent des Agrarwissenschaftlers Professor Aeroboes nach Liebenberg beordert. Onkel Rudi betrachtet sich als Vertriebener vom Baltikum; jetzt würden die Ostvölker, und vor allen die Ostjuden, dort alles herunterwirtschaften. Die Heirat mit Ingeborg, der schönen Cousine von Libertas, war ein finanzieller Glücksgriff. Zum Baron gehört die Hakenkreuzbinde am Oberarm wie seine Armbanduhr am Handgelenk. Libs und Rudi eint die Leidenschaft für schnelle Pferde und schnelle Autos. Das örtliche Nationalsozialistische Kraftfahrerkorps ist seine Idee. Die Mehrzahl der Liebenberger Dorfbewohner tritt der Partei bei. Wer den Mitgliedsbeitrag nicht ausrichten kann, wird vom Schloss unterstützt. Sechs Dorfbewohner sollten bei den kommenden Wahlen für die Kommunistische Partei stimmen, sie verloren mit ihrer Arbeitsstelle das Recht auf freien Wohnraum. Libertas begleitet Rudi auf seinen Inspektionsritten durch den herbstlichen Wald, und ihre Gespräche drehen sich um die kommunistische Gefahr: Von Gut Neuhardenberg hörte man, hier probten die Arbeiter und die kleinen Bauern den Aufstand, der sich nur durch das sinnige Zureden von Carl Hans Graf von Hardenberg beruhigen ließ. Die Rote Gefahr ist in aller Munde. Baron von Engelhardt leitet seit 1932 die Liebenberger Ortsgruppe der NSDAP: Bauern und Waldarbeiter robben bei paramilitärischen Kampfübungen zusammen mit den Großgrundbesitzern der umliegenden Güter gemeinsam durch dichten alten Forstbestand. Einmal in der Woche ist Schulung. In der leeren Tanztenne verliert sich das Grüppchen der Anhänger fast in der staubigen Luft vor der roh gezimmerten Holztribüne. Seit seinem Besuch 1931 bei Hitler in München im Auftrag des Großgrundbesitzerverbandes ist auch Onkel Büdi, Fürst Friedrich Wend zu Eulenburg-Hertefeld, ein begeisterter Anhänger der neuen Sache. *Mein Kampf* ist seine Bibel. »Es war mir außerordentlich wertvoll, Adolf Hitler kennenzulernen, der zweifellos eine Persönlichkeit ist, die den heutigen jämmerlichen Durchschnitt weit überragt. Nicht seine äußere Erscheinung ist es, die diesen Eindruck erweckt, sondern die überzeugende Art, die Sicherheit und die Klarheit, mit der er spricht. Besonders eindrucksvoll ist sein Auge, aus dem allerdings Fanatismus leuchtet. Ohne diesen kann aber kein Führer Großes erreichen. Bei Adolf Hitler hat man jedoch den Eindruck des disciplinierten Fanatismus.«

»Die Juden sind unser Unglück« – das, so die herrschende Meinung in Liebenberg, musste die Familie am eigenen Schicksal erfahren. Schließlich war es ein jüdischer Journalist, Felix Witkowski, er nannte sich Maximilian Harden, der für das Drama des Großpapas sorgte und die Familie an den Pranger stellte.

Morgen die ganze Welt

Am Montagnachmittag, dem 30. Januar 1933, jagen der Baron Rudi von Engelhardt und Onkel Büdi zusammen mit Libertas im Auto nach Berlin. Onkel Wend erhielt einen Telefonanruf der Gauleitung Kurmark, heute wird Hitler zum Volk sprechen! Nun, die Abendzeitungen melden:»Hitler ist Reichskanzler, Kabinett der nationalen Konzentration gebildet.« Mit der Vereidigung der neuen Regierung gelobt diese, wie der Rundfunk übertrug, ihre Kraft für das Wohl des Volkes einzusetzen, Verfassung und Gesetze zu wahren, Geschäfte unparteiisch und gerecht zu führen. Aber, so die beiden Männer auf den Vordersitzen, eine Mehrheit im Reichstag haben die Nationalsozialisten dennoch nicht. Es wird schon mit Fug und Recht weiter regiert werden. Hauptsache, den Sozis und den Kommunisten wird das Handwerk gelegt, so die Liebenberger; man gibt sich national, das Festhalten am Rechtsstaat steht außer Frage.

Schon in der Brunnenstraße, aus der nördlichen Hälfte der Großstadt im roten Arbeiterbezirk Wedding, ist kein Weiterkommen. Der Wagen schlingert in Überholversuchen, vergebens. Libertas kann es kaum erwarten, den»Führer« zu sehen, von dem hier in Deutschland nun alle sprechen, ja schwärmen geradezu. Friedrichstraße, Ecke Leipziger, der Verkehr stockt. Die beiden Männer wollen den Wagen sicher parken, Libs macht sich unabhängig von Onkel Büdi und Rudi; sie wird den Zug zur Heimfahrt nehmen. »Sieg Heil! Sieg Heil!«, ruft mit ausgestreckten Armen eine Gruppe Braunhemden. Beiderseits auf dem Fußweg zwischen den zwei Fahrdämmen Unter den Linden marschieren Kolonnen uniformierter Männer, die Fackeln für den nächtlichen Umzug fest mit den Fäusten umklammernd wie eine Reitpeitsche »Es zittern die morschen Knochen der Welt vor dem großen Krieg. Wir haben den Schrecken gebrochen, für uns war's ein großer Sieg. Wir werden weiter marschieren, wenn alles in Scherben fällt, denn heute gehört uns Deutschland und morgen die ganze Welt.« Forsch platzen die Töne gemeinsam aus den Männerkehlen. Unheimlich ist Libertas die düstere Feierlichkeit, die Melodien der Lieder, die zugleich aufpeitschend und sentimental klingen. »Die Fahnen hoch, die Reihen fest geschlossen, SA marschiert ...« Aus der U-Bahnstation Stadtmitte quellen die Menschen. Einige Angestellte, Verkäuferinnen hetzen die Treppen zur Station hinunter, als würden sie etwas Verbotenes tun. Bloß nach Hause, in eine Welt ohne Propaganda, das ist ihnen ins Gesicht geschrieben. Der Strom zieht Libs mit sich fort, Richtung Wilhelmstraße 74, zum Kanzlerpalais. Hier soll er sprechen – der »Führer«.

Die Masse wankt wie eine Gummimatte vor den geschlossenen Fenstern des dunklen Gebäudes. Libertas reckt ihren Fotoapparat über die Köpfe, die Finger frieren an dem eisigen Metall. Der Geruch von Schnee liegt in der Luft. Als würden sie Silvester feiern und endlich auf den großen Knall warten, so stehen die Berliner und die Berlinerinnen vor dem Gebäude aus kahlem Sandstein. Als müsse gleich ein ganz besonderes Feuerwerk vom Himmel platzen. Da, da rührt sich doch was, im zweiten Stock, ein Fenster wird umständlich geöffnet und eingehakt. Hoch fliegen die Arme, als wollten die Hände alle zusammen ein Stück von ihm greifen. Kurz zeigt sich Hindenburg mit seinem mächtigen Bart, kurz nur, abgelöst vom Führer. Libertas steht ganz nah vor der Brüstung, schon ist der Film in der Kamera verbraucht. Wie eine Sportreporterin fotografiert sie den Mann.

Ernst blickt er geradeaus in eine ferne Zukunft, in der heroische Taten geschehen werden.»Heil Hitler! Sieg Heil!«, antwortet ihm die Brandung, die nicht verebben will. Ein Schubs von der rechten Seite, ein Schubs von hinten,»Junges Frollein! Stimmt wat nich mit Ihnen?«, sie kann nicht ausmachen, wer fragt. Scheinbar macht man das jetzt so in Deutschland. Sie fädelt den linken Arm nach oben in die eiskalte Winterluft. Wieder ein Knuff in den Rücken, das gibt einen blauen Fleck.»Mädel, den rechten!« Sie spürt den Atem des Mannes im Nacken. Die Menge starrt und steht. Eine undurchdringliche Wand. Schon ist es acht Uhr!»Ich muss zum Zug!«, ruft Libs an die Köpfe der Umstehenden. Klein und kläglich klingt ihr plötzlich ihre Stimme, es ist wie in einem Alptraum: Niemand hört dich, da kannst du so laut schreien, wie du willst.»Zum Zug, ich darf meinen Zug nicht verpassen!« Ihr ist, als bettele sie. Den Blick fest auf die Ziffern der Armbanduhr gerichtet, die Gesichter schemenhaft wahrnehmend, bahnt sie sich ihren Weg.

Ruckelnd biegt die Bahn in die Kurven, der Waggon wiegt sich auf dem alten Bett der Gleise. Stettiner Bahnhof, Gesundbrunnen, Oranienburg, Sachsenhausen, Nassenheide, Fichtengrund, Teschendorf, Grüneberg, Löwenberg. Kaum Passagiere, still ist es bis auf das Anfahren der Dampflokomotive. Auf dem verlassenen Provinzbahnhof im Ruppiner Land wartet der Kutscher, in Decken gehüllt, dass die junge Haas-Heye endlich mit dem letzten Zug aus Berlin kommt. Auf Anton ist Verlass, ohne Fracht kehrt er nicht zurück. Im Schloss wartet ihr Kinderzimmer oben unterm Dach, versinken wird sie in den Plumeau in einen tiefen Schlaf. Hitler ist also Reichskanzler in Deutschland.

Märzveilchen

Für die junge Partei will Libs 1933 arbeiten. Ein glänzend weißes Kreuzfahrtschiff soll über die Weltmeere ziehen und die neue Zeit verkünden, die Berliner Symphoniker unter Furtwängler aufspielen, Theater- und Tanztruppen auftreten, Ausstellungen der neuen deutschen Maler und Bildhauer, mit Filmvorführungen und Büchereien durch die Werke der neuen deutschen Dichter und Denker die nationalsozialistische Idee verbreiten: Deutsche Kulturpropaganda überzieht die ganze Welt. Argó soll das Schiff heißen, wie jenes sagenhaft schnelle Boot mit den fünfzig Ruderern aus der griechischen Mythologie. Argó flog über die Meere, um das Goldene Vlies heimzubringen. Schnell musste es sein, ein Felsentor passieren – das ins Jenseits führte. Nur das judenfeindliche Aufbrausen in den durchweg mit österreichischem Dialekt gefärbten Reden des Führers stoßen Libs ab; ihre geliebte Kinderfrau Vally Wolffenstein ist doch eine Jüdin: »Sie geriet einem Schwärmer ins Netz«, befand diese in ihren Erinnerungen. »Der Programmpunkt ›Juda verrecke!‹ störte sie heftig, und nie schwieg ihr Gewissen darüber, aber wie so viele Idealisten glaubte sie, wenn mit ihr nur genug Gegner solcher Prinzipien und Methoden sich in der Partei zusammenfanden, allem eine bessere Richtung geben und solche Auswüchse verhindern zu können.«[13] Libertas ziehen die Vorstellungen einer neuen Welt in einer neuen Zeit an. In Deutschland spricht man anders, anders als der ruhige, ausgewogene Singsang des wohl situierten Zürcher Schwyzerdeutsch, ganz anders als der feine, leise englische Spott. Es klingt zackiger und bissiger, als wäre es schon ganz klar umrissen, wie das neue Leben auszusehen hat.

Seit dem 1. März 1933 gehört auch Libertas zur NSDAP. Sie tritt der Liebenberger Ortsgruppe bei, Gau Kurmark, Mitgliedsnummer 1 551 344. Damit ist sie eine der »Märzgefallenen«. Es hieß, man könne plötzlich nicht mehr Mitglied werden, ein Aufnahmestopp in die Partei würde bald verhängt. Professoren, Staatsanwälte, Richter, Beamte und Journalisten: Schnell hinein in die Partei, alle fürchten das Arbeitsverbot. Alle die, die eine Familie haben, für die sie sorgen müssen, alle die, die Angst haben, die Arbeitsstelle zu verlieren – für viele Berufe wird der Besitz des Parteibuches zur Pflicht.

Libs birgt das Büchlein mit dem Hakenkreuz darauf in der Handtasche wie einen neuen Schatz. Das Organisationshandbuch der NSDAP schreibt zwölf Gebote vor:

1. Der Führer hat immer recht! 2. Verletze nie die Disziplin! 3. Vergeude nie deine Zeit in Schwätzereien, in selbstgefälliger Kritik, sondern fasse an und schaffe! 4. Sei stolz, aber nicht dünkelhaft! 5. Das Programm sei dir Dogma; es fordert von dir äußerste Hingebung an die Bewegung! 6. Du bist Repräsentant der Partei, danach richte dein Betragen und Auftreten! 7. Treue und Selbstlosigkeit sei dir höchstes Gebot! 8. Übe treue Kameradschaft, dann bist du ein wahrer Sozialist! 9. Behandle deine Volksgenossen so, wie du behandelt zu werden wünschest! 10. Im Kampfe sei zäh und verschwiegen! 11. Mut ist nicht Rüpelhaftigkeit! 12. Recht ist, was der Bewegung und damit Deutschland, d. h. deinem Volke, nützt!

»Jetzt wird rücksichtslos durchgegriffen!«, titelt der *Völkische Beobachter* am Mittwoch, den 1. März 1933.»Kommunistische Brandstifter zünden das Reichtagsgebäude an – Der Mitteltrakt mit dem großen Sitzungssaal vernichtet – Kommunistische Brandstifter verhaftet – Das Zeichen zur Entfesselung des kommunistischen Aufruhrs – Schärfste Maßnahmen gegen die Terroristen – Alle Kommunistischen Abgeordneten in Haft – Alle marxistischen Zeitungen verboten«. Die Notverordnung zum Schutz von Volk und Staat tritt in Kraft: Meinungsfreiheit, Versammlungsrecht, Pressefreiheit, das Brief- und Fernsprechgeheimnis gibt es nicht mehr. Vor den Schaukästen der Zeitungen in der Innenstadt ballen sich die Menschen in dunklen Trauben. Unwirsch staunend schütteln viele Berliner den Kopf. Die meisten gehen ruhig nach

Hause. Die sogenannte nationale Revolution ist ihnen herzlich egal. Die Rede ist von Erschießungen in den Vororten, es soll wohl knallen.

Harro: Junger Mann, was nun?

Die Besoldeten des Bösen beginnen ihre blutigen Zeichen zu setzen. Am 22. Februar beordert der zum preußischen Innenminister ernannte Hauptmann Hermann Göring die Truppen der SA als Hilfspolizei. Am 17. Februar 1933 verordnet er den Schießerlass, den rücksichtslosen Gebrauch der Schusswaffe gegen alle politischen Gegner. Hilfspolizeiverbände aus 50 000 Angehörigen der Sturmabteilung (SA), der Schutzstaffel (SS) sowie des »Stahlhelms« – ihre Uniformen sind mit einer »amtlichen« weißen Armbinde versehen – nehmen bis Ende April 1933 über 20 000 Regimegegner in Schutzhaft. Bei Razzien arbeiten SA und Polizei Hand in Hand, die Polizeigewalt steht im Dienst der sich mit dem Instrument des Terrors einrichtenden NS-Herrschaft. Ohne gerichtliche Klärung der Schuldfrage wird gestraft und getötet; das Recht steht auf Seiten der Nationalsozialisten, die anderen interessieren nicht. Nachdem am Abend des 27. Februars angeblich der holländische Kommunist Marinus van der Lubbe Teile des Reichstages in Brand gesetzt hat, erfolgt am nächsten Tag durch Reichspräsident Hindenburg die Veröffentlichung einer »Reichstagsbrandordnung«. Der Brand sei ein Fanal der KPD für einen von langer Hand vorbereiteten Aufstand, lassen Göring und Joseph Goebbels verbreiten. Die aufgestellte Reichstagsbrandordnung, die »Verordnung zum Schutz von Volk und Staat«, setzt die Grundrechte außer Kraft. Die gesetzliche Grundlage des Terrors steht fest. Massenverhaftungen nach vorbereiteten Listen gegen Kommunisten, Sozialdemokraten, gegen alle Andersdenkenden folgen. Die Schutzhaftwillkür lässt die Menschen in Gefängnissen und Lagern verschwinden. Die Freiheit der Person ist aufgehoben, selbst die Unverletzlichkeit von Eigentum und Wohnung bietet keinen sicheren Rückzugsort mehr. Zahlreiche Intellektuelle wie der gefeierte Filmregisseur Max Ophüls und seine Familie überqueren noch in der Nacht des Reichstagsbrands die deutschen Grenzen auf der Flucht ins Ausland. Als Ferienreisende getarnt, mit falschen Papieren, versuchen viele aus Deutschland zu entkommen. Die Listen der Gestapo sind lang. Innerhalb des sich verfestigenden Regimes droht die Todesstrafe.

Harro Schulze-Boysen

Der Studienabbrecher Harro Schulze-Boysen ist jeden Abend unterwegs. Wozu für die Gerechtigkeit ein Jurastudium? Lieber mischt er sich unters Volk. Wo bleibt der immer verlässliche sarkastische Humor der Berliner? Geht alles im »Heil« für einen Herrn »Hitler« unter? Im Sportpalast drehen die schnellen Radrennfahrer der Sechstagerennen ihre Runden, ein Ort der fröhlichen Massen. Jetzt, zur Wahlkampfveranstaltung der NSDAP, drängen sich Männer und Frauen auf den Sitzen. Goebbels wird von drei Riesen in den Saal getragen, damit niemand seinen Klumpfuß bemerke, und nimmt seine Worte, die er schon im aggressiven Blatt *Der Angriff* ankündigte, wieder auf: Ausräumen, den Augiasstall, müsse man in Berlin, das gegenwärtige Babel in eine des neuen Reiches würdige Hauptstadt verwandeln. Die Stadt vom jüdisch-bolschewistischen Ungeziefer befreien. Wie alle Versammelten wartet Harro auf den Auftritt Hitlers. Er will ihn erleben, mit eigenen Augen sehen. Die Luft ist zum Schneiden, ein Raunen geht durch die Menge, ein Leuchten liegt über den Gesichtern der

Männer, in den Augen der Frauen blitzen Tränen. Massenhysterie. Der Hauptmusikzug der SA lässt den Badenweiler Marsch erklingen, der Führer schätzt ihn so. 20 000 Frauen und Männer erschüttern die hohe Decke des Sportpalastes mit ihren Heilsrufen. Er ist eingetroffen, der Messias, der die Deutschen die Schmach des verlorenen Ersten Weltkrieges vergessen lassen wird. Harro kann und will es nicht glauben, dieser kleingewachsene Österreicher, dessen Dialekt das Stakkato seiner Sätze betont, dessen Gestik an einen wild gewordenen Zirkusdompteur erinnert – er schlägt sie alle in seinen Bann. In Stiefeln, das Braunhemd in die taillenhoch gezogene Reithose gestopft, verspricht er seinen glühenden Anhängern, sechs Millionen Arbeitslose in Lohn und Brot zu bringen. Wie, das sagt er nicht. Aber er verspricht es. Und das ist die Hauptsache. Einfach aufzustehen und zu gehen, an die frische Luft, es ist unmöglich. Unter zwei Stunden spricht der Führer nicht. Wie ein Pfeil sausen die ausgestreckten Arme nach vorne, hin zu ihm – »unserem Führer«. Schweißtropfen machen die Stirnen glänzen, alle fühlen, dass der Führer mit ihnen fühlt, dass die Ungerechtigkeit ein Ende nehmen muss. Zitternd sinkt seine rechte Faust wieder aufs Rednerpult, ganz Pose aus dem Wagnerschen Bühnengetriebe. Hier naht sie endlich, die Gelegenheit abzurechnen, mit dem eigenen Schicksal, den unliebsamen Nachbarn, den Vorgesetzten. »Die Juden sind unser Unglück«, ruft er, ein Stoßseufzer aus tiefster Brust, und rollt das R wie die Karikatur eines wilden Spaniers. Eine bösartige Heiterkeit breitet sich aus. Kein Zweifel schleicht sich in die begeisterten Gesichter. Die Infamie von Versailles, die jüdische Weltverschwörung gegen Deutschland, die englische Plutokratie – diesmal hat er es ihnen aber wieder gegeben! Hitler schaut dem Volk aufs Maul, dem kleinen Mann. Und der kleine Mann bekommt es mit der Angst. Als wenn der Führer seine geheimsten Gedanken lesen könnte! Dann droht das Arbeitserziehungslager – oder sogar Gefängnis! Zum Ende singen alle stehend *Deutschland, Deutschland, über alles* und das *Horst-Wessel-Lied*. Erschöpft durch die Erregung, schweißnass unter den Wintermänteln, wendet sich die dampfende Menge wie ein müder Lindwurm den Ausgängen zu.

Wo sich die wenigen Möglichkeiten der Agitation bieten, ist Harro vor Ort: Er diskutiert mit Wegbereitern der NSDAP, Vertretern der Schwarzen Front, in der Sozialistischen Studentenschaft, im Republikanischen Rednerverein. Zu seinen Bekannten und Freunden gehören der Publizist und Schriftsteller Ernst Niekisch, Herausgeber der nationalrevolutionären Zeitschrift *Widerstand;* Harro streitet mit Hermann Duncker über den Zusammenschluss von Nation und Kommunismus.

Arnold Bauer, einer seiner Freunde, erinnert sich an ein erstes Zusammentreffen mit Harro 1931 in der Berliner Universität: »Auf der linken Seite standen die roten Studenten, Sozialisten und Kommunisten und das kleine Häuflein der bürgerlichen Demokraten, damals im Gegensatz zu den Parteien schon eine Kampfeinheit. Rechts schrien die Nazis und die ihnen verbündeten nationalistischen Corpsstudenten ihre Kampflosungen ›Juda‹ und das System. Täglich kam es zu Scharmützeln und Handgreiflichkeiten, oft wurde wegen der Demonstrationen der Hakenkreuzler der Unterrichtsbetrieb lahmgelegt. Harro Schulze Boysen, damals junger Student der Staatswissenschaften, versuchte, über die Gegensätze hinweg, die studentische Jugend für ein neues überparteiliches Ziel zu sammeln. Es ging ihm um die Gewinnung aller wirklich revolutionären jungen Kräfte, und er suchte auch die irregeleiteten Fanatiker des Nationalsozialismus, wenn sie ehrliche Kerls waren, mit der Linken ins Gespräch zu bringen.

Während die Kampflust die Gemüter auf beiden Seiten verkrampfte, behielt er seine liebenswürdige und heitere Ausgeglichenheit. Bald diskutierte er am Schwarzen Brett der Nazis, bald wieder in der roten Ecke. Einmal war wieder Hochspannung zwischen den beiden feindlichen Gruppen, ich glaube, es war an dem Tag, als man eines Morgens die Hakenkreuzbänder von den Kränzen des Studenten-Ehrenmals abgeschnitten hatte. Nur eine schmale Gasse trennte sie, und der Rektor, ein hilfloser Greis, rang die Hände und redete vergeblich beschwörend auf die streitbaren Geister ein. Da kam Harro und bewegte sich schlendernd, die Hände in den Taschen, wie belustigt in dieser Gasse zwischen den Wütenden und teilte nach beiden Seiten shake hands aus.«[14]

»Der Schriftsteller Franz Jung, früher Marxist, fast Dadaist, ein begabter Nationalökonom, aber viel zu nervös, hatte den Versuch unternommen, eine expressionistische Zeitschrift, der *Gegner,* als oppositionelles, politisches Organ wieder aufleben zu lassen«, schrieb ein weiterer enger Freund von Harro. Adrien Turel, geboren 1890 im zaristischen St. Petersburg, Sprachlehrer am renommierten Französischen Gymnasium in Berlin und Psychoanalytiker im Kielwasser Freuds. »Bei der nächsten Redaktionssitzung begrüßte mich ein junger Mann von ein Meter fünfundachtzig Länge. Sein blasser schmaler Kopf mit den stechenden Augen hätte an den jungen Bonaparte erinnern können, nur dass dieser Kopf auf dem Körper eines typischen Ulanenoffiziers saß. Das war nun der Mann, der mich auf der Redaktion des *Gegner* mehr oder minder hinausbugsieren sollte. Stattdessen ergab sich prima vista Sympathie und Zusammenarbeit zwischen uns. Wir bildeten ein so hervorragendes Bipol, dass später einmal ein gemeinsamer Feind aus Wut darüber, dass man uns mit keiner Intrige auseinanderbringen konnte, ausrief: ›Ihr seid ja schwul miteinander!‹ Worauf Schulze-Boysen mit souveräner Sachlichkeit feststellte: ›Wir sind nicht schwul, wir sind lesbisch.‹«

Adrien Turel, dessen Gesundheit nach eigenen Angaben am besten funktionierte, wenn er morgens neben der Molle auch die Mampe, berlinerisch für Bier und Schnaps, begrüßen konnte, erinnert sich in *Bilanz eines erfolglosen Lebens:*[15] »Boysen las die ›Eroberung des Jenseits‹, auch andere Bücher von mir, und wir besprachen die Beziehung meiner Theorie zum revolutionären Marxismus, mit dem sie ja niemals identisch gewesen ist. Aus unserer Verbindung hätte sich vielleicht eine nicht unwesentliche politische und historische Schule in Deutschland ergeben können, wenn die Zeit ausgereicht hätte. [...] und da sich die Ereignisse überstürzten, blieb uns keine Zeit, den *Gegner* zu einer wirklichen Keimzelle großer Dinge auszubauen. Wohl aber begann es alsbald um uns von allen möglichen Leuten zu schwärmen und zu wimmeln.«

Mit Fred Schmid, Besitzer eines Privatflugzeugs, Professor der Chemie mit eigenem Patentverwertungsbüro, ist ein Financier für die Publikation gefunden. Seinen Wirkungsort Basel verließ er nach homoerotischen Skandalen. Es galt als chic, eine Zeitschrift zu sponsern. Fred Schmid sah sich als Schriftsteller – im Eigenverlag. Understatement liegt ihm nicht. Zusammen mit seiner Mutter und ihrem Pekinesenpärchen bewohnte er eine opulent gestaltete Dahlemer Villa.

Ernst von Salomon, späterer Lektor im Rowohlt Verlag, in seinen Erinnerungen an Harro: »An seiner Seite arbeiteten bald viele junge Leute mit, Jugend aller geistigen Richtungen, Katholiken, Sozialisten, Kommunisten – und von nationalistischer Seite Ernst Jünger, Bogumil und ich. Er erklärte mir, seiner Meinung nach sei endlich die Kruste brüchig geworden, welche ›die Alten‹ über unsere Zeit gelegt hätten, die Exponenten des vorigen Jahrhunderts über unser Jahrhundert – jene das wahre geistige Leben tötende Kruste der Ideologien einer Elite, die zu spät und zu unvermutet, zu schwach und zu unverdient und durch zu viele Zufälle an die Macht gekommen seien, um außer durch das staubige Netzwerk der Bürokratie mit der neuen Zeit fertig zu werden. Endlich, so meinte er, sei es der Jugend gelungen, die im Schatten jeder Mächte aufgewachsen seien, sich in ihrer eigenen Sprache zu verständigen: Sie fangen an, die Köpfe durch den Nebel zu stecken und einander zuzurufen!, sagte er.«[16]

Die monatliche Zeitschrift wird zu Harros Sprachrohr. An jenen »unsichtbaren Bund von heute schon Tausenden« richte sich der *Gegner*, so Harro, die »vielleicht noch verteilt in allen Lagern stehen, die aber wissen, dass der Tag nahe ist, an dem sie zusammenkommen müssen«.

Die Gedanken machen Sprünge, und wer jung, modern und fortschrittlich denkt, der springt mit. Hauptsache: in Bewegung bleiben, Stillstand ist Harro fast körperlich zuwider. Kein Geld in den Taschen, aber voller Überzeugungskraft. In einer der ersten Nummern des *Gegners* vom 5. März 1932 schreibt er: »Das Kampfgeschrei ist groß auf allen Seiten. Ihnen ein neues hinzuzufügen wäre unsinnig. Tausende Menschen reden tausend verschiedene Sprachen, schreien sich Ismen ins Gesicht und sind bereit, zur Austragung der angeblichen Gegensätze bis auf die Barrikaden zu ge-

hen. – Wir stehen alle am Tor einer neuen Zeit. Wir meinen aber, dass noch keiner von uns den Patentschlüssel haben kann. Es werden die Leute kommen und fragen, welcher ›Partei‹ wir dienen, welches Programm wir aufzuweisen hätten. Wir dienen keiner Partei. Wir dienen jenem unsichtbaren Bund von Tausenden, die gegenwärtig vielleicht noch verteilt in allen Lagern stehen, die aber wissen, dass der Tag nahe ist, an dem sie zusammenkommen müssen. Wir haben kein Programm. Wir kennen keine steinernen Wahrheiten. Das Einzige, was uns heilig ist, ist das Leben – das Einzige, was uns werthaft erscheint, die Bewegung.«
Die Köpfe heiß reden, sich gegenseitig versichern, dass auch ein anderer Weg als der scheinbar vorgezeichnete möglich sein muss: Harro Schulze-Boysen findet »im Gespräch, in Versammlungen, vor der Stempelstelle [...] kämpferische Menschen aus *allen* Lagern. Diese Menschen waren derselben Wesensart. Es wurde der Versuch gemacht, über alle alten Gegensätze hinwegzukommen«, äußerte er im *Gegner*.
Gedankliche Ansätze von Marx, Nietzsche, Ernst Jünger und anderen finden sich im *Gegner* – Gesellschaftsmodelle entgegen der alltäglichen Praxis des sich manifestierenden Nationalsozialismus. Leo Trotzki veröffentlichte im *Gegner* einen streitlustigen Text gegen die zunehmende Bürokratisierung innerhalb Stalins Herrschaft. An den Pranger stellt Harro das Versagen der KPD als Protestpartei, er fordert die Öffnung der Partei, die Abkehr von der Fixierung auf die Arbeiterschaft. Auf eine proletarische Mehrheit könne man lange warten, die alten Parolen des Klassenkampfes haben ausgedient, argumentiert er in seinem Text »Die Saboteure der Revolution«.
An seine Eltern schreibt Harro: »Ich weiß wirklich nicht, warum ihr meine existenz so bohemehaft seht. ich verkehre wirklich nicht nur unter snobs und bolschewisten. neulich war ich bei einem großen empfang auf der sowjetbotschaft [...], heute nachmittag war ich zu einem tee bei der prinzessin bentheim, morgen esse ich zu mittag mit dem englischen botschafter, mittwoch und donnerstag habe ich die beiden hiesigen russischen militärattachés zum tee bei mir, morgen frühstücke ich mit einer frau secker von mallinck-

roth ... ich habe selbst bei größter auswahl und konzentration immer viel leute vor, aber dass das alles unmögliche existenzen sind, das ist doch glatte einbildung.«

Mit einer Auflage von 5000 Exemplaren erscheint der *Gegner* bis Ende März 1933 – bis zum Sturm der SA auf die Redaktionsräume, als alle auf einem Lastwagen abtransportiert werden.

Harros Freundin Regine Schütt läuft den langen Fürstenbrunner Weg ab, der aus dem wohl situierten bürgerlichen Charlottenburg am Krankenhauskomplex Westend vorbei in Richtung Norden zwischen Kleingartenanlagen und Spree führt. Ihr Telefonanruf alarmiert Dr. Werner Schulze, Kammergerichtsrat und von Harro oft besuchter Patenonkel. Er bestätigt die Verhaftung. Seine Bemühungen, Erkundigungen einzuziehen, seien gescheitert, sagt er der Mutter; und ohne Parteiabzeichen würde man nirgends vorgelassen. Die resolute Marie-Luise Schulze, engagierte Vorsitzende des Frauenbundes im Duisburger Kolonialverein, nimmt den Nachtzug, um ihren Ältesten zu retten. Zuvor traten beide Eltern in die Partei ein.

»Als mein Vater den Antrag zur Aufnahme in die Partei zum Briefkasten brachte, sagte er, wie tief ihn dieser Plumps des Briefes in den Kasten betroffen hätte und wie schwer ihm das geworden sei«, charakterisiert Hartmut Schulze-Boysen, Botschafter a. D., seinen Vater, den Korvettenkapitän.[17] »Sie hofften, meinen Bruder freizubekommen. Und das war auch keine ganz unrealistische Hoffnung. Erich Schulze aber war für seine Zeit ein relativ liberaler Mann, der hatte so Ideen von Bürgerschulen und Chancengleichheit. Er war ein Idealist.«

Mit der Stecknadel am Revers fährt Marie-Luise Schulze per eilig angetriebenen Taxi ins Sturmbüro zwischen Potsdamer Platz und Potsdamer Brücke. Regine Schütt nennt der Mutter die Standartennummer der Schuldigen. Ein Klingelschild wenige Häuser zuvor vermerkt: Marineoffizierverband. »Ich ging hinein, weil ich doch sehr viele Seeoffiziere kannte und auf etwas Hilfe hoffte.« Kapitän von Stosch und Admiral Lützow, ein Crewkamerad ihres Mannes, beruhigen die aufgeregte Mutter: »Wenn Ihr Sohn in Haft bei der SS ist, können Sie ganz unbesorgt sein, da wird ihm kein Härchen gekrümmt.« Im Büro des Sturmverbandes trifft die ängstliche Mutter auf zwei Männer in schwarzer Uniform. Ihre Frage:»Wo ist mein Sohn Harro Schulze-Boysen?«, wird mit Schweigen quittiert. Die beiden Schwarzen kreuzen die Blicke und senken ihr Augenmerk wieder auf die vor ihnen liegenden Papiere. Aber Harros Büro liege doch in diesem Bezirk! Sie habe zuverlässige Nachricht, dass ein Sturmtrupp aus der Potsdamer Straße ihren Sohn abgeholt habe! Aufhorchend die Nachfrage, von wem sie das gehört hätte.»Aber natürlich verriet ich die Dame nicht. Sie suchten nun oder taten nur so, mit dem Stock auf einer Karte von Berlin.« Ein zufällig anwesender Seeoffizier vermittelt die Mutter weiter:»Nun war mir klar, dass ich alle meine Kräfte zusammenreißen müsste, um Erfolg zu haben. [...] Mein Sohn habe nicht im Sinne der Partei in seiner Zeitschrift geschrieben. Ich sagte nun, dass es mir als Parteigenossin auch nicht recht sei, dass mein Sohn ein Idealist wäre, erst 22 Jahre alt, natürlich noch unreif (was nicht stimmte!). Ich versprach, ihn aus der Politik herauszuholen, ihn aus Berlin zu entfernen, kurz, alles, was er hören wollte. Ich fühlte, dass da, trotzdem er der Parteigenossin gern helfen wollte, irgendetwas war, was ihn hinderte, meinen Sohn herauszugeben. Da kam es wie eine Eingebung über mich, und da ich wusste, dass damals die SS sehr schnell mit Prügel bei der Hand war, sagte ich: ›Wenn er eine Tracht Prügel bekommen hätte, wäre das nicht das Schlimmste. Darüber kommt ein so junger Mann schnell hinweg.‹ Das war es! Er sagte: ›Glimpflich werden sie nicht mit ihm umgegangen sein.‹ Ich versprach nochmals, meinen Sohn aus Berlin zu entfernen. [...] Nun wartete ich dort Stunde um Stunde. Schließlich rief ich beim Sturm an und fragte, warum mein Sohn noch nicht gekommen sei. Der Obergruppenführer ließ sich nicht sprechen. Ich rief erneut an und fragte nach dessen Vertreter. Der sagte, es sei völlig ausgeschlossen, ihn zu entlassen, es lägen so schwere Verbrechen vor. Ich rief: ›Er kann doch nicht in der Gefangenschaft schwere Verbrechen begangen haben!‹«

Spät am Abend wird Harro gebracht. Voller Entsetzen nimmt Marie-Luise Schulze ihn in Empfang: bleich, die Augen schreckgeweitet hinter blau verfärbten Lidern, die Haare büschelweise ausgerissen und wie mit einem stumpfen Messer geschnitten. Auf seinem Rücken klebt der Hemdstoff im nachsickernden Blut der Wunden. Hakenkreuze ritzten sie ihm ins Fleisch der Oberschenkel mit rostenden Nägeln.

»Er berichtete, er habe drei Mal zwischen dem SS-Sturm nackt Spießrutenlaufen müssen, während alle mit bleibeschwerten Peitschen auf ihn einschlugen. Er riss seine Kleider herunter, und wir sahen die vielen blutunterlaufenen Striemen am ganzen Körper. Er erzählte, dass er das richtige Gefühl gehabt hätte, diesen Kerlen nur mit ›Mätzchen‹ imponieren zu können. So sei er hoch erhobenen Hauptes ein viertes Mal gelaufen, habe die Hacken zusammengeschlagen und gerufen: ›Melde gehorsamst, Befehl ausgeführt plus Ehrenrunde.‹ Da schrien sie, ›Mensch, du gehörst doch zu uns! Dich wollen wir in die SS aufnehmen!‹ Das war nun das Letzte, was er wollte.« Harro berichtete der Mutter, dass sein Freund Henry Erlanger vor seinen Augen bestialisch zu Tode geprügelt wurde. Die Mutter ist so außer sich, dass sie es für ihre Pflicht hält, dieses Verbrechen der Polizei zu melden. Nach einer weiteren schlaflosen Nacht suchte Marie-Luise den Kontakt zu Admiral von Levetzow, Polizeipräsident von Berlin und ein Bekannter aus Marinezeiten des Vaters Erich Edgar. »Am selben Abend kam ein Auto vorgefahren, dem ein Herr mit Ausweis entstieg: ›Ich habe die Ehre, Ihren Herrn Sohn als persönlichen Gast des Herrn Polizeipräsidenten abzuholen.‹ Da hatte ich wieder eine Vorahnung«, so Marie-Luise. Der Sohn soll sich verstecken, flüchten, durch den Garten davonlaufen. »Aber mein Sohn war damals noch gutgläubiger als ich und sagte, aber Mama, es sind doch nicht alle Verbrecher, der Mann hat doch einen Ausweis! Am nächsten Morgen fuhr ich wieder ins Polizeipräsidium. Es war der 1. Mai. Man sagte, ich müsse warten, und schickte mich in einen Raum mit den Fenstern zur Straße. Dort standen sehr viele Menschen mit dem Parteiabzeichen, um den Vorbeimarsch der SS, der SA und der Hitlerjugend mit Fahnen und Musik anzusehen, die zu einer Kundgebung auf den Reichssportplatz zogen.« Marie-Luise lässt sich nicht wegschicken, der Stellvertreter des Polizeipräsidenten empfängt sie endlich: »Ich berichtete alles, vor allem den

Mord an dem jungen Halbjuden Erlanger, und betonte, dass man meinen Sohn als Gast des Herrn Polizeipräsidenten abgeholt hätte. Er sagte: Ich kann doch unmöglich einen ganzen SS-Sturm gefangen nehmen und bestrafen! Ich antwortete: Warum nicht, wenn es Verbrecher sind! Ich will wenigstens meinen Sohn sehen! Da wurde Harro gebracht. Zwischen zwei SS-Leuten in Ketten. Er rief, Mama, du hast mich durch die Anzeige von Erlangers Mord hier hereingebracht, jetzt bring mich hier auch wieder heraus! Ich habe die ganze Nacht mit meinen Wunden auf Stroh gelegen. Da rief ich: Du bist morgen frei oder ich bin auch gefangen! [...]

Mir war inzwischen klar, dass es sich um einen Streit zwischen der Polizei, die mir den Sohn freigeben wollte, und der SS, die wohl wegen der von ihr begangenen Verbrechen ein sehr schlechtes Gewissen hatte, gekommen war.« Eine Gestaposekretärin weist der Mutter den Weg zu den Gefängniszellen. »Da stand ich nun zwischen lauter abgehärmten Frauen, die wohl in ähnlicher Sorge waren wie ich.« Die Mutter darf ihren Sohn mitnehmen, die Anzeige wegen des Mordes an Henry Erlanger verläuft im Sande.

Harro setzt nach seiner Verhaftung auf den antikapitalistischen Flügel innerhalb der NSDAP; der *Gegner* äußert sich nur noch verhalten kritisch zum neuen Regime. Im Münchner »Braunen Haus« versucht er seine Vorstellungen mit denen der HJ-Führung zu vereinbaren. Den Nationalsozialismus durchdringen und entlarven mit seinen eigenen Mitteln; seine Vorstellungen einer tatsächlichen Revolution verwirklichen, das will Harro weiterhin versuchen.

Die Eltern Marie-Luise und Edgar Erich Schulze, denen die Eskapaden ihres Sohnes im tosenden Berlin nicht geheuer sind, schlagen Harro einen einjährigen Fliegerlehrgang an der Deutschen Verkehrsfliegerschule in Warnemünde an der Ostsee vor. Die Familienprotektion reicht immer noch bis in die höchsten Ränge der Militärs. Warum sich nicht umsehen, in die Reichswehr eintreten, meint Harro.

Der Beginn der Ausbildung in der Fliegerschule am 1. Mai 1933 lässt Harro hoffen, innerhalb des Systems aufzusteigen. Denn ab-

Libertas im Frühjahr 1933

wenden, so seine resignierte Meinung, könne man den Nationalsozialismus nun nicht mehr. Im November 1933 schreibt er an seinen Freund Adrien Turel. »Ich bin überzeugt, dass gerade du verstanden hast, wenn ich mich so völlig auf mich selbst zurückgezogen habe während dieser Monate. Du musst wissen, dass dieses Warnemünde primär und vor allen Dingen eine ›Verpuppung‹ bedeutet, um in der Sprache der Insekten zu reden. Genetische Zone par excellence. Da hält man eben das Maul. Zuerst war ich noch ziemlich wütend über all die Berliner Ereignisse. Ich habe mich aber beherrscht und dann immer mehr eingesehen, dass ich mich eben zu früh in den Strudel der Politik gestürzt habe. Dafür habe ich dann eine Niederlage einstecken müssen. – Dann habe ich weiter gesehen, dass ich an dieser Niederlage stärker geworden und gewachsen bin. Ich habe alle Ressentiments über Bord geworfen und mich immer mehr dazu durchgekämpft, den neuen Zustand auch innerlich ganz zu bejahen. Ohne eine Selbstverwandlung hätte ich mich gleich zum alten Eisen legen können. Aber ich sage dir, ich habe es geschafft.«

Während Harro in Berlin um sein Überleben fürchtete, verlebte Libertas idyllische Tage an der Mosel, bevor sie ihre Arbeitsstelle als Pressereferentin bei MGM antritt.

Da ist Horst Melsheimer, Sohn einer traditionsreichen Weindynastie in Traben-Trarbach an der Mosel. Er sieht gut aus, seinen Horch, der Wagen ist eine Sonderanfertigung – die Sitze sind nach einem neuen Prinzip verschalt, so dass die Passagiere unter den Stößen nicht so zu leiden haben – steuert er meist mit einer Hand, die andere überlässt er Libertas. Sie rauschen unter den blühenden Obstbäumen entlang der Mosel, mühelos erklettert der Horch die steilen Wege zwischen den Weinbergen, ordentlich pariert stehen die Rebstöcke nebeneinander. Hinab stürzen sie sich, der Wind zerrt an den Haaren. Er lässt sie ans Steuer, der Wagen schlingert an einem Ochsengespann vorbei, die trägen Tiere stoßen aneinander, und unwilliges Muhen mischt sich in das forttönende Gelächter der beiden. Deutschland sieht hier aus wie auf einer Postkarte, die sich nie verändern darf. Sie nehmen die Moselfähre, die sich mühsam durch die Strömung nach Kröy hinüber kämpft, Libs will unbedingt eine Erinnerung erstehen, in dem Örtchen drüben am Hang, das Bengel heißt. Oben in der Villa Sonora über Traben-Trarbach geht der Blick aufs Tal, leise klingen die Schiffshörner der Rheinkähne hinauf auf die windgeschützte Terrasse wie ein freundlicher Gruß. Eigentlich müsste Horst um ihre Hand anhalten. Aber Libs findet es zu früh, zudem sei ihr Papa, der berühmte Modemann, mal in Paris, mal in London, mal in Zürich, er wisse es oft selbst nicht, wie und wo er die nächste Zeit verbringe. Und sie wird eine Stelle als Pressereferentin bei MGM ab dem 10. Mai im kommenden Jahr im Büro, mitten im Filmviertel Berlins, antreten. Die alteingesessene Winzerfamilie lässt ihren Sprössling gewähren, das alte Adelsgeschlecht der Hertefelds und Eulenburgs ist schon etwas Besonderes. Nun gut, man erzählt sich da Dinge von der Scheidung der Eltern, aber Libs ist mit der Familie Melsheimer seit Kindertagen vertraut. In Traben-Trarbach leben sie so durch die Tage, Horst ist ein guter Organisator, die Weinfeste lassen den letztjährigen Rivaner, den Kerner und den Elbling genießen, er ist charmant, zuvorkommend, immer hält er ihr die Tür auf und wartet, die Blicke fest auf ihren Rücken geheftet, bis sie den Türrahmen passiert. Erst dann folgt er ihr mit einem, wie er findet, recht männlichen Schlenker seiner langen Beine. Eines Nachmittags liegt auf ihrem Bett ein cremefarbenes Abendkleid, schlicht, raffiniert geschnitten, und die dazu passenden Schuhe. Am Abend zuvor klagte sie im Scherz, es seien zu viele Soupers und Diners hier auf den Burgen und Schlössern, sie habe nichts mehr anzuziehen. Er kennt ihre Maße, ihre Schuhgröße. Sie würden so gut zusammenpassen, als Halbwüchsige spielten sie Verlobung. Noch einmal diesen Satz, sie fühlt es, und sie wird nicht mehr an sich halten können. So gut erzogen ist er, dass er sich noch nicht einmal provozieren lässt.

Zum Abschied auf dem Bahngleis blickt er ihr tief in die hellen Augen. »Du wirst wiederkommen« – diesen Satz flüstert er so sanft, ernst und beschwörend, dass er in ihr nachklingt.

Zurück in Berlin, Herbst 1934

Harro ist zurück. Libs wagt nicht, ihn anzurufen, lieber schreibt sie einen kurzen Gruß. Ihren Zeilen mit der Bitte um Anruf kommt er nach. Kurz angebunden klingt er. Und doch, sie hat ihm gefehlt; er hat es gesagt, in einen kleinen Satz gepresst. Heute Abend? Heute Abend, 19 Uhr, vor dem Restaurant *Schlichter* in der Martin-Luther-Straße, dann muss er leider zum offiziellen Empfang im legendären *Horcher*.

Im *Schlichter*, berühmt für seine kalten Platten, die eine eigens beleuchtete Vitrine am Eingang präsentiert, trifft sich die Boheme. An den Wänden hängen Zeichnungen von George Grosz, ätzend vor Satire. Brecht stellt hier seinen Freunden mit rudernden Armen die Ideen zur *Dreigroschenoper* vor, Theo Lingen macht ein trauriges Gesicht und sieht trotzdem lustig aus, Camilla Horn, das aus Hollywood zurückgekehrte deutsche Gretchen, und viele andere Stars und Sternchen spielen hier das Spiel vom Sehen und Gesehenwerden. Gott und die Welt sind unterwegs, Stimmen schwirren aufgeregt durch die Nebelschwaden des verrauchten Saales, befrackte Kellner huschen mit vollen Tabletts wie schwarze Schwalben durch die engen Gänge.

In seiner Uniform wirkt Harro ein wenig fehl am Platz; keine Zeit, die Kleidung zu wechseln, außerdem müsse er gleich noch auf den

Empfang von Göring im *Horcher*. Er wirkt gehetzt, seine Augen wandern ohne Rast durch den Raum. Tagsüber Nazijargon und Pressearbeit im Reichsluftfahrtministerium, kaum einen Abend hält es ihn in der Wohnung. Ein kleiner Tisch neben der Garderobe ist noch frei. Beide Hände hält sie ihm fest. »Ich bin froh, dass du angerufen hast«, sagt Libs, das Lächeln ist aus ihrem Gesicht nicht mehr fortzudenken, und plötzlich ist seine Steifheit vergessen. Wie gut, dass sie sich wiedergefunden haben, dass Lachen wieder auf ihrer Seite ist mit Harros Erzählungen der Genfer Empfänge, auf denen sich die jungen SS-Leute in pfauenartiger Naivität produzierten. Der »ewige, heilige Glaube an die Vorsehung, die uns Adolf Hitler gebracht hat, die Mission, mit der er Deutschland retten wird, die Opfertreue auf dem Weg zur Unsterblichkeit« – das Lamento hängt Harro zum Hals heraus; im internationalen Genf eine Peinlichkeit.

Schon müssen sie aufbrechen, der Empfang bei Göring wartet. Hermann Göring, der Jagdflieger, ist gern gesehener Gast in Liebenberg. Sein Landsitz Carinhall liegt nur einen Katzensprung entfernt; er schätzt die Jagdsaison in den Liebenberger Wäldern ebenso wie die dortige Gesinnung. Oftmals übernachtet er nach einem ausufernden Abend in dem Eckzimmer des Gästetraktes im Schloss, das alle die Fliegerbude nennen.

Von seiner Arbeitsstelle im Reichluftfahrtministerium in der Behrenstraße 68-70 schreibt der Hilfsreferent den Eltern seitenlange Briefe, oft handschriftlich, manchmal benutzt er das Briefpapier mit dem Reichsadleremblem. Am 1. November 1934 berichtet Harro wieder, als würde er Tagebuch schreiben, an die Mutter über seine Schwester Helga, sie arbeitet nach dem Studium der Volkswissenschaften als Sekretärin im Kriegsministerium:

Helga bekommt die Arbeit anscheinend gar nicht schlecht. Sie sieht gut aus. Im Wesen aber ist sie so wenig frisch, dass es direkt schwierig ist, sie mit anderen Menschen zusammenzubringen. Sie gähnt ununterbrochen, sprüht nicht ein bisschen; alle wundern sich (entre nous!), dass sie meine Schwester ist. Aber sie kann ja vielleicht gegen diese gesundheitlichen Schwierigkeiten nichts machen. Neulich abends nahm ich sie in den Garbo-Film mit. Vorher hatte ich ein kleines Abendessen bei mir, mit Helga, Jedzek (Staatstheater), Graf Meran und Libertas Haas-Heye. Nach dem Film gingen wir noch in den Jockey, eine Bar, in der wir beiden auch mal zusammen waren. Es war riesig nett. Bei Bülows war es angenehm. Sie haben ein kleines Häuschen außerhalb von Potsdam; sie ist auch ganz Offiziersfrau, recht gewandt, freundlich und harmlos. Es gab ein Prachtbuffet, und man unterhielt sich leidlich. [...]

Graf Meran versucht einen Flirt mit Helga in gezierter Höflichkeit; Klaus Jedzek ist Dramaturg am Staatstheater und Theaterkritiker, in die Jockey-Bar gehen sie jetzt gerne und oft. Ein bisschen New Yorker Nachtclub-Feeling. An den Wänden des lang gezogenen, schmalen Raums hängen die Fotos amerikanischer Filmschauspieler. It's the place to be.

Informationen

Der Regen perlt in langen Schnüren an den Fenstern, ganz Berlin scheint unter den grauen Wolken zu versinken. Wieder kündigt sich ein langer Berliner Winter an durch einen allzu kurzen sonnenwindigen Herbst 1934. Harro gibt Libs Zeitungsausschnitte zu lesen, die er für wichtig hält. Es ist nichts Ungewöhnliches, dass er sich die internationalen Blätter nach Dienstschluss mit nach Hause nimmt. Doch heute geht es ihm um das, was in Deutschland geschrieben wird. Schnell haftet Harro ein schulmeisterlicher Gestus an, er fällt ins Dozieren. Ein kurzer Blick genügt, und er merkt, dass er damit bei Libertas nicht wird landen können. Wie sie nur auf die Ideen mit der Argó kam, will ihm nicht klar werden. Aneinander liegen sie auf dem Teppich am Hohenzollerndamm 194; die Wohnung ist eine Übernahme von Richy

von Raffay, dem Hamburger Autoerben. Vor etwa einem Jahr im Herbst 1933 titelten die *Münchner Neuesten Nachrichten*: »Ein Konzentrationslager für politische Gefangene«, Untertitel, »In der Nähe von Dachau – Am Mittwoch wird in der Nähe von Dachau das erste Konzentrationslager eröffnet. Es hat ein Fassungsvermögen von 5000 Menschen.« Harro unterbricht, der folgende Satz sei perfide, eben Propaganda, in einem schwer verständlichen Satz Dinge der Undenkbarkeit zu benennen. Ein Satz, der in seiner Unförmigkeit zum Nichtwissen einlädt: »Hier werden die gesamten kommunistischen und – soweit notwendig – Reichsbanner- und marxistischen Funktionäre, die die Sicherheit des Staates gefährden, zusammengezogen, da es auf die Dauer nicht möglich ist, wenn der Staatsapparat nicht sehr belastet werden soll, die einzelnen kommunistischen Funktionäre in den Gerichtsgefängnissen zu lassen, während es andererseits auch nicht angängig ist, diese Funktionäre wieder in die Freiheit zu entlassen.«
Libertas seufzt. Die Worte verknoten sich in ihr wie die Fäden in einem wirren Wollknäuel. Harro liest weiter: »Bei einzelnen Versuchen, die wir gemacht haben, war der Erfolg der, dass sie weiter hetzen und zu organisieren versuchen. Wir haben diese Maßnahme ohne Rücksicht auf kleinliche Bedenken getroffen in der Überzeugung, damit zur Beruhigung der nationalen Bevölkerung und in ihrem Sinn zu handeln.« – »Siehst du, wer ins Arbeitslager kommt, hat auch etwas ausgefressen«, meint Libs. Der Satz spaziert aus ihrem Mund, ohne nachzudenken. Beim Aufnahmegesuch in die Reichsschrifttumskammer würde sie ohne Parteizugehörigkeit keine Chance haben, das verstehe sich doch von selbst. Sie will sich als Journalistin etablieren, mit einem abgelehnten Antrag dort wäre das unmöglich. Libs nimmt sich eine von Harros Zigaretten und pafft den Rauch aus. Sie schielt bei dem Versuch, den grauen kleinen Ringen mit den Augen zu folgen. »Aber was sind kleinliche Bedenken? Dass Menschen geschlagen werden, eingesperrt?« Harro will am Text bleiben. »Und wer ist ›wir‹, wer nimmt sich das Recht, so etwas zu veröffentlichen?« Libs blättert weiter im *Völkischen Beobachter*, im *Berliner Tageblatt*, zu den Kleinanzeigen. Erstaunlich viele Wohnungsauf-

lösungen, erstaunlich viele Todesanzeigen von Familienvätern, nicht im Rentenalter, erstaunlich viele Herzinfarkte unter der jüdischen Bevölkerung Berlins, die den arisierten Zeitungen einen Boom an Todesanzeigen bescheren!»›Ein toter Jude stört mich nicht‹, den Ausspruch Hitlers kennt doch jeder, wusstest du das nicht?«, fragt Harro.»1921 schrieb er ›Man verhindere die jüdische Unterhöhlung unseres Volkes, wenn notwendig durch die Sicherung ihrer Erreger in Konzentrationslagern.‹[18] Die großen Pressehäuser, Ullstein und Mosse, die beide jüdischen Familien gehören, mussten für einen Spottpreis verkaufen.« Dass Ullstein für sechs Millionen anstelle von 60 verkauft habe, machte in Berlin die Runde.»Es ist unheimlich«, sagt Libs,»aber auch unheimlich komisch. Hör doch: ›Arzt, 52 Jahre, rein arisch, alter Kämpfer, der männliche Nachkommen wünscht, würde standesamtliche Trauung mit junger Arierin von guter Gesundheit mit breiten Hüften ins Auge fassen, Jungfrau, bescheiden, sparsame Hausfrau, an schwere Arbeiten gewöhnt, die flache Absätze und keine Ohrringe trägt und möglichst kein eigenes Vermögen hat.‹ Der Mann hat doch Medizin studiert. Sollte man da nicht etwas Intellekt erwarten können?« Libs streckt sich lang auf dem Teppich aus und wippt mit den Zehen auf und ab. Mit der großen Zehe bewegen sich zwei kleine mit hinauf und hinab. Das war früher nicht so.

Harro liest weiter laut vor, wie in einer Unterrichtsstunde:»Eine Warnung. Die Lagerkommandantur Deutsche Werke teilt mit: An die Bevölkerung des Bezirkes ergeht hiermit die dringende Warnung, in der Nähe des Konzentrationslagers Dachau nicht müßig herumzustehen. Wer in der dortigen Gegend etwas zu besorgen hat, soll rasch vorbeigehen, nicht stehen bleiben und vor allem nicht die Umfassungsmauern erklettern, um aus Neugier einen Blick ins Lager werfen zu können. Dies ist mit Lebensgefahr verbunden, denn die Posten sind angewiesen, das Besteigen der Umfassungsmauer unter Anwendung der Waffen zu verhindern.« Libs lässt die ausgeschnittenen Artikel auf ihren ausgestreckten Beinen ruhen.»Mitten in Oranienburg, in der alten Brauerei an der Berliner Straße, gibt es auch schon ein Lager«, sagt sie.»Das ist eine der Bahnstationen vor Löwenberg, das Lager kennen doch alle!« Ob sie wisse, was dort passiert, fragt Harro. Über der großen Mauer thront die Tafel mit der Aufschrift »Das ist ein KZ«, so Libs. Wer einmal dort ist, erklärt Harro leise, im Lager Oranienburg, mit dicken metallenen Strömen todbringenden Stacheldrahts umzäunt, dem sei es bei Androhung des Todes für ihn und seine Angehörigen verboten, darüber zu sprechen.

Er legt ihr weitere Zeitungsausschnitte vor: Am 21. März 1933 lieferten SA-Leute des Sturmbannes III der Standarte 208 auf einen Lastkraftwagen gepfercht 40 Kommunisten in Oranienburg ein. Am 11. Juli 1933 trafen 79 Gefangene aus dem Konzentrationslager Börnicke und 26 Gefangenen aus dem Konzentrationslager Alt Daben ein. Am 29. November 1933 kamen 168 Gefangene aus dem KZ Moringen an. Es stand im *Völkischen Beobachter* am 10. Juli 1934: »Der Jude Erich Mühsam hat sich in der Schutzhaft erhängt«. Ein Schriftsteller weniger. »Totgeschlagen haben sie ihn, ermordet in den feuchtkalten Kellern der Brauerei«, sagt Harro. Dann zitiert Libs: »›Frau Kaiser in Schutzhaft. Auch die Gemahlin des jüngst verhafteten Landgerichtsrats Max Kaiser, eine Ostjüdin, ist in Schutzhaft genommen worden. Ihre Festnahme erfolgte wegen kommunistischer Umtriebe.‹ Was wurde aus Frau Kaiser? Was wurde aus den beiden?«, flüstert Libs. Mörderschulen nennt Harro Oranienburg und Dachau. »Schutzhaft heißt es. Terror ist es, staatlich sanktioniert.« So etwas gibt es, gleich hinter Berlin, gleich neben München? »So etwas gibt es. Sie schreiben auch noch darüber, laden internationale Journalisten zur Besichtigung ein, als wären sie stolz darauf«, sagt Harro. Sie versucht sich vorzustellen, wie es ist, in den kälter und kürzer werdenden Tagen auf einem Haufen Stroh zu nächtigen – die Knochen wie zerschlagen nach der harten Arbeit, die Angst, dass sie kommen und einen mitten in der Nacht holen, das Gebrüll, die Befehle, die Schläge. Ist es denn normal in Deutschland, ein Sadist zu sein und seinen Nächsten zu quälen, anstatt ihn zu lieben?

Deutschland sieht es nicht –
aber Gott sieht es

Ihre Quetschkommode soll sie mitbringen, die Freunde kommen nach Dienstschluss gegen neun Uhr abends zu Harro, in den Hohenzollerndamm 194. Ihr Herz flattert vor Aufregung. Libertas lässt seine Wohnung rechts liegen und radelt weiter, am Funkturm vorbei, die großen neuen Bauflächen der zukünftigen Deutschlandhalle bleiben zurück, weiter rechts führt die Rennstrecke der Avus in den beginnenden Grunewald hinein. Durchatmen. Klar denken. Schon zerrt der Herbst die letzten Blätter von den Bäumen, will nackte Äste schaffen wie unumstößliche Tatsachen. In wenigen Wochen, am 20. November, wird Libs volljährig. Was wird? Wie wollen wir leben?

»Schu-Boy! Was gibt's Neues?«, fragt der Bildhauer Kurt Schumacher mit den hellblauen Augen; er trägt einen schlicht geschnittenen, an ein mittelalterliches Gewand anmutenden Kittel. Alles ist kräftig an ihm, die Hände zeugen vom Werken. Als Künstler will er auch Arbeiter sein, wie von Hause aus. Sanft, fast mütterlich wirkt seine Frau Elisabeth neben ihm. Harro blättert in den ausländischen Zeitungen. Er müsse zu Hause noch die Presse der Schweden, der Engländer, der Franzosen und der Amerikaner sichten, erklärt er in seiner Abteilung »Fremde Luftmächte« im Ministerium. »Die Welt schaut auf uns, es ist demütigend. Carl von Ossietzky sitzt immer noch im KZ ein. ›Windiges aus der deutschen Luftfahrt‹, wisst ihr noch, der Text über die geheime Aufrüstung der Luftwaffe, damit fing für ihn alles an, das war 1929! Die Weltbühne verboten, Tucholsky in Schweden und verstummt, das Denken geknebelt!«, sagt Harro. »›Hier im Lande bin ich ihnen am unbequemsten‹, das waren wohl seine Worte nach dem Reichstagsbrand. Ossietzky ist nicht geflüchtet, wie es ihm alle geraten haben. Was nützt das Engagement der Deutschen Liga für Menschenrechte im Ausland, in den USA, was nützt ein

Brief von Albert Einstein?« Carl von Ossietzky ließ als Redakteur einen Text mit Details über die verschleierte Rüstung der Luftwaffe zu. Das Thema beschäftigte die linke Presse, die *Weltbühne* sollte verboten werden. Die Redaktionsmitarbeiter und Freunde begleiteten Ossietzky bei seinem Gang zum Gefängnis Tegel.

»Deutschland ist ohne freiheitliche Tradition, ihm fehlt das wirkliche Bürgerbewusstsein, ihm fehlt der Stolz des Zivilisten gegenüber der Uniform«, schrieb Ossietzky in einem seiner letzten Aufsätze in der Weltbühne.

Es blitzen die kugelrunden Gläser der Hornbrille von Walter Küchenmeister, Aktivist der KPD, Ex-Redakteur der *Westfälischen Arbeiterzeitung,* der *Roten Fahne* Westfalens und der Essener KPD-Zeitung *Ruhr-Echo.* Geboren 1897 in Waldheim, Sachsen, will er beim Kampf der Roten Matrosen die kaiserliche Fahne vom Schloss geholt haben. Bis 1921 arbeitete er als Eisendreher, 1923 folgten fünf Monate Gefängnis wegen Nötigung, Widerstand und Beleidigung, ein Jahr später drei Monate Gefängnis wegen Beleidigung und 100 Reichsmark Geldstrafe; seit 1926 freier Schriftsteller, drei Söhne. Den drei Söhnen Rainer, Claus und Anselm zeigte er die Einschusslöcher im Bereich des damaligen Löwendenkmals in Berlin. 1928 zog die Familie aus Westfalen in die Anonymität der Hauptstadt. 1933 erhielt Walter Küchenmeister Berufsverbot. Aus der kommunistischen Partei schlossen ihn die Genossen aus.

1934 kehrt der 37-jährige Schutzhäftling aus neun Monaten Konzentrationslagerhaft zurück nach Berlin. Seine Lymphknoten sind geschwollen, immer wieder greift sich Walter Küchenmeister an den schmerzenden Hals. Es ist, als wenn ihn eine hartnäckige Grippe nicht mehr verlassen will. Hustend krampft sich seine Brust zusammen.

Wie Ossietzky hat auch Walter Küchenmeister ein Jahr hinter den dicken eisigen Mauern der Festung Sonnenburg hinter sich, dem KZ bei Küstrin an der Mündung der Warthe in die Oder.»Nie wieder im staatsfeindlichen Sinne« dürfe er sich betätigen, dafür musste er mit seiner Unterschrift bürgen.»Sonnenburg ist eine Folterhölle«, sagt Küchenmeister. Die Winterkälte, die Pritschen ohne ausreichende Decken, 5:30 Uhr Aufstehen zum Morgenappell, 6:30 – 7:00 Uhr Frühstück: Ersatzkaffee, zwei Scheiben Brot mit Marmelade oder Pflaumenmus. Mittagessen, 12:30 Uhr: gekochte Kartoffeln, Rüben, Kohl oder Ähnliches, kein Fleisch. Von 17 bis 18 Uhr kehren die Kolonnen von der schweren Arbeit zurück. Keine Namen, nur Nummern. Abendessen: zwei dünne Brotscheiben mit Schweineschmalz. Um 21 Uhr Nachtruhe. Keine private Minute. Der feingliedrige Küchenmeister leidet wie Carl von Ossietzky unter seiner ausbrechenden Schwindsucht, der tödlichen Infektionskrankheit: Fieber, Schüttelfrost, starke schmerzhafte Schwellungen an den Gelenken und an der Wirbelsäule. Ärztlich diagnostiziert ist die Tuberkulose des KZ-Entlassenen noch nicht.

Die Vervollkommnung seines Schreibens, darunter eine große Anzahl lyrischer Arbeiten und wirtschaftspolitischer Essays, sind dem Autodidakt und Dreherlehrling aus Ahlen die eigentlichen Ziele. Zur Reichspressekammer hat er keine Zulassung, unter dem eigenen Namen kann er kein Honorar verdienen. Die Lage ist aussichtslos. Einerseits das Ringen um die künstlerische Perfektion, andererseits der Kampf, um überhaupt in Erscheinung zu treten. Auch die neunundzwanzigjährige Oda Schottmüller, eine Schulfreundin von Klaus Mann, die sich mittels harten Trainings spät die Körperbeherrschung der Tänzerin abringt, schockiert mit ihren Ausdruckstänzen in oft tragisch anmutenden Choreographien und unter selbst gestalteten Masken das Publikum. Dem Geschmacksdiktat der Zeit beugt sie sich nicht. Eine aus ihrem Kreis.

»Die Freiheit wird mit Füßen getreten, von uns Deutschen. Nun gehört der Einzelne nicht mehr sich, sondern dem Staat. In unsere Köpfe wollen sie kriechen«, sagt Kurt Schumacher und zuckt mit den Schultern. »Kinder oder keine Kinder, alles wird braun!« Bei ihren Treffen nimmt niemand ein Blatt vor den Mund; im Gegenteil, sie reden sich die Köpfe heiß. Es tut gut, das auszusprechen, was, entgegengesetzt aller Propaganda, an Angst und Unruhe eigentlich den Mund, das Zimmer, das Haus nicht verlassen darf. Eine Bestätigung, eine Beschwörung des freien Geistes, ein fröhliches, gemeinsames »Jetzt erst recht!«. Das »Heimtückegesetz« vom 1. März 1933 lautet: Auch »nichtöffentliche, böswillige Äußerungen« können mit Gefängnis bestraft werden. Verurteilt wird mit der Änderung des Strafgesetzbuches Anfang Juli nach dem »gesunden Volksempfinden«.

Bei Harro sitzen sie Rücken an Rücken auf dem Teppich zusammen im Kreis. Kurt Schumacher kann wieder nicht an sich halten; in kraftmeierischer Pose ballt er seinen durch die Atelierarbeit gestärkten Bizeps und rollt in Purzelbäumen rückwärts: »Es wird so weitergehen«, ruft er unter Gejapse. »Es werden viele Helden benötigt, damit sie fallen können.« Die Grafikerin Elisabeth Schumacher, lässt ihr sanftes, frauliches Lächeln leuchten. Fast zehn Jahre trennen Libertas, »die Kleine«, und Elisabeth Schumacher, geborene Hohenemser; sie stammt aus einer jüdischen Bankiersfamilie in Frankfurt am Main. Elisabeth gehört zur Generation der Dreißigjährigen, deren Lebenspläne und Ideale von künstlerischer Freiheit die Politik einfach hinwegwischt, als hätte es sie nie gegeben. Sie studierte Grafik an der Kunstgewerbeschule in Offenbach; 1933 wechselte sie nach Berlin, um Kunst zu studieren. Nun arbeitet Elisabeth als Gebrauchsgrafikerin für das Deutsche Arbeitsschutzmuseum in Berlin; als »Halbjüdin« ist ihr die Festanstellung verwehrt. Elisabeth, die Stille. Viele sehen in ihr das Mütterliche. Doch wenn ihr Lächeln verschwindet, trägt ihr gleichmäßiges Gesicht einen tiefernsten, nachdenklichen Ausdruck. »Woher sollen unsere Aufträge kommen, wenn das Volk keinen Raum mehr hat?«, fragt sie. Das Lachen hält sie alle zusammen wie eine kicherlustige Kinderclique, die jede Mutprobe fröhlich auf sich nehmen will.

Nur Harro, der jeden Tag die Uniform anzieht, bleibt ernst. Deutschland steuere auf einen Krieg zu, da gebe es kein Zurück. Sein Redefluss ist eindringlich. Was solle man tun? Jeder müsse sich das fragen. Wir müssen etwas tun! Wir müssen! Hitler erscheint ihm zwar als psychotischer Egozentriker, dessen Auftritte eigentlich niemand ernst nehmen kann. Sehr ernst hingegen nimmt er die Reaktionen derjenigen, die an den vielen Schaukästen förmlich kleben bleiben und die Schlagzeilen des *Stürmer* in sich hineinsaugen. »Rassenschande!«, empört sich Harro. »Die Deutschen sind doch kein Kaninchenzüchterverein! Wie leben wir denn hier, 1934?«»Dem Reich schenke ich jedenfalls keine Kinder – für Hitlers Heer?«, sagt Elisabeth, und ihre Sanftheit verwandelt sich in bockige Sturheit. »Aber wir waren alle einmal Kinder«, wendet Libs ein. »Als wir klein waren, für mich war es die schönste Zeit.« Ihre Hand sucht nach Harros Hand. Er schweigt. Seine Finger sind warm. »Ich lasse mir von nichts und niemandem mein Leben verbieten. Ich kann es mir nicht vorstellen ohne eine lustige Kinderschar«, fügt Libs hinzu. Was ein österreichischer Dorfdepp von der deutschen Frau wolle, es sei einfach lächerlich.

Teile der Hitler-Reden werden in den deutschen Zeitungen abgedruckt, Libs archiviert jetzt auch sorgfältig: »Da steht es, schwarz auf weiß«, zitiert sie die Meldung vom 9. September 1934, anlässlich des Parteitages in Nürnberg hielt der Führer vor der NS-Frauenschaft eine Rede zur NS-Erziehungspolitik: »Das Wort der Frauenemanzipation ist ein nur vom jüdischen Intellekt erfundenes Wort, und der Inhalt ist von demselben Geist geprägt. Die deutsche Frau brauchte sich in den wirklich guten Zeiten des deutschen Lebens nie zu emanzipieren, sie hat genau das besessen, was die Natur ihr zwangsläufig als Gut zur Verwaltung und Bewahrung gegeben hat. [...] Wir empfinden es nicht als richtig, wenn das Weib in die Welt des Mannes, in sein Hauptgebiet eindringt, sondern wir empfinden es als natürlich, wenn diese beiden Welten geschieden bleiben.« Elisabeth und Libs protestieren lautstark, von wegen, den Männern werden sie es schon zeigen, und solchen wie Adolf Hitler erst recht!

»Was der Mann an Opfern bringt im Ringen seines Volkes, bringt die Frau an Opfern im Ringen um die Erhaltung dieses Volkes in den einzelnen Zellen. [...] Jedes Kind, das sie zur Welt bringt, ist eine Schlacht, die sie besteht für das Sein oder das Nichtsein ihres Volkes«, sagte Adolf Hitler anlässlich des Reichsparteitages gegenüber der NS-Frauenschaft. Was die neue Zeit für die Frauen bringen werde, fragt sich Libertas. Sie will keine Soldaten gebären. Kinder müssen in Frieden aufwachsen.

Leise zieht Libs die Ziehharmonika auf. »Abendstille überall«, verhalten erklimmt ihr sauberer Sopran die Höhen, »nur am Bach die Nachtigall, singt ihre Weise klagend und leise übers Tal«. Das alte Abendlied verweht und taucht sie alle unter eine einigende Müdigkeit. Die anderen fallen ein; es ist, als wenn jemand eine warme Decke über sie breitet. Gegen Mitternacht beginnt die Verabschiedung, in zwei Wochen werden sie sich wieder treffen. Gleiche Zeit, gleicher Ort. Ein Halt wenigstens in einer chaostrunkenen Zeit, in der immer neue Verordnungen und Verbote den Alltag vermessen. Ein Halt ohne Spitzel, hoffentlich.

Um halb eins geht Harro nach alter Junggesellengewohnheit zu Bett. Sie sei viel zu weit weg vom wirklichen Leben in ihrer Pressestelle, sagt er beiläufig zu Libs, und es ärgert sie wieder, dass alle sie liebevoll-spöttisch ›unsere Kleine‹ nennen. Das wirkliche Leben? Lange liegt Libs wach. Der unterdrückte Husten, die Gedanken an den Kampf in der Lunge von Walter Küchenmeister wollen ihr nicht aus dem Kopf. Vielleicht hat er Tuberkulose, aber dagegen kann man doch impfen! Stundenlanges Stehen in der Kälte des späten Winters beim Morgenappell, jeden Gang im Schweinsgalopp verrichten, das Schuhwerk zerschlissen, Laufen zur Strafe, bis die Füße zu blutigen Fleischklumpen werden. Menschen nackt über einen Bock gezogen und ausgepeitscht. So feiern sie dort Ostersonntag. Glaubt das jemand draußen? Draußen, wo die deutsche Jugend stramm marschiert und Kraft durch Freude regiert, wo die Nerven des gesunden Volkes mit Lebertran gestärkt und die Veredelung des deutschen Menschen betrieben wird, während drinnen die Sterblichkeitsziffern in den Dunkelzellen in die Höhe klettern – Zahlen, die niemand nennen will. Namen, die niemand mehr kennen will? Der Wahnsinn dort, sagte Walter Küchenmeister, er entwickle Methode. Deutschland sieht es nicht, aber Gott sieht es. Viel hat er nicht erzählt.

Echte Weiblichkeit ist das Dienen

A m 3. Februar 1935 schreibt Harro an die Eltern: »Liebe Mama, lieber Papa, Vielen Dank für Brief und Geld. Nachmittags war ich bei Libs in Potsdam. Ihr geht es gut, sie lernt allerhand und kommt mit allen gut aus. Es ist natürlich ein hartes Leben, aber das tut ihr ganz gut, und ich freu mich, dass sie die Probe so gut besteht. Da wir uns einmal die Woche sehen, haben wir uns natürlich allerhand zu erzählen.« Weg vom Schreibtisch will Libertas. Die Arbeit im Filmvertrieb MGM ist für »die Kleine« längst zur Routine geworden. Ein neuer Film läuft an. Die Werbetrommel wird gerührt, Journalisten erhalten Einladungen, Zeitungsredaktionen Bildmaterial – ein ewiges Einerlei. Die Unruhe treibt sie, deutlich fühlt sie, dass draußen die Wirklichkeit wie eine Verheißung wartet. Der nächste Sommer, eine Welt voll Ereignisse: Libertas will den Reichsarbeitsdienst ableisten. Lagerleben. Den Bauern zur Hand gehen, ehrliche Landarbeit, bis zur Erschöpfung. Aus den Pfadfindertagen kennt sie es: Wenn die Gemeinschaft alles wird, kein Anmarsch zu weit ist. Wenn trotz eines Dauerregens doch noch ein Feuer aufglimmt, wenn der Eintopf die Glieder wärmt und die Lieder nicht enden.

Bis zum 18. Juli 1935 hat sich Libertas für ein halbes Jahr freiwillig verpflichtet, ein vorzeitiger Abbruch ist unter Strafandrohung nicht möglich. Der militärische Drill zum Körperkult, die kalten Waschungen, sie sorgen bei einigen für schlechte Laune. Eben diese Launenhaftigkeit ist es, die Harro so stört. Zu schnell gebe sie sich Stimmungen hin, ihr fehle der Biss, das könne man lernen. Durchhalten also. Unter den Mädchen befinden sich einige, die der Volksmund als »Gefallene« bezeichnen würde – Arbeitslose, die aufs Land verschickt werden. Doch die Mehrzahl bilden die zukünftigen Akademikerinnen. Mit geziert eingesetztem Hochdeutsch versuchen sie sich von den Mädchen, die nur die Berliner Schnauze kennen, abzusetzen. Vor der Immatrikulation müssen die Abiturjahrgänge ihr Pflichtjahr abdienen; so schreibt es seit dem 1. April 1934 die Gesetzesverabschiedung für Preußen vor.[19] Der Dünkel der Abiturientinnen ist Libertas unangenehm. Jedem Menschen und seinem Schicksal will sie sich unvoreingenommen stellen; so hat die Mutter Tora ihr Bienchen erzogen, so hat sie es als selbstständige Pensionstochter in den Schweizer Jahren gelernt. Wenige Tage nach den warm anheimelnden Weihnachtsfeiertagen und dem besinnlichen Jahreswechsel mit der Mutter, der Schwester und dem Bruder auf Schloss Liebenberg tritt Libertas ihren Dienst an. Mitgenommen werden darf nur kleines Gepäck. »Die für das gesamte Reich vorgeschriebene einheitliche Arbeitsdienstkleidung besteht in einem waschbaren kurzärmeligen Arbeitskleid nach einfachstem Schnitt. Als Ausgehanzug wird dazu ein kleidsames Käppchen als Kopfbedeckung getragen. Das Abzeichen (eine Brosche) des Deutschen Frauenarbeitsdienstes bildet für beide Kleider den einzigen Schmuck.[20] Vom Sammelpunkt am Anhalter Bahnhof geht die Eisenbahnfahrt in Richtung Beelitz-Heilstätten. Dann wartet ein strammer Fußmarsch durch die Alleen mit ihren dunklen Ästen entlang der trostlosen Öde der Felder. Endlich erheben sich die schwarzen Schornsteine der Ziegeleien von Glindow bei Potsdam im Winterweiß wie die Masten eines vergessenen Hafens. An den in der Mitte des Dorfes gelegen Torfwiesen vorbei zuckeln die Mädchen müde die Walter-Darré-Straße aufwärts Richtung Elisabethhöhe, 1927 von der Siedlungsgesellschaft »Deutsch-Land-Berlin« erbaut, ein Vorzeigeort: Jede der 72 Familien in der Mustersiedlung hat 2,5 Hektar Land zu bewirtschaften. Von der Elisabethhöhe reicht der Blick weit über den Glindowsee und die Obstgartenanlagen. Vor einer hell erleuchteten Villa machen sie halt. Sammeln. Angeblich ließ Rambaldi Graf von Faber-Castell das herrschaftliche Haus für eine Filmschauspielerin errichten, jetzt knarren die Dielen unter den nassen Schuhen der Mädchen. Im Speisezimmer hocken sie an den Tischen, die Schultern gebeugt, jede eine seltsam leblose Kleideranhäufung. Am kommenden Morgen, nach der heißen Grießsuppe und der Abgabe und Durchsicht der persönlichen Gegenstände – Geld wird gegen Quittung einbehalten –

werden die Mädchen ihren Eid leisten:»[…] ihre ganze Kraft für die große Sache einzusetzen, den Führerinnen gehorchen und die Arbeiten gewissenhaft durchzuführen, den anderen am Deutschen Frauenarbeitsdienst Beteiligten eine gute Kameradin zu sein und sich in Betragen und Führung der Ehre würdig zu erweisen, dem Deutschen Frauenarbeitsdienst anzugehören.«[21] Im Lager wäscht jede ihre Kittel mit den Händen.

In einer schnell hochgezogenen Baracke hinter der Villa hausen die etwa fünfzig Mädchen, die Anlage gleicht im Aufbau den Zeltlagern der Hitlerjugend: Schnell um den Appellplatz aufgezogene Barackengebäude, ausgestattet mit Etagenbetten aus Militärbeständen. Wir leben im Holzhaus, heißt es romantisch verklärend. Die Kälte zieht durch die Ritzen, jede kleine Schlafbaracke hat einen Ofen, der die Kohlen nur so verschlingt.

Die Doppelstockbetten bieten kaum Rückzugsmöglichkeiten, das Tagebuch bleibt unten im Gepäck, verstaut im täglich neu zu ordnenden Spind. Manche der Mädchen können es nicht lassen, das Pudern, Schminken, Haare färben; sie rasieren die Augenbrauen oder zupfen sie aus, um auszusehen wie die Filmstars.»Die deutsche Frau, wie wir sie uns denken, muss verzichten können auf Luxus und Genuss. Sie muss so sein, dass sie alles, was von ihr gefordert wird, gerne tut.«[22] Die Zitate aus dem diesjährigen NS-Frauenbuch 1934, vorgelesen von jungen Mädchen, die schnell die Zeile verlieren, erscheinen Libertas als lächerlich:»Wenn zum Beispiel in der Mode Formen bevorzugt werden, die Körperformen entstellen oder unnatürlich hervorheben, so ist das ein Beweis für fremde Einflüsse, denen das Zurschaustellen des Körpers artgemäß ist. Der nordische Mensch zeigt eine gesunde Körperfreude ohne natürliches Preisgeben, er ist wie seine Natur zurückhaltend-stolz und doch anmutig. Zeigen sich in der Frauenkleidung Merkmale einer Geschlechtsverwischung, wie das Betonen eines schmalen Unter- und eines breiten Oberkörpers, also ein Anlehnen an männliche Körperformen, so sind das Entartungserscheinungen einer fremden Rasse, die fortpflanzungsfeindlich und daher volkszerstörend sind. Gesunde Rassen werden Geschlechtsunterschiede nicht künstlich verwischen.«

Die täglichen Kontrollen sind streng: Schuhe, Kämme, Zahnputz-gläser, Bettenbau. Die Decke wird akkurat zur Hälfte gefaltet und nach Muster ausgelegt, sonst drohen Sanktionen, etwa die leidigen Handgriffe unter Aufsicht zu üben. Besuche an den freien Wochenenden müssen beantragt und mit Unterschrift bestätigt werden. Verstöße gegen die Lagerdisziplin werden auf dem Führungszeugnis vermerkt, das jede Maid nach Ablauf der Dienstzeit erhält.»Wer auf die Arbeitsdienstfahne schwört, hat nichts mehr, was ihm selbst gehört!«, geht der halbironische Spruch unter den Mädchen um.

Der Winter will im Frühjahr 1935 nur langsam aus der lieblich-hügeligen Landschaft der Glindower Weinberge, umgeben vom märkischen Sand, weichen; die Mädchen sind erleichtert über das Schmelzen des Eises. Im Schlamm der unbefestigten Wege versinken sie bis zu den Knöcheln im Matsch. Endlich wird es wenigstens ein paar Grad wärmer! Libs lernt bei der Familie Engel die Kühe melken; ohne dass eine der ungeduldigen Euterträgerinnen den Eimer umwirft. Sie mistet Ställe aus. Füttert die gierig grunzenden Schweine. Rührt die Wäsche der Bauernfamilie heiß kochend im Waschzuber und schlägt und schleudert sie im eiskalten Wasser. Die Finger können kaum die hölzernen Klammern auf die anfrierenden Wäschestücke setzen; rot sind sie, aufgeplatzt, kleine Risse werden zu langsam heilenden Wunden. Libertas, hier heißt sie der Einfachheit halber Berta, lernt die Grundregeln des Kochens, die Flamme nicht zu groß werden lassen, Holz in die»die heiße Hexe« genannte Kochvorrichtung nachkippen, anfachen. Während die Kartoffeln sieden, fegt und wischt sie die Aufenthaltsräume der Bauernfamilie, stets produktiv. Die Familienmutter spricht wenig. Ihren Letztgeborenen trägt sie meist in einem Tuch dicht am Leib, die Geburt war schwer, und die Hilfe des jungen Frolleins vom Schloss, wie Herr Engel sie immer gutmütig foppend aufzieht, ist manchmal schwer zu gebrauchen. Sie will etwas leisten, sie will nicht als die dumme Gans mit zwei linken Händen dastehen. Tut sie's doch, nimmt die vierfache Mutter ihr schweigend lächelnd etwa die Stopfarbeit aus der Hand.»Gesegnet sei unsere Mahlzeit, Amen.« Mehr spricht das Paar nicht am

Tisch. Die Hände des Bauern sind voller Schwielen, die Schalen der Hornhaut verhindern das Biegen und Beugen der Finger. Löffel und auch die Gabel hält Herr Engel wie eine zu kleine Schaufel, mit dem Messer zerkleinert er, dann zieht seine Rechte die Nahrung schnell in den geöffneten Mund.

Viel Zeit zum Denken und Wünschen bleibt den Arbeitsmaiden nicht, der Tagesablauf ist genau geregelt: um 5:30 Uhr Wecken, Sport und Morgendienst, 7 Uhr bis 14 Uhr Arbeitsdienst. Hier in Glindow sind sie über die Siedlerhöfe den Bauernfamilien zugeteilt. Bis 16 Uhr sind Mittagessen und Entspannung eingeplant, dann geht es weiter mit Körperschulung und Dienst nach Ermessen. Bis 19 Uhr der Nachmittagsunterricht, dann Freizeit und Nachtruhe. Täglich wechselt die Diensteinteilung zur Reinigung der Treppen und Gänge, zum Küchendienst.

Seufzen, schnaufen, schnell kommt der bleierne Schlaf über die Erschöpften. Tief geht der Atem. Alles schläft. Täuschend in der Stille, das elende Wimmern eines Säuglings, ein kleines, leises Mauzen nur. Auf Zehenspitzen läuft Libertas zum Fenster, die Tür ist von der Stubenältesten verschlossen. Ein Katzenjunges liegt auf dem Abtrittbrett vor dem Stubeneingang. Leise, leise öffnet Libertas das Fenster, und die kleine Schwarze scheint sofort zu verstehen. Ohne einen Mucks schiebt sie sich am Mauerwerk entlang zum Sims. »Was tust du da, es ist kalt, kannst du nicht schlafen?«, beschwert sich eine unwirsch, doch da hat Libertas schon den frierenden Katzenkörper in der Hand. Sie verbirgt die kleine Katze unter ihrer Decke – kein Laut, schscht, still –, und sie schläft ein, das Katzenjunge auf ihrer Brust. Beim Aufwachen am nächsten Morgen ist die Katze fort. Zwei der Mädchen spielen mit ihr, die Schürzenzipfel huschen vor und zurück. »Wir wollen ihr Milch besorgen«, flüstert Libertas, und die beiden anderen nicken. »Achtung!«, heißt es plötzlich, und ein Mädchen posaunt laut die Meldung hinaus, Stube 5, belegt mit, alles nach Vorschrift. »Wo kommt die Katze her? Wer ist verantwortlich?«, fragt die Stubenälteste. Sie wird es der Lagerführerin melden, sagt sie und macht militärisch kurz kehrt. Libertas bedenkt sie mit einem wissenden Blick.

»Wird der Freiwillige zu seinem Führer gerufen, so nimmt er tadellos straffe Haltung ein. Er sieht dem Führer offen und frei in die Augen. [...] Der Freiwillige bleibt in der soldatischen Haltung, bis ihn der Führer auffordert zu rühren.« Warum sie das getan hat, obwohl es gegen die Regeln ist und sie das wohl wisse? Warum? Libertas blickt auf ihre gefalteten Hände. Sie tat mir leid, sagt sie. Mehr nicht. Mehr gibt es nicht zu sagen.

»Während des Gesprächs darf der Freiwillige den Führer nicht unterbrechen. Fragen und Antworten laut und deutlich. Nie so leise, dass Nachfragen nötig sind. Höflichkeitsformeln, umständliche Sätze, sind zu meiden. Muss der Freiwillige seinen Namen nennen, so ist dieser besonders deutlich zu sprechen. Auf den Ruf des Führers antwortet der freiwillig laut mit ›Hier‹. Ein gegebener Befehl ist zu wiederholen, kürzere Befehle werden wörtlich nachgesprochen.«

»Nie wieder will ich gegen die Regeln verstoßen!« Nie wieder will ich gegen die Regeln verstoßen. »Ach nee, nu warste janz oben«, meint eine Kameradin spöttisch und knufft Libs in die Rippen. »Es geht doch eben nicht, wenn wir uns alle eine Katze halten würden? Weißt du, wenn ich nicht mehr kann, dann schaue ich auf unsere schöne Lagerfahne; und ich sage mir immer wieder dieselben Verse: ›Du sollst an Deutschland glauben, so fest und klar und rein, so wie du glaubst an die Sonne, den Mond und Sternenschein. Du sollst an Deutschland glauben, als wäre Deutschland du. So wie du glaubst, deine Seele strebe dem Ewigen zu. Du sollst an Deutschland glauben, sonst lebst du nur den Tod, und sollst um Deutschland ringen, bis an das Morgenrot.‹«[23]

Das tägliche Führen des Arbeitsbuches ist Pflicht. Die Reichsanstalt für Arbeitsvermittlung und Arbeitslosenversicherung, RAVAV, zahlt zwischen 1 Mark 60 Pfennige und zwei Reichsmark pro Tag. Abzüglich der Kosten für Unterkunft und Verpflegung werden etwa 20 bis 50 Pfennige täglich gutgeschrieben. Die anstrengende Plackerei wird in den Schulungen als Ehrendienst am Deutschen Volke begeistert angepriesen – eine Ehre, die nur Ariern zuteilwerden darf: »Der schaffende Deutsche wird der Träger einer neuen deutschen Völkerwanderung sein, einer Rückwanderung aus dem Elende und dem Tode der Städte auf das Land. Hier wird der Mensch die ihm ureigene Kraft wieder finden, und hier wird dem, der der Verzweiflung nahe war, die Erkenntnis kommen, dass er noch nicht alles verloren hat. Möge ihm aller Reichtum, alles Lebensnotwendige genommen sein, in seiner großen Armut aber wird er hier begreifen, dass ihm eins geblieben ist: der deutsche Boden und die Kraft seiner Arme!«[24]

Zu den Abendgesängen kommen die jungen Männer in die Villa auf der Elisabethhöhe hinauf. Abiturienten und Arbeiter, darunter auch einige, die das brandenburgische Gutsknechtsleben mit dem des Arbeitsdienstlers vertauschten – schuften für die Ziegelfabriken. Ihre große Zeit, die Gründerzeit, als das steinerne Berlin täglich wuchs, liegt längst zurück.

Die Männer, darunter manche Milchgesichter, denen die nicht abgeschlossene Pubertät Kraterfelder voller Pickel im Gesicht sprießen lässt, paffen den ätzenden Rauch aus ihren Schwarz-Weiß-Zigaretten, die billigste Sorte, auf der Veranda, im Laubengang der Villa. Vor den Mädchen tun sie sich groß.

Seltsam gesichtslos bleiben Libertas die jungen Männer in ihren Arbeitsuniformen wie eine einheitliche Masse. Keiner hat die hellen Augen von Harro, keiner den schnellen Blick, keiner seine warmen Hände. Bist du verlobt, fragen die anderen Mädchen auf der Stube und kreischen. Natürlich sind wir verlobt, setzt Libertas ernsthaft hinein in das Gelächter. Wir haben uns einander versprochen, sagt sie trotzig. Ach, jetzt schon, die große Liebe, gibt's doch gar nicht, lachen die sich abgebrüht Gebenden und sind sicher nur neidisch. Er arbeite im Reichsluftfahrtministerium, und den Göring kenne sie auch gut, aus Liebenberg, vom Schloss. Der jagt bei uns. Wenn der man nicht auf Menschen Jagd macht, lachen die Mädchen

Ihr Durchhaltevermögen auf dem Land hat sie also bewiesen. Harro könnte stolz auf sie sein. Und wieder hat Libertas eine ihrer schwarzen Kladden gefüllt. Die Sonnenwendfeier. Stoff für einen Roman im Arbeitsdienstmilieu? Über Harros weitreichende Kontakte hofft sie eine Möglichkeit zur Veröffentlichung zu finden.

Genf

Harro reist zum zweiten Mal im Auftrag des Auswärtigen Amts nach Genf. Zusammen mit einer Elitegruppe junger SS-Männer soll er das nationalsozialistische Deutschland bei der Tagung des Völkerbunds vertreten. Das Deutsche Reich trat auf Initiative Hitlers 1933 aus dem internationalen friedensstiftenden Verband aus. Libertas und ein enger Freund der beiden, der 1908 geborene Theaterkritiker und Schriftsteller Klaus Jedzek, begleiten ihn.

Am 6. Juli 1935 schreibt Harro an die Eltern. »Montag war ich zusammen mit meinen SS-Freunden, um mit ihnen für Genf schon vorzuarbeiten. Wenn alles klappt, werde ich vom AA und vom Kultusministerium für das französ. Referat vom RLM angefordert. Da ich bereit bin, es auf meinen Urlaub anrechnen zu lassen, dürfte die Genehmigung wohl erteilt werden.« Und zehn Tage später: »Libertas kommt übermorgen aus ihrem Lager. Um ihr die Berufsarbeit zu ersparen, werde ich sie Übersetzungen machen lassen. Ich kann sie ja leicht einarbeiten.«

Nach dem strengen Lagerleben genießt Libertas die neue Freiheit. Im Auftrag des Reichsluftfahrtministeriums fertigen sie und ihr Bruder für Harro Übersetzungen an. »Das war recht lukrativ«, erinnert sich Johannes Haas-Heye. Die Eltern Schulze befürchten durch die Mitwirkung des Sohnes an der Zeitschrift *Wille zum Reich* ähnliche Vorkommnisse wie 1933. Harro beruhigt sie, es gebe keine Bedenken gegen das Blatt.

Am 1. Mai 1935 verfasst Harro einmal mehr den Leitartikel in der Zeitschrift *Wille zum Reich* und unterstellt unter dem Titel »Reden, Bündnisse, Pläne« dem Völkerbund altbackene Ineffizienz: »Die Stadt Genf scheint es seit Jahren darauf angelegt zu haben, um jeden Preis ihren guten Ruf zu verlieren. Die Stadt der Aufklärung, die Genf einmal im besten Sinne des Wortes war, setzt heute ihren Ehrgeiz darein, das verkalkt und alt darzustellen, was im Jugendstadium – zwischen der Schweizer Reformation und der

Französischen Revolution – ihr gut anstand. Was geschieht, wenn man Ideale inventarisiert? Sie halten sich nicht. Sie werden zu Ideologien. Verstaubung, Korruption und doppelte Moral greifen um sich.

Doppelte Moral: ein Mammut Apparat redet, drahtet, telephoniert, empfängt, dementiert, photographiert, isst und trinkt so öffentlich es geht. Und selbst wenn es ›geheim‹ zugeht, ist der Völkerbundspalast noch ein öffentliches Haus. Dieser Apparat ist mehr noch als eine hell erleuchtete Bühne. Er ist politische Börse – für Zuschauer. Hier setzt es tönende Worte, moralische Entrüstung und rasselnden Leerlauf. Wozu der Vordergrund? Um des Hintergrunds willen! Im Vordergrund trieft alles förmlich vor Menschenrecht, im Hintergrund herrscht aber während und nach den Völkerbundtagungen der Kuhhandel, wobei die Kühe durch Staaten dargestellt werden. Kühe aller Länder, vereinigt euch!

Die verschiedenen Entschließungen jüngsthin waren nichts als Wortgeklingel. Zu gleicher Zeit saßen die Friedensmacher zusammen und schmiedeten Militärpakte. Nun ist nicht mehr entscheidend, wie viele weitere Urteilssprüche und Resolutionen und Proteste folgen, sondern was die Generalstäbe tun. Immer wieder gilt für das deutsche Volk das Wort: ›Bereit sein ist alles.‹«

Die deutschen Grenzkontrollen am Übergang Basel begutachten kritisch den Opel und die darin sitzenden zwei Männer mit der jungen Frau. Neugierig beugt sich Libs von hinten zwischen den beiden vor. Die Papiere mit den Stempeln vom Auswärtigen Amt in Berlin studieren die Beamten geflissentlich. Sie sind in Ordnung. Deutsche Privatreisende sind selten geworden; das Gros der Emigranten und Flüchtlinge wächst. In der wohlhabenden Schweiz sind sie nicht gern gesehen. Der Blick der Grenzbeamten bleibt prüfend an den drei Happy Few hängen. Im Hintergrund türmen sich die weiß leuchtenden Berge des Schweizer Jura auf. Libertas kann es kaum erwarten, voranzukommen: »Grüezi! Salü! Zältli? Bonbons?«, fragt sie die Schweizer Grenzer und bietet ihnen weich-klebrige Sahnebonbons an, Selbstgemachtes aus Liebenberg. Verstoosch Schwyzerdütsch?

Der Opel klettert hinauf Richtung Neuenburg. Am Ufer des Genfer Sees in Lausanne zaust der Wind die Palmen unwirsch am Schopf; mit der Überfahrt über die Grenze erreichen die drei eine andere Welt. Stundenlang könnten sie die Auslagen in den Geschäften betrachten – Seifen, Parfums, Dessous –, müßiggängerische Damen mit kleinen Hunden in den Cafés, Flaneure, die den Hut ziehen, auch wenn sie nicht wissen, wen sie da grüßen. Selbst das Klingeln der kleinen Löffel in dem starken Kaffee klingt anders als in Deutschland. Sie genießen das Gefühl, draußen zu sein, fort von deutschen Reden, von Verpflichtungen, fort von einer beklemmenden Geschäftigkeit, die durch ihren täglich geforderten Fleiß an Verrichtungen keinen Platz mehr lässt für ein Innehalten, für eine bloße Betrachtung.

Harro ist von früh bis spät in Konferenzen und Vorträgen eingebunden, Libertas und Klaus Jedzek streunen durch Genf. Morgens liegt der See ruhig, die Ausflugsboote schweigen, und hier und da gibt ein frühherbstlicher Nebel den Blick frei auf die andere Seeseite hinter der spiegelglatten Oberfläche. Die französischen Alpengipfel glänzen fern wie frisch gezackt im Azurblau. Genf erwacht langsam, wie eine mondäne Schönheit, die sich selbst genug ist.

Klaus Jedzek: »Die Jugendtagung wurde wie zum Hohn noch von der Regierung sanktioniert. Für uns alle drei war es die erste Auslandsreise, die nach 1933 wieder gelang. Deutschland stand schon außerhalb der übrigen Welt, das war zu spüren. Man wurde ausgefragt und durfte nicht antworten, höchstens das Zustandekommen von dem und jenem erklären, denn keiner von uns wusste, wie weit die Aufsicht der Polizei ging. Wir hatten es nicht viel anders erwartet, machten uns unsere eigenen Gedanken dazu und sprachen sie unter uns aus. Seltsam, dass wir am sonnigen Genfer See wirklich und wahrhaftig ein paar alte jüdische Freunde trafen, mit denen wir uns freuen und reden konnten, was wir wollten. Sie waren endlich wieder freimütiger, aufgeschlossener als bei dem letzten Zusammensein in Berlin, und es gab Stoff für die Gespräche. Die Herzen waren voll und der Mund ging uns über. Sie hatten Heimweh nach Deutschland.

Indessen gab es im Ablauf dieser Reise einige deutlich stille Stationen. Wir fuhren durch Wallis, die Rhône entlang und standen in Muzot vor dem Turm Rilkes, vor seinen Blumen, seinen Bäumen, den Kaskaden seiner Berge gegenüber, und wir hörten seinen Brunnen rauschen.«

Mit dem baufälligen kleinen türmchenbewehrten Chateau in Muzot, unscheinbar an der Landstraße nach Miège gelegen, zwischen kleinen Winzerdörfern mit sonnenverbrannten Schindelhäusern, engen Gassen, kühlen alten Weinkellern und dunklen Ställen, deren Treppen irgendwo im Schwarz der Behausungen sich verlieren, fand der Lieblingsdichter von Libertas seinen letzten Ruhepunkt. Die Zahnradbahn ruckelt sie von Lauterbrunnen bis zum höchsten Bahnhof Europas hinauf, das auf 3454 Metern Höhe liegenden Jungfraujoch. Die drei stehen auf dem eisigen Dach Europas. Ein Mal noch. Klaus Jedzek:»Es war uns, als bedürfe es dieser Entrückung in die weltoffene Höhe der Winde und Gletscher und Gipfel nun umso mehr, nachdem durch die beinahe körperlich spürbare Nähe des Dichters und seines Engels diese ins Stille weisende Verzauberung als Reinigung der Geister bestanden und bewältigt von uns war, die wir nun doch wieder nach Deutschland absteigen mussten.

Natürlich haben wir davon gesprochen, ob es nicht rechter sei, draußen zu bleiben – und ein Haus in Zürich öffnete sich für die Freunde. Zwei Jahre nach 1933 war uns die Lust zu emigrieren erst einmal vergangen (um später wiederzukehren).

Eine kleine neue Zeitung wartete auf uns; er (Harro) hatte ein frommes kirchliches Winkelblatt gewonnen, das sich – sehr zum mählichen Entsetzen des Verlegers – in einem halben Jahre seltsam veränderte. Mit einem Mal waren wir frömmere und deutschere Christen als die Deutschen Christen, zauberten jedes Mal vorneweg einen Leitartikel voller Markigkeit und Tücke gleichermaßen und ritten die hohe Schule der Dialektik legal bis zum Steinerweichen, bis die Zeitung, auf einen sanften Hinweis der Gestapo, die sachte doch hellhörig wurde, wieder einschlafen musste, ohne Blutvergießen diesmal, weil wir in Schlüsselstellungen saßen, wenn man es so nennen will.

Die Schweizer Freundinnen, die Aussicht über den Zürich-See

Nein, die Emigration bot uns nichts. Jung, aktivistisch, von einer oftmals eiskalten Objektivität, ein gleichermaßen sachlicher wie leidenschaftlicher Beobachter sah Schulze-Boysen dann alles anders kommen. Und alles kam. Der Krieg kam und war am ersten Tage verloren. Er hat es gewusst.«[25]

Auf dem Rückweg nach Deutschland machen die drei Station in Zürich. Es kommt zu einem Treffen mit Wolfgang Langhoff, Regisseur und Schauspieler am Schauspielhaus in Zürich. Nach Gestapofolter im März 1933 im Düsseldorfer Gerichtsgefängnis überlebte Wolfgang Langhoff 13 Monate im Konzentrationslager Börgermoor im Emsland. Hier entstand nach einem Text von Johann Esser das weltberühmte Moorsoldaten-Lied, die Melodie komponierte der Mithäftling Rudi Goguel. Nach der Verlegung ins KZ Lichtenburg wurde Wolfgang Langhoff 1934 im Rahmen einer Osteramnestie entlassen. Kurz vor Schließung der deutschen Grenze, im Juni, floh er in die Schweiz. Im Gepäck für den Rückweg haben die drei mehrere Exemplare seines autobiographischen Berichts *Die Moorsoldaten*. Unter den Fußmatten verstauen sie zudem das 1933 in Paris erschienene *Braunbuch über Reichstagsbrand und Hitlerterror*. Kein sicheres Versteck.

Harro drängt auf die Weiterfahrt, doch ein Bad wenigstens mit den Beinen im Zürisee und eine Überfahrt mit dem Wassertaxi nach Wöllishofen müssen sein. Mit einem Mal ist es wieder da, das Kichrige aus der Abiturszeit, da sind die Freundinnen. Und ein Besuch in der Bahnhofstraße. Wo sonst Schokoladen erstehen, Seidenstrümpfe, Trockenobst, Saucisse à rotir, Tête de Moine? Noch einen Kaffee und die 355 Schweizer Franken an Devisen sind aufgebraucht.

Die »kleine neue Zeitung«, die Zeitschrift *Wille zum Reich*, existiert bis zum Verbot 1936; ein nicht ungefährliches Spiel mit der Zensur. Gewinnreicher Verkauf am Kiosk gilt nicht an erster Stelle. Die Finanzierung steht mit der Zusage der Ehefrau des Kunsthistorikers Hans Secker. Als Sekretär der Schriftleitung klärt Walter Küchenmeister mit dem Verleger Erich Röth die redaktionellen Belange; die Zeitschrift bringt »Beibücher« wie *Der heimliche Bund* von Klaus Jedzek, Vorträge, die der Dramaturg im Auftrage des nationalsozialistischen Studentenbundes referierte. *Führergedanken aus zwei Jahrtausenden* oder *Stimmen der Jungen* lauten weitere Titel. In der Zeitschrift *Wille zum Reich*, im 24. Heft vom 20. Dezember 1935, veröffentlicht Libertas ihre ersten Filmkritiken. Die Wochenzeitung *Deutsche Zukunft* bringt einen Text über ihren Aufenthalt in Genf, archiviert vom Auswärtigen Amt unter VIS 12728, Eingangsstempel mit dem 2. November 1935. Ein Lobgesang aus der Sicht eines jungen Engländers an ein deutsches »Arbeitsdienstmädel« gerichtet: »Aber das Bild, das Sie gaben – jung, hell, aufrecht, rein und schön, mit Ihrer Ziehharmonika im tanzenden Feuerschein, Ihre Jungs beim Singen von Liedern entführend, die uns begeisterten und die durch die großen Bäume in der Nacht verhallten, schien mir symbolisch zu sein für die unendlich vielen guten Dinge, die Deutschland der Welt geschenkt hat.«[26]

Lektüre für den Lektor

Alle vierzehn Tage findet der Autorenabend bei Ernst Rowohlt in den Verlagsräumen statt. Ernst von Salomon, Verlagslektor und ein enger Freund von Harro, berichtet:»Im Berliner Zimmer, dem größten, aber als Durchgang dienenden Raum, und dem langen, lichtlosen zur Küche und zu Rowohlts Schlafzimmer führenden Gang war für eine Orgie hergerichtet, für eine echte Männer Orgie – denn Damen waren nur geladen, die nach Rowohlts sehr sachverständigem Urteil wirklich trunkfest waren. Auf einem Tisch türmten sich Stöße von Tellern, standen Hunderte von Gläsern, in der Ecke lagerte ein riesiges Fass Pilsener, und das bekannte Fresslokal Schlichter in der Augsburger Straße hatte sein berühmtes kaltes Buffet geschickt, hunderterlei, in den buntesten Farben prangende Salate, riesige Roastbeefs, Kalbsbraten und Schinken. Vor den Tischen, die immer bedeckt waren mit Neuerscheinungen des Rowohlt Verlages, standen Sitzgelegenheiten, deren immer zu wenige waren. Denn die Autoren des Verlages verloren sich fast unter den manchmal bis zu hundert Gästen – Autoren anderer Verlage, Schriftleitern bekannter Zeitungen und Zeitschriften, Malern, Bildhauern, Buchhändlern, musischen und sonsthin exzentrischen Geschäftsleuten von einiger Bedeutung, ja selbst anderen Verlegern, ruhigen Männern von solidem Geschäftsgebaren, die voll betonter Würde das Ansehen ihres Berufsstandes zu wahren suchten, bis kurz nach Mitternacht –, kurz alles Leuten, die in irgendeiner Form für die Autoren des Verlages und für den Verlag selber nützlich sein konnten. Zum Beginn des Abends gab es zum Pilsener nur klare Schnäpse.«[27]

Libertas wagt sich vor, von Harros Arm wechselt sie zu dem zwei Zentner schweren Ernst von Salomon, der sie mit einem »schlank wie ein Fisch, aber wenig Fleisch!« begutachtet. Ist es nun ein Kompliment oder keines? Sie lacht und schlägt den Haken zur kargen Kost im Reichsarbeitsdienst. Hoho, davon hat Salomon schon gehört, auf Diät setzen lasse er sich von niemandem, auch nicht von einer strengen Reichsfrauenführerin Gertrud Scholtz-Klink. Nun, warum sollte das Buch oder Büchlein über ihren Arbeitsdienst, so denn es fertig ist, für den Rowohlt Verlag interessant sein? Weil es ehrlich ist, nichts beschönigt. Es zeige den Kampf. Welchen Kampf? Den täglichen. Den Kampf um die Behauptung, den Kampf um den Stand der Frau in der Volksgemeinschaft, den Kampf um die Ideale. Ideale muss man sich leisten können, entgegnet Ernst von Salomon, und dröhnend lachend fügt er jovial hinzu, sie solle sich doch lieber das Buffet statt den Stand der Frauen anschauen. Prost! Einen Doppelten! Prüfen will er ihr Manuskript aber. Versprochen.

Ernst von Salomon: »Ich begoss still in Rowohlts Garten die krümeligen Beete, aus denen ich den Nachwuchs sprießen zu sehen hoffte. Es spross nichts. Und ich konnte auch nur zu gut verstehen, wenn junge Leute vor der Wahl, entweder sich als Piloten, Panzerfahrer oder U-Bootoffizier ausbilden zu lassen, oder mit feuchten Händen ihr im möblierten Zimmer voll geschmiertes Papier umklammernd im Vorzimmer Rowohlts zu warten, sich für die Tätigkeit entschieden, welche der Jugend angemessen erschien.«

Ihr Buchmanuskript beurteilt Ernst von Salomon in seinen Erinnerungen: »Es bestand kein Zweifel, dass der Reichsarbeitsdienst dies Buch nicht goutieren werde, Rowohlt wollte es aus eben diesem Grunde bringen. Aber das junge Mädchen wünschte nicht, entgegen den Absichten einer Institution zu handeln, die sie im Ganzen doch für nützlich und voller guter Ansätze hielt. Es erklärte, es werde die Meinung der Führung des Reichsarbeitsdienstes einholen und die Ausgabe des Buches davon abhängig machen. Ich erbot mich, der jungen Dame dabei behilflich zu sein, aber sie bemerkte, das werde schon ihr Mann tun.« Harro Schulze-Boysen antwortete auf die Frage, womit er seinen Lebensunterhalt verdiene: »Ich stecke lauter Fähnchen, lauter kleine, hübsche Fähnchen in hässliche alte Landkarten.«[28]
Über den Autorenabend am 19.10.1935 schreibt Harro nach Duisburg: »Gestern Abend traf ich unerwartet in einer kleinen Gesellschaft ... André Germain. Er ist jetzt sozusagen Renommierfran-

zose des Außenpolitischen Amtes und schreibt dauernd im *VB* und im *Schwarzen Korps* (SS). Ich verhielt mich recht reserviert und ließ ihn hauptsächlich reden. Libs war auch dabei. Er lud mich für die nächste Woche ein; ich werde aber absagen. Eine vernünftige Unterhaltung würde es aus gegebenen Umständen ja doch nicht!« Mit der Bekanntschaft des Perückenträgers und Erben des Bankengründers Crédit Lyonnais, André Germain, verband der knapp zwanzigjährige Harro Anfang der dreißiger Jahre die Chance, über den allzu deutschen Tellerrand hinauszuschauen. Der silberne Rolls-Royce des kleinwüchsigen Franzosen mit dem Faible fürs Martialische wie dem schwarzen Ausgehdress der SS ist berühmtberüchtigt. Germain gibt Feste für die Spitzen der Gesellschaft. »Er reiste immer in der Obhut eines eleganten, schönen jungen Sekretärs oder Chauffeurs oder Coiffeurs.«[29] Auf Einladung von André Germain verbrachte Harro Ende Juli 1931 mehrere Wochen in Paris, jeden Nachmittag wurde Teestunde im Ritz gehalten, »Ich lebe wirklich in einer Atmosphäre, die man die erste Europas nennen kann.«, schrieb Harro an die besorgten Eltern, die den homosexuellen Ruf des Bankenerben fürchteten. Harro begreift sich als Weltbürger, als Suchender über zumindest alle nationalen Grenzen hinaus, er begeisterte sich für die französische Zeitschrift *plans* sowie für die jungen Vordenker des *L'ordre nouveau*. Der Kontakt zu Germain brach ab, allzu fabulös bemisst Harro seine Adoration des SS-Männerkultes.

Aus seinem Alltagsleben mit der Frau, die ihm neuerdings eine echte Freundin und Geliebte zugleich ist, berichtet Harro den Eltern: »Libs hilft bei Übersetzungen und bei der Zeitschrift und verdient damit genug. Nächste Woche feiert ihre Schwester Hochzeit in Liebenberg; da muss sie natürlich hin und helfen. Ihr Bruder hat eben durch sie eine interessante Stellung bei United Press, einer großen internationalen Nachrichtenagentur, bekommen. Finanziell ist es vorläufig allerdings auch nicht rosig. Apropos Finanzen. Die Zuschüsse können aufhören. Ich hatte nun aber doch für Oktober, November mit der Summe gerechnet, würde daher vorschlagen, sie mir – natürlich, nur wenn möglich! – zu überweisen. Auch Dezember, mit Geschenken usw. wäre es noch angenehm. Danach kann es ganz aufhören. Vergiss nicht, dass der Wagen kein Luxus, sondern kräfte- und zeitsparender Gebrauchsgegenstand ist, ich stehe durchaus nicht so, dass ich große Sprünge machen könnte, und schufte tatsächlich redlich für mein täglich Brot. Also nicht denken, ich sei nun Krösus und merke nicht jede Mark …! Und wenn ich sage: ›Ab 1935 keinen Zuschuss mehr!‹, so heißt das eben: Noch (unterstrichen) mehr arbeiten! Ich sehe aber die Notwendigkeit vollkommen ein. [...] Mit Russisch und Jiu-Jitsu geht es schön voran. Ich hoffe, beides noch mal zu brauchen. Man kann ja gar nicht genug können in schwierigen Zeiten. Soll ich Libs Weihnachten mitbringen?«

Harro schickt weiterhin seinen Wäschesack nach Duisburg und bittet, da er bisher nur um eine Gehaltsgruppe im Luftfahrtministerium aufsteigen konnte, weiterhin um monatliches Garderobengeld. Für die *Luftwehr*, die ministerieneigene Publikation, verfasst er einen Text über »Sowjetrussland«, der in weiteren Zeitungen wie der *B. Z.* und im *Völkischen Beobachter* erscheint. Sonst käme er ja ganz aus der Übung, schreibt der 25-Jährige an seine Eltern. Abends paukt der Schwedisch, Englisch und Französisch Sprechende das Russische.

Weihnachten 1935

Weihnachten 1935 verbringen Harro und Libertas erstmals gemeinsam bei den Eltern Erich Edgar und Marie-Luise Schulze in Duisburg. Da die Urlaubszeit von Seiten des RLM knapp bemessen ist, fliegen sie am 21. Dezember nach Düsseldorf-Duisburg. Eine Woche bei der neuen Schwiegerfamilie. Das Nachmittagslicht bricht sich in den langstieligen Kristallgläsern, und die Fensterscheiben der gegenüberliegenden Villen in der Prinzenhöhe 55 am Waldesrand werfen Staub kräuselnde Lichtblitze in den mit Seidentapeten ausstaffierten Salon. Mächtige dunkle, mit Büchern und Porzellan angefüllte Schränke verstärken die Wände.

Großonkel Admiral von Tirpitz führte die Schaumweinsteuer zur Finanzierung der Hochseeflotte ein; der Witz ist jedes Mal fällig, wenn die Korken knallen. Wie aus dem Gesicht der Mutter geschnitten wirken Harro und seine um ein Jahr und drei Monate jüngere Schwester Helga. Hartmut ist das Nesthäkchen, er kam dreizehn Jahre nach Harro zur Welt. Mit Begeisterung sammelt Hartmut Briefmarken, der Vater reist weltweit im Auftrag der Deutschen Maschinenbau A.G. Außerdem klebt der Dreizehnjährige säuberlich in seine Cigarettenalben: Ritter der Nibelungen und Politikerfotografien, Franz von Papen strahlend neben Hitler, das Klassenfoto des neuen Kabinetts vom 31. Januar 1933, Bildchen von neuen Waffengattungen.

Der Rieslingssekt perlt, die mit Öl blank geriebenen fleischigen Blätter der großen Palme glänzen, und Mutter Marie-Luise liest stolz Passagen aus ihrem Artikel in der *Rhein-Ruhr-Zeitung* vom 16. Juni 1933 über die Anpassung des Kolonialfrauenverbandes an die Gleichschaltung vor, während Harro Libs die Hand drückt und hinter stetem Lächeln seinen Heiterkeitsausbruch zu tarnen versucht: »Zur Frankfurter Kolonialtagung. Frankfurt zeigte sich bei unserer Ankunft am Nachmittage des 8. Juni von seiner besten Seite. Unter strahlendem Sonnenscheine wehten überall Fahnen, in der Mehrzahl Hakenkreuzfahnen zum Empfang des Generals Ritter von Epp, der auch zu der Tagung erwartet wurde, die zahlreichen Anlagen standen in schönster Rosenblüte. Wir Frauen vom Frauenbunde der Deutschen Kolonialgesellschaft fanden uns am Abend zu Gauverbandssitzungen zusammen. Es herrschte große Spannung darüber, wie sich wohl die Gleichschaltung vollziehen würde, ob man bei der Umorganisation der gesamten Verbände uns Frauen vielleicht etwas von unserer wohl erworbenen Selbstständigkeit und unsern Rechten nehmen würde. Ich will gleich vorausschicken, dass diese Besorgnis unberechtigt war.«

Dann sei ja alles in Ordnung, fasst Harro zusammen, denn der Text erstreckt sich über die gesamte Zeitungsseite. Marie-Luise lässt sich nicht beirren, darin ähneln sich Mutter und Sohn: »Wir haben nämlich seit unserem Bestehen angestrebt, unsern Deutschen drüben zu deutschen Frauen zu verhelfen, um die weitere

Zunahme von Mischlingen zu unterbinden, die niemals eine Stütze des Deutschtums werden können. So sandten wir junge Mädchen als Haustöchter und Stützen auf die Farmen, die von uns sorgfältig ausgewählt wurden. Nur völlig gesunde, rassisch und seelisch einwandfreie Mädchen sind hinübergeschickt und gute Hausfrauen und Mütter unserer Landsleute drüben geworden.« Eifrig unterstützen die Duisburger Kolonialfrauen unter dem Vorsitz von Marie-Luise Schulze »den schweren Kampf um Erhaltung des Deutschtums« in den Kolonien mittels Schulpensionaten, einer Haushaltsschule, jährlichen Schülerstipendien und einem regen Bücherversand, darunter »Bücher über Horst Wessel, Hitlers Kampf und andere mehr«, ganze Weihnachtskisten, aber »auch durch Rat und Zuspruch«. Nicht nehmen lassen will sich die Mutter die schwärmenden Worte über Ritter von Epp – und von Rittern, Knappen und Edelleuten könne Libertas doch sicher auch erzählen! Harro verdreht die Augen. Spannender sei vielleicht die Familie Schulze? Oder die Familie Boysen, die Familie der Mutter? Libertas zeigt ihr kleinformatiges Fotoalbum, das sie seit ihren Jungmädchentagen als Pensionstochter in Zürich immer dabeihat. Liebenberg, das Schloss, die Gärten, der Lankesee. Die galoppierenden Pferde auf der Koppel, die schweißnassen Hunde nach der Jagd, der Großpapa und die Mama. Und noch ein Kinderfoto von den drei Hasen.

Libertas ist froh, in den Hort einer neuen Familie aufgenommen zu werden. Die Bezeichnungen Mama und Papa übernimmt sie dankbar. Die Wurzeln der Familien väterlicherseits wie mütterlicherseits lassen sich lange zurückverfolgen: Marie-Luise Schulze ist eine geborene Boysen; der Bruder ihrer Mutter ist Ferdinand Tönnies, Mitbegründer der noch jungen Wissenschaft der Soziologie. Sein Anliegen war es, zu erfahren, warum die Menschen einander bejahen, warum sie Gemeinschaften bilden – dass sie verneinen und sich bekriegen, schien ihm natürlich. Dörflich geboren, »Op de Riep«, als Gymnasiast Korrekturgehilfe von Theodor Storm, verlor er zeit seines Lebens nie das Bewusstsein für seine Herkunft. 1887 erschien das – für die Soziologie nicht nur in Deutschland – fundamentale Werk *Gemeinschaft und Gesellschaft*.

Mit Frau und fünf Kindern zog Ferdinand Tönnies nach Hamburg, seine Studien zu den Ursachen des Hamburger Hafenarbeiterstreiks von 1897 trugen ihm das dauernde Misstrauen der preußischen Hochschulaufsicht ein. Tönnies eckte an, er konnte und wollte nicht anders. Engagiert warnte er vor den Folgen nationalsozialistischer Politik. 1933 verlor er seinen Lehrauftrag in Kiel, im Rahmen des »Berufsbeamtengesetzes« vom 7. April des gleichen Jahres entließ man ihn unter Streichung seiner Emeritenbezüge aus dem Beamtenstand. Er verarmte. Die Bibliothek musste er verkaufen. Seine Tochter Franziska, ebenfalls Soziologin und helfend als Sozialarbeiterin engagiert, heiratet den Soziologen Rudolf Heberle, einen Schüler des Vaters. Dessen Analysen der sozialen Vorbedingungen können als Erklärungen für die frühen Wahlerfolge der NSDAP zum Ende der Weimarer Republik gelten. 1930 nahm Harro an der 7. Soziologen-Tagung in Berlin teil. Er traf den Großonkel, mit Rudolf Heberle freundete er sich an.

Mutter Marie-Luise hebt alle Briefe ihres Sohnes auf, fein säuberlich in Karteikästen sortiert und nach Datum archiviert. »Du warst ja schon als kleiner Junge ein Opportunist«, seufzt sie, um gleich zu schmettern: »Aber das Politische, das hast du von mir!«, und fischt einen Packen Briefe heraus, darunter nicht nur einen, der aussieht, als sei er auf den Knien geschrieben, um deutliche Buchstaben bemüht. Und immer seine Klagen wegen des ausbleibenden Monatswechsels! Nun, da sitzt ihr Junge und hält lächelnd Händchen mit diesem blonden Mädchen. Der, der sich nie binden lassen wollte. Glücklich sehen sie aus, die Kinder. Hoffentlich ist Helga – sie studierte ja recht ambitioniert in Berlin – bald unter der Haube. Marie-Luise weiß wohl, dass sie manches besser nur denken sollte denn aussprechen. Wie oft ist sie mit ihrem Ältesten schon aneinandergeraten. Die widerspenstigsten Kinder sind die intelligentesten, so sagt man. Etwas weniger aufmüpfig und anpassungsfähiger, so würde sie sich ihn wünschen. Dennoch ist sie stolz auf ihn. »Kindchen, jetzt werden die Fotoalben durchgesehen«, bestimmt Marie-Luise und heißt die zukünftige Schwiegertochter sitzen bleiben. Ihre Ziehharmonika liegt auf der Nackenlehne des Sofas, und der 13-jährige Hartmut kann seinen neugierigen Blick nicht von dem blonden Schlossfräulein wenden, die so undamenhaft zurücklächelt. Großformatige Fotografien zeigen einen großzügig Betressten mit Backenbart neben Wilhelm II., der ernst den Betrachtern entgegenblickt. Im Ersten Weltkrieg war Großonkel Admiral von Tirpitz als Staatssekretär im Reichsmarineamt für den U-Boot-Einsatz verantwortlich; er gilt als Begründer der Hochseeflotte. »Oh der Kaiser!«, entfährt es Libs. »Aber da hatte er schon lange mit unserem Großvater gebrochen.« Deutschlands Zukunft liegt auf dem Meer!, befahl Wilhelm II., und das Aufrüsten vor allem der Marine begann. Flottenverein, Kolonialverein – alles ist um die Jahrhundertwende »in«, alles, was den Traum von der deutschen Weltmacht fördert. Auch der kleine Harro trug einen Matrosenanzug; so war das eben Mode. Onkel Alfred, der mit dem riesigen Backenbart, in dem immer eine Schere den Scheideweg zwischen linkem und rechtem Zipfel zackig begrenzen musste, und seine Abenteuergeschichten von schnellen Schiffen, sinkenden U-Booten und der Exotik ganz ferner Länder liebte Harro über alles. Die Marine umgibt in der Familie ein Mythos. Auch sein Vater, Erich Edgar Schulze, entschied sich nach einem bravourösen Schulabschluss am renommierten Französischen Gymnasium in Berlin für die Marinelaufbahn. Quer über den Atlantik segelte der Seekadett mit einem Viermaster, angetrieben durch einen kleinen Dampfmotor: Rio de Janeiro, Venezuela, durch die Karibik, New Orleans, zuletzt noch der Hafen in Havanna, dann wieder Hamburg. Goethe, *Die Wahlverwandtschaften,* die *Italienische Reise,* die Theaterstücke – sie reisen mit, sein ganzes Leben. Goethe ist klarer Geist, so wichtig wie klare Sicht für die Schiffe.

Geboren wurde Harro 1909 in Kiel. Die Schulzes übersiedelten nach Berlin, denn hier lebt die Verwandtschaft des Vaters. In Berlin-Schmargendorf – der dörfliche Name hatte noch seine Berechtigung – zog die Familie in den Hohenzollerndamm 62, unweit des Kurfürstendamms. Während des Ersten Weltkriegs grub Marie-Luise den Vorgarten um und baute Gemüse an. Lieber selbst Kartoffeln ernten, als weiter zu warten, wie der Krieg ausgeht.

Preußische Ideale: Pünktlichkeit, Ordnung, Disziplin; Opferbereitschaft, das gehörte selbstverständlich zur Erziehung. Den Vater sah Heinz Harro seit seinem fünften Lebensjahr während der vierjährigen Kriegszeit lang nur unregelmäßig. Erich Edgar Schulze wurde ins Generalkommando des Marinekorps kommandiert und zwei Jahre nach Beginn des Ersten Weltkrieges zum Korvettenkapitän befördert. Bis Kriegsende diente er als Admiralsstabsoffizier im flämischen Brügge. Der Vater fehlte den drei Geschwistern. Harro lastete seine Abwesenheit den deutschen Feinden, Frankreich und England, an. Immer sagte der Vater, wenn er zu Weihnachten oder einmal im Sommer auf Urlaub kam, der Krieg würde nicht mehr lange dauern, der Feind sei praktisch schon geschlagen. Bald, ganz bald sei der Vater wieder zu Hause. Und es dauerte wieder lange, bis er heimkehrte.

»Aber dann fielen Schüsse in Berlin!«, erinnert sich Marie-Luise. Erich Edgar kommt kaum zu Wort, so sind die Rollen aufgeteilt, schrecklich ging es zu, nach dem Matrosenaufstand im November 1918 war nichts mehr, wie es einmal war. Der Kaiser ging ins Exil, eine neue Regierung kam an die Macht. Der Umsturz, der Zusammenbruch, seufzt die Mutter. Das Wilhelminische Zeitalter war zu Ende, die Angst vor kommunistischen »Zuständen« beherrschte das Bürgertum. Arbeiterstreiks in den Kohlegruben, in den Häfen, in den Berliner Industrieanlagen. Spartakisten waren unterwegs, die wollten die russische Revolution! Na, na, beschwichtigt Erich Edgar den Redefluss seiner Frau. Und doch, beharrt diese; es war gefährlich, es wurde geschossen. Mutter und Kinder wollten vom Schlesischen Bahnhof nach Brandenburg gelangen, raus aus Berlin zur Kaserne des Vaters. Die Kugeln flitzten nur so, eine Wild-West-Schießerei wie jetzt im Kino sei dagegen gar nichts!

1919 kehrte Erich Edgar dem Militär endgültig den Rücken, er arbeitete für den Reichsbürgerrat, eine Initiative des bürgerlichen Mittelstands entgegen der Arbeiter- und Soldatenräte. Der Vater bezog in Berlin ein Jahressalär von 12 000 Mark. Finanziell ging es der Familie gut, Erich Edgar war endlich abends zu Hause. Doch das Gefühl des Verlusts, des Zusammenbruchs, des verlorenen Krieges lag wie ein Schatten auf aller Zukunft. 1922, dem

Geburtsjahr des Nachzüglers Hartmut, arbeitete der Vater für die Demag in Duisburg, die Deutsche Maschinenbau A.G war für Walz- und Stahlwerkausrüstungen, für den Bergbau, für Hafenkrananlagen, für große maschinelle Anlagentechnik verantwortlich. Die Dependancen der Demag liegen über die Welt verteilt, der Vater reist viel, im Auftrag nach Indien und Asien. Auf Vermittlung des Roten Kreuzes erholten sich Harro und Helga in regelmäßigen Sommeraufenthalten in Schweden. Familie Hasselrot in ihrem Schloss in Gripsnas, ach, das war ein Segen für unseren Harro. »Der Junge ist heute noch so bleich«, ruft Marie-Luise und kneift ihn in die hohlförmige Wange – ein schneller Griff, den er damals schon nicht leiden konnte. Bruder Hartmut grinst schief und zupft verlegen die karierten Strümpfe in die Kniekehlen. Von seiner neuen Schwester kann er den Blick nicht wenden.

Fortkommen

Harro wird bis zum März 1936 im neuen Jahr zum Funker an der Luftnachrichtenschule in Halle an der Saale ausgebildet: militärische Nachrichten codieren, Verschlüsselungen entziffern. Zum Abschluss erhält er die Ernennung zum Gefreiten und wird Offiziersanwärter. Libertas verbringt den Januar und Februar 1936 bei Freunden in Hawksfold, Fernhurst, Sussex. Sie liest *Alice im Wunderland:* »Here it takes all the running you can do, to keep in the same place. If you want to go somewhere else, you must run twice as fast as that.«
Harro beschreibt am 12.1.1936 seinen Eltern den Dienst: »Die Sache hier ist ausgezeichnet. Natürlich hat jeder eine verschiedene Einstellung dazu, aber mir macht alles direkt Spaß, und ich glaube, es wird mir schwerer werden, nachher im RLM wieder mich an die Zimmerluft zu gewöhnen als jetzt an die frische Brise, die einem ab morgens halb sechs auf dem Übungsplatz vorm Hause

in die Nase weht. Außer Exerzieren ist viel Sport, technischer Unterricht und last not least: Stubendienst, Schuhputzen, ständiges Umziehen, Spinde aufklaren, Fegen, Staubwischen, Kaffeeholen; bis abends um 21 h, wo alles in der Falle liegt, kommt man kaum zur Besinnung. Und das ist wohl auch der Zweck der Sache; die Zeit geht so schnell herum.«

Auch Libs und Harro dürfen sich Briefe schreiben, was nicht selbstverständlich ist, denn sie sind nicht verheiratet.»Von L. gestern einen langen Brief erhalten, wir schreiben uns nun doch direkt; ich erhielt Genehmigung dazu. – Die ersten 14 Tage hier sind gut überstanden. Heute haben wir zum ersten Male Ausgang, da das ›Grüßen‹ zur Befriedigung ausfiel.«

Und Libertas nennt im Brief aus England an die zukünftigen Schwiegereltern Deutschland ein »rotten country, in das ich – das merke ich erst hier – so unglücklich verliebt bin«. Umso glücklicher verliebt ist sie in Harro:

Liebe Mama! Lieber Papa!

Ihr beide kennt England und seine Sitten, die einen »fast« dauernd in Gesprächen, Zerstreuungen, so genannten Amüsements halten, damit es sich ja nicht langweilt [...] so dass man unhöflich erscheint, wenn man sich zum Briefeschreiben zurückzieht. Versteht darum, dass dieses Schreiben, das ich auf viele Seiten ausdehnen möchte, weil es nach den schönen Tagen im neuen Elternhaus mir so ums Herz ist, nur kurz werden kann!

Ich habe Euch so unendlich viel zu danken! In erster Linie natürlich, dass ihr mir diesen Jungen, mein ganzes Lebensglück, zur Welt gebracht habt, geduldig und heroisch erzogen habt u. dass ihr ihn mir gönnt, anvertraut, und unserem Bund den Segen gebt – Darüber hinaus aber habt ihr mir, die ich allerdings mein ganzes Leben vorgab, so etwas nicht zu brauchen und mein Leben ganz allein und ohne Rückkehr bauen und formen zu können, eine Heimat, ein Elternhaus gegeben, Ihr Lieben! Wie nötig ich es brauchte und brauch, weiß ich jetzt, da es mir geschenkt worden ist. [...]

Und behaltet eure »Gefundene Tochter« lieb, die mit vielen tief dankbaren Gedanken an euch denkt!
Eure Libs

In einem Brief vom 26. Januar 1936 berichtet Harro den Eltern, die einheitliche Gestaltung der Zeitschrift *Wille zum Reich* – er fungiert als Schriftleiter und Herausgeber, ohne namentlich dafür zu zeichnen – habe dieser bestens bekommen. Stolz sendet er Exemplare nach Duisburg. Wieder verwehrt er sich den Ansprüchen der Mutter: »Falls Libs mal Zeit hat, habe ich nichts dagegen, wenn sie mal nach Duisburg kommt, um die edle Kochkunst zu erlernen. Aber das könnte sie in Liebenberg auch, und da ist sie nicht so weit weg von mir. Der ›Haushalt‹ ist an sich kein Problem; schließlich kennen wir uns ja nicht erst seit gestern, und bisher war es auch keines [...] Wenn Libs den Tag benutzt, um mir bei meiner Arbeit zu helfen, so ist das noch lange weit [...] und einträglicher, als wenn sie sich in der Küche zeigt, auf den Markt geht oder Staub wischt. Die allgemeine mitteleuropäische ›Strafversetzung‹ der Frau in die Küche will ich bei *uns* nicht einführen. Und zwar nicht, weil ich auf diesem Gebiet irgendwelche revolutionären Ziele voller Rosinen im Kopf hätte, sondern ausschließlich deshalb, weil eine Ehe zwischen Libs und mir, die *nicht* auf der gemeinsamen Lebens[art] aufgebaut wäre, auf Sand gebaut wäre: nämlich auf der Verfalls-Situation der Frau in der bürgerlichen Gesellschaft. Überhaupt auf mystischen Liebenberger Reminiszenzen, auf dem abenteuerlichen Künstlervater, auf der heute wohl noch sachlich vorhandenen Spannung zwischen Euch und mir und Gott weiß, worauf sonst noch. In alle solche Bestandteile lösen sich auch Gestalten der Liebe auf, wenn man nicht energisch in die Zukunft hineingeht, und sich den eigenen einheitlichen bestimmten Lebensraum im Sinne einer schützend umgebenden Totalität schafft.« Die zukünftigen Funker verlegen Drahtkabel über Land, »schwere Arbeit, trotzdem sehe ich grade nach so einem Tag unter Bewegung im Freien blühend und frisch aus wie noch nie, und man spürt sich richtig«. Mitte Februar ist die Halbzeit endlich geschafft. Zwei Wochen später verzeichnet Harro »irrsinnige Nierenschmerzen, die mich fast bewusstlos machten«. Er nutzt die Zeit im Krankenlager: »Dank für den Zeitungsausschnitt, die Überwachung der Zeitschriften betreffend«, schreibt er am 3. März 1936 an die Eltern, »Die Sache ist für mich nicht mehr so akut, weil ich – nachdem meine Berliner Mitarbeiter die von mir gewünschten Verbindungen nicht aufgenommen haben – nunmehr andere Pressebeziehungen angeknüpft habe, die mir sowohl erfolgs- und wirkungsmäßig, wie auch finanziell günstiger zu sein scheinen. Die bisherige Zeitschrift wird damit uninteressant, wenn nicht noch grundlegend Neues dazwischenkommt. Libs schreibt sehr interessant aus England, sie verwendet ihre Zeit sehr vernünftig und sieht eine Unmenge.« Harro drängt auf eine Verlegung ins Krankenhaus in Halle. Dem jovialen Militärarzt und seinem, »das kriegen wir schon hin«, misstraut er nach einer Woche auf der Krankenstation; auch im Krankenhaus bessert sich sein Zustand kaum merklich. Man setzt auf Ruhe und Wärme. Die Nierenkoliken werden seine militärische Laufbahn begleiten.

Libertas fühlt die Sehnsucht in sich wachsen. Wenn sie zusammen sind, dann ist es gut. Ein sicherer Glaube an Harro und an ihre gemeinsame Zukunft beherrscht sie. Sie teilen die Leidenschaft für die schwarzen Buchstaben, für die Montage der Wörter. Libertas weiß um die Kraft, die in ihr steckt, das Existenzrecht der Poesie, die scheinbar einfache Sprache der Lyrik. Rilke, ihr gemeinsamer Lieblingsdichter! Harro wird schon seinen Weg machen, warum soll nicht aus dem Angestellten der Abteilung »Technik und Taktik des Auslandes« ein gefragter Auslandskorrespondent werden. Damit meint Libertas, den heimlichen Wunsch Harros erkannt zu haben. Und sie? Dichterin, eines Tages. Und bis dahin? Schreiben, schreiben, wirken. Arbeiten. Wachsen. Auf dem Weg durch die Zeit. Zusammen. Und Anfang März berichtet Libertas Erich Edgar und Marie-Luise Schulze:

Charmouth, 2.3.36.
Einliegend Marken!
Meine lieben Eltern!–
Ich hatte eine sehr interessante Zeit in den »Midlands« u. in

den famosen »Dishened Areas«. Ich habe sehr viel gesehen, gehört u. gelernt dort oben. Ein ganz anderer Menschenschlag haust dort. »Easier to get a witch.« – Das kommt wohl daher, dass sie den Kampf mit Armut u. Arbeitslosigkeit kennen und deshalb nicht auf dem Boden ihrer »self-satisfaction« ausruhen können, wie es praktisch ganz Süd-England tut. Da der Lloyd u. die Hapag ihre Schiffe geändert haben, komme ich schon am 16. mit der »Deutschland« heim. Es ist eigentlich unsinnig, denn es wartet meiner noch eine Unzahl interessanter u. schöner Einladungen u. Dinge, aber ich habe mir nun mal in den Kopf gesetzt, unsern Jungen am 22. zu sehen – und wenn's nur ein paar Stunden sind. Das scheint mir wichtiger als ganz England. Und leider geht kein späteres Schiff, das noch zum Wochen-Ende zurechtkommt.

Es denkt in Liebe und Dankbarkeit an Euch
Eure Libs

Ostern 1936

Wie findest du ihn«, fragt Libs ihre Cousine Ingeborg. Mädchenhaft schön ist sie immer noch, obwohl doch schon fast zehn Jahre verheiratet. »Schrecklich, kalt, ein glatter Schlurf!«,[30] antwortet Inge. »Wie kannst du das sagen?«, entrüstet sich Libs. »Den will ich heiraten!« Es ist das Wochenende vor den Osterfeiertagen, raus aus dem geschäftigen, voller Schneematsch triefenden Berlin, nach Liebenberg. Hier sind die Forsythiensträuche behängt mit Süßigkeiten und kleinen Holzschnitzfiguren. Am Hohenzollerndamm 194 belächelte Harro ihre zaghaften Schmuckversuche. Ach, Eier auspusten, das gehört in den Kindergarten! Warum nur immer die Uniform, denkt Libs; meinetwegen lieber die unmöglichen Knickerbockers. Sie ärgert sich, dass sie einen gemeinsamen Koffer hervorholte, Zivilsachen für ihn sorgsam einpackend, bloß nicht diese immergleiche Kluft. »Ich bin hier in

123

Liebenberg rührend aufgenommen worden, duze mich mit allen und fühle mich nun nicht mehr fremd. Libertas' Großmutter ist das Erstaunlichste, was man sich nur denken kann, sie ist nun 85 Jahre alt, aber frisch und munter, macht alles mit, sitzt am Rundfunk und hört sich gegebenenfalls die Übertragung vom Autorennen an, beteiligt sich lebhaft an jeder Unterhaltung, läuft noch fast wie ein Wiesel, … kurzum erstaunlich und für jeden ein Vorbild!«, schreibt Harro den Eltern.

Libertas und Harro planen die Hochzeitsfeier im kleinen Familienkreis. Alle anderen Vorschläge von Seiten der Mutter Marie-Luise lehnt Harro ab: »Sie würden über meine Einstellung klatschen, über Libs' Familie dummes Zeug reden und Ähnliches«, schreibt er aus Liebenberg nach Duisburg am 9. April 1936. »Aber sonst will ich wirklich nur Euch und Helga und Hartmut dabeihaben und Libs Eltern, Libs Großmutter und Geschwister und die ›regierenden‹ Liebenberger (Onkel und Tante von Libs), weil die Sache ja in ihrem Hause stattfindet. [...] Ostern werden wir wohl auch dort verleben und uns ganz formlos als Verlobte vorstellen. Libs und ich haben von Richy von Raffay, der jetzt in Hamburg lebt, das kleine Segelboot, mit dem wir vor zwei Jahren unterwegs waren, billig für den kommenden Sommer bekommen.«

Ostern 1936, Liebenberg

Dem Brief fügt Libertas hinzu:

[…] Mama, zu Deinem lieben Brief: Ich kann übrigens wegen der Wohnung nicht mit Dir übereinstimmen: Sie ist hell, für ihre Lage nicht teuer, geschmackvoll und gemütlich. Trotzdem werde ich mich bald mal nach etwas Anderem umsehen, schon um Vergleichsmöglichkeiten zu haben. Denn natürlich möchten wir im Augenblick, wo wir heiraten, möglichst eine Wohnung für uns alleine haben […]
Um schon mit der Tür ins Haus zu fallen: Wir haben uns überlegt, als Hochzeitsgeschenk von Euch Wäsche zu erbitten, Bettwäsche, Handtücher etc. Das hast Du, Mama, doch noch, so dass Ihr keine so großen Ausgaben habt. Meine Mama stiftet das Silber, mein Onkel u. Tante ev. Porzellan u. moderne Möbel und meine Großmutter wohl auch noch Beiträge an Möbeln od. Geschirr. Habt Ihr überflüssige Teppiche? Die könnten wir, glaube ich, gut brauchen. […]

Am Rande angefügt:

Vergiss nicht, Mama, mir mit dem nächsten Wäschepaket f. Harro das Haller-Buch mitzuschicken. Hast Du's inzwischen gelesen?

Fasziniert und dennoch skeptisch, beschäftigt sich Marie-Luise mit der Familiengeschichte der Eulenburgs. Das Buch des Historikers Johannes Haller *Aus dem Leben des Fürsten Philipp zu Eulenburg-Hertefeld* hat sie verschlungen. Noch beunruhigender als die Vertrautheiten des Großvaters mit dem letzten deutschen Kaiser erscheint ihr die Familiengeschichte von Otto Haas-Heye. Waren hier nicht Jüdischstämmige zu verzeichnen? »Sie hat einen jüdischen Mund, ich komme über ihren jüdischen Mund nicht hinweg«, sagte Marie-Luise über Libertas, so die Schwester Helga[31]. Der Sohn empfindet die Drangsalierungen der Mutter als eine Zumutung und wirft ihr vor, sie habe die herrschenden Blu-Bo-, die Blut-und-Boden-Theorien, verinnerlicht. Briefe mit Bitten und

Vorwürfen wechseln regelmäßig zwischen Berlin und Duisburg. Und dann ist da wieder die Anfrage nach Geldanweisungen:»Wie steht es mit Euren Finanzen? Könntet Ihr mir bis 25. Juni (gegebenenfalls auch 25. Mai) 50,- leihen?«, fragt Harro im Osterbrief.

Ich habe diesen Betrag in den letzten Tagen bereits verdient (Artikel), bekomme die Summe aber erst nach einiger Zeit gezahlt und bin daher im Augenblick etwas knapp. Ich kaufte mir für den Sommer einen hellen Anzug für 80 Mark bei Peek und Cloppenburg, erwarb für 35 Mark eine sehr schöne breite Couch aus dem Möbelbestand von Bela von Abonyi und brauche zum Juli noch einen dunklen Anzug. Ich muss daher die kommenden Monate etwas wirtschaften und könnte nun mit einem kurzfristigen Darlehen besser operieren. Mein Postscheckkonto Berlin 58625 oder Libertas Hass-Heye Commerz- und Privatbank, Depotkasse C, Unter den Linden.

Libertas hat für mich das große Zimmer am Hohenzollerndamm sehr fein eingerichtet. In dem kleineren, dem ohne Stühle, wohnt zunächst noch L. Bruder Johnny, weil es mir sonst zu teuer würde.

Alles Gute und Liebe für Euch,

Euer Harro

Die Eltern schicken den Geldbetrag. Im Dankesbrief fragt Harro nach den für die Hochzeit wichtigen Taufscheinen seiner Großeltern. Der Ariernachweis muss erbracht werden.

Auch der Vater von Libertas, Otto Haas-Heye, heißt aus Zürich das neue Familienmitglied herzlich willkommen:

Absender: Züricher Kunst- und Modeschule
Ostern 1936,
Lieber Harro,
diese ersten Worte an Dich – sollen Dir und Libertas zu Ostern besonders Gutes bringen. – Ich muss Dir gestehen, dass ich nun seit Monaten Dich nach allem, was ich höre und

miterlebe, mit zu den Meinigen zähle! – Es wächst natürlich und selbstverständlich in mir; und macht mir viel Freude! Also einen festen Händedruck von Herzen, Dein Haas-Heye senior.

Hochzeitsvorbereitungen

Im Schloss Liebenberg und in der Villa in der Prinzenhöhe 55 in Duisburg drängen die Familien zur Heirat. Seit über einem Jahr nun schon lebt Libertas zusammen mit Harro die wilde Ehe. Die Schwiegermutter in spe äußert nicht nur ihrem Sohn gegenüber grundlegende Zweifel am praktischen Haushaltswissen ihrer neuen Tochter. Versuche, ihr die Begeisterung für Küchendinge zu entlocken, scheiterten. Dafür chauffiert Libertas liebend gerne.

Mit ihrem Auto sind Libs und Harro unabhängig von den Zugfahrplänen. Die Kosten übernimmt Libs zur Hälfte; sie genießen die Ausflüge in den Spreewald, die Müggelberge, den Parsteiner See, in die Naturwildnis des Oderbruchs. Von ihrer Aussteuer ließ

sich Libs im Sommer 1935 1000 Reichsmark auszahlen, damit erstand sie das altgediente Opelmodell, um nach Genf zu reisen, »ein kräfte- und zeitsparender Gebrauchsgegenstand«, so Harro, der den Autokauf vor seinen Eltern verteidigen muss. Eine Frau kauft ein Auto! Können sich »die Kinder« die Anschaffung überhaupt leisten? Die vielen guten Ratschläge der Marie-Luise Schulze kommen schriftlich jede Woche per Brief sowie telefonisch. Wie gut, dass die Schwiegermutter so weit weg wohnt!

Als eine Hürde für die Hochzeit droht sich der pflichtgemäße Nachweis des Abstammungsbescheids zu entwickeln. Ohne ihn ist eine Eheschließung aufgrund des »Blutschutzgesetzes« nicht möglich. »Das Rechtsalphabet der Familie«, ein Büchlein, das jedem Paar zur Eheschließung ausgehändigt wird, schreibt vor, die »blutmäßige Verwandtschaft in gerader Linie« mittels »Abstammungsnachweis« zu ermitteln. Da gibt es »den kleinen Ahnennachweis, der die Vorfahren bis zu den Großeltern einschließlich enthält und im Sinne des Deutschen Beamtengesetzes und des Wehrgesetzes sowie bei der Eheschließung ausreicht (Ahnenspiegel)« und »den großen Ahnennachweis, welcher die Vorfahren mindestens bis zum Jahre 1800 umfasst und für die NSDAP und ihre Gliederungen, Erbhofbauern, Studenten usw. geordert wird (Ahnenpass)«.[32]

Bis zu den Urgroßeltern müssen Harro und Libertas belegen, dass kein Vorfahre jüdischen Ursprungs ist. Der Großvater von Otto Haas-Heye war mit einer Mlle. Dreifus verheiratet, so viel scheint festzustehen. Diese kurze Ehe mit einer Jüdin findet in der Familiengeschichte nicht weiter Erwähnung.

In schwierigen Fällen entscheidet der Direktor des Reichssippenamtes Berlin NW 7, Schiffbauerdamm 26. Sind etwa die Großeltern väterlicherseits des Prüflings deutschblütig, ist eine wichtige Hürde genommen. Ein Gutachten der Poliklinik für Erb- und Rassenpflege in Charlottenburg hinsichtlich etwaiger »jüdischer Rassenmerkmale« müssen Harro und Libs nicht nachbringen. Harro regelt die Angelegenheiten lieber in der bei Liebenberg gelegenen Gemeinde Falkenthal. Hier läuft alles unbürokratisch, die Familie Eulenburg-Hertefeld und ihre Einstellung zum Reich kennt man dort. Harro lässt den Mädchennamen seiner Mutter legalisieren und fügt dem Schulze mittels Bindestrich ein Boysen hinzu – ein besserer Klang für ein schriftstellerndes Paar. Auch sein Schwiegervater Otto Haas-Heye blieb vor 27 Jahren mit dem einfachen Haas unzufrieden – bis er den Nachnamen seiner Mutter, Heye, aus dem Bremischen hintanhängen durfte.

Wer nicht lockerlassen will, ist Mutter Marie-Luise. Die Familiengeschichte der Eulenburgs, der Hertefelds und nicht zuletzt der Zweige Haas und Heye bereiten ihr Kopfzerbrechen. Im Ton bleiben Harros Briefe an die übereifrige Mutter distanziert. Dennoch schwingt ein nicht zu unterdrückender Ärger mit:

Liebste Mama,
vielen Dank für Brief und Paket. Mich »persönlich« von der Qualität L.s Urgroßmutter zu überzeugen, ist mir leider nicht möglich, denn zu diesem Zweck müsste ich sie ausgraben; außerdem haben sie sicher die Würmer zerfressen. Sie hat in Frankreich gelebt und deshalb haben wir, um ihre Personalien zu bekommen, nach Frankreich geschrieben. Und denke Dir, in dem französ. Amtszimmer, in dem alle Unterlagen aufbewahrt lagen, hat es schrecklich gebrannt. Dieselbe Antwort hat ein Fräulein R. bekommen, die mit besagter Großmutter genauso verwandt ist wie L. und die es brauchte, weil sie im Propagandaministerium, neuerdings bei Ribbentrop, und ihr Bruder im Stabe der SS tätig ist. Ich meine, mehr kann man wegen der Urgroßmutter nicht tun, und alle amtlichen Stellen haben das auch gemeint. Frau von Gosslers Redereien sind ganz dumm und unzutreffend. Keine der Töchter des alten Phili hat einen Juden geheiratet. Eben nur L.s Mutter einen Bürgerlichen. Da hat sich der Adel aufgeregt und geschwatzt. Einen Juden hat mal eine ostpreußische Eulenburg geheiratet, und der Stürmer brachte daher auf der 1. Seite einen »dicken« Artikel: »Die Schmach im Hause Eulenburg«.

Weiterhin hofft Harro auf Gehaltserhöhung. Im April 1936 wechselt das Reichsluftfahrtministerium von der Behrenstraße 68–70 an die Wilhelmstraße. Unterhalb der zukünftigen Ost-West-Achse

129

der »Welthauptstadt Germania« mehren sich die Regierungsbauten: das Reichsministerium des Inneren, das Reichsministerium für Propaganda, die Erweiterungsbauten der Reichsbank und das Reichsluftfahrtministerium Leipziger Straße, Ecke Wilhelmstraße sind 1936 fertiggestellt. Ganze Häuserblöcke, darunter das ehemalige Kriegsministerium, wurden gesprengt, um im Dreischichtenbetrieb den repräsentativen Dienstsitz für den Oberbefehlshaber der militärischen wie der zivilen Luftfahrt, Hermann Göring, zu schaffen. Über 2000 Bürozimmer beherbergt das neue RLM. Glatte graue Fassaden aus Muschelkalk schirmen neugierige Blicke ab, die Einheitlichkeit der rasterhaft angelegten Fensteröffnungen suggerieren Weite und Macht. Auf dem flachen Dach wehen die roten »Blutfahnen«.

Die Orientierung in dem neuen Gebäude mit den Innenhöfen fällt anfangs allen schwer. Vom Ehrenhof führt der Gang durch eine fensterlose, dunkle Steinhalle zu einer hell durch Tageslicht erleuchteten Treppe, an der Wand das Hoheitszeichen des Deutschen Reichs, das große Hakenkreuz. Im Festsaal prangt ein überdimensionaler großer goldener Adler. Die Treppengeländer, Handläufe und Fenstergriffe bestehen aus silbrig glänzendem Aluminium, dem Fliegerwerkstoff schlechthin. Alles muss größer als groß sein, gigantisch groß und grau wie das neue Reichsluftfahrtministerium – Bauten, die den einzelnen Eintretenden zu verschlucken scheinen. Groß und gigantisch muss alles werden; gigantisch groß wird auch das Schlachtfeld werden.

Harro, nunmehr im Angestelltenverhältnis, schildert seine ersten Eindrücke aus dem grauen Quader in der Wilhelmstraße: »Im neuen RLM fand ich zunächst ein ziemliches Tohuwabohu vor; Kisten und Kästen, die noch nicht ausgepackt werden konnten, weil die Abstellräume noch nicht fertig wurden, das Gebäude selbst ist riesig + prächtig, mit üppiger Verwendung von Marmor! Unsere Abteilung ist stark erweitert worden.« In der Abteilung »Fremde Luftmächte« stellt der Hilfsreferent Schulze-Boysen Sammlungen und Karteien über fremdländische Flugzeuge, Motoren, Waffen und Geräte auf, erledigt Übersetzungsaufträge, komplettiert Lehrmittelsammlungen und archiviert Zeitungsaufsätze.[33]

Zwar setzte sein Vorgesetzter Major Bartz ihm einen Aufstieg als Reserveoffizier und späterer Regierungsrat vor Augen, doch es geht nicht voran. Zweihundert Reichsmark Lohn bedeuten weniger als der monatliche Wechsel der Eltern zu Studienzeiten. Würde die Haushaltskasse nicht durch seine publizistische Arbeit und die Übersetzungstätigkeiten von Libertas aufgefrischt, kämen die beiden schwerlich über die Runden. Sei es, dass seine publizistischen Aktivitäten aus der *Gegner*-Zeit bekannt sind, sei es, dass ein nicht zum Abschluss geführtes Studium seinem Fortkommen hinderlich ist – Harro drängt auf die Ausbildung zum Reserveoffizier an der Luftnachrichtenschule in Halle an der Saale. Nun ist auch er auf den Führer vereidigt, wie alle deutschen Soldaten: »Ich schwöre bei Gott diesen heiligen Eid, dass ich dem Führer des Deutschen Reiches und Volkes, Adolf Hitler, dem Obersten Befehlshaber der Wehrmacht, unbedingten Gehorsam leisten und als tapferer Soldat bereit sein will, jederzeit für diesen Eid mein Leben einzusetzen.«

Wieder fordert Harro im Osterbrief die Tauf- und Geburtsscheine der Eltern an, die Junggesellenwohnung am Hohenzollerdamm hat Libertas hergerichtet. Die junge Braut macht Pläne – handfeste, praktische, damit das Leben zusammen mit Harro ein angenehmes wird. Beide wollen von zu Hause aus arbeiten; dafür müssen die Voraussetzungen geschaffen werden. Außerdem macht es einfach Freude, die Startboxen für ein neues Leben zu richten!

Sous les toits de Berlin

Vor ihrer Schwiegermutter Marie-Luise Schulze beginnt Libertas sich für den gemeinsamen Lebensentwurf zu rechtfertigen – nicht ohne einen ironischen Unterton. Sie hat in der Waitzstraße 2, einer Seitenstraße des Kurfürstendamms in einem der besten Wohnviertel Berlins, eine Wohnung entdeckt, von der sie und Harro nur so schwärmen: viereinhalb Zimmer; große, luftige

Räume. Libertas bespricht in einem »Rechenschaftsbericht« genannten Brief am 23.4.1936 ausführlich mit ihrer Schwiegermutter die Möblierung – und die Finanzierung.

Zuerst die neue Wohnung: Es ist eine 4½ Zimmerwohnung im 4. Stock Gartenhaus (hübscher, sauberer Aufgang) des Hauses Waitzstr. 2, direkt am Bahnhof Charlottenburg. Sie kostet 100 Rm. Miete. Da wir nur 2½ Zimmer übernommen haben (die Zimmer liegen selbstständig an einem Flur), zahlen wir die lächerliche Summe von Rm. 50.- pro Monat. [...] Der große Vorteil dieser Wohnung, die ich durch Freunde entdeckt habe, ist nicht nur, dass sie billig ist und besonders günstig liegt, sondern dass die 2½ von uns gemieteten Räume wunder- ja zauberhaft schön sind. Sie lassen sich schwer beschreiben. Das erste ist recht groß, wird als ›Salon‹ eingerichtet mit Büchergestellen, Sofa etc. und im Erker einer Frühstücksecke. Er soll durch dichten Vorhang vom zweiten getrennt werden, in das eine dreistufige Treppe mit kleiner Balustrade führt. Dieser zweite Raum ist sehr groß, atelierartig mit Seiten- und Oberlicht (also mehr als hell!!!), und sein Hauptcharme besteht in einer dunklen Holztreppe, die – gleichzeitig den Raum hübsch abteilend, so dass seine Größe nicht zu saalartig wirkt – hinauf zu einem winzigen (Gast)zimmer führt und dort oben ebenfalls eine Balustrade bildet, von der aus man ›sous les toits de Berlin‹ sehen kann durch das Oberlichtfenster und auf der man langweilige Dinge wie Schränke und Kommoden aufstellen kann.

Auch die Einrichtungsvorschläge listet Libertas der Schwiegermutter minutiös auf. Möbel seien zurzeit zu Spottpreisen erhältlich – bedingt durch die Auswanderungen und andere Gründe der Wohnungsauflösungen. Ein kleinerer Raum dient als Besuchszimmer, darin ein alter Holzschnitzschrank, ein Geschenk von Seiten der schwedischen Großmutter, bequeme Sessel, ein niedriger Tisch, eine Stehlampe – die Gäste sollen sich wohl fühlen. Zudem richtet Libertas ein Arbeitszimmer für sich und Harro her mit zwei Schreibmaschinentischen, die nebeneinander stehen. Libertas legt gegenüber der Schwiegermutter ihre Finanzen offen:

Wie ich Dir in Duisburg sagte, bekomme ich am Tage der Hochzeit 10 000 Rm. ausbezahlt, die augenblicklich in Goldpfandbriefen angelegt sind und jedes Vierteljahr ca. 150.- Rm. Zinsen tragen. Diese Zinsen wären die Zulage, von der Du schreibst, da sie mir allein ab Juli zufließen werden. Über die sichere Anlage des Geldes brauchst Du Dich nicht zu sorgen, das werden wir hier mit Fachleuten überlegen. Diese Summe wollen wir natürl. möglichst unangetastet lassen. Das wird etwas durch den Umstand erschwert, dass ich mir von Mutti mein Aussteuereinrichtungsgeld von Rm. 1000.- bereits letztes Jahr auszahlen ließ, um den Wagen zu kaufen [...] Und dafür arbeiten Harro und ich jetzt so viel, dass wir hoffen, alle Wohnungseinrichtungsausgaben, wenigstens allmählich, zahlen zu können [...]
Wir haben übrigens zur »Fachberatung« bei allen diesen Dingen eine gemeinsame, sehr nette Bekannte, die uns durch Versteigerungen u. gute Beziehungen etc. etc. sehr nützlich ist. Sie betreibt Möbelverkauf beruflich und hat viel Geschmack.

Vally Wolffenstein, die Zeichenlehrerin und ehemalige Kinderfrau der drei Hasen, bleibt nach Aushilfstätigkeiten stellungslos. Für Nichtarier gibt es kaum Arbeit auf dem freien Markt. »Von nun ab stand unser Telefon nicht mehr still. Alle folgende Zeit stand im Zeichen der Arbeit für die Auswandernden, häufig für schon Ausgewanderte, deren Haushalte ich auflöste, deren Listen des Auswandergutes für die Devisenstelle ich herstellte«, schreibt Vally Wolffenstein in ihren Erinnerungen. »Immer neue behördliche Verordnungen waren zu beachten, für alles, was nach 1933 erworben war, musste der Anschaffungspreis noch einmal bezahlt werden. Die Rechnungen waren beizufügen. In den letzten Jahren angeschaffte Dinge, ebenso wie Kunstwerke von Wert, wurden zurückbehalten.«

Libertas versichert der Schwiegermutter, dass sie

[...] auch weiterhin (zur Beantwortung Deiner Frage!) mit-
verdienen will und werde, durch Übersetzungen und immer
mehr durch Artikel in Zeitungen. Da Harro und ich über
unsere Vermögensverhältnisse u. das Geld, das wir zum Leben etc. brauchen sehr genau Bescheid wissen und alles er-
probt, geklärt und besprochen haben, kann es auch nach der
Hochzeit, besonders bei der billigen Wohnung, keine unan-
genehmen Überraschungen geben – – – das ist ja eben der
große Vorteil unserer »unbürgerlichen« Einstellung [...] die
übrigens voraussetzt, dass man nicht genial in den Wolken
schwebt. Darum kann ich Dir mal später, wenn Du hier bist,
einen genauen Ausgaben- und Einnahme-Etat vorführen,
falls Du das wünschst. [...]
Mein Vater wird hoffentlich zur Hochzeit kommen. Er ist
herzlich eingeladen, und ohne sein Beisein wäre es nur eine
halbe Freude, denn ich hänge doch sehr an ihm. Dass Du
seinen Brief an unsern Jungen für »flüchtig« hältst, verstehe
ich nicht ... kannst Du denn nicht zwischen den Zeilen lesen?
Wie würdest Du denn an mich schreiben, wenn Du mich
nicht kenntest und nur wüsstest, dass Dein Sohn mich liebt?
Wahrscheinlich tausend Fragen, kleine, liebe Mama!! Vati
hat viel Geduld und viel Vertrauen. Darum fragt er nicht,
sondern erfühlt aus meinen Briefen, wie unendlich ich Deinen Jungen liebe, das ist ihm die Hauptsache, und dementsprechend schreibt er – [...]
Leb wohl, liebe, kleine Mama – wenn Du noch weitere Fragen auf dem Herzen hast: Schreib! – Ich werde sie geduldig
beantworten.
Es hat Dich sehr lieb
Deine Libertas.

Mit der gleichen Briefsendung bedankt sich Harro ironisierend bei
seiner überfürsorglichen Mutter, die Libertas nach Duisburg einlädt, damit sie ihr das Kochen und Haushalten beibringen kann:

»Über Eure nette Anteilnahme an unserem Privatleben haben sich L. und ich sehr gefreut. Bei so viel Wohlwollen werden wir ja jetzt in unseren neuen Lebensabschnitt reinsegeln.« Der Termin für die Hochzeit lässt sich noch nicht festlegen; Harro kann jeden Moment abkommandiert werden.

Dass ich wieder zur Marinefliegerei kommen soll, ändert nichts an unseren bisherigen Plänen. Allenfalls käme es zu einer Verschiebung auf den 19. […] Wenn ich eingezogen werde, nehme ich mir drei Tage Urlaub für die Hochzeit, die stehen jedem Soldaten zu! Also bloß keine Aufregung nicht. Wo L. zu Mittag essen wird, ist noch nicht heraus, ich habe sie aber, um Deinen Wissenseifer zu befriedigen, gebeten, von nun an Name und Anschrift jedes Lokals aufzuschreiben, in dem sie ein Mittagessen zu sich nehmen sollte. Denn Du musst ja doch wohl irgendwelche Gründe haben, es zu fragen. Dass L. nach Duisburg kommt, ist unwahrscheinlich, sie hat hier viel zu tun mit Übersetzungen und literarischen Arbeiten«, schreibt Harro Ende April an die Mutter. »Nächstes Jahr wird es wohl Krieg geben; jedenfalls glaubt man das hier ziemlich allgemein. Vielleicht dauert der Friede ja noch bis 1938. Eure Villa an der Monning ist wohl ziemlich geschützt, Ihr könnt sie ja als Arche Noah ausbauen. […] Recht liebe Grüße, auch von L., euer H.«

Libertas ist glücklich. Das gemeinsame Leben fühlt sich gut an: keine Falschheiten, kein Druck, keine Konkurrenz untereinander. Eine Fürsorge, auf die sich der jeweils andere verlassen kann und will. Manchmal kreuzen sich ihre Blicke von Schreibtisch zu Schreibtisch, und Libs tut geschäftig. Dann nähert sich Harro auf Zehenspitzen und bläst ihr lächelnd den warmen Atem in den Nacken.

Abends essen wir immer »zu Hause«. Ich koche eine Kleinigkeit. Das ist billiger, ausgiebiger und gesünder als Restaurant-Fraß. So werden wir es auch in der »Ehe« halten. Wenn Harro nochmals eingezogen wird, werde ich mich einige

Wochen intensiv auf die Kochkunst stürzen. Doch für den Augenblick genügen meine Kenntnisse.

Unser gemeinsames Arbeiten erstreckt sich zu gleichen Teilen auf Artikel und Übersetzungen. Abends lesen wir oft zusammen und sprechen dies und jenes durch. Ein schönes, harmonisches Dasein!

Mit tausend lieben Grüßen, und in großer Dankbarkeit für Dein Interesse und Deine Fürsorge bin ich

Deine Libertas.

Am linken Rande handschriftlich angefügt:

Das Schicksal meines Buches über den Reichsarbeitsdienst ist (bei Rowohlt) noch immer nicht entschieden.

Pfingsten

Harro schreibt am 24. Mai 1936 an seine Eltern:

Liebste Mama, herzlichen Dank für das Wäschepaket. Das große »S-B« im Linnen ist prächtig geworden. Aber mach dir nicht zu viel Arbeit damit. Dass Du schon vor Pfingsten kommst, ist für uns insofern schade, als wir gerade Freitagnachmittag losfahren, an die See. Libs und ich hatten in den letzten Wochen genug zu arbeiten, so dass uns ein kleiner 3-Tage-Urlaub dringend nottut. Mitnehmen können wir Dich leider nicht, denn aus Finanzgründen machen wir's im Zelt und auch sonst sehr auf die billige Tour. Das Benzin teilen wir uns mit Schumachers, guten Freunden von uns, die mitfahren. Montagnacht sind wir wieder zurück; wir können uns also Dienstagabend sehn. Wir rufen Dich im Lauf des Dienstag an, zwecks Verabredung. [...]

Herzlichen Gruß an den treuen Papa, der hoffentlich auch

bald mal wieder nach Berlin kommt. (Na, spätestens im Juli!)
Euer H.

Die ersten kurzen Ferien mit Harro und Elisabeth und Kurt Schumacher – ganz und gar anders als die Aufenthalte in Davos oder in den englischen Seebädern. Auf dem Darss gibt es keine gepflegten Gärten; hier wuchert die Natur, wie sie will. Hinter dem Kurbad Graal-Müritz ist die zivile Welt zu Ende. Der weiße feine Ostseesand quietscht unter den Füßen beim Gehen, als wenn er sagen wollte, so jung bin ich, komme gerade frisch aus dem Meer. In die Unendlichkeit führen die sanften Buchten, weiter und weiter bis hoch in den Norden zum Finnischen Meerbusen. Nachts sitzen sie vor den Zelten und summen das Lied von den freien drei Zigeunern zur Ziehharmonika von Libs.

An den Kleidern trugen die drei
Löcher und bunte Flicken
Aber sie boten trotzig und frei
Spott den Erdengeschicken.

Dreifach haben sie mir gezeigt
Wenn uns das Leben umnachtet
Wenn man's verraucht, verschläft und vergeigt
Wie man es dreimal verachtet.

Harro, Libs, Kurt Schumacher auf dem Darss an der Ostsee

137

II

Schlosshochzeit

Ja, natürlich, Ihr seid wirklich von ganzem Herzen eingeladen«, schreibt Harro an seine Familie. »Am besten seid Ihr am 24. abends in Berlin, denn wenn Ihr erst am 25. kommt, seid Ihr wohl nicht recht ausgeschlafen. Am 25. nachmittags fahrt Ihr nach Liebenberg hinaus; abends sind wir dann im engsten Kreise zusammen: Abendbrot, den von Papa gewünschten ›Tropfen aus dem Keller von Liebenberg‹, bei schönem Wetter draußen, auf den Terrassen, mit Lampions. Vielleicht zieh ich mir sogar einen Smoking an, denn ich habe gehört, dass Mama sich schon ein Extrakleid zugelegt hat. Da kann ich natürlich nicht in Knickerbockers kommen. Die Zimmer für Euch sind schon ausgesucht. Wir bewohnen einen ganzen Flur. Hartmut und Helga bekommen Einzelzimmer, also alles sehr prächtig! Am Sonntagvormittag standesamtl. und kirchl. Trauung. Eintreffen von einigen weiteren Gästen der nächsten Verwandtschaft. (Endgesamtzahl: 18) *Jesu geh du voran* hab ich vom Programm streichen lassen, dafür habe ich *Eine feste Burg* vorgeschlagen, die Hartmut also auswendig lernen muss, denn einer muss ja schließlich singen. Der Pfarrer wird sich kurz fassen; er ist im Bilde. Anschließend großes Mittagessen. Libs und ich fahren dann weg. Ihr könnt den Nachmittag mit Tee und Spaziergang verbringen (eine Fahrt im offenen Wagen soll auch steigen, Hartmut kann baden). Abends gegen 18 Uhr Rückkehr nach Berlin. Hoffentlich ist Euch alles recht so.«
Familie Schulze ist beeindruckt vom Schloss. Fließendes Wasser in jedem Badezimmer. Über den Tag verteilt pumpen zwei Männer jeweils eine gute Stunde für die Gäste; unmerklich hantieren die dienstbaren Geister. Harros Schwester Helga: »Die Großmutter lebte noch, eine sehr würdige Erscheinung. Und wenn man nur eine Stunde aus seinem Zimmer raus war und wieder zurückkam, waren die Handtücher gewechselt. In Berlin trug Harro den immergleichen Rollkragenpullover. Er war bleich, den elterlichen Wechsel teilte er mit Freunden. Harro hatte eigentlich auch gar keine

Das Hochzeitspaar auf der Schlossterrasse

Absicht zu heiraten. Das hatten meine Eltern gewollt. Mein Vater hat gesagt, das ginge so nicht weiter. Er lebte mit ihr zusammen und ganz öffentlich. Harro zeigte dieses unkonventionelle Zusammenleben mit Libertas ostentativ.« Nachdem ein Jahr zuvor die ältere Schwester Ottora den schwedischen Grafen Carl Ludwig Douglas im Herbst auf Schloss Liebenberg mit großem Pomp heiratete – die Feierlichkeiten dauerten über mehrere Tage, die schwedische Verwandtschaft reiste an, und Hermann Göring, Gutsnachbar mit Karinhall in der Schorfheide, ließ ein imposantes Geschenk liefern –, wollen Harro und Libertas ihre Eheschließung am liebsten ganz privat halten. Der Vater der drei Hasen, Otto Haas-Heye, kommt erstmals seit zwanzig Jahren nach Liebenberg. Uniformen haben hier an diesem Tag nichts zu suchen, der schwarze Anzug ist Pflicht. Dank der Geldspritze der Eltern trägt auch Harro den neuen feinen vierknöpfigen Zwirn, auf Taille gearbeitet.

Der Himmel ist hoch über dem brandenburgischen Land an diesem Sonntagmorgen, und Libertas hält einen Hochzeitsstrauß aus

141

Margeriten, ihren Lieblingsblumen, im Arm. Sie durfte sich ein schlichtes weißes Kleid aussuchen, das ganz auf Spitze verzichtet – eine Kreation des Vaters, geschneidert in Berlin. Am Vormittag fahren alle aufs Standesamt in Löwenberg. Trauzeugen sind der Korvettenkapitän Erich Edgar Schulze und Cousin Wend Graf zu Eulenburg-Hertefeld, der Sohn des Gutsherren. Die Ehe schließen der »Schriftleiter Heinz Harro Max Wilhelm Georg Schulze-Boysen« und die »Schriftstellerin Libertas Viktoria Haas-Heye«, so das Aufgebotsverzeichnis Nr. 10. Im Anschluss kehrt die Gesellschaft unter dem hellen Läuten der Glocken zurück nach Liebenberg in die Schlosskapelle. Die letzten Strophen des lutherschen Kirchenlieds von 1529, *Eine feste Burg ist unser Gott,* klingen nach. Harro atmet das leichte Sommerparfum von Libertas. Dicht sitzen sie nebeneinander auf der Bank, fest hält er ihre aufgeregten kalten Finger, die eleganten weißen Handschuhe hat sie abgezogen:

Und wenn die Welt voll Teufel wär und wollt uns gar verschlingen / so fürchten wir uns nicht so sehr, es soll uns doch gelingen. / Der Fürst dieser Welt, wie saur er sich stellt, / tut er uns doch nicht; das macht, er ist gericht'. / Ein Wörtlein kann ihn fällen.

v.l.n.r.: Carl Douglas, Ottora, Libertas, Otto Haas-Heye,
Victoria zu Eulenburg und Johannes Haas-Heye

*Das Wort sie sollen lassen stahn und kein Dank dazu haben;
/ er ist bei uns wohl auf dem Plan mit seinem Geist und Gaben. / Nehmen Sie den Leib, Gut, Ehr, Kind und Weib, / lass
fahren dahin, sie habens kein Gewinn, / das Reich muss uns
doch bleiben.*

Es ist das Glück, das Libertas durchfließt bis in die kleinsten Nerven, das sie durchströmt und das Herz hopsen lässt bis zum Halse,
aus dem das Lachen kommt und kommt und nie vergehen will.
Mittags an der Tafel wird Königinsuppe, Mayonnaise von Lanke-
hechten, gefolgt vom Dammwildrücken nach Reiterart mit Salat,
Preiselbeeren und Spinat mit Libertas-Fleurons serviert. Krönen-
den Abschluss bildet die beim Einfahren in den Speisesaal flam-
bierte Fliegerbombe zum Nachtisch. Abends fahren Libertas und
Harro nach Berlin, Koffer packen für die Hochzeitsreise nach
Schweden. Harro hat für die Zeit vom 26. Juli bis zum 10. August
1936 beim Reichsluftfahrtministerium eine Sprachstudienreise beantragt. Seine Abteilung übernimmt die Kosten. In Schweden werden Harro und Libs von Schloss zu Schloss reisen; die Verwandtschaft der Großmutter Augusta und die Verbindungen von Ottora
und Carl Douglas haben für viele Einladungen gesorgt. Harro

Libertas und die Großmutter Augusta

143

reist im Auftrag des Reichsluftfahrtministeriums in die Flitterwochen. In ihrem kurzen Leben wird Libertas und Harro Zeit für nur eine einzige gemeinsame weitere Reise bleiben. Berlin rüstet auf Hochtouren zu den Olympischen Spielen. Vom 1. bis zum 16. August wird der Welt eine glänzende flaggenbewehrte Reichshauptstadt präsentiert, frei von judenfeindlichen Beschilderungen etwa in den Schaufenstern der Geschäftsmeilen. Auf dem Militärflugplatz Döberitz starten die freiwilligen Teilnehmer der Legion Condor zum Kampf gegen die republikanische Regierung der Frente Popular in Spanien: Zwanzig Transportflugzeuge und sechs Jägerverbände fliegen am 1. August, dem Tag des Beginns der Spiele, ab. Die internationalen Sportler werden wenige Kilometer entfernt verpflegt. Dallgow, das Olympische Dorf, verfügt über ein eigenes Wasserwerk, ein Heizkraftwerk mit angegliederter Wäscherei und eine eigene Kläranlage, ein Krankenhaus garantiert die medizinische Versorgung. Als Bauherr der Anlage zeichnet die Wehrmacht.

Ergänzt werden die Luftwaffeneinheiten der Legion Condor durch Truppenteile der Wehrmacht: Panzer-, Nachrichten- und Transportverbände, die Marine. Seit am 17. Juli die Franco-Generäle gegen die Volksfront-Regierung putschten, schickt Deutschland Kriegswaffen. Eine todbringende Spielwiese, um den Einsatz von Mensch und Material zu testen.

Flitterwochen im Dienst

Reiseweg: Berlin – Saßnitz – Trælleborg – Malmö – Stockholm – Linköping – Stockholm – Mariefred – Uppsala – Tobo – Stockholm – Strängnas – Katrineholm – Göteborg – Bastad – Trælleborg – Saßnitz – Berlin

Die Ankunft in Berlin in der dampfenden Stahlgerüsthalle des Lehrter Bahnhofs: Flammend rot lappen die 20 Meter langen Flaggen

Harro mit Notizbuch

und wallen im Dampf der an- und abfahrenden Züge; sofort gilt wieder das Berliner Tempo. Gepäckträger greifen ungefragt nach den Koffern, und der Taxifahrer hält sie für Olympiatouristen. Er dreht einen Schlenker Richtung des ehemaligen Hindenburgplatzes zum Brandenburger Tor, nun Adolf-Hitler-Platz. Der Rundbau ist umflaggt. »Na Fahnen hamse jenuch zu trajen, und denn noch dit janze Schicksal des Volkes dazu«, äußert sich plötzlich der Droschkenfahrer, »keen Haus mehr nüsch ohne Flagge, dit haick noch nich jesehn. Die KadeEff-Stadt«, fügt er mit Blick in den Rückspiegel auf das hinten zusammengeschweißte Paar hinzu, »dit müssten Sie sich mal richtig ankieken.« Dahin habe er Fahrten, obwohl die doch immer sparen müssten, die 10 000 KdF-Urlauber, die da in ihren Holzhäusern hausen. »Hachnee, ditse ditte nich erlebt ham, wie die Brieftaubn uffjestiejen sind.«

Auf dem von Hunderttausenden von Kerzen erstrahlenden Pfaueninselfest im Wannsee ließ Göring den Komponisten Paul Lincke sein *Glühwürmchenidyll* dirigieren. »Na man kommt schon rum als Droschkenkutscher. Die Jeschäfte laufen jut, viel besser noch als früher. Die Leute ham wieda Jeld.« »Na, das ist ja die Hauptsache«, sagt Harro und zählt Kleingeld hinzu. Sie sind wieder zu Hause.

Dem Reichsluftfahrtsministerium liefert Harro einen Bericht über seine Sprachstudienreise nach Schweden (vertraulich!), vom 27. Juli bis zum 9. August 1936. Jeden Abend vervollständigte Harro seine Notizen, etwa nach der Besichtigung des Stockholmer Hafens: »Am Sonnabend von der Marinestation Skeppsholmen Katapultabschuss von Osprey-Flugzeugen besichtigt. Starkes Interesse der Bevölkerung. An Deck der Gotland standen auf Wagen fünf Schwimmerflugzeuge Osprey; zwei wurden abgeschossen. Am Sonntag war die Gotland 2 erstmals der Bevölkerung zur Besichtigung freigegeben. Mittags bestieg ich am Slussen zusammen mit vielen Schweden ein Boot und nahm an der Besichtigung teil. Flugchef an Bord ist Kapitän Krook (oder Krak?). Der Führer zeigte nur einen Teil des Schiffes, vor allem das Flugdeck, das etwa ein Drittel des Schiffes ausmacht und aus drei Stockwerken besteht. Er sprach vor allem vom Katapultbetrieb. Der Abschuss vom Katapult kann auch bei größter Fahrt des Schiffes, etwa 27sm, vor sich gehen, bis zu einer Windstärke von 30 m/sec. Das Abschießen eines Osprey nimmt nur ca. 1,5 Minuten in Anspruch; dann kann bereits der nächste Katapultstart erfolgen.

Die Startwagen werden mit komprimierter Luft betrieben. Start mit 110 km/h Geschwindigkeit. Der Flugzeugführer hat eine Nacken- und Kopfstütze. Landegeschwindigkeit ca. 125 km/h. Der größte Teil der Besatzung befand sich am Sonntag offenbar nicht an Bord.

Im Hafen ferner (später) Panzerschiff Oscar II, die Zerstörer Klas Horn und Ehrenskiöld und die Torpedoboote Kaparen, Jagearen und Snapphanen desgl. 1 UB-Boot. Im Hafen, nahe Slussen, gehen offenbar Befestigungsarbeiten vor sich.«

Dass Harro aber selbst den Besuch bei der Schwester Ottora und ihrem Mann Graf Douglas auswerten wird, darauf war Libertas nicht gefasst. Die Tage in Schweden erscheinen ihr plötzlich in einem ganz anderen Licht. War Harro in Gedanken nie ganz bei ihr, registrierten seine Augen eher die Zahl der Kriegsschiffe im Hafen als ihre Augen und ihr Lächeln? Das Krebsessen am Gripsnassee mit den Eltern Hasselrot und ihrem gelähmten Sohn Bengt, der seit der Kindheit an den Rollstuhl gefesselt ist, nur ein Detail? Hasselrots, die den elfjährigen Harro in den Ferien aufnahmen wie ein eigenes Kind; die Freude am Wiedersehen – alles nichtig, alles unwahr, ins Verhältnis gesetzt durch »An der Straße Stockholm – Mariefred: Akers Styckebruck; Herstellung von Gasmasken«? Die hellen Nächte, die ihnen in ihrer Endlosigkeit gehörten – alles nur mehr ein spröder Bericht, der an einen billigen Spionageroman erinnert. Ihr verwaister Schreibtisch aus braunem Kirschbaum gegenüber dem seinen deutet noch Urlaubsferne an. Hätte sie doch seine Aufzeichnungen nie gelesen. Doch der Stapel liegt dort, neben seiner Schreibmaschine, mit seinen Korrekturen. Den Verrat brauchte sie nicht zu suchen.

Immer wieder spielt das persönliche Fortkommen im Reichsluftfahrtministerium für Harro, nach dem weiteren Lehrgang in Halle zum Gefreiten der Reserve befördert, in den wöchentlichen Briefen an die Eltern eine große Rolle. Der Vater als ehemaliger Korvettenkapitän mit seinen weitreichenden Verbindungen in die Marine und in die Luftwaffe setzt sich für den Sohn ein. In Militärkreisen zählt die Familienbindung zum Großonkel Admiral von Tirpitz. Vielleicht will der Erstgeborene den Eltern und insbesondere der kritischen Mutter das Bild des strebsamen, nun endlich nach allen Irrungen einzig zielbewusst agierenden jungen Mannes vermitteln. Marie-Luise Schulze gibt sich alle Mühe, dem Schauerbild eines Schwiegermutterdrachens nahe zu kommen. Der Schwiegertochter traut sie patentes Hausfrauenwalten einfach nicht zu. Schlimmer noch. Es scheint, als würde Libertas hierfür einfach kein Interesse entwickeln können! Und der Haushalt, das ist ein Bereich, in dem sich Marie-Luise auskennt! Von der Wochenplanung der Mahlzeiten bis zur ehelichen Hygiene.

S. B. Hohenzollerndamm 194
16.8.1936
Liebe Mama,
da es nicht ganz leicht ist, auf Deinen Brief zu antworten, habe ich Libertas diese Arbeit abgenommen. Einmal erhebst Du den Anspruch, in allen Dingen unseres Lebens restlos ins Vertrauen gezogen zu werden. Gegen diese Forderung erhebe ich grundsätzlich Einspruch. Ohne Dir damit eine gefühlsmäßige Absage erteilen zu wollen (die mir ganz fern liegt), muss ich Dir doch sagen, dass bei uns in den wesentlichen

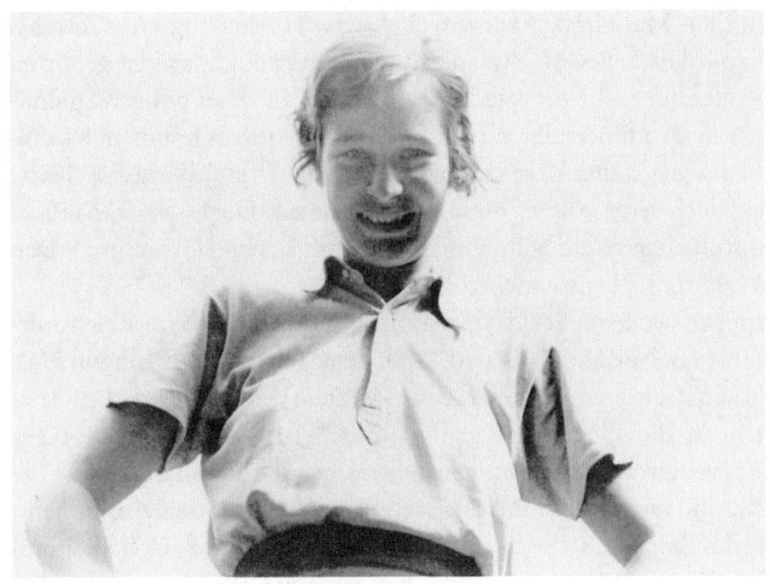

Nach dem Ausritt

Fragen der Lebensgestaltung keineswegs eine solche Übereinstimmung herrschte, als dass sich daraus ein kategorischer Imperativ des Ins-Vertrauen-gezogen-Werdens ergäbe! Sehe ich einmal von dieser grundsätzlichen Feststellung ab, so bleibt immer noch restlos unklar, in welchem gewünschten Fall Du jene gewünschte »Ehrlichkeit« und jenes angestrebte »Vertrauen« vermisst. Es wäre gut gewesen, wenn Du Dich hier etwas klarer ausgedrückt hättest. Aus verschiedenen Wendungen Deines Briefes glaubte ich nach einigem Nachdenken entnehmen zu können, dass Du Zweifel an den Qualitäten von L.'s Familie väterlicherseits hast. Da sachlich unsere Grundanschauungen über Qualität und Nicht-Qualität auseinandergehen, will ich mich darauf beschränken, Dir mitzuteilen, dass wir im Besitz einer Bestätigung der Kirche Neuchatel sind, derzufolge die betr. Urgroßeltern von L. evangelischer Konfession waren. Urkunden über die Großeltern sind nach dem Stuttgarter Schlossbrand offenbar nicht mehr zu haben, soweit sie Eheschließung und Geburt des

Großvaters betreffen. Die Papiere für die Großmutter sind auch in unserem Besitz. Mehrere Verwandte von L., die den gleichen Großvater haben, sind führende Pg. Wenn Du also auf diesem Gebiet Bedenken haben solltest, wäre es doch im Mindesten ratsam, abzuwarten, ob überhaupt irgendwelche Schwierigkeiten auftauchen.

Das tägliche Brot

Berlin ist Schaufenster des »Neuen Deutschland«. In der Heerstraße zeigt die Deutschlandausstellung die besten Seiten der verschworenen Volksgemeinschaft der Germanen. Für die Zeit der Olympischen Spiele ist ein englischer Freund von Libertas, Evan James, bei Harro und Libertas einquartiert. Auf dem Kurfürstendamm, der Einkaufsmeile im Westen der Stadt, sind in manchen Straßenzügen die weißen Fahnen mit den olympischen Ringen gegenüber den Hakenkreuzfahnen in der Überzahl. Der Ku'damm kennt weder arisch noch jüdisch, er erkennt umsatzkräftige Klientel.

Johannes Haas-Heye: »Evan James, Eton-Abgänger; er studierte in Cambridge, eine Bekanntschaft von Libertas aus ihrem Englandaufenthalt 1933. Er schwärmte für Libertas und erzählte mir, sie sei alles, aber keine Nazi. Bei seinem Besuch wollte Harro ihm die Namen von deutschen Gefangenen im Spanischen Bürgerkrieg mitgeben, zur Veröffentlichung über die BBC. James lehnte ab. Es war ihm zu gefährlich, die Quelle wäre zu leicht zurückzuverfolgen. Wenn ich Harro etwas vorwerfe, dann, dass er unvernünftig war – immer in der Annahme, dass die Menschen, mit denen er spricht, ebenso denken wie er.«[34]

Hochspannung, Nervosität beherrschen Harro, die Ereignisse in Spanien belasten ihn. Will und kann Evan James die Namen gefallener und gefangener deutscher Flieger der Legion Condor in der britischen Presse und über BBC verbreiten, um die Angehörigen in

149

Deutschland zu informieren? Mit den Kämpfen sind schließlich die ersten deutschen Kriegstoten nach Ende des Ersten Weltkriegs zu verzeichnen. Wenn die Namen der Gefallenen bekannt werden, dann werden die Mütter um ihre Söhne trauern – und vielleicht kommen nach der Trauer die Wut und die Einsicht. Harro erhofft sich eine Sensibilisierung der deutschen Öffentlichkeit. Sein Wissen bezieht er aus Lageberichten und aufgefangenen Unterhaltungen in seiner Dienststelle im Reichsluftfahrtministerium.

Evan James weigert sich, die Übermittlung auszuführen. Der Sportkorrespondent steht am Anfang seiner Karriere, politische Turbulenzen will er sich nicht leisten. Zu gefährlich ist ihm das Unterfangen. Zudem ist er wenig überzeugt vom Erfolg der von Harro als Mission bezeichneten Aufgabe.

Dass Hitler einen neuen Krieg plant, wird in vielen Details deutlich. Etwa die Umstände, die aus dem kleinen Hartmut-Bruder einen tüchtigen Luftschutzfachmann werden lassen, wie Harro am 22. März 1934 im Brief an seine Eltern kommentierte: »Selbsthilfe, auch auf Holzböden, gegen die kleinen Brisanzbomben, ist durchaus möglich. Übel ist es natürl., wenn eine schwere B. ins Haus fällt, die z.B. für die Bahnanlagen gedacht war. Am schlechtesten stehen sich natürlich Leute in der Nachbarschaft der industriellen Werke, die der Gegner sich immer ganz besonders aufs Korn nehmen wird.«

Die Diskussionen mit dem jungen Engländer fruchten nichts. Libertas übersetzt ihm die erste Seite von *Mein Kampf.* Da, die schwülstigen Worte, es wird Krieg geben: »Erst wenn des Reiches Grenze auch den letzten Deutschen umschließt, ohne mehr die Sicherheit seiner Ernährung bieten zu können, ersteht aus der Not des eigenen Volkes das moralische Recht zur Erwerbung fremden Grund und Bodens. Der Pflug ist dann das Schwert, und aus den Tränen des Krieges erwächst für die Nachwelt das tägliche Brot.«

Evan James will nichts weiter hören. *Mein Kampf* kennt er nicht, es gibt bisher keine offiziellen englischen Übersetzungen, nur Auszüge. Sie, Libs, sei mit ihren Verdächtigungen schon so panisch und angespannt wie die Nazis selbst. Berlin ist einer der begehr-

testen Standorte für Auslandskorrespondenten, vielleicht sein Sprungbrett in eine internationale Laufbahn. Eine Ausweisung wäre mehr als ein erheblicher Prestigeverlust. Doch wie soll eine freie Presse über ein Land berichten, das die Unfreiheit zum Normalfall erhebt? Evan James denkt nicht in deutschen Maßstäben. Denen, die dort leben, ist eine zweite, unangenehm fremde Haut, die man sich jeden Tag überzuziehen hat, zur Gewohnheit geworden. Er kann und will nicht verstehen, dass ein offenes Gespräch im Taxi lebensgefährlich sein soll. Absurd. Keine Verhaftung ohne unabhängiges Gericht, keine Strafe ohne Gesetz – dass es anders sein könnte, dass ein demokratisches Deutschland den Jahren der Weimarer Republik und längst der Vergangenheit angehört, will ihm nicht in den Kopf. Libertas zeigt Evan die Auszüge aus den täglichen Anweisungen der Reichspressekonferenzen: »18. Juli, über die Versorgung der Reichshauptstadt mit Lebensmitteln während der Olympischen Spiele soll [...] nicht mehr berichtet werden. 22. Juli, während der Olympischen Spiele sollen Berichte über Rassenschande und Prozesse auf ein Mindestmaß beschränkt werden. 25. Juli, es wird noch einmal an die Pflicht der deutschen Presse erinnert, während der Olympischen Spiele keine Angriffe gegen ausländische Sitten und Gebräuche zu richten. Die Chinesen haben sich in Berlin schon zweimal beschwert. 6. August, es wird dringend gewarnt, die Berichterstattung der Olympischen Spiele nicht mit rassischen Gesichtspunkten zu belasten.« Libertas berichtet Evan James von den verschwundenen Hinweisen in den Geschäften ihrer Nachbarschaft: »Juden unerwünscht!«, »Deutsches Volk, wehr dich, kauf nicht beim Juden.«
Evan findet die Spiele großartig: Der Staffellauf vom griechischen Olympia über zwölf Tage in das lichtüberstrahlte Brandenburger Tor im Schmuck der roten Fahnen; »James Cleveland« alias Jesse Owens – seine Erfolge als Läufer und im Weitsprung, die die Berliner bejubeln. Jeden Tag Verkehrschaos, Menschentrauben auf der Fahrbahn, weil die Rundfunkreportagen direkt durch die Lautsprecher in die Straßen getragen werden. Erstmalig liefern die Berliner Fernsehsender mit der Deutschen Post Bilder ohne Zeitverzug in die Berliner Fernsehstellen, die Fernsehstuben. Das sei

doch alles sehr positiv. Der junge Engländer will sich die Spiele von dem heimkehrenden Paar nicht kaputtreden lassen. Die Sondernummer *Die Woche,* Olympia 1936, Preis 1 RM, bringt auf der ersten Seite in englischer, französischer und italienischer Übersetzung: »Wer leben will, der kämpfe also, und wer nicht streiten will in dieser Welt des ewigen Ringens, verdient das Leben nicht«, gezeichnet: Adolf Hitler. »He who wishes to live must also fight, and he who will not strive in this world of struggle, does not deserve the gift of life.« Eine Art Fair Play auf gut Deutsch.

Zum Abschluss der Feiern leuchten die Flakscheinwerfer mit ihrem Lichtdom unheimlich gewittrige Blitze in die Wohnung; Inszenierungen zwischen Gottesdienst und Wagneroper. Auch dank der Olympischen Spiele und der positiven Aufnahme in der Berichterstattung der ausländischen Presse wird 1936 zu einem entscheidenden Jahr für die Machtfestigung der Nationalsozialisten in Berlin.

Liebenberger Briefe

Libertas Schulze-Boysen an Marie-Luise Schulze in Duisburg, maschinenschriftlich.

Berlin, 6.9.36
Meine liebe Mama,
viel zu lange habe ich auf die Beantwortung Deines lieben Briefes aus Kiel warten lassen, aber ich hatte u. habe im Augenblick so viel »um die Ohren«, dass ich einfach nicht dazu kam.
Ich müsste lügen, wollte ich nicht zugeben, dass ich mit Dir und Deinem Verhalten in einer Sache, die ich nicht noch mal auftischen möchte, nicht einverstanden war; doch kann ich Dir heute versichern, dass ich meinen kleinen Groll begraben habe und nichts mehr zwischen uns steht – jedenfalls von mir

aus. Wobei ich noch hinzufügen möchte, dass es mir weniger um die Tatsache an sich zu tun war, »dass Du so etwas überhaupt glauben könntest« (denn Du kennst doch allmählich Harros und meine Einstellung zu diesen Dingen!!), sondern vielmehr um die Art, wie Du Dich damit abzufinden oder besser nicht abzufinden versuchtest – – – und, um nun auch das Letzte auszusprechen und damit hoffentlich den letzten »Stachel« zu entfernen, die Art, wie Du über meinen, trotz aller seiner Fehler und Schwächen (die ich genau kenne u. nicht nochmals aufgezählt zu bekommen brauche!), von mir hoch verehrten und geliebten Vater urteiltest, hat mich auch ein wenig verletzt. Bitte gehe in Deinem nächsten Brief nicht mehr auf diese Dinge ein – ich weiß schon, was Du mir antworten willst […] ich schreibe Dir das alles ja nur, um wieder in ein klares und freundschaftliches Verhältnis mit Dir zu kommen, woran mir, schon in Harros Interesse, so sehr viel liegt.

Harro hat sich über Deine so reiche, liebe Geldsendung sehr gefreut. […] Heute fahren wir, zum ersten Mal als »Ehepaar«, nach Liebenberg. Ich freue mich sehr, endlich mal wieder rauszukommen. […]

Über Harros Wäsche brauchst Du Dich von jetzt an nicht mehr zu ärgern. Ich werde unsere gesamte Wäsche hier in Berlin waschen lassen. – […]

Neulich lernte ich Harros ganze Abteilung auf einem Ausflug kennen. Ich vertrug mich mit allen sehr gut und war im Ganzen angenehm überrascht. Eines ist sicher: Sie mögen ihn alle sehr gern und halten zu ihm – und das ist so viel wert!!

Am Dienstag waren wir zu einem Empfang beim engl. Luftattaché eingeladen – Freunde von engl. Freunden von mir … es waren nur hohe Offiziere und Würdenträger sowie ausländ. Diplomaten da; recht interessant. Auch dieses Ereignis trug zur Hebung von Harros »Renommé« gewaltig bei – –

Zu Harros Geburtstag briet ich ihm mein erstes Hähnchen. Es glückte auch, was uns sehr beglückte. Wir fuhren noch raus u. liefen bei schönem Mondschein am Wasser spazieren.

Dann hörten wir Radio – die neue Sensation, die wir meinem guten Onkel Hermann verdanken. Wir probieren alle möglichen Apparate durch, entschieden uns aber erst in der neuen Wohnung, wo wir eine Hochantenne haben wollen.

Jetzt muss ich los, Harro abholen für Liebenberg. Die Sonne scheint u. ich freue mich auf Baden, Reiten und Pilze suchen!

Grüße den lieben Papa und Hartmutbruder und sei selbst herzlich gegrüßt von

Deiner Libertas

Mit der zweistündigen Fahrt nach Liebenberg entfernen sich Libertas und Harro nicht nur räumlich von Berlin. Nach einem Kurzaufenthalt auf dem Schloss fühlen sich die beiden wie neugeboren: das gute Essen, die Ritte weit übers Land, die Spaziergänge durch die Sommerwälder.

6.9.36

Lieber Papa,

es muss schon mal so ein schöner und geruhsamer Sonntag in Liebenberg kommen, um mir Zeit und Muße zu geben zum Schreiben. Ich bin zum ersten Male seit dem 26.7. wieder hier draußen. [...] Berlin ist voller Unruhe und Arbeit. Die einen sprechen da von Präventiv-, die anderen von einem Verteidigungskrieg – aber vom Krieg spricht jeder. Und vielleicht dauert es doch nicht mehr bis 1940 wie ich eigentlich immer annehme. Was heute in Spanien geschieht, kann morgen schon auf Frankreich übergreifen, und auch dort wird es dann so sein, dass die besitzenden Schichten, die Kirche, die Generäle mit Hilfe der Eingeborenentruppen versuchen, die in revolutionäre Bewegung geratenen Arbeitermassen wieder zur alten Ordnung zurückzurufen.

Wie diese Versuche auch immer ausgehen werden – schon im Vorhandenen deutet doch uns allzu klar die tiefe Krise an, durch die Europa hindurchgeht. Das Zeitalter der Klassenkriege hat unwiderruflich begonnen. Die spanischen Grau-

samkeiten und Schrecken geben ja einen kleinen Vorge-
schmack von dem Kommenden. Wenn man liest, dass
englische Oxfordstudenten mit Jagdbesitzern auf Seiten des
Roten Madrid vor Junkers und Savoiabombern schützen,
dass deutsche Tanks vor Irun, das außer von asturischen
Bergleuten nicht zuletzt auch von französischen Arbeitern
verteidigt wurde, den Ausschlag geben – wenn man hört,
dass im katholischen Irland 4000 Freiwillige für Mola und
Franco, in Österreich sich Tausende von roten Arbeitern
heimlich für die Frente Popular meldeten – wenn man das
alles im Atem der Zeit miterlebt, so hat man schon fast die
Vision eines bevorstehenden dreißigjährigen Krieges vor Augen. Mittelalterliche Kunstschätze, ganze Städte gehen in
Flammen auf, und die modernen technischen Mittel dienen
nur dazu, in immer raffinierterer Weise zu töten und zu vernichten. Interessant, zu beobachten, wie Presse und Rundfunk das geistige Chaos noch vergrößern. Schon die reine
Tatsachenfeststellung ist nur wenigen bevorzugten Einzelnen
möglich.

Libertas und ich schätzen uns glücklich, in dieser Zeit vollkommen sorgenlos dahinzuleben und das Leben zu genießen.
Zu unserem Wagen und dem in letzter Zeit wieder voll be-
nutzten Segelboot kam nun der große Röhren-Radio-Super
dazu, mit dem wir in die Welt hinaushorchen. Am 1. Oktober haben wir dann auch unsere neue Wohnung, die uns (bis
zum ersten Bombenangriff) sicher gut gefallen wird.

Wir sind Euch von ganzem Herzen dankbar, für all die Hilfe,
die Ihr uns gebt. Dank auch für die Geldanweisungen zum
2.9., die wir gut brauchen konnten. Auch Libertas ist Euch
zugetan und dankbar, ich bedaure nur, dass durch Mamas
aggressiven Brief Libertas allmählich dazu gebracht wird,
ebenso wie ich im Augenblick des Erscheinens von Mamas
Stimme oder Schrift instinktiv und dem Selbsterhaltungstrieb
folgend zur Gegenoffensive überzugehen. Friedlich wäre es
doch für alle bekömmlicher!

Der Reichsjagdminister

In seiner Eigenschaft als preußischer Ministerpräsident ließ sich Hermann Göring Anfang 1933 in der Schorfheide ein Gelände von etwa 120 Hektar, unweit von Schloss Liebenberg gelegen, zur Verfügung stellen. Auf der Innenseite des schweren Eichenbalkens am Eingang des Blockhauses liegt eine geschnitzte Widmung: »Seinem Ministerpräsidenten Hermann Göring, der mit kraftvoller Hand die Geschicke Preußens leitet, widmet das dankbare Land das Jagdhaus am Wuckersee in der Schorfheide zum dauernden Gebrauch, auf dasz des deutschen Waidwerks Schirmherr Waidmannslust und Freude finde in Preußens Forsten.«

An seinen Besuch in Karinhall erinnert sich Cousin Wend: »Zwei große, von riesigen bronzenen Hirschgeweihen umschlossene fackelartige Ampeln begrenzten den Aufgang, vor dem uns unser Gastgeber und seine Frau, Emmi Sonnemann, erwartete. Göring im Jagdanzug, seine Frau in einem weißen, fließenden Gewand begrüßten uns herzlich und führten uns durch eine weite Vorhalle in den riesigen Jagdsaal. Im Zentrum der fast quadratischen Halle brannte auf einem altarartigen Podest ein loderndes, offenes Feuer, über dem ein von der Decke herabhängendes riesiges Kupferdach Rauch und Hitze auffing. Davor lag auf einem Elchfell ein halbwüchsiger, junger Löwe, der sich bei unserem Eintreten gähnend erhob, streckte und dann langsam auf uns zukam. Göring beruhigte uns mit dem Hinweis, man solle den Löwen gar nicht beachten, dann würde er sich bald wieder auf sein Fell zurückziehen; jedenfalls wäre er gänzlich ungefährlich. [...] Zwei Diener trugen Tabletts mit Sandwichs auf, und Frau Göring unterhielt sich angeregt mit der Großmutter, die als alte Botschafterin keinen Augenblick ihre souveräne Haltung in dieser völlig unerwarteten Umgebung verloren hatte. [...]

Als wir das Haus verließen, hatte sich uns der Löwe wieder angeschlossen. Für einen Moment stand Frau Göring, einer griechischen Göttin gleich, auf der steinernen Plattform der Gedenkstät-

te, neben sich den Löwen, den sie am Kopf kraulte, und mit über die Augen erhobener Hand in die Ferne blickend.«
Onkel Büdi geht mit dem Reichsjagdminister zur Brunftzeit regelmäßig auf die Pirsch. Oh ja, man würde sich wieder sehr freuen, wenn der Herr Reichsmarschall zur Schauflerbrunft herüberkäme. »Die kapitalen Trophäen, die Göring in Liebenberg erlegt, sie erregen auf den groß aufgezogenen internationalen Jagdausstellungen in Berlin berechtigtes Aufsehen.«[35]
Die Herbstjagden in der eindrucksvollen Landschaft, die leicht geschwungenen Hügel bedeckt mit dem Feuerrot des Laubes um Liebenberg, sind immer noch eines Kaisers würdig. Drei voluminöse schwarze Mercedeswagen mit verhüllten Fensterscheiben rollen auf den Liebenberger Schlossplatz. Göring bezieht mit seinem Gefolge Zimmer im Schloss. Nach der Jagd folgt die Teegesellschaft. Aufregung beherrscht das Personal wie auch die Liebenberger Familie. Hermann Göring, Harros oberster Vorgesetzter im Reichsluftfahrtministerium, trägt ein wallendes Seidenhemd, das jede seiner Bewegungen mit einem leichten Rauschen begleitet. An seiner ausladenden Hüfte prangt ein von schimmernden Brillanten besetzter Hirschfänger, darin ein prachtvolles Schwert stakend, wie aus Pappmaché für eine Theateraufführung gemacht. Die enge Jagdhose hält eine mit Platinen besetzte Schnalle. In weichen Stiefeln setzt der Reichsjagdminister brummend und gemächlich die Füße über die Perserteppiche; der Sammler erkennt das Edle. Ein Mädchen mit einem kurzen Pagenkopf schnellt aus einem Sessel – er sah sie nicht sitzen. »Bitte, warten Sie einen Augenblick«, stößt sie atemlos hervor. »Ach, die kleine Nichte«, lächelt Göring und wartet ab. Libertas lächelt zurück. Sie kenne da einen jungen Mann – und Göring kommt nicht aus dem Schmunzeln heraus –, Harro Schulze-Boysen. Ganz begabt sei er, spreche Schwedisch, Englisch, Französisch und auch Russsich fließend, sei strebsam, überzeugter Nationalsozialist der ersten Stunde, selbstverständlich. Seit April 1934 arbeite er im Reichsluftfahrtministerium in der Abteilung Technik und Taktik des Auslandes. An der Verkehrsfliegerschule Warnemünde hat er eine Ausbildung als Seebeobachter absolviert; nun, nach der Ausbil-

dung zum Funker bei der Nachrichtenschule Halle folgte die Ernennung zum Gefreiten und Offiziers Anwärter.

Ob er, Göring, nicht etwas für sein Fortkommen bewegen könne? Die Personalabteilung habe bisher alle Anträge seiner Vorgesetzten, Hilmar von Bülow und Major Bartz, nicht beachtet. Harro, ihr Mann, strenge sich sehr an. Oft würde er das Dienstgebäude nicht vor 21 Uhr verlassen; am nächsten Tag begänne er wieder pünktlich um 8 Uhr.

Geschäftig klingt das Auf und Ab des Personals herauf in die Gästeetage; der Bratenduft lässt Gutes ahnen. Soso, Offizier wolle der junge Mann werden, soso. Er werde daran denken.

Göring ließ über Generaloberst Stumpff bei der Personalabteilung nachfragen, ob und was gegen Schulze-Boysen vorläge. Harro gilt aufgrund seines politischen Engagements in den Jahren 1933 und zuvor als nicht zuverlässig. Man solle doch die ollen Kamellen lassen, so Göring, und den jungen Mann endlich auf einen Fliegerlehrgang schicken, wie von ihm gewünscht. Um als Offizier in eine bessere Gehaltsklasse aufsteigen zu können, bleibt für Nichtakademiker nur der Weg über die Reserveübungen. Harro hofft wieder einmal auf »Papas Vermittlung«: »Zu erwähnen ist noch, dass mein berufliches Weiterkommen mit von meiner weiteren militärischen Ausbildung abhängt. Auf dem bürokratischen Wege dauert das zu lange.«

Auf Anraten eines früheren Marinekameraden des Vaters absolviert Harro Anfang November einen Kurs beim Seefliegerstützpunkt in List auf Sylt. Wieder heißt es durchhalten, Tag für Tag den militärischen Kameradschaftston anlegen. Doch die rauhe Weite der herbstlichen Nordsee, das Landen und Anfliegen über der brausenden Gischt, auf den Leuchtturm am Lister Ellenbogen, machen den Kopf klar. Der Stützpunkt befindet sich im nördlichen Teil der Insel hinter dem Örtchen List. Keine Straße, nur die Trasse der Schmalspurbahn führt dorthin durch die Dünen.

Wind in den Haaren

Einen Tag nach der Abreise von Harro nach Sylt schreibt Libertas Schulze-Boysen an Marie-Luise und Erich Edgar Schulze in Duisburg:

Liebenberg, 13.11.36
[...] Sonnabd. früh. Schon gestern Abend kam ein 2. Brief von »ihm«. Er klang etwas weniger vergnügt, denn es scheint so, als kümmerte sich niemand so recht um ihn, als sei er etwas das 5. Rad am Wagen. Man kann sich ja denken: Einfach so außer der Reihe zu einer Staffel zitiert, kann man wegen ihm nicht den ganzen Betrieb umstellen. Leider scheint List außerdem sehr unwirtlich zu sein, es gäbe nur einen »wenig vertrauenerweckenden« Gasthof u. keine Straße zwischen Westerland u. Sylt, nur zweimal am Tag eine Kleinbahn »von anno 1870«. Trotzdem: We have to make the best of it – denn er schreibt, er hätte so viel Zeit wie noch nie; und es gibt doch nichts Nervenausruhenderes als etwas Langeweile. Jedenfalls ist dies 1000 Mal besser als das Gehetze u. die ungesunde Luft in Halle.

Libertas besucht Harro auf Sylt. Sie übernachtet bei Hans Zehrer und seiner jüdischen Frau in dem kleinen Dörfchen Kampen. Seit 1931 kennen und schätzen sich Harro und Hans. Hinter den Dünenbergen duckt sich die Fischerkate des seit 1933 zurückgezogen lebenden Paares vor dem nimmermüden Nordseewind, sein Raunen und Pfeifen durchzieht die herbstlichen Tage und Nächte wie ein nimmersattes Stimmengewirr. Als Schüler meldete sich Hans Zehrer kurz nach seinem sechzehnten Geburtstag freiwillig in den Krieg an die Westfront. Die Kugeln zischten über ihn hinweg, die Angst vor dem Sterben erlebte er als desillusionierend und, im Nachhinein, als charakterbildend und heilend. Nach schwerer Verwundung und langen Lazarettaufenthalten war für ihn der

Krieg ein für alle Mal vorbei. Ein zufrieden-bürgerliches Leben aber schien ihm wie so vielen der desillusionierten jungen Männer, die die Schlachtfelder überlebten, nach diesen Erfahrungen unmöglich. 1929 verfasste er in der Kulturzeitschrift *Die Tat* zu Beginn der Weltwirtschaftskrise eine »Absage an den *Jahrgang 1902*«: Eine Verdammung der Generation von jungen, ehrgeizigen Aufsteigern, die, begeistert von der Idee des Ersten Weltkriegs und im Glauben an den Sieg des Vaterlands erzogen, ohne ihre Väter aufwuchsen – und die, zum Ende ihrer Pubertät, gänzlich aller Leitbilder beraubt, orientierungslos und desto williger in das nächstbeste Fahrwasser rutschten. Die, die schließlich als die führende Elite des nationalsozialistischen Staates entscheidend und unheilbringend zu wirken beginnen: »Es sind die selbstbewussten, großschnäuzigen Söhne aus guten oder immerhin gesicherten Ställen. Sie bevölkern die Vorzimmer der Schattengrößen, die wir ablehnen. Sie haben Verbindungen. Sie lunchen täglich mit irgendeinem, da ihre Zeit knapp ist und sie die Besprechungen rationell gestalten müssen.« Der Bestseller *Jahrgang 1902* von Ernst Glaeser wurde in 16 Sprachen übersetzt.

Während die Kriegsheimkehrer einen politisierenden Denkprozess durchliefen, der sie zur Kritikfähigkeit und -ausübung antrieb, sah Zehrer die neuen Emporkömmlinge mit dem Dégout des wissenden Skeptikers. Der Hass auf die Eltern, die in den Augen ihrer Kinder nicht nur den Ersten Weltkrieg mitverschuldet hatten, sondern auch für die wirtschaftlichen wie parlamentarischen Krisen der Weimarer Republik verantwortlich waren, ließen viele der zornigen jungen Männer gegen die, gemäß Joseph Goebbels, »Republik der Greise« rebellieren. Endlich die Herrschaft der Jungen selbst anschieben und erleben! Gegen die Alten agieren, die sich ihre Positionen in Politik, Wirtschaft und Wissenschaft wie selbstverständlich sicherten: Dieser Gedanke einte schließlich den Nachwuchs von rechts wie von links – Frontsoldaten wie Hans Zehrer als auch die verlorene Generation des *Jahrgang 1902*. Ein verführerischer Gedanke, der die revolutionäre Kraft an den Glauben eines möglichen Neuanfangs, des Neugestaltens mit sich brachte. Ideen, die auch den zwanzigjährigen Harro Schulze-Boysen Anfang der dreißiger Jahre beflügelten.

Hans Zehrer redigierte als Redaktionsmitglied *Die Tat*. Ein programmatischer Titel; die Zeitschrift war Sprachrohr und Meinungsbildner für eine aufbegehrende, intellektuelle jungen Elite. Der Kapitalismus habe ausgedient – obwohl die meisten Väter der bourgeoisen Aktivisten für Studium und Unterhalt sorgten –, Nationalismus und Sozialismus sollten in einem planwirtschaftlich organisierten, autarken Staatsgebilde zusammengeführt werden. *Die Tat* erreichte unter Hans Zehrer, zuvor zehn Jahre als Redakteur bei der *Vossischen Zeitung* beschäftigt, einen Auflagenboom mit bis zu 30 000 Exemplaren. Der kritischen Linken galt Zehrer als Steigbügelhalter der Nationalsozialisten. Inspiriert von der *Tat*, brachten lose organisierte Zirkel eigene Produktionen in Umlauf – wie *Der Gegner* unter Franz Jung, der die Leitung an Harro übergab.

Um die Machtergreifung der NSDAP mit Adolf Hitler an der Spitze zu verhindern, verfolgte Hans Zehrer ein Bündnis durch alle Fronten: zwischen Nationalsozialisten um Gregor Strasser und Verbindungen zur Reichswehr wie zu Gewerkschaftern und Sozialdemokraten unter der Führung des 1934 beim »Röhm-Putsch« in seiner Villa in Berlin-Babelsberg erschossenen Generals Kurt von Schleicher. Mit dem Scheitern seiner politischen Initiative zog sich das Ehepaar Zehrer zunächst in seine Villa am Elbstrand in Hamburg-Blankenese, und – nach den Mordserien 1934 – in ihre Kate auf Sylt zurück.

Politik und Zeitgeschehen interessieren drei Jahre nach 1933 den leidenschaftlichen Publizisten und seine Frau nur am Rande. Jeden Morgen laufen sie, in den Frischen des Novembers, in ihren Bademänteln hinunter zum Strand, um ein eisiges Bad zu nehmen. Krebsrot und lachend kommen sie wieder. Der Tagesablauf der Mittdreißiger ist gefüllt von Verrichtungen, die sorgsam und ruhig ausgeführt werden. Ist eine Scheibe im Glasdach des Gewächshauses auszuwechseln, rührt Hans – sie sind sofort beim Du – den Leinölkitt an. Nur so viel wie nötig, sonst wird der Kitt streng! Vorsichtig sägt er mit einem Stahlrädchen die neue Glasscheibe aus. Eine Partie Schach ist für Hans Zehrer immer ein Vergnügen; sie darf sich auch über mehrere Tage hinziehen. An das Flackern in Harros Augen, an seine mühelose, oft ironisch gewählte, aber immer direkte Wortwahl in den Versammlungen kann sich Hans Zehrer noch gut erinnern. Harros junge Frau will alles über ihren Mann wissen.

1931 organisierte der *Tat*-Kreis in Berlin eine Aktion gegen die Arbeitsdienstpflicht. Und da war dieser ungeduldige Junge, gespannt wie ein Flitzebogen und doch wieder elegant in den Bewegungen wie er dort aufstand inmitten der großen Versammlung am Bülowplatz und den Arbeitsdienst verteidigte. Alle nannten sich Anarchisten, aber wenn einer darunter war, dann war es Harro. Er schien zu wissen, was er wollte, und das imponierte. Die Arbeitslosenzahlen nahmen immer noch zu, viereinhalb Millionen Menschen waren ohne Auskommen. Harro war ein »Jungdeutscher«, er organisierte große Versammlungen, die mit 300 bis 400 Menschen die Germaniasäle am Stettiner Bahnhof füllten und über drei Stunden dauerten: »Organische Lebensform bricht sich Bahn! Intensivste Bearbeitung des nationalen Lebensraumes, Aufgabe der Weltwirtschaftshypothese des Spätkapitalismus, nationale Reaktivierung des Einzelnen, Verzicht auf Kino und Ballsaal, auf Stehkragen und Zylinderhut, Zug zum Lande, damit: Erhaltung des Ostens.« Und, und, und.

»Harro war ein großartiger Redner«, erinnert sich Hans Zehrer. Die Sache mit dem Lehmhaus ging durch die Zeitungen. Die Jungdeutschen organisierten einen ausrangierten Omnibus, kauften in Frohnau zwischen Berlin und Oranienburg auf Hypotheken günstig Land und bauten in Eigenarbeit ein einstöckiges, vierzimmeriges Haus. Es hatte noch nicht einmal 1000 Reichsmark gekostet. Auf dem Dach richteten sie einen kleinen Garten ein.

Hans Zehrer zieht an seiner erkalteten Pfeife, und Libs dreht sich eine faserige Zigarette aus seinem Tabak mit dem Whiskygeschmack.

Der Kollektivgedanke durchströmte die Jungdeutschen, am liebsten wollte Harro alle mitreißen in den Aufbruch in eine neue Zeit. Für Liebesgeschichten hatte er keine Geduld. Frauen waren für ihn Nebensache, die Freundschaften unter den Männern, die Entscheidungen in der Politik gingen immer vor. Nach den Ereignissen 1933 verloren sich Hans und Harro aus den Augen.

Und heute? Heute ist Harro verheiratet, lacht Libs, und trägt Uniform – ein ganz braver Junge. Das glaubst du doch nun selbst nicht, brummt Hans Zehrer und klopft seine Pfeife aus. Abends sitzen die beiden wie die Fischersfrauen auf einer hölzernen Bank im Windschatten des Hauses. Manchmal zieht eine der Frauen mit den rissigen Gesichtern nickend am Kopftuch, einen guten Abend dem Herrn Professor und dem jungen Fräulein. Mit einer Schreibmaschine auf den Knien, so kennen sie den Hamburger zwischen ihren Reetdach-Katen unter den Apfelbäumen. Oft sehen sie schon im Morgengrauen, wenn die Boote der Fischer mit dem silbrig-fetten Fang im Bauch mit dem letzten Schwung der Dünung sanft anlanden, den groß gewachsenen, etwas behäbigen Mann den Strand entlangstapfen. Schlaflosigkeit treibt ihn zur Brandung hinunter.

Die Tage, an denen das Meer grau und traurig liegt, wechseln im Laufe der Winde schnell in einen grell blitzenden Sonnenschein, der an das heiße Licht des Sommers erinnert. Die diamantenen

Kristalle im Sand glitzern. Libs und Harro tragen Trainingsanzüge, und schreiend rollen sie einer nach dem andren, die Körper längs drehend wie einen fortlaufenden Kegel, in die warmen Kessel der Dünen hinab. Hier finden sie sich, wo niemand sie findet.

Helga Heydt

Die Berliner Journalistin Ruth-Andreas Friedrich: »Die Gewissensakrobaten unter uns sind der Meinung, dass jeder, der Augen habe, es zwischen den Zeilen lesen müsse, wie sehr ihre Feder sich sträube, die befohlenen Lügen niederzuschreiben. Ich kann mir nicht helfen. Ich lese nichts zwischen den Zeilen.«[36] Erfolg als Schriftstellerin, als Dichterin, davon träumen viele; Libertas aber ist überzeugt, dass sie Talent hat. Doch ohne die Aufnahme in die jeweilige Kammer, ob Musik, Kunst, Film oder Wort, sind Publikationen unmöglich. Das Reichsministerium für Volksaufklärung und Propaganda unter Joseph Goebbels hat Monopolstellung. Die Reichsschrifttumskammern sind angewiesen, alles fernzuhalten, was »geeignet sei, die Kraft des Deutschen Reiches zu schwächen«. Wer als »politisch unzuverlässig« gilt, bleibt ausgeschlossen. Anträge von Nicht-Ariern werden nicht bearbeitet. Für viele steht die Existenz auf dem Spiel. Laut Anordnung vom 30. Juli 1934 müssen all jene eine Mitgliedschaft in der Reichsschrifttumskammer nachweisen, die ihren Lebensunterhalt mit der Publikation von Literatur verdienen wollen.

Vor der Prüfung am 10. November im Haus der Presse füllt Libertas handschriftlich den Fragebogen der Reichsschrifttumskammer aus. Sie unterzeichnet mit Libertas Schulze-Boysen, Deckname Helga Heydt, Mitglied der NSDAP seit 1933. Als Auskunftspersonen gibt die im Gau Kurmark polizeilich Gemeldete Onkel Büdi, Fürst Fritz Wend zu Eulenburg Liebenberg-Mark b. Löwenberg Mark, und einen über Harro bekannten Journalisten an. Unter Bemerkungen trägt Libertas ein: »Ich bin seinerzeit auf Grund meiner schriftstellerischen Tätigkeit in der Presseabteilung der MGM zum Eintritt in den (damaligen) RDS[37] aufgefordert worden. Seit Dezember 1934 (am 1. Januar 1934 schied ich aus dem Beruf aus) sind keine Arbeiten von mir mehr veröffentlicht worden. Bei MGM handelte es sich um kl. Filmpropaganda-Artikel in einigen Zeitungen und Zeitschriften.«

»Wer von Ihnen hat *Mein Kampf* noch nicht durchgearbeitet?«, die Frage des Leiters des Presseverbandes knallt in den Raum. »Von mir hängen die Schicksale von 5000 Schriftleitern im ganzen Reich ab«, fügt er hinzu und unterzieht die Prüflinge im Haus der Presse einer scharfen Musterung. Mit Hilfe des kleinformatigen Büchleins »Was muss ich vom Dritten Reich wissen?« hat Libertas die einschlägige Geschichtsschreibung fertig zum Abrufen einstudiert. Es hagelt außenpolitische Fragen, noch heikler aber ist die Innenpolitik. Welche Worte sagte Hitler in Pasewalk? »Mit den Juden gibt es kein Paktieren, sondern nur das harte Entweder-Oder. Ich aber beschloss, Politiker zu werden.« Hitler verließ am 14. Oktober mit einer Senfgasvergiftung der Augen die Front und wurde im Reservelazarett Pasewalk als »Psychopath mit hysterischen Symptomen« behandelt. Am 10. November 1918 verfiel er bei Bekanntwerden der Niederlage des Deutschen Reiches in eine tiefe Depression mit »hysterischer Erblindung«, aber danach fragt bei der Prüfung niemand. Die Namen der 16 Toten des 9. November 1923? Als Hitler versuchte, in München die Macht an sich zu reißen? Die braun Uniformierten munkeln. Dann heißt es: Bitte sehr, Ihr Antrag. Vermerk: Bestanden, zugelassen nur für Unpolitisches. Ihre Aufnahmeerklärung erhält Libertas am 11. Juni 1936. »Den ersten Quartalsbeitrag sowie RM 1,- einmalige Leihgebühr für Verbandsnadel entrichte ich innerhalb von vier Wochen nach Erhalt der Aufnahmebestätigung.«

Sprachregelung heißt die Formel und ist ein Befehl: Auf täglichen Pressekonferenzen im Propagandaministerium, im Promi, werden die Vertreter der Berliner Redaktionen auf die gängige Linie eingeschworen. Die Inhalte der Presseanweisungen bleiben unter Strafandrohung geheim; stenographische Notizen müssen anschließend vernichtet werden. Kein Schriftleiter, keine Redaktion, will ein Erscheinungsverbot und damit den eigenen Arbeitsplatz riskieren. 1933 erscheinen 4702 Zeitungen mit einer Auflage von etwa 25 Millionen, schätzungsweise 2500 erscheinen noch drei Jahre später. Nach der »Anordnung zur Beseitigung der Skandalpresse« von 1935 können Verleger, deren Zeitungen »Anstoß erregen« oder »der Würde der Presse schaden«, aus dem »Reichsverband der deutschen Zeitungsverleger« ausgeschlossen werden, was ebenfalls ein Berufsverbot bedeutet.

Johannes Haas-Heye, Libs und die Freunde nennen ihn Johnny, studiert seit 1934 Journalistik in Zürich und schreibt für die *NZZ*. Sein Antrag, um journalistisch arbeiten zu können, wird von den deutschen Behörden abgelehnt: »Die fragten mich braune Propaganda ab. Das konnte ich nicht bieten – und galt als politisch unzuverlässig, wie es so schön hieß. In den kleinen Meldungen, die die *Deutsche Presse* täglich drucken ließ, wurde ich als verstorben gemeldet. Ein wenig seltsam, mit 25 Jahren den Vermerk des eigenen Ablebens zu entdecken. Nun, für die Nazi-Presse war ich also tot.«[38] Für die Agentur United Press geht Johnny nach Amsterdam. Aus ihm wird ein erfahrener Nachrichtenmann.

Weiterhin erscheint *Die junge Dame,* die *Elegante Welt* oder die *neue linie.* Das Auge der Titelgestalter ist in Bauhaustradition geschult: Ästhetisches für die modern-chice Frau, Neuigkeiten von Prominenten. Ganz anders der Tenor der *Frauenwarte* – »ihre Welt ist ihr Mann, ihre Familie, ihre Kinder und ihr Haus ... in ewig geduldiger Hingabe«. »Altes und Überholtes« sei immer noch in Frauenzeitschriften zu finden – Artikel, die die Frauen als »Luxusgeschöpfchen und Flapper darstellen, die bonbonknabbernd auf der Couch liegen, Launen haben wie die schlimmsten aller Filmdiven, nebensächlichste Dinge zu Alternativfragen machen, mit freudschen Komplexen behaftet sind, suffragettenhafte Töne anschlagen – und alles andere sind als die vielen, tüchtigen, liebenswerten und zuverlässigen Frauen und Mädchen, mit denen wir es bei unseren Gattinnen und Müttern, bei unseren Arbeitskameraden und Mitarbeiterinnen zu tun haben und die wir hoch achten und lieben.« Im Verbandsorgan des Reichsverbands der Deutschen Zeitschriften-Verleger schimpft der stellvertretende

Leiter und Verlagseigner der *Ärztlichen Mitteilungen*, Alfred Hoffmann, es sei immer noch möglich, »in Frauen- und Monatsschriften, Unterhaltungszeitschriften überhaupt, Bilder zu finden, die mit dem rassischen Empfinden des neuen Deutschlands nichts zu tun haben [...] Frauen mit Schlitzaugen oder dekadente, undeutsche Mädchenbilder.«[39]

»Nu abboniernse doch den *Völkischen*.« Wie oft hat Libertas diese vorwurfsvoll berlinernd vorgetragene Bitte durch den Hauswart in der neuen Wohnung in der Waitzstraße 2 unweit des Kurfürstendamms dankend auf später verschoben. Der *Völkische Beobachter* ist die auflagenstärkste Tageszeitung des Reiches. Zur Bekanntgabe neuer Dringlichkeiten dient die plakatartige Aufmachung der Titelseite wie eine auf Zeitungspapier gepresste Litfaßsäule. Die Auflage steigt stetig; der *VB* bedient eine Berliner, eine norddeutsche, eine süddeutsche und eine Münchner Ausgabe. Mittels Sonderheften wie *Die Deutsche Landschaft, Die Deutsche Frau* oder *Der Filmbeobachter* soll eine breite Leserschaft angesprochen werden.

Während der Olympischen Spiele wurde *Der Stürmer,* das im Auftrag des fränkischen Gauleiters Julius Streicher in Nürnberg produzierte Wochenblatt, nicht gedruckt. Die reichsweit verbreiteten Schaukästen blieben leer. Mit einer Mischung aus Pornographie und Aufforderungen zur Gewalt, mit Berichten über Vergewaltigungen, Mord, Totschlag, Wucherpreise und Verführung Minderjähriger macht das Blatt Quote. Das Dritte Reich, ein Sündenpfuhl – schuld an allem sind die Juden. Das Blatt nennt Personen mit vollem Namen, Adresse und Geburtsdatum, die Kontakt mit Juden pflegen, ob sie mit ihnen spazieren gehen oder für sie arbeiten. Ob also Freundschaften oder Verpflichtungen die Menschen verbinden – die Lektüre des *Stürmers* fördert öffentliche Diffamierung und Denunziation.

»Rassenschande«, das Thema ist Zugpferd. Die Auflage steigt von 20 000 Exemplaren im Jahr 1933 auf etwa 400 000 Stück nur zwei Jahre später.[40] Dagegen will die Wochenzeitung *Das Reich* den Eindruck eines seriös aufgemachten und zudem nationalsozialistisch geprägten Journalismus erwecken. Rolf Rienhardt, Redenschreiber für den Reichsleiter der Presse Max Amann, startet mit *Das Reich* den Versuch, den Niedergang der Presse in den Augen der nationalen und internationalen Öffentlichkeit zu stoppen. Zuläufe erhält das Redaktionsteam von der *Deutschen Allgemeinen Zeitung* und des *Berliner Tageblatts,* nach deren Schließung auch von Seiten der *FAZ.*

Neben der aus der Parteikasse gesponserten Presse wie dem *VB,* dem *Schwarzen Korps* oder dem *Angriff* entstehen Leib- und Magenblätter der Führungselite: Hermann Göring erklärt die *Essener National-Zeitung* zu seinem amtlichen Organ.[41] Sie druckt wöchentlich die Filmkritiken von Libertas Schulze-Boysen – ab 1940, lässt sich anhand der Quellenlage feststellen. Der Bedarf an einer Schreibe, die die Konsumenten gewinnt und nicht in plumpen, immer wiederholten Parolen abschreckt, ist groß.

Ein neues Jahr: 1937

Ihren ersten Spaziergang des Jahres beginnen Libertas und Harro in Liebenberg schweigend hinter den langen Ställen, aus deren Türen und Fensterritzen warm der Dunst der Tiere aufsteigt. Die Luft ist klar; über den bäuchlings geschwungenen Feldern liegt eine pudrige Schneedecke aufgeschüttelt wie ein frisch bezogenes Bett. Der traditionelle Neujahrsausritt ist den Pferden bei gefrorener Erde nicht zuzumuten. Wenn man doch nur einmal in die Zukunft schauen könnte! Als Journalistin sich etablieren, studieren; aber wozu, wenn es doch bald Krieg gibt, wie Harro immer voraussagt? »Willst du in die NS-Studentenschaft eintreten? Du wirst nicht umhinkommen, dich zu engagieren. Außerdem kenne ich dich. Du bist zu schnell zu begeistern«, sagt Harro. Weiter gehen sie schweigend; jeder blickt geradeaus. Nur zehn Prozent eines Jahrgangs der Abiturientinnen werden zum Studium zugelassen, Frauen gehören an den Herd. Die Zensur wird immer spürbarer, und mit dem Verbot aller Kritik, laut Goebbels ein

Überbleibsel »jüdischer Kunstüberfremdung«, ist doch jede Schreiberei sinnlos geworden. »Journaille«, »Meckerer« und »Kritikaster« – sie alle mäkelten doch nur. Stattdessen: Schweigeminuten, Aufmärsche, Gedenkfeiern, Spendenaktionen – das eint das Volk. Die Zeitschrift *Wille zum Reich* ist eingestellt, verboten. Keiner wagt zu provozieren.

»Und du? Willst du dich weiter als Revolutionär in Uniform aufführen?« Dieser inneren Tradition nachzuhängen, den Glauben nicht zu verlieren, dass die Verhältnisse doch umzustürzen, zu ändern sind – all dem haftet etwas Naives an. Nun ist es so weit gekommen mit ihnen. Sie teilen aus, die verletzlichen Punkte des andern sind bekannt; nur hinein mit dem Dolch und zerstören. So fragil wie die eigene Existenz, so baumelnd im zunehmend luftleeren Raum, so brüchig erscheint Libertas mit einem Mal ihr Vertrauen in das Beglückende ihrer Liebe. Ihm, Harro, nur zuzuarbeiten, Übersetzungen technischer Details fürs Reichsluftfahrtministerium, das sei auf die Dauer unbefriedigend. »Du hast die Jahre damals nicht erlebt in Deutschland. Und ich habe nur nach etwas gesucht, das dir guttut«, entgegnet Harro. »Was mir guttut, bestimme ich, oder willst du mich erziehen?«, fragt Libs zurück. Ihre plötzliche Aggressivität erstaunt sie. Wie gerne möchte sie ihn

Der Liebenberger Lankesee im Winter

berühren, er soll den Arm um sie legen. Stattdessen reißt sie an seiner Winterjacke. Abrupt bleibt er stehen. Seine Augen sind fast schwarz vor Wut. Das Leben könne nicht nur aus Wundern bestehen, jeden Tag ein neues Wunder – es ist unmöglich. »Wenn dir etwas nicht gefällt, schiebst du es von dir weg wie einen Teller, den du nicht aufessen magst«, wirft er ihr vor. Sie brauchten eine Ordnung im Leben, einen festen Standort, feste Standpunkte. »Wir sind im Kampf.« – »Du bist doch mein Wunder!«, ruft Libs, küsst ihn, und während sie die Augen geschlossen hält, zieht sie an einem schneeigen Tannenzweig. Kalt läuft langsam das Eiswasser in den Nacken. Nur nicht dieser Ton. Wenn er diesen Ton anschlägt, ist er wieder fort von ihr, dann sind sie Fremde. Weit weg liegt dann alles, was miteinander war. Nur das nicht. Warum nicht in die Schweiz gehen? Ihre Freundinnen sind dort, ihr Vater hat Verbindungen. Harros Weggefährte Adrien Turel lebt als Geschichtslehrer in Zürich – dort einen Neuanfang wagen? Warum nicht Schweden? Harro spricht die Sprache fließend, Libs kann radebrechen. Es würde sich schon ein Auskommen finden lassen, auf die schwedische Verwandtschaft sei Verlass. Aber eine offene Revolte hier in Deutschland? Darauf zu hoffen, das ist doch Selbstmord. Fast bittet sie ihn. Harro. Man kann nur Kompromisse machen – oder auswandern. Lass uns gehen und leben, wie wir wollen. Ohne Partei. Vielleicht ist es nur die Neujahrswehleidigkeit?

Ein Leben fernab von Deutschland kommt für Harro nicht in Frage. Mit der steigenden Kriegsgefahr sieht er die Möglichkeit der Befreiung von der Diktatur kommen. Nicht nur dann will er zur Stelle sein. Schon in einer *Gegner*-Ausgabe im März 1933, kurz nach der Machtergreifung, wandte sich Harro gegen die Möglichkeit des Exils: »Die letzten Wochen haben eine Reihe harter Maßnahmen gebracht. Der Reichsminister Göring sprach davon, dass es ihm nicht um die Ausübung der Gerechtigkeit gehe, sondern einzig und allein darum, seine Feinde zu vernichten und auszurotten. Wir sind weit davon entfernt, über dieses Wort in ein großes Wehgeschrei zu verfallen, obwohl es vielleicht besser nicht gefallen wäre. Sondern wir finden, dass jede Unterdrückung und Verfolgung einen tiefen geschichtlichen Sinn hat: den der Destillation wertvoller Kräfte.«[42]

Im Frühjahr 1936 stellt Libertas ein Gesuch »An die Reichsleitung der NSDAP München, betr.: Austrittsgesuch« – mit einer ungewöhnlichen Begründung:

Ich bitte hiermit um Bewilligung meines Ausscheidens aus der Partei. Die Vorbedingungen für meinen politischen Einsatz als Frau sind seit meiner Verheiratung entfallen. Zeitlich und gesundheitlich glaube ich heute nicht mehr in der Lage zu sein, allen Anforderungen der Parteiarbeit zu entsprechen. Es widerstrebt mir, nur zahlendes Mitglied zu sein. Ich bin selbstverständlich, wie jeder andere deutsche Volksgenosse, immer dazu bereit, Opfer zu bringen, und werde mich nach wie vor voll und ganz für die Bewegung einsetzen – nur muss sich, so habe ich den Führer verstanden, dieser Einsatz stets im Rahmen dessen halten, was mir der Hausstand und meine sonstigen Pflichten dem Mann und der Familie gegenüber gestatten.

Ich bitte Sie, diesem meinem Anliegen Verständnis entgegenzubringen.

Meine rote Mitgliedskarte ist Ihnen, zwecks Eintragung meiner durch Eheschließung erfolgten Namensänderung, durch die Gauleitung Kurmark zugegangen. Anliegend ergänzend und zum Beweis, dass sämtliche Beiträge bis Jan. 1937 gezahlt worden sind, meinen Anhang zur Mitgliedskarte, meine Hilfskassen-Quittungskarte und meine Abmeldung von der Ortsgruppe Liebenberg-Mark, der ich durch die Verlegung meines Wohnortes nach Berlin schon länger nicht mehr angehören dürfte. Doch wollte ich mit der Ab- und Ummeldung warten, bis meine Mitgliedskarte wieder eingetroffen wäre, was jedoch leider bis heute nicht erfolgt ist. Ich nehme an, dass Sie sie dort haben und nun, auf Grund meines Austrittsgesuchs, dort behalten werden.

Mit deutschem Gruß

Heil Hitler, Libertas Schulze-Boysen, geb. Haas-Heye.

Die Parteileitung in München prüft den Antrag. Ihre Austrittsbestätigung erhält Libs am 5. Mai 1937 von der »Reichsleitung der NSDAP Reichsschatzmeister, München«.[43]

Im »Rechtsalphabet der Familie«, das jedem Ehepaar mit der Heiratsurkunde überreicht wird, ist zur Berufstätigkeit der Frau vermerkt: »Ob die Frau einen Beruf ausübt, richtet sich nach den Verhältnissen in der Ehe. Sie ist verpflichtet, im Geschäft des Mannes zu arbeiten, soweit das nach den Lebensverhältnissen der Ehegatten üblich ist. Verpflichtet sich die Frau ohne Zustimmung des Mannes zu persönlichen Dienstleistungen einem Dritten gegenüber, so kann der Mann dieses Dienstverhältnis mit Ermächtigung des Vormundschaftsgerichts kündigen.« Auch das »Güterrecht« lässt der Frau keinen Spielraum: »Wenn nichts anderes vereinbart ist, tritt der gesetzliche Güterstand ein. Das eingebrachte Gut der Frau gelangt in diesem Falle unter die Verwaltung und Nutznießung des Mannes.«

Die Schweiz und Schweden bleiben weit entfernt wie fremde Planeten auf einer anderen Umlaufbahn. Das Hier und Jetzt findet in Berlin statt. Nach den Aufenthalten von Harro in der Ausbildung in Halle und auf Sylt entwickelt sich mit den Berliner Freunden eine lieb gewordene Kontinuität. Von allen werden die verlässlichen Treffen in der großen Wohnung in der Waitzstraße, nahe des westlichen Ende des Kurfürstendamms gelegen, wo die Geschäftshäuser von großzügigen Gründerzeitetagen abgelöst werden, freudig erwartet. Sie alle fühlen sich in Deutschland, in Berlin, zu Hause; sie wollen sich nicht vertreiben lassen – eine Zusammengehörigkeit, die jeden Fluchtgedanken ausschließt.

Picknick-Abende

Harro an die Eltern am 24.2.1937: »Alle 14 Tage haben wir nette Picknick-Abende bei uns. Da es allen so gut gefällt, werden wir es auch weiter tun. Es ist eine famose Art, alle Freunde von Zeit zu Zeit zu sehen und alle Verpflichtungen auf vernünftige Weise zu erledigen. Meist sind etwa 25-30 Menschen da, die sich ja bei uns sozusagen fast verkrümeln. Wir haben ja genug Platz. Wir geben nur Tee. Die anderen bringen Keks, Wein usw. mit. Zuerst wird 1-1,5 Stunden etwas Gutes gelesen, danach ist Musik und Tanz bis 12. Punkt 12 schmeißen wir alle raus.

Am ersten Abend lasen Dissel und Jedzek aus Ernst Jünger; am zweiten ich aus Ernst Fuhrmann; am dritten hatten wir Platon, und so geht es nun weiter: Klages, Sorel, Macchiavelli usw. Für einen der nächsten Abende will Albrecht Haushofer (Geopolitik) bei uns ein neues Drama (Sulla, Tragödie des Zynikers) lesen. […]«

In der Atelierwohnung in der Waitzstraße hängt an der Wand »Entartete Kunst« – eine Landschaft von Nolde und zwei kleine Arbeiten von Schmidt-Rottluff. Sind Abteilungsmitglieder aus dem RLM geladen, wandert ihr Blick über die Bilder, ohne erkennen zu wollen. Den Donnerstag halten Libertas und Harro als einen Jour fixe in zweiwöchigen Abständen. Trotz des Kommens und Gehens entwickelt sich eine konzentrierte Atmosphäre.

Während er vorliest, stützt sich Albrecht Haushofer am Mahagonitisch stehend immer wieder federnd ab, manchmal streicht er fest sein Menjoubärtchen an die Mundwinkel. Beine schlafen unbemerkt ein, Tee erkaltet in den Tassen; der fieberhafte Sog, die Konzentration des Lesenden lässt keinen abschweifen. Der Professor für Politische Geographie und Geopolitik an der Berliner Hochschule für Politik führt eine Doppelexistenz: Neben seiner Arbeit an der Hochschule dient er zeitweilig in der Informationsabteilung im Auswärtigen Amt unter Staatssekretär Ernst Freiherr von Weizsäcker, berät die Dienststelle Ribbentrop als freier Mitarbeiter, wird auf geheime politische Missionen nach Großbritannien, Südosteuropa und Japan geschickt – und er versucht, die Schrecken der Zeit in historischen Dramen zu verarbeiten. Einige erleben ihre Aufführungen auf Berliner Bühnen. Mit *Scipio* beginnt er im Jahr 1934 den Irrsinn von Macht und Wahn in die römische Zeit zu verlegen; mit *Sulla* und schließlich *Augustus* beschließt er die Trilogie. Wer nicht maßhalten kann, wird zum existenziellen Scheitern verurteilt.

Auf dem Teppich sitzen die Tänzerin Oda Schottmüller, die Schumachers, da ist Gisela von Poellnitz – eine Cousine von Libertas, Untermieterin in der Waitzstraße und selbst ernannte Jungkommunistin –, Schriftsteller, Theaterleute wie Klaus Jedzek oder Herbert Dahl, ein Freund aus jungdeutschen Zeiten mit einer Stellung bei der deutschen Rentenbank in Berlin. Herbert Dahl: »Wesentlichen Anteil an der Gestaltung der Abende hatte auch Harros Frau Libertas, geborene Haas-Heye, genannt Libs, eine Enkelin des Fürsten Philipp zu Eulenburg. Zu den Bekannten Harros, mit denen er häufig zusammenkam, zählt auch der Buchhändler, der damals ein Geschäft in der Leipzigerstraße unweit des RLM hatte.«[44] In der Gselliusschen Buch-, Antiquar- und Globenhandlung an der Mohrenstraße Ecke Friedrichstraße lagern Schätze der verbotenen Literatur.

Ein Journalist der *Essener National-Zeitung*, Heinrich Karbe, ist ebenfalls regelmäßiger Gast: »Alle waren ähnlich angezogen, wie man eben angezogen war, wenn man anderer Meinung war über das Dritte Reich, mit Baskenmützen, dunklen Hemden, offenen Kragen. Libs war immer sehr unvorsichtig am Telefon. Sie gaben Abendgesellschaften mit dreißig Leuten. Gefühlsmäßig war sie eine sehr starke Frau. Sehr romantisch. Einen unerschöpflichen Vorrat an Liedern hatte sie; sie konnte stundenlang singen.«[45] Zusammen mit Werner Dissel, Bühnenbildner und angehender Schauspieler, trägt Libertas die Songs von Bert Brecht und Ernst Busch vor. Der Rowohlt-Lektor Ernst von Salomon erlebt die Abende als eine verspätete »Boheme echt Berliner Art«. Werner Dissel: »Es war einfach schön, denen zu begegnen. Es war natürlich auch immer viel Witz und Fröhlichkeit in der Runde. Wir machten unsere Gags und Faxen. Für uns war das immer irgendwie Fasching.«[46] Herbert Dahl beschreibt, wie politische Tagesfragen heiß diskutiert und Meldungen, Aufsätze und Reden, etwa von Thomas Mann, weitergegeben werden. Harro bringt Neuigkeiten aus dem RLM, die niemals öffentliche Verbreitung finden. Das Informationsmonopol des Staates brechen – im Mittelpunkt dieser Abende steht Harro. Herbert Dahl bringt den Immobilienhändler Paul Scholz und seinen kommunistisch geprägten Sohn

Ernst, einen Architekten, mit in den Kreis. Paul Scholz – er vermittelte dem Ehepaar Schulze-Boysen den Erwerb eines Grundstücks am Teupitzer See südlich von Berlin: »Harro lernte ich schon vor '33 durch meinen Sohn kennen, der mit ihm befreundet war. Seine *Gegner*-Zeit verlebte ich mit. Damals noch unklar im Ziele überragte er schon seine ganze Umgebung. 1934 wurde er mein Grundstücksnachbar in Gross Köris, Rankenheim. Bis 1937 blieben wir in Tuchfühlung, da ich einer anderen Gruppe angehörte, die sich zum Ziel gesetzt hatte, Thälmann zu befreien. Harros konspirative Begabung war nicht groß. Er kämpfte zu offen und war in der Wahl seiner Mitläufer allzu großzügig. Ein Held, aber kein Verschwörer.«[47]

Nach Dienstschluss sucht Harro weiter in allen Kreisen nach Menschen, die sich nicht nur im Gespräch als Nazigegner erweisen. Die damals 37-jährige Ärztin aus dem Zirkel, Elfriede Paul – sie führt eine gut gehende Privatpraxis im Künstlerviertel am Bayerischen Platz –, erinnert sich, wie sich eines Abends »ein sehr dunkler, junger, sehr nervöser Mann als Dr. Schwarz vorstellte. Ich fuhr ihn an: ›Dr. Schwarz, wieso sind Sie hier, es ist mir doch gesagt worden, ich solle Ihren Dienst übernehmen.‹ Er wurde noch unsicherer und sagte endlich, er solle Grüße von Kurt Schumacher übermitteln. Ich sagte darauf: ›Das hättest du doch gleich sagen können.‹ Wir waren gleich mittendrin. Er erzählte mir, dass er mit Kurt und Harro gesprochen habe.« Der schwarzhaarige Walter mit der Hornbrille wird zur Liebe ihres Lebens. Für ihn, ihr kölsch' Wälterken, würde die sonst so nüchterne Ärztin, die sich aus eigener Kraft aus proletarischen Verhältnissen von der Lehrerin zur Prominentenärztin hochkämpfte, alles tun. Der Publikumsverkehr der Praxis eigne sich als Tarnung, meinen Harro und Kurt: »Und es wurde deshalb fast jeden Abend bei mir Versammlung gemacht. Da waren Schumachers dabei, Elisabeth nicht immer, aber Kurt, Harro, Walter Küchenmeister. Harro Schulze-Boysen brachte Zeitschriften, bebilderte und geheime Materialien aus seinem Ministerium mit, darüber wurde gesprochen, und über die Flugzeugtypen der einzelnen Länder. Der Krieg war ja für uns schon eine politische Selbstverständlichkeit, Spanien war die

Vorübung. Wir erfuhren auch sehr viel durch Walter Husemann aus der Arbeit in den Konzentrationslagern, wir erfuhren sehr viel von Harro über den Spanienkrieg, über Details, und wir verarbeiteten das zu Flugblättern. Harro hat Texte geschrieben und Walter war ja schreibgewandt, und auch seine politischen Gedichte wurden vervielfältigt. Elisabeth war da, sie war Grafikerin und sie bekam Anweisung, wie sie das fotokopieren und verkleinern musste. Wir haben zum Teil bis auf Briefmarkengröße diese Texte, wenn es Gedichte oder Lieder waren, verkleinert und vervielfältigt. Wir haben, und das war Harros Aufgabe, Verbindung zu Studenten gehabt, die nachts mit besonderen Schreibmaschinen unsere Materialien schrieben, kopierten und vervielfältigten.«[48]

Walter Küchenmeister verlässt seine Frau Anni mit den drei Söhnen und zieht Mitte März 1937 zu Elfriede Paul. Sie unterstützt ihn finanziell, sie kümmert sich um die Söhne. Rainer ist bei den Ausflügen der sich immer weiter ausdehnenden Freundesgruppe dabei, und Claus verschafft sie einen Internatsbesuch in der Schweiz.

Am 26. April bombardiert die Legion Condor unter General Hugo Sperrle und Stabschef Dr. Wolfram Freiherr von Richthofen, Cousin des »Roten Barons« Manfred von Richthofen, die baskische Stadt Guernica. Ein Massensterben. Guernica ist das erste zivile Flächenziel, das jemals durch einen Luftangriff völlig zerstört wurde. George Lowther Steer, Korrespondent der britischen Tageszeitung *The Times,* berichtet:»Die ganze Stadt wurde systematisch vernichtet. Die Taktik der Angreifer war ganz klar: zuerst schwere Bomben und Handgranaten, um die Bevölkerung zu sinnlosen Fluchtversuchen zu veranlassen, dann Maschinengewehrfeuer, um sie in unterirdische Verstecke zu treiben, und dann schließlich Zerstörung dieser Unterstände mit schweren Feuerbomben.«[49]

Als Reaktion auf die britische Berichterstattung fertigt die deutsche Seite ihre Wochenschau-Berichte: »Das sind die Ruinen der altspanischen Stadt Guernica wenige Stunden nachdem die bolschewistischen Mordbrenner von den nationalen Truppen vertrieben worden waren. Die jüdische Lügenpresse behauptete, deutsche Flugzeuge hätten die Stadt bombardiert. Jedoch musste die internationale Weltpresse diese Meldung sehr bald als Pressemanöver der Bolschewisten brandmarken, welche selbst die gesamte Stadt beim Verlassen Haus für Haus niedergebrannt hatten.«[50]

Hinter der Küste

Nordfriesland, weites Land. Nimmermüde zerfrisst der Wind die zerzausten Baumhecken, die die auf eiszeitlichen Endmoränen, den Warften, gelegenen reetgedeckten großen Bauernsitze schützen. Kaum Autos auf den Straßen; schwarz-buntes Vieh, das mit schwerem Euter hofwärts strebt. Harro absolviert seine nächste Übung. Ein Stückchen näher dem Offiziersgrad, danach ist er Anwärter auf die Offizierslaufbahn – mühelos wäre der Aufstieg mit einem abgeschlossenen Studium.

»Libs und ich sind uns ganz einig in der Liebe zu dieser Landschaft, dem Städtchen und den Menschen. Wenn ruhigere Zeiten wären, könnte man wirklich daran denken, sich hier oben irgendwo ›niederzulassen‹ und ein gesundes, ruhiges Schriftsteller- und Familiendasein zu führen. Schade, dass man in eine Zeit hineingeboren ist, die es nicht so freundlich mit einem meint und einen dazu zwingt, aus Unsicherheit und Unruhe eine ›Tugend‹ zu machen und sie zu bejahen (verneinen kann man Zeit und Schicksal ja nicht, ohne gegen den Selbsterhaltungstrieb zu verstoßen)«, schreibt Harro an die Eltern.

Anstelle eines Lebens, in dem es Momente der Sicherheit gibt, aus deren gewohnter Kontinuität wiederum Werke entstehen – seien es nun Kinder oder Bücher –, kommen Libertas und Harro selten zu der Ruhe, nach der sie sich eigentlich sehnen. Immer erleben sie in nur vagen Andeutungen eine Friedlichkeit, auf die doch kein Verlass ist. Die wieder zur herbeigesehnten Forderung wird, weil die Realität die Termine vorschickt. Das zurückgezogene Dasein der Zehrers auf Sylt, die verschlossene Trauer von Emil Nolde in seinem Atelierhaus in Seebüll an der dänischen Grenze zwischen den Meeren – der inneren Emigration haftet eine traurige Zwanghaftigkeit an. Harro übt sich im Militärischen, und Libs sucht weiterhin ihre Berufung.

»Hier ist unser Platz«, sagten Ada und Emil Nolde, als der Maler und seine Frau 1926 einen neuen Wohnort an der Nordseeküste suchen und vor einem verfallenden Bauernhof in Seebüll nahe der dänischen Grenze, im Land zwischen den Meeren, stehen. Während am Ostseestrand leise plätschernd die kaum merkbare Flut am aufgeworfenen Tang nagt, sorgt die immer eifrige Nordsee für Wellen, Schaum und goldene Gischt. Libertas verbringt vier Wochen in Kampen bei Zehrers. Zu viert mit Harro besuchen sie Emil Nolde in seinem Atelier. Sein Wohn- und Atelier-Haus – ein eigenwilliger, achteckiger Bau, der in seiner formalen Strenge an die Architektur der Bauhauskünstler erinnert – umgibt der von dichten grünen Hecken umgebene Blumengarten. Weiße und leuchtend gelbe Dahlien, matschig-rot verwelkender Klatschmohn, üppige Bauernrosen – der Garten umgibt das Haus wie einen Schutzwall. Die Blüten der Hysterie fallen auf die Steinterrasse, und der Maler wandert langsam entlang der nickenden regenfeuchten Blütenköpfe. Auch der zweite Aufenthalt bei dem Ehepaar Zehrer hat Libertas stark beeindruckt. Die Vision eines ganz anderen Lebens als ihres in Berlin steht ihr so deutlich vor Augen, dass sie sich schwer wieder trennen kann.

In der Hauptstadt dagegen großes Täterätä: Das siebenhundertjährige Stadtjubiläum feiern eine Woche lang alle Bezirke mit Aufführungen von Volkstanzgruppen, Platzkonzerten und öffentlichen Sportvorführungen. Überall herrscht Aufregung in der Stadt. Die Hakenkreuzfahnen – zu bezahlen sind sie aus eigener Tasche – rollen über die Fenstersimse; ihr Rot überlappt die Hauswände. Bis hinaus in die Vororte ist die Stadt mit den blutroten Fahnen eingekleidet. Sonderhefte der Illustrierten verstärken die Präsentation der Reichshauptstadt als einem ruhmreichen Aufmarschort, dem Reichsparteitagsgelände bei Nürnberg gleich. Doch Berlin und die Berliner in ihrer Stadt der Novemberrepublik, der Arbeiteraufstände und »durchdrungen vom Beigeschmack des modernen Stadtlebens«, so Goebbels, bleiben den führenden Nationalsozialisten als Reichshauptstadt ungeheuer.

Auch gegenüber den Schwiegereltern drückt Libertas noch einmal die tiefe Verbundenheit zu Zehrers und die Sehnsucht nach einem anderen, glücklicheren Leben aus. Schwiegervater Schulze ist zurückgekehrt von einer Geschäftsreise, die ihn um die Welt führte. Libertas träumt vom Wellenreiten …

Berlin den 28.VIII.37

Ihr Lieben, Mama und Papa!

Zum Sonntag sollt ihr endlich einmal wieder auch von mir einen Gruß bekommen!

Ich habe ja besonders Dir, Papa, für so viele und schöne liebe Kartengrüße von Deiner »Weltenbummelei«zu danken. Jede einzelne wurde genau studiert, auf Datum und Briefmarke geprüft und die Landschaft, die sie zeigte, in einigen sehnsüchtigen Sekunden miterlebt. In Honolulu hat es uns dann nochmals mit ganzer Vehemenz gepackt: Oh, wäre es schön, dort einmal sein zu dürfen »Surf Riding« durch die Gischt, in dem gleichen herrlich unbekleideten Zustand, wie die Kampener Dünen eines ihrer dankbarsten Kinder und Verehrerinnen an sonnigen Tagen sehen durften.

Ach, dieses Kampen war so schön, meine Zeit so unvergesslich in jeder Hinsicht! Es ist mir dort zweierlei passiert, was es in mancher Menschen Leben nie gegeben hat, etwas ganz Seltenes:

Erst mal das vierwöchentliche, intensivste und ungestörteste Erleben einer Landschaft, der man sich zutiefst beheimatet fühlt, in der man gleichsam aufblüht wie eine Blume, der sich der Körper und das Spiel der Muskeln anpasst bis zur Beschwingtheit (ich lief immer barfuß und habe richtige »Klammerfüße« bekommen, wie die Urmenschen!) und die alle geistigen und seelischen Kräfte zur ungestörtesten Entfaltung bringt.

Und zweitens fand ich wirkliche Freunde, mit denen man sich ohne Worte versteht, mit denen man in langen Gesprächen am abendlichen Kamin oder in der heißen Sonne am Strand vieles klären, vieles lernen und sich bereichern kann: die beiden Zehrers, große, durch viel Leid gereiftere und unglaublich warme Menschen. Das Schönste passierte mir, als ich ging: Da haben die beiden mir zu verstehen gegeben, dass sie nicht wüssten, wie sie mir für die Zeit danken sollten, die ich ihnen durch meine Anwesenheit bereitet hätte. Sie hätten zum ersten Mal wirklich Kampen erlebt (obgleich sie dort schon über drei Jahre leben!) – so viel ungebrochene Lebenskraft sei in ihr Häuschen gekommen, ich müsse bald wiederkommen, dürfte, sollte immer wiederkommen, sooft und solange ich irgend könne. Sie würden immer für mich da sein … Es war über alle Maße beglückend. Harro haben sie auch sehr in ihr Herz geschlossen, sein Kommen am Schluss, die harmonische Vierzahl, bedeutete einen besonderen Höhepunkt als Abschluss.

Ich habe es schwer gehabt, mich hier wieder einzuleben. 4 Wochen Freiheit und Himmel über sich klingen lange und schmerzlich nach. Der Asphalt, die hetzenden Menschen, die Unruhe und vor allem die großen Häuserkästen statt des weiten Watts vor dem Fenster quälten mich, in der Luft glaubte ich, nicht recht atmen zu können. Gott sei Dank hab ich dies nun überwunden, dank Harro, der hier eben alles ersetzen muss und auch kann, und dem die gewonnene Frische und Spannkraft vorzuenthalten, durch Heimweh nach der See wirklich strafbar gewesen wäre. Außerdem habe ich so viel Arbeit, dass für den Schmerz wenig Zeit bleibt … und abends kommt Harro, dann kann sowieso kein Kummer aufkommen! […]

Neulich war ich zum Thee bei Frau v. Bülow mit andern Offiziersfrauen eingeladen. Es war unbeschreiblich verlogen, formell und ungemütlich. Doch tat ich mein Bestes, um Harro zu nützen. Über ihn herrscht ja nur *eine* Meinung: wie tüchtig, liebenswürdig und nett er ist!

Am 2., Harros Geburtstag, haben wir gerade Ausflug mit der Abteilung zum Scharmützelsee. Auf diese Weise habe ich doch meinen Jungen, wenn auch nicht allein, so doch we-

nigstens den ganzen Tag über! Nun lebt wohl, ich muss mich zum Wochenende fertig machen! Euer Hartmutsohn schrieb mir lieb und vergnügt – wie gönne ich ihm diese Segelei! [...]
Es grüßt und küsst Euch in treuer und dankbarer Liebe,
Eure Libertas

Harro beendet die Übung auf Sylt als Offiziersanwärter. Neben der Grundausbildung sind vier weitere Übungslehrgänge auf dem Weg zum Leutnant der Reserve vorgesehen. Am 7. Mai 1937 erlässt Reichsluftfahrtminister Hermann Göring drei Verordnungen zur Durchführung eines neuen Luftschutzgesetzes, insbesondere zum Bau von Luftschutzbunkern.[51] Aus List schreibt Harro am 6. Mai 1937 nach Duisburg über ganz private Entscheidungen.

Meine liebe kleine Mama,
vielen Dank für Deinen Brief. Lieb von Dir, dass Du Kinder trotz aller schlechten Erfahrungen so nett findest. Aber dass Kinder an sich etwas Prächtiges sind, habe ich gar nicht bezweifelt; ich bezweifelte ja nur, dass die Zeit die geeignete ist. Der Vergleich mit den Dachziegeln ist da eben nicht stichhaltig; denn wenn einem ein Stein auf den Schädel fällt, dann ist das eben Schicksal und Pech, was es zu allen Zeiten gibt. Aber ein kleiner dreißigjähriger Krieg à la Spanien wie er z. Zt. für Europa in Aussicht steht, hat nichts mehr mit einem zufälligen Dachziegel zu tun. Wir beiden, Libs und ich, werden auf unsere Bewegungsfreiheit so schnell nicht verzichten, wenn wir mal nach dem Kampf eine Weile Ruhe brauchen (das meinte ich mit nicht mehr weiter können), dann ist immer noch Zeit genug in Deinem Sinne. Du kannst ja ruhig Deine eigenen Ansichten zu diesem Fall haben; aber – die Frage zu beurteilen, ob eine schwangere Frau für einen Mann noch sinnliche Reize hat, das musst du schon einem Mann überlassen. Ich möchte mal wissen, von welchen Herren Du das gehört hast. Natürlich kann auch der Mann einer langsam empor keimenden Mutterfreude teilhaftig werden, kann

»zart und liebevoll« zu seiner Frau sein. Aber soll man nicht erst mal das Wunder des eigenen Jungseins und das Wunder einer jungen Frau ausschöpfen, bevor man das Wunder Kind auf die Tagesordnung setzt? Na ja, wir werden einander nicht überzeugen.

Nach ihrer berufsbedingten Trennung und neben den wenig konspirativ eingerichteten Treffen mit den Freundinnen und Freunden – Kurt Schumacher besteht darauf, dass Harro von jedem Hans genannt wird – freuen sich Libertas und Harro auf ihr Privatleben in Berlin. »Am Lehrter Bahnhof holte mich Libs ab, und wir hatten uns viel zu sagen«, schreibt Harro am 9. Mai 1937. Trauzeuge Cousin Wend, zeitweise Untermieter in der Waitzstraße, feiert Hochzeit im großen Stil, Harro leiht sich den Frack des Vaters, und Ingeborg, die schöne Ingi, geschieden von Baron Rudi von Engelhardt, vermählt sich mit einem Luftwaffenangehörigen, Oberst von Schoenebeck. Harro und Libertas dinieren im feinen Aero-Club Rangsdorf, in dem Harro mitsamt seiner Abteilung Mitglied ist. Eröffnet wurde der von Ernst Sagebiel entworfene Reichssportflughafen am Vorabend der Olympischen Spiele von Berlin. Er gilt als der schönste Sportflughafen Deutschlands: Start- und Landebahn für die Privatflugzeuge der Filmstars. Von der Terrasse geht der Blick in Richtung der untergehenden Sonne aufs Flugfeld. »Wir feiern hier im Mai Hochsommer«, schreibt Harro am 8. Mai 1937, »jeden Abend sind wir mit dem frisch angemalten und geflickten Boot Haizuru auf dem Wasser.« Haizuru ist der Suaheli-Sprache entnommen und heißt so viel wie »macht nichts, ist eh wurscht, Nitschewo«. Im Bootshaus auf der Halbinsel Pichelswerder, nahe Spandau am nördlichen Wannseeufer, haben Libertas und Harro ein kleines Zimmer mit zwei Betten gemietet. Das Segeln bläst den Kopf frei. Alles in der Stadt ist durchorganisiert, nur hier auf dem Wannsee ändert der Wind seine Richtungen so plötzlich, dass Libs immer wieder schreit: »Vorsicht, Kopf ab!«, wenn der Mast abrupt auf die andere Seite schlägt.
Betriebszellenorganisation, Volkswohlfahrt, Winterhilfe, NS-Frauenschaft, Luftschutz und der Eintopfsonntag, Ein Volk ein Reich

ein Führer, Führer befiehl, wir folgen dir. Heim ins Reich, dann reich ins Heim, jetzt Heim, mir reicht's. Heil Hitler, heil' du ihn. Der Fahrtwind treibt sie den See hinunter; sie machen Knoten. Zum Sprechen ist es zu laut, schnell ein Ruf, von Luv nach Lee, und weiter unter einem schnell verdunkelnden Himmel; die durchblitzende Sonne verstärkt die Konturen der Wolken als scharfkantige Schablonen der aufziehenden Wetterfront. An das mühevoll-langsame Kreuzen gegen den Nordwestwind zurück mag keiner denken. Ein grünes und ein rotes Positionslicht glimmen im Abendlicht, und in der kleinen Kajüte flackert die Petroleumlampe.

Am 18.4.1937 schreibt Harro an die Eltern: »Libertas ist ja auch nicht mehr in Berlin. Sie war zuerst in Stuttgart und verlebte dort sehr glückliche Tage mit ihrem Vater. Wir hatten eigentlich ein bisschen Sorgen um ihn. Er hat es ja beruflich und finanziell nicht leicht und kein rechtes Verhältnis zum Geldproblem bisher gehabt. Es war aber alles in Ordnung; er hatte mehrere Schülerinnen und auch sonst ausreichenden Verdienst durch Sammlung und

Harro und Libertas Schulze-Boysen mit Kurt Schumacher
auf dem Wannsee

183

Verkauf von alten Stichen. Er lud Libertas die ganzen Tage ein, fuhr mit ihr im Württembergischen herum (er liebt das Land so sehr), und sie haben viele fruchtbare Gespräche geführt und in allen Fragen Übereinstimmung erzielt. Jetzt ist L. in Zürich.« Ihre kurze Reise mit dem Vater verlief in heiterer Leichtigkeit. Stiernacken und Ernsthaftigkeit, eben das Deutsch-Tümelnde, das so große Saison in seinem Geburtsland hat: Der Vater will es nicht hören. Er liebt Deutschland, den Rheingau, die Burgen, die auf den weinbewachsenen Anhöhen von märchenhaften Zeiten künden, doch leben könnte er und wollte er hier nicht mehr. Das Gebäude der Kunstgewerbeschule nutzt seit dem 1. Mai 1933 das Hauptamt des Sicherheitsdienstes mit dem Chef der Sicherheitspolizei, Reinhard Heydrich.

Die 1933 in die Schweiz emigrierte Dichterin Else Lasker-Schüler und andere suchen bei Otto Haas-Heye in Zürich Trost und Unterstützung. Auf Exilanten wartet niemand. Als Initiator des Graphik-Verlages organisierte der Vater inmitten des Ersten Weltkriegs 1916 eine Reihe von Ausstellungen. Die letzte widmete er der Wuppertaler Dichterin Else Lasker-Schüler; in einem Brief an den Schriftsteller und Publizisten Karl Kraus schreibt sie: »Meine Bilder sind hier ausgestellt [...] ehrwürdigen Monstrums, süße wilde Juden [...] Meine Nerven werden verkauft von den Wänden.«[52] – »›Bis nächstes Jahr in Jerusalem!‹, so verabschiedete sich Else von uns«, erinnert sich Johannes Haas-Heye.

Ein Wehrwissenschaftler?

Die Zeitbombe tickt Richtung Krieg: Mit der Einführung der allgemeinen Wehrpflicht im Mai 1935 ist die nach den Bestimmungen des Versailler Vertrags zugelassene Heeresstärke von 100 000 Mann längst überschritten. Mehr als drei Jahre seines Lebens hat Harro nun in eine militärische Karriere investiert. Der Erfolg: Feldwebel der Reserve, Kontakte, Zusagen auf irgendwann. Sicher, er könnte weiterhin in seinem Dienstzimmer täglich den Platz hinter dem Schreibtisch besetzen, die Routine nach sich greifen lassen, seinem Major Bartz zuarbeiten, der sich meist auf Reisen befindet oder krankmeldet.

Zu wenig für den 27-jährigen Harro. Noch drei Jahre, und er gehört zu den 30-Jährigen. Weniger als drei Jahre, so glaubt er, und es ist Krieg. An manchen Tagen fühlt er sich wie von Säure zerfressen: arbeiten, schaffen, nicht nur in scharfen Analysen den Lauf der Dinge kommentieren und dabei zusehen müssen, wie Deutschland sich dem Abgrund nähert. Nicht auffallen und schon gar nicht provozieren. Immer wieder vorsichtiges Sondieren bei neuen Bekanntschaften, bei goldenen Parteiabzeichenträgern wie bei vorsichtigen Militärs, die durchblicken lassen, dass sie den Eid auf Adolf Hitler für Wahnsinn halten.

Die Unwägbarkeit des Krieges liegt über der Stadt. Niemand spricht ein klares Wort, die Mund-zu-Mund-Propaganda von Strafen, Dienstenthebungen und KZ erhöht die Unsicherheiten. Harro beherrscht nicht nur das Englische, Französische, Schwedische und Russische; er muss lernen, sich im Sprachengewirr der Lügen, Notlügen und Verdächtigungen, der Selbstverleugnung zu behaupten – gegen seine Gedanken und seine Überzeugungen, gegen sein Gewissen zu handeln. Oder erleichtert er sein Gewissen, wenn er die Informationen über kriegerische Planspiele gegen die Tschechoslowakei seinen Freunden mitteilt? Der tägliche Dienst lässt trotz straffer Zeitökonomie für Träume wenig Platz. Da ist das türkisfarbene Wasser des Müritzsees im Sonnenlicht. Liebenberg und die Lanke mit der Sandbank in der Mitte, wo die Fische neugierig die Beine der stehenden Schwimmer umstreicheln. Der Landzipfel des Darss, der so weit in die Ostsee reicht wie der Bug eines wagemutigen Schiffes. Libertas liebt ihn. Auf die Freunde ist Verlass.

Obwohl Harro Schulze-Boysen, Protegé Görings, die militärische Karriereleiter nach und nach erklimmt, stehen er und sein Kreis weiterhin unter Beobachtung des Sicherheitsdienstes. Hier gilt Harro immer noch als Unruhestifter; der ehemalige Herausgeber des *Gegner* ist in der A-Kartei des SD-Hauptamtes, Sachgebiet

»Bündische Jugend« dem Personenkreis zugehörig, die »im Notfall zu beobachten«[53] sind, wie das Schreiben eines SS-Obersturmführers vom 3. Juni 1937 zeigt:

> An das SD-Hauptamt im Hause
> Gelegentlich eines Abendessens bei Frau von Dierksen, Berlin-Margaretenstraße, lernte ich einen Dr. Karl Graf von Meran kennen, der in dem Organisationsbüro für den 1. Antibolschewistischen Weltkongress tätig zu sein vorgab. Er teilte mir mit, dass er den Sturmbannführer Falkenberg, Führer des SD-Unterabschnittes Groß-Berlin, gut kenne und wiederholt mit ihm zusammengearbeitet hat. Daraufhin machte er mir die Mitteilung, dass er einen Herrn Harro Schulze-Boysen seit mehreren Monaten beobachtet hätte und ihn für einen geschickt getarnten Kommunisten halten würde. Nach Angabe von Graf Meran ist Schulze-Boysen Referent für fremde Luftflotten im Reichsluftfahrtministerium und hat eine ganze Reihe von Mitarbeitern, die ebenso verdächtig sind. [...][54]

Im Reichsluftfahrtministerium bleibt Harro allein in seinen Gedanken. Jeden Morgen nimmt er – glatt rasiert, das an den Schläfen weniger werdende Haar mittels Wasserscheitel zurückgekämmt – die U-Bahn ins Herz der Stadt. »Bürger macht euch keine Sorgen, in 1936 sagt man wieder Guten Morgen« – das bleibt hängen, wenn auch nur im Vorbeigehen gehört. Nun schreiben wir das Jahr 1937. Um 8 Uhr beginnt Harros Arbeitstag: Aktenstudium, Kartenzeichnungen, Kontingentaufstellungen, Statistiken. Tage, Wochen, von Stunden im Dienst verschlungen. Konferenzen, endlose Monologe. Wehrwirtschaft. Volkswirtschaft. Zahlen. Bohnenkaffee und Kantinenfraß. An manchen Tagen fühlt Harro die Nierenkolik schon lange im Voraus im Anmarsch, ein trockenes Ziehen im Hals, eine Kälte in den Gliedern, die nichts mit der Außentemperatur zu tun hat. Mittlerweile hat er vor den Schmerzen einen Respekt, den man auch Angst nennen könnte.

Zum 2. September 1937 dichtet Libertas zu Harros Geburtstag:

Weißt Du noch damals – bei Kerzenflimmern
Roter Rosen duftigem Schimmern
Bei Singen und Klingen ohne Ende
legt ich mein Herz in Deine Hände
Mir klang es so süß: In Deine Hände –

Dir klang es weh – Du dachtest lange,
Küsstest dann zärtlich mir Augen und Wange
Und nahmst sie an, die schwere Bürde,
Dass sie in Deinen Händen würde, –

Heute feiern wir ohne Rosen und Kerzen …
Doch quillt Dir aus stark gewordenem Herzen
In Deine lieben, nahen Hände
Reifere Liebe, – ohne Ende.
Fühlst du es?: Liebe ohne Ende – – –

Harro beschließt kurz nach seinem Geburtstag – und lässt es gleich die Eltern wissen, die er um finanzielle Unterstützung bittet –, doch den akademischen Weg einzuschlagen. Die militärische Karriere lässt in seinen Augen zu sehr auf sich warten. Das Jurastudium will er nicht fortsetzen, wohl aber den »Dr. der Wehrwissenschaften« anstreben. An der Friedrich-Wilhelm-Universität immatrikuliert er sich bei Professor Niedermayer. Am 27. Juli 1937 übernimmt Oskar Ritter von Niedermayer auf ausdrücklichen Wunsch Hitlers die Leitung des Instituts für allgemeine Wehrlehre an der Berliner Universität. Niedermayer geht eher der Ruf eines Abenteurers als der eines Gelehrten voraus: Seine Reisen in militärischem Auftrag führten ihn nach Persien, Indien, Afghanistan. Als Träger des Eisernen Kreuzes kehrte er aus dem Ersten Weltkrieg zurück und war 1919 an der blutigen Niederschlagung der Münchner Räterepublik beteiligt. Am 27. November 1935 legt Adolf Hitler den Grundstein, versehen mit seinen Insignien, für die Wehrtechnische Fakultät Berlin;[55] 130 RM für zwei Semester soll das Studium kosten.

Wieder gerät Harro ins Visier der Gestapo. Vom Reichsluftfahrtministerium führt der Weg – gerade mal zwanzig Meter – über die
Prinz-Albrecht-Straße ins Gestapohauptquartier. Werner Dissel,
sein Freund aus *Gegner*-Zeiten, einer der Faxenmacher der Pick-
nick-Runde und abkommandiert zur Wehrmacht ins Garnison-
städtchen Neuruppin, gibt Militärisches an Harro weiter. Irgend-
jemand muss Werner verpfiffen haben. Beide leugnen den Transfer
von Informationen. Während der Befragung wechselt zwischen
Harro und Werner eine Zigarettenschachtel den Besitzer. »Protokoll?«, fragt der vernehmende Kommissar und wendet sich zur
Sekretärin, die auf den weißen Bogen deutet. Werner Dissel zieht
das Silberpapier aus der Schachtel. Gleich streicht er es wieder
glatt. Auf seiner flachen Hand lässt er die Zigarette auf und ab
hüpfen. »Fontana Terra Incognita« kritzelte Harro während eines
Toilettengangs in den oberen Rand. Die Fontanestadt Neuruppin
ist ihm unbekanntes Terrain. Auch Dissel leugnet. Es hat nie Informationen über die Panzerregimente 5 und 6 hinsichtlich des
Spanischen Bürgerkriegs gegeben.[56]
Vom 6. bis zum 13. September findet in Nürnberg der NSDAP-
Reichsparteitag der Arbeit statt mit einem Aufmarsch von 600 000
Soldaten auf dem Zeppelinfeld. HJ-Brigaden leisten wie die Soldaten den Eid auf Adolf Hitler: »Ich schwöre bei Gott diesen heiligen Eid. Ich werde meinem Führer Adolf Hitler allzeit treu und
gehorsam sein. Ich will als Parteigenosse im Dienst der Gemeinschaft des deutschen Volkes gewissenhaft und opferbereit meine
Pflicht erfüllen für die Größe und Ehre der deutschen Nation. So
wahr mir Gott helfe.«
Berlin erlebt eine groß angelegte Organisation der Propaganda;
nach Nürnberg ist die Reichshauptstadt inzwischen wichtigster
öffentlicher Aufmarschplatz: Das faschistische Italien und das faschistische Deutschland vereinen sich im September mit großen
Feierlichkeiten ihrer Staatsmänner Hitler und Mussolini zur »Achse Berlin–Rom«. Der »Duce« trifft am 25. September mit großem
Gefolge in München, der »Wiege der nationalsozialistischen Bewegung«, ein. Dann reist er nach Mecklenburg zu großen Wehr-
machtsmanövern; anschließend besucht er die »Waffenschmiede

des Reiches«, die Kruppschen Stahlwerke in Essen. Die Reichshauptstadt ist die letzte Etappe des triumphalen Staatsbesuchs, propagandistisch die wichtigste. Dennoch: Das Kino »Die Kurbel« am Kurfürstendamm lockt mit einer Marlene-Dietrich-Woche zum Gegenprogramm. Während Mussolini und Hitler die Via Triumphalis entlang chauffiert werden, lädt der *Shanghai-Express* zum Träumen ein, und in der Femina-Bar spielt Teddy Stauffer zu *Swingin' of the King* auf, im Marmorhaus läuft seit zwanzig Wochen die 20th-Century-Fox-Produktion *Gehen wir bummeln.*

»Nächstes Weekend sind wir bei Freunden (von Arnim) in Mecklenburg auf einem kl. Schloss eingeladen. Übernächstes Wochenende fahren wir nach Hamburg. (Alles unter der Voraussetzung, dass wir durch die Luftschutzmaßnahmen daran nicht behindert werden; es finden ja Übungen statt!)«, schreibt Harro am 15. September 1937 an die Eltern.

Schiffstagebuch

Jetzt ist Libertas also im Herbst 1937 seit über einem Jahr eine verheiratete Frau, nur fühlt sie sich manchmal ganz und gar nicht so. In Hamburg besuchen Libertas und Harro den Reedereibesitzer Hans Siemers. In drei Tagen startet die »Ilona Siemers«, den Bauch voller Kohle, in Richtung Schwarzes Meer. Hört sich an wie ein großes Abenteuer. Noch einmal zum Friseur? Kurze Haare? Keine Zeit. Libs ersteht einen der dicken blauen Seemannspullover mit dem kurzen Reißverschlussausschnitt am Hals, genannt Troyer, und eine gelbe Friesennerzkluft. Erfahrungen will sie sammeln und sehen, ob sie Harro treu bleiben kann – und er ihr. Treu, treu, Troyer! Ihren Pelzmantel, gekauft vom ersten Gehalt bei MGM, lässt sie zurück; die Ziehharmonika fährt mit. Kurz vor Mitternacht legt die Ilona, ein weißer Frachter, am Hamburger Pier ab. In den 1. Oktober 1935 hinein geht die Fahrt durch den Ärmelkanal, Richtung Golf von Biskaya, Nordafrika,

Mittelmeer. Sie machen halt in Bona, Algerien, und Libertas betritt den afrikanischen Kontinent. Im Morgengrauen passieren sie die Dardanellen und erreichen Istanbul. Über das Schwarze Meer geht die Reise weiter nach Odessa. Ende November läuft das Frachtschiff wieder in die Heimat zurück. Ihr Schiffstagebuch widmet sie Harro: »Natürlich meinem Jungen, der nicht mitkonnte!« Am Elbstrand unter dem Tuten der Ozeandampfer suchen sich Harro und Libertas ein Sternbild, »damit unsere Blicke über Kilometer hinweg sich finden können …«

Es ging gar nicht romantisch zu mit meiner Anmusterung. Ich kannte nur Jack, den Reeder. Bei einem herbstlichen Kaminfeuer kamen wir auf seine Schiffe zu sprechen, und er erzählte mir, dass die »Ilona« in drei Tagen ausliefe [...] Werner (Harro), der seit einem Jahr mein Mann ist, saß dabei und hörte zu. »Wollen Sie mitfahren?«, fragte der Reeder. »Natürlich fährt sie mit«, antwortete Werner statt meiner. Hals über Kopf wurde ein Koffer vollgepackt – Ziehharmonika, Leica, Malkasten, Bücher und wollene Sachen. Für Abschiedsschmerz war keine Zeit. Werner war geradezu heroisch, er wusste ja, wie gerne [...]
Im Freihafen ging alles sehr rasch. Ich bekam einen Zettel in die Hand gedrückt, der galt für ein Seefahrtsbuch. Der Kapitän der »Ilona« warf einen Blick auf mich. »Na, nun haben wir auch eine Stewardess«, war alles, was er sagte und »Hier ist Ihre Koje«. Meine Koje ist geräumig und gemütlich. Neben dem Bett ist ein Bullauge, das aufs Wasser hinaussieht. An der Wand ein Regal für Bücher, ein Tisch, ein Spind. Es fehlt nichts.

Die Mannschaft nimmt kein Blatt vor den Mund, dass eine Frau in der Kabine mitreist, ist noch nie vorgekommen. »Am Anfang dachten wir alle, wir hätten einen Puff an Bord«, raunt ihr Fritz zu.

2. Oktober, im Ärmelkanal:
Der Fiebertaumel der ersten 24 Stunden hat sich noch immer nicht gelegt. Wie soll das auch angehen, wo doch jede Stunde neue Eindrücke bringt. Heute Nacht klopfte es an mein Bullauge. – Aufstehn! Ich muss sehr tief geschlafen haben – der Körper gehorchte zwar anstandslos der Wucht des Befehls und schlüpfte blitzschnell in den Trainingsanzug, doch passte das Bild, das sich draußen entrollte, besser in den Traum als in die Wirklichkeit. Ganz nah an Backbord, so nah, dass unser Schiff durch den mächtigen Wellenschlag in allen Fugen zitterte, passierte ein Gigant des Meeres. Gelbe Augen markierten die gewaltigen Umrisse, und eh ich noch ganz begriffen hatte, dass das Deutschlands schnellstes Schiff auf der Reise nach Südamerika war, hatte es schon als kleines Lichtbündel die Weite der Nacht verschlungen.
Ob alle Nächte auf See so schön sind? So mit weißem Schaum auf dunklen Wellen und einem sternklaren Himmel, in dem all das verborgen ist, was uns bestimmt? Der Nachtwind legt sich kalt um die Kehle. Hier ist keiner, dessen Befehl zum Schlafengehen ich mich widersetzen kann. Der Kapitän und der Zweite stehen schweigend neben mir und suchen mit ihren langen Gläsern das Meer ab. Das scharfe Profil des Zweiten passt unerhört in diese Nacht. Aber braucht er zu wissen, dass ich ihn ansehe? Laken und Decken sind noch warm, als ich wieder hineinschlüpfe. Trotzdem will der Schlaf nicht kommen. Über mir klingen die harten herrschenden Schritte des Zweiten. Ich lausche, ohne zu wollen. – Ich werde lange brauchen, bis ich mich daran gewöhnt habe, dass Nacht für Nacht der Wachthabende über meinem Kopf hin- und hergeht. […]

Tagsüber holt der Kapitän Libertas auf die Brücke; sie steuert das Schiff auf offener See im Schlingerkurs, die Gradesdifferenz mal nach backbord, mal nach steuerbord driftend. Einladungen beim Kapitän übersteht Libs mit Bier und viel Schnaps. Doch an die Dünung kann sich ihr Magen nur schwer gewöhnen.

Ich habe schon verschiedene Einladungen für Bona: Einmal Tanzen mit dem Timmermann. Einmal Ausgehen mit dem Sachsen. Er ist rührend, wie die Jungs sind, wenngleich sie wissen, dass es bei mir nichts zu holen gibt. Sonntagabend nicht gleich in die Koje, sondern lange an der Back gestanden und ins Wasser geschaut. Herrlich ist das Millionen kleiner blitzender Fische, Meeresleuchten in den schneeweißen Schaumwellen. Am Himmel sind der letzte Schein des Tages und die ersten Sterne. Klare Sterne. Kassiopeia, Pollux, Nemes. Ich habe immer nur geschaut und geschaut.

10. Oktober 1937, Bona, Algerien, ein Sonntag
Ich gehe allein an Land und streife durch die Straßen Bonas. Das Bild ist verwirrend und betäubend. Gestalten in wallenden Gewändern, mit Turbanen auf dem Kopf, stehen oder hocken überall herum. Frauen mit verschleierten Gesichtern. Unheimlich, wenn die traurigen oder neugierigen, jungen oder alten Augen dich zwischen dichten Tüchern ansehen. Auf dem Markt. Markt scheint in einem ganzen Viertel zu sein, es gibt kein Durchkommen. Fünf, sechs, jetzt über 10 Menschen stehen klatschend und trampelnd in einem Kreis. In ihrer Mitte tanzt ein winziges Bürschchen eigenartige Tänze. Die Hände hat es steif gestellt, der kleine Körper schafft und lockert sich im Rhythmus der klatschenden Menschen. Vor der Moschee bestürmt mich eine Bande Betteljungen. [...]

Alles wächst üppig hier und in riesigen Dimensionen. Kakteenbäume statt Sträuchern, Agaven. Wir stehen schließlich auf einem Felsen und schauen herab auf Bonas helle Häuser und das weite Meer. [...]

In Berlin erleidet Harro eine Nierenkolik. Die Ärztin Elfriede Paul und die Cousine von Libertas, Gisela von Poellnitz, pflegen ihn. Marie-Luise ist empört.
Harro schreibt am 13.10. 1937 seiner Mutter:

Liebe Mama,
über Deine Handlungsweise bin ich – gelinde gesagt – einigermaßen erstaunt. In der heutigen Zeit ist zwar das Außerachtlassen der elementarsten menschlichen Nichteinmischungsprinzipien zur allgemeinen Gewohnheit geworden, aber es gibt auch Leute, die sich das nicht ohne weiteres bieten lassen. Dazu gehöre ich. [...]
Es handelt sich einfach darum, dass ich gewollt habe, dass Libs fortfuhr, gerade weil ich wünsche, dass meine Frau sich daran gewöhnt, auch im Getrenntsein von mir als eigene Persönlichkeit zu bestehen. Wenn sie früher gesagt hatte, »sie könne nicht einen Tag ohne mich leben«, so war das eben ein Maß an Unselbstständigkeit, das auf die Dauer nicht tragbar war, jedenfalls nicht im Rahmen des Lebens und der Lebensziele, die uns angemessen sind. Libertas ist mein stärkster Lebenskamerad und Bundesgenosse; gerade wenn das Schicksal einmal wollen sollte, dass es uns mit Gewalt trennt (und

dafür gibt es für unsereinen keine Versicherung!), gerade dann muss sie nicht nur »einen Tag ohne mich leben können«, sondern auch – davon hängt alles ab – hundertprozentig arbeiten und funktionieren können. Zu D I R, liebe Mama, werde ich sie allerdings nicht in die (Haushaltungs-) Lehre schicken – nun weniger denn je! Sicher wird für sie der Umgang mit den 28 Seeleuten an Bord der »Ilona« bildender sein.

Es ist wirklich schwer, Dir gegenüber freundlich zu bleiben. Was weißt Du eigentlich von den feinen, unendlich feinen Gesetzen, nach denen sich eine glückliche Ehe aufbauen kann? Ich bin auch heute noch, nach dreijähriger Ehe, M a n n s genug, immer wieder das Bedürfnis zu haben, die F r a u mir zu erkämpfen und die L i e b e gegen Widerstände durchzusetzen. Und da ich kein sexueller Freibeuter bin und meine eigene Frau nun mal unendlich lieb habe, werde ich das Abenteuer und die Hindernisse nicht aus meiner Ehe heraus verlegen, sondern in meine Ehe hinein. An der Sehnsucht zueinander, an der Entfernung, an der Trennung wird unsere Ehe nicht zerbrechen oder splittern, sondern das kann dem Strom nur neues Wasser zuführen, das kann nur dazu beitragen, die Gefahr der Alltäglichkeit, die jede Ehe bedroht, zu besiegen […] Das Einzige, worum ich dich seit Jahren bitte, ist: Dich nicht einzumischen und Deine kritischen Bedürfnisse nicht gerade bei uns abzuladen. Aber Du setzt Dich hin, kaum aus Italien nach Hause gekommen, und schreibst einen Brief nach Liebenberg, auf den hin ich Dich nur hundertprozentig desavouieren kann. Es ist eine maßlose Taktlosigkeit, gerade an dieser Stelle einen nur schlecht verhüllten Beschwerdebrief anzubringen. […]

Es ist bedauerlich, dass Du mich durch Deine aggressive und durch keinerlei Selbstkritik gehemmte Art immer wieder zwingst, meine (wie Du sagen würdest) »natürlichen« Sohnesgefühle in den Hintergrund zu stellen und Dir die schärfsten Vorhaltungen zu machen.

Dein Harro.

Niere intakt, Nierensteine sichtbar
Die Koliken sind ja immer nur nach militär. Übungen gekommen, wenn ich zum Kaffee- und Alkoholkonsum förmlich gezwungen war.

Durch die baumlose Inselwelt der Dardanellen-Inseln stampft das
Schiff nach Istanbul. Die Vergnügungssuche beim Landgang der
Schiffsbesatzung beschreibt Libs mit kurzen Worten:

Grand Hotel und American Bar. Ist doch ein trauriges Zeit-
dokument, so eine Bar. Voll von kleinen Mädchen in oft ganz
schäbigen Kleidchen. Sie tanzen unermüdlich, auch untereinander. Ein ganz junges Ding ist dabei, in schwarzen Kleidchen, ohne Strümpfe. Sieht aus wie eine Deutsche. Feines,
blasses Gesicht. Lächelt und staunt mich an. Irgendwie fasziniert sie mich. Ich muss immer wieder hinsehen. Vielleicht
ist es auch nur, weil der Dritte sie auf dem Schoß hatte, am
1. Abend, als alles losging. 100 Lei kriegt so ein Mädel, dafür
sitzt es dann von acht bis fünf Uhr früh und muss die lieben
Gäste unterhalten. Matrosen, Steuerleute aller Herren Länder kommen und gehen. Was soll ich das groß beschreiben.
Ist doch auf der ganzen Welt dasselbe und wer kennt es nicht.
Doch nicht kennen viele den melancholischen Hintergrund
dieser fröhlichen Institutionen. Welch kläglicher Ersatz für
unsere Seeleute, diese Liebe, die keine Liebe ist, diese Stimmung, die keine Stimmung ist. –
Die feinen und feinsten Dinge, die Liebe, wirkliche Liebe
zwischen zwei Menschen entstehen lässt – sie geht diesen
hier verloren. Wie sollen unsere Jungs auch noch etwas von
Seele und Gemüt wirklicher Frauen verstehen, da sie nur
solche sehen und kennen. Seefahrt ist Not. Hier liegt auch
der tiefere Sinn darin, dass man mich an Bord nicht richtig
einschätzt. Dass mein Kampf im Grunde ein verzweifelter
ist. –

Constanza. 1. Nov. 37.

Du mein Junge, –

[...] Gestern erlebte ich etwas sehr, sehr Nettes: Zufällig platzte ich bei Besuch einer deutschen Kolonie hier in der Nähe in eine Hochzeit hinein u. wurde herzlich aufgenommen u. eingeladen. Du glaubst nicht, wie prächtig da gefuttert wurde, wie schmusig die Musik (Ziehharmonika) war u. wie nett die Tänze. Diese Deutschen hier sind ungleich prächtiger als bei uns »im Reich«, ihre Siedlungen sind sauber u. ihre Sitten deutscher als bei uns. Das, was von Russland (Bessarabien) hier in die Dobruza hereingesickert ist, wie Tänze, Melodien u. Lustigkeit, gibt ihnen einen Charme, den man bei uns umsonst sucht. Was glaubst Du, was Deine Katze für russische Tänze getanzt hat – Du hättest gestaunt! Dann griff auch ich zur Ziehharmonika u. spielte u. sang ihnen Lieder, die sie nicht kannten (ganz wenige von ihnen haben Deutschland je gesehen!) – es war großer Jubel. Und ich war, zum 1. Mal auf dieser Reise, ungezwungen vergnügt, wie ich es hier an Bord, wo alles missverstanden u. übel genommen wird, nie sein kann. Das tat gut. Hier wie überall geht es mir so, dass man mir knapp 17 Jahre zutraut. Aber wenn ich den Mund aufmache u. vor allem Dich im Munde führe, dann merken sie genau, was los ist – ach Du, wie spüre ich es doch mit jeder Stunde mehr, dass wir Zwei untrennbar zusammengehören! Du bekommst Deine Katze so zurück, wie Du sie in der grässlich schweren Abschiedsstunde geküsst hast, nur etwas stärker u. klüger. Jawohl! Es ist kein Zufall, dass die Menschen, die zur See fahren, früh alt werden. Mich hat dieser Flügelschlag »Seefahrt« ja nur gestreift, aber das genügt, um viel Neues u. Wesentliches zu begreifen. – Aber so ist es schon für diese harte Angelegenheit viel zu romantisch ausgedrückt. Ich werde ja erzählen, wenn wir (wie ersehne ich diesen Augenblick!) wieder beieinander sind. [...]

2.XI.

Ach Du, was macht das Fotografieren Spaß – wie freue ich mich auf die Stunde, wo ich Dir alle Bildchen zeigen kann. Einliegend 2 kl. Kostproben: »Ilona S.« beim Bunkern in Bona (das Bild ist schlecht kopiert, kann viel besser werden!) u. unser Timmermann aus Hamburg – ein großes Schwein, aber doch recht dekorativ, nicht? Heute scheint herrlich die Sonne

nach kalten Tagen. Ich werde drum an Land gehen u. die russ. Fischer fotografieren, die hier die kl. Anchovis fangen. – Heute kommt 4000 To Ladung – fehlen noch mal so viel – na, vielleicht wird's doch endlich. Ich habe endlich Skat gelernt. So spiele ich 1 Abd. Schach mit dem Steward, der großartig spielt u. sehr nett ist u. 1 Abd. Skat mit dem 3. Offz. u. dem Mose-Steward, einem 17-jährig. mir treu ergebenen Bürschchen! – Auch Zigaretten drehen kann ich schon u. 4 Glas Bier heruntertrinken, ohne mit der Wimper zu zucken. – Heut bringt mir einer von der deutschen Kolonie 2 Singvögel an Bord. Die sollen mit mir nach Hause fahren, dann bin ich nicht so allein in meiner Kammer. Alles hat Tiere hier: Katzen, Hunde, Gänse, Hühner – warum soll ich keine Vögel haben! – Wie mag es Dir gehen in Wildungen? Ach Du, wär ich doch wieder bei Dir u. brauchte Dich nicht mehr über die Sterne zu suchen! Ich schreibe das Abfahrtsdatum von hier noch an Mutti, die es Dir mitteilen soll. U. Du schreibst ihr, dass wir noch immer hier sind, ja? –
In großer, großer Liebe
Dein Kätzchen

Weihnachten 1937 im Schloss

Theodor Eicke, Inspekteur der Konzentrationslager und Führer der SS-Totenkopfverbände, berichtete stolz im August 1936 an Himmler: »In knapp 11 Monaten habe ich 5 Konzentrationslager, von denen 4 in den Händen der SA waren, umorganisiert, ausgebaut und dort klare Verhältnisse geschaffen. Ein neues, großes und modernes Konzentrationslager in Sachsenhausen ist zurzeit im Bau. Während dieser Zeit habe ich 4 Bataillone der SS-Totenkopfsturmbanne aus einem Nichts geschaffen. Meine Arbeit bewältigte ich mit 3 Führern und einigen zuverlässigen Schreibern. Mein Familienleben war mir bisher Nebensache. Ich lebe nur meiner Pflicht an meiner mir lieb gewonnenen Truppe.«[57]

Etwa zwanzig Kilometer westlich von Schloss Liebenberg entfernt werden KZ-Häftlinge zu Ausbauarbeiten im Lager Oranienburg eingesetzt. Das KZ Sachsenhausen entsteht in Form eines gleichschenkligen Dreiecks; die Lagerbaracken aus Holz wachsen, umgeben von einem Kasernenkomplex und Wohnsiedlungen für die höheren SS-Dienstgrade und ihre Familien. SS-Männer bevölkern die Kasernen und Kantinen. Auf ihrem rechten Kragenspiegel glänzt ein Totenkopf aus Aluminium mit der ausweisenden Sturmnummer, der linke Kragenspiegel zeigt das Dienstgradzeichen. Fein ziseliert die Stickschrift, »SS-Totenkopfverband Brandenburg«, auf den in Schwarz und silbrigem Aluminium gehaltenen Ärmelstreifen.

Libertas notiert an die Schwiegereltern: »Meine Mutter freut sich unsagbar auf uns, vor allem auf den neuen Sohn, der nun auch einmal ein Liebenberger Weihnachten miterleben wird, wie ich meine Kindheit hindurch Jahr für Jahr. [...] Hartmut bekommt eine Räubergeschichte mit Fallschirmsoldaten und sonstigen Luftikussen. Unsere Telefonnummer ist Löwenberg/Mark 13.«

In der kleinen Kapelle, in der sich Libertas und Harro das Ja-Wort gaben, hat der Schulleiter von Liebenberg und Löwenthal anstelle des Pastors mit der Dorfjugend die Lieder zur »Volksweihnacht«, wie vom Propagandaministerium verordnet, einstudiert. Zum »Julfest« erklingt *Stille Nacht, Heilige Nacht* von Fritz von Rabenau, und die Orgel intoniert.

Stille Nacht, heilige Nacht, / Alles schläft, einsam wacht, / Nur der Kanzler zu treuer Hut, / Wacht zu Deutschlands Gedeihen gut, / Immer für uns bedacht.

Stille Nacht, heilige Nacht, / Alles schläft, einsam wacht, / Adolf Hitler für Deutschlands Geschick, / Führt uns zu Größe, zu Ruhm und zum Glück, / Gibt uns Deutschen die Macht.

Tante Marie, die österreichische Herrin auf Schloss Liebenberg, donnert: Noch amal! Und alle singen das Lied in der althergebrachten Weise. Endlich füllen das Brummen der Männer und die hohen Stimmen der Frauen die alte Kapelle, die Atemwolken stehen vor den Mündern.

Dann heißt es sich schön machen, um halb sieben ist Bescherung in der großen Halle. Libertas singt, die Mutter begleitet am Flügel. Zum Abschluss gibt es eine Jause, ein Abendbrot mit heißem Tee, guten Weinen und Canapés. Harro muss verzichten, es ist, als hätte ein Faustschlag ihn in der Magengegend getroffen, der immer noch fest sitzt. Wieder eine Nierenkolik. Zur Unterstützung der zarten Mutter – die schwedische Großmutter Augusta zeigt sich nach wie vor unverwüstlich – ist ein Facharzt engagiert, der sich auch Harros Leiden annimmt. Er sieht den ganzen Körper als »verhärtet«.

Am zweiten Weihnachtsfeiertag, kurz vor ihrer Abreise, unternehmen Harro und Libertas mit der Mutter Tora, die die Kälte und den Winter tunlich meidet, einen Spaziergang durch den tief verschneiten Schlosspark. »Ob die Mama weiß, dass nur wenige Kilometer entfernt Menschen sterben?«, fragt Libertas. »Auf der Flucht erschossen, heißt es dann.« Harro fügt nichts hinzu; er merkt, wie sehr Libertas diese Gedanken quälen. Als ob es besser wird, wenn die Mama unterrichtet ist. Sie ist solch ein empfindsamer Mensch, warum sie belasten? Tora kann es nicht glauben, Konzentrationslager. Worauf konzentriert man sich denn da, werden dort die Gefangenen konzentriert gehalten? Das Wort will ihr nicht in den Kopf. Das Gepäck für Berlin, die guten Überreste der Weihnachtsschlemmerei und die lieben Geschenke liegen gut geschützt und eingewickelt im Wagen gegen die Schlaglöcher. Tora auf dem Beifahrersitz, nehmen sie den Weg nach Oranienburg. Die holprige Landstraße ist stark vereist. Stacheldraht, weiß strahlendes Licht, das die schneeige Feuchte des Winterabends kalt durchmisst. Da ist es, das Lager, mit dicken metallenen Strömen todbringenden Stacheldrahts umzäunt. Über der hohen Mauer thront ein Schild: »Das ist ein KZ«. Die Mauer verläuft über Kilometer, dahinter kleine Häuschen, hier leben die Familien der Wachhabenden. Die Kinder wachsen auf mit dem Gebrüll der Bediensteten, dem Bellen der Hunde. Tora weint. Stumm fahren sie zurück nach Liebenberg und setzen die Mutter dort ab.

Fluchtpläne

Bei den alle zwei Wochen stattfindenden Abenden mit den Freundinnen und Freunden ist die Cousine Gisela von Poellnitz, die Untermieterin, wie immer dabei. An ihr sitzt kein Gramm Fett zu viel, doch sie wirkt nicht anämisch, eher wie ein schlaksiger Junge mit kurzen, unbändigen Haaren, die immer wieder in die Stirn fallen. Seit Sommer 1937 wohnt die Tochter eines Diplomaten mit einem Faible für kommunistische Visionen in der Waitzstraße 2. Gisela arbeitet als Korrespondentin für United Press. Sie und Harro verlassen tagsüber das Haus, Libertas schreibt an Artikeln und Übersetzungen. Abends freut sie sich über die lebendigen Heimkehrer von draußen aus der Stadt; manchmal kocht sie ein kleines Souper.
Es ist die Zeit der kurzen Tage zwischen den Jahren, zwischen Weihnachten und Silvester, zwischen 1937 und 1938. Wo bleiben

nur ihre langsamen Schritte auf dem halben Treppenabsatz nach dem rüttelnden Schließen des Lifts, ihr vertrautes schreckliches Keuchen auf dem Absatz vor der Tür, wenn der Schlüsselbund ihren Händen entgleitet und der Fußabtreter dumpf das Aufklatschen schluckt. Die Sorgen und der Verdacht nagen; Gisela – Sella, die Amazonenhafte –, hat man sie erwischt? Kein Telefonanruf, keine Nachricht, nichts. Wenn sie verhaftet worden ist? Die Methoden der Gestapo, man hört Schauermärchen von körperlichen und seelischen Plagen, von Dingen, die ein Mensch sich nicht ausdenken mag – Quälereien, gezielt verabreicht. Und Sella ist lungenkrank. Sie hustet mit Walter Küchenmeister um die Wette, ein makabrer Anlass zu Gelächter. Und doch. Wenn es doch einen Spitzel gibt oder eine Verräterin. Die ursprünglichen Teegesellschaften dehnen sich aus, manch einer kommt, weil er einen kennt, der einen kennt. Und sie alle haben doch darüber geredet, dass man etwas tun müsse gegen den Krieg, der in nur 2000 Kilometer Luftlinie entfernt von ihnen wütet! Wo in dem bäuerlichen Land die Dorfbevölkerung zum Spielball wird und in den Städten der Barrikadenkampf tobt!

Günther Weisenborn, geboren 1902 in Velbert bei Wuppertal, ist ein alter Bekannter Harros aus den *Gegner*-Zeiten. 1932 hatten sie sich bei einer wüsten Diskussionsveranstaltung des Republikanischen Studentenbundes kennengelernt. Der Schriftsteller ist neu in dem zweiwöchigen Zirkel: »Nachdem mich Harro wochenlang geprüft und ich meine Zustimmung gegeben hatte, mir das einmal anzusehen, lud er mich eines Abends in seine Wohnung ein. Hier saß ein kleiner dunkelhaariger Mann mit Brille, eines jener jungen intelligenten Arbeitergesichter aus dem Ruhrgebiet, der Walter genannt wurde, und Kurt, ein helles blondes Künstlergesicht und einem gewissen Fanatismus in den Augen. Es war der erste Treff, das erste illegale Zusammensein. Wir sprachen über allgemeine Dinge, dann kamen wir auf das Regime zu sprechen. Es war 1937. ›Wenn Sie dagegen sind, müssten Sie eigentlich nichts dagegen tun?‹, fragte der, der Kurt hieß. H. blickte mich gespannt an, als sei ich sein Sohn in der Schulprüfung. Nun sprachen wir darüber, ob es Sinn habe, etwas dagegen zu tun. Es sei doch fast aussichts-

los. Das Risiko sei unmenschlich. Aber wenn viele, wenn Hunderttausende etwas tun, sieht es dann nicht ganz anders aus? Hier saßen vier junge Männer an einem Tisch, auf dem Teetassen standen, und am Ende gaben sich alle die Hand. Als ich ging, duzten wir uns. Sie waren Männer, die Mut hatten und mir Mut machten.«[58] Harro kennt die geheimen Materialien über den Verlauf des Spanischen Bürgerkriegs, die Stärken der eingesetzten deutschen Luftwaffenverbände. Er weiß um die regelmäßig eintreffenden Lageberichte über den Stand der Republikaner und der internationalen Brigaden. Harro gibt Zahlen und anderes Material an Elisabeth; sie fotokopiert die Informationen in ihrer Arbeitsstelle, dem Reichsarbeitschutz, in Miniaturformate bis zur Briefmarke. Dann folgt die Weitergabe, insbesondere über Walter Küchenmeister, an kommunistische Widerstandsgruppierungen. Kurt und Walter möchten lieber heute als morgen los, um in Spanien zu kämpfen. Ernst Scholz, der Sohn des Teupitzer Seennachbarn Paul Scholz, dem literatur- wie filminteressierten Immobilienhändler, wird gehen. Harro bremst die jungen Männer. Sie werden hier gebraucht. In der Wahrnehmung der Deutschen gibt es keinen Spanischen Bürgerkrieg; die Beteiligung des deutschen Militärs wird weiterhin verschwiegen. Für alle in der Gruppe ist klar: Die Waffen, die die Luftwaffe zusammen mit der deutschen Infanterie dort auf mörderische Effektivität testet, dienen der Vorbereitung auf einen Krieg gegen die Sowjetunion. Vom eigentlichen Ziel Hitlers, der Eroberung von Lebensraum im Osten ohne alle Rücksichten, ist Harro überzeugt.
Im Reichsluftfahrtministerium erfährt Harro die Namen und die Decknamen deutscher Agenten, die zur Einschleusung in die Internationalen Brigaden bereitstehen: ein Sabotageakt, initiiert von der deutschen Abwehr in Barcelona, um die Stadt in die Hände der Franco-Faschisten zu bringen. Wie warnen? Verbindungen der Freundesgruppe ins Ausland bestehen nicht. Mit den Freundinnen und Freunden sitzen Libertas und Harro alle vor dem Superröhrenapparat und genießen den Weltempfang – nicht nur die Nachrichten und politischen Kommentare aus England, Frankreich, Italien, Schweden und Moskau, auch die Tanzmusik. Hin

einkriechen möchte man in den Apparat und wie durch ein großes Sprachrohr hinausposaunen die Ungerechtigkeit der Welt. Der Dichter und Dramatiker Wolfgang Langhoff in der Schweiz wäre eine mögliche Anlaufstelle, wird aber als zu uneffektiv verworfen. In der Schweiz bleibt alles neutral, auch die Verbindungen zu den Genossen. Harro will die Namen der Agenten so schnell wie möglich weitergeben, damit sie die internationalen Brigaden erreichen, bevor es zu spät ist. Also handeln, sofort!

Auswerten kann die Informationen nur die sowjetische Seite, die den Kampf gegen die Franco-Faschisten unterstützt. Die Nachricht verfassen sie anonym, die Freundinnen und Freunde um Harro kennzeichnen sich nicht als Gruppe. Wozu auch, um besser Räuber und Gendarm zu spielen? Nein, es geht um die Sache. Wenn es keinen Ansprechpartner gibt, der Weg durch den Briefschlitz wird schon der richtige sein.

Die Geschäftigkeit in der Friedrichstraße legt sich. Die einen kehren heim, die anderen gehen aus, und Gisela von Poellnitz nähert sich mit den wichtigen Schrittchen einer eiligen Sekretärin dem Eingangsbereich der sowjetischen Handelsvertretung. Der wachhabende Portier winkt sie heran. Sie übergibt das Kuvert mit strategisch wichtigen Informationen über Truppenkontingente und die Namen der Agenten mit dem Hinweis: An die sowjetische Botschaft in Paris. Der direkte Kontakt zur Berliner Dependance erscheint als zu heikel. Sie lächelt, der unter der Pelzmütze nickt. Gisela ist sich sicher, dass ihr niemand folgt. Zwei Tage später wird sie an ihrem Arbeitsplatz im Büro der United Press verhaftet und zum Gestapohauptquartier, Prinz-Albrecht-Straße 8, gefahren.

Ab dem 1. Januar 1938 sitzt Gisela von Poellnitz in Gestapohaft. Am 18. Februar kommt ein Schreiben an in der Waitzstraße, das offiziell die Einlieferung »Gestapo-Gefängnis« bestätigt. Libertas sendet jede Woche ein Päckchen mit Vitamintabletten, Damenbinden, Zahnpasta und frischer Wäsche, in die sie mit dem Bügeleisen die Blütenblätter eines blassrosa Alpenveilchens einplättet. Wie mag es im Gefängnis zugehen? Hat sie genug Decken? Ist geheizt? Sella kennt sie alle: Elisabeth, Kurt, Walter und so fort.

Sie ist zuverlässig, sie weiß das Risiko einzuschätzen. Keine vollen Namen! Das war immer ihre Devise. Gisela, unsere Übervorsichtige. Je weniger man weiß, desto weniger kann man aussagen; das war ihr Standpunkt. Wer kann schon ganz überzeugt von sich behaupten – unter der Angst, wenn die Familie, die engsten Freunde bedroht werden – eine Vernehmung der Geheimen Staatspolizei zu überstehen?

Günther Weisenborn: »Es gab fieberhafte Arbeit. Es mussten Pakete mit Flugblättern nachts zu anderen Adressen gebracht werden. Ich fuhr mit meinem Wagen hinter H.s Wagen her, der erfahrener war als ich und Ausschau hielt. Wenn er dreimal hintereinander das Bremslicht aufleuchten ließ, sollte ich stoppen Bei öfterem Aufleuchten sollte ich sofort wenden oder abbiegen. Es ging alles gut. Am Tage packten wir. Wir planten eine Flucht nach Holland, wo wir einen Freund hatten.«[59] Libs und Harro bereiten die Flucht zum Vater nach London vor. Zunächst wollen sie zu Johnny, der als Leiter der Nachrichtenagentur United Press in Amsterdam arbeitet. Wie im Notfall verabredet. Niemand hätte gedacht, dass dieser tatsächlich eintrifft.

Heinrich Karbe, Autor der *Essener National-Zeitung:* »Sie waren bei uns. Ich kann mich noch genau erinnern, wie Harro auf dem Sofa saß, da war eine Fensterwand, und Libertas stand am Ofen. Meine Frau sagte, wir reden immer über Antinazi und Harro in Uniform – Sie arbeiten den ganzen Tag für Hermann Göring. Da sagte Libs: Wenn Sie wüssten, was Harro macht, und dann sagte Harro psst. Wusste man schon, dass was gemacht wurde, aber es wurde nicht darüber geredet. Natürlich, ich hatte ein bisschen einen soft point gegen Libertas. Sie war schon jemand, der einen ein bisschen bezaubern konnte. Sie hat mich um Gefälligkeiten gebeten, wobei mir klar war, dass es etwas nicht Legales war [...] Eines Tages kam ein Anruf von Libertas, dass sie fliehen wollte.« Libertas bittet Heinrich Karbe um Wertgegenstände; Geld können sie nicht mitnehmen. »Ich brachte ihr eine Leica. Oben im Westend ging es drunter und drüber, halb gepackte Koffer.«[60]

Ein Verdacht muss auf Gisela gelenkt worden sein – von einem, der bei ihnen aus und ein geht. Jemand, der sie alle kennt. Ein

Läuten an der Tür. Drei Männer heben kurz den Hut und treten in die Diele; zwei ziehen Schubladen auf, heben den Superröhren hoch, rühren mit dem Schürhaken in der kalten Asche des Kamins. Leise und höflich wird alles durchgeführt. Die Männer bedanken sich freundlich: Nüscht für unjut, jovial ist der Berliner, mussma ja ooch Vaständnis ham für unsre Aabeet. Wa. Bestätigendes Nicken. Na denn, schön Ahmd noch. Die Hausdurchsuchung durch die Gestapo bringt keine Beweise.

Heinrich Karbe: »Libertas sagte, Kommando zurück, wir können nicht fahren. Da hat im RLM eine Sitzung stattgefunden, die endete damit, dass Harro das Vertrauen ausgesprochen wurde. Daraufhin hat Harro gesagt, jetzt kann ich nicht mehr über die Grenze gehen.«[61] In seiner Dienststelle muss Harro Rede und Antwort stehen. Nachzuweisen ist nichts. »Aber dann bekam H. Winke, die ihm bewiesen, dass die Gefahr an uns vorüberging. Er wurde von der Gestapo verwarnt, die nichts von unserer eigentlichen Tätigkeit erfahren hatte«, so Günther Weisenborn. »Wir atmeten auf, und einige Tage später saß ich hinterher träge bei Kranzler am sommerlichen Kurfürstendamm und ließ die geschminkte Welt an mir vorbeidefilieren, die geschwätzige Nonchalance, die plappernde Eleganz, die Gelächterchen, die blasierten Witzchen und die frivole Routine derer, die sich behaglich fühlen.«[62] In seinen Vernehmungsakten der Gestapo heißt es: »[…] Ich hatte zu jener Zeit starke Bindungen zu Frau Schulze-Boysen und beabsichtigte, sie eventuell zu begleiten, da ich sowieso in Konnex bleiben wollte. Allerdings wollte ich nicht ständig draußen bleiben, sondern sie nur nach Holland bringen. Die Reise, die ich nach Amerika unternahm, war meines Wissens noch nicht geplant. Die Flucht der Eheleute Schulze-Boysen zerschlug sich aber wieder, und ich erinnere mich, dass Harro seinerzeit erklärte, die Angelegenheit sei erledigt und sie könnten ruhig in Deutschland bleiben.«[63]

Der Sicherheitsdienst benennt Harro Schulze-Boysen aus dem Reichsluftfahrtministerium weiterhin als ein Risiko, doch der Generalstab verbittet sich die Einmischung in interne Angelegenheiten. Karl Graf von Meran ist ein V-Mann, ein Vertrauensmann des Sicherheitsdienstes, das sickert durch. Libs und Harro erinnern sich an ihn, an die Abende in der Jockey-Bar, als er mit Harros Schwester Helga flirtete und dabei so gezwungen höflich wirkte. Es sind nur Kleinigkeiten, die plötzlich haften bleiben: an sein schweigendes Zuhören, wenn er Tee in die Tassen der anderen nachfüllte, wenn er Libertas zur Hand ging, die Tabletts hinein- und hinaustrug. Nicht auffällig, nicht unauffällig. Nun erscheint vieles, was selbstverständlich wirkte, mit einem Mal aufgesetzt und gewollt. Die Treffen haben hiermit ein Ende, beschließen Harro und Libertas gemeinsam. Warum sich die Gefahr ins Haus laden; ihren kleinen Zirkel werden sie weiterhin pflegen.

Libertas wartet am 30. Juni 1938 in der Barnimstraße 10 seit mehreren Stunden vor dem Frauengefängnis am Friedrichshainer Park, in dem schon Rosa Luxemburg ihre Haft verbringen musste. Zusammen mit Passanten, die sich geschäftig geben, aber dennoch nur danach heischen, dass die geliebte Person endlich zwischen den eilenden Aktentaschenträgern die wenigen Treppenstufen nehmen und die Kinder umarmen wird, die Blumen schnell an sich nehmen kann und dann fort, fort, dem Schrecken den Rücken zuwenden – dahin, wo ein Zuhause wartet. Bleich und aufgedunsen ist Sella im Gesicht. Ihre Augen umgeben tiefe schwärzliche Schatten. Ihr Körper ist nicht mehr schlank, die einzelnen Knochen stechen hervor. Sie geht gebeugt, als wenn der Kopf zu schwer geworden ist. »Wir fahren nach Liebenberg«, bestimmt Libs. Sella muss sich ausruhen. Verschämt spuckt sie leise hustend in ihr blutbraun verfärbtes Taschentuch. Sella, Sella! Das hat Harro bestimmt nicht gewollt.

Heil Hitler im Abendkleid

In den Briefen an die Eltern schweigt Harro im Frühjahr 1938 von den Aufregungen in Berlin. Nur keine unnötige Sorge. Über seine Frau berichtet Harro: »Libs war heute mit Günther Weisenborn m. unserem alten Opel, den er ja gekauft hat, in Dresden, einmal, um die schöne Stadt zu besehen, und dann zu Zwecken von Abmachungen mit einem Verlag. ... Uns geht es ausgezeichnet. Wir hatten mehrere sehr nette kleine und große Feste im Freundeskreis. Heute Nachm. fahren wir in einer 4-Wagen-Karawane an die frische Luft, um zu laufen und Sport zu treiben. Heute Abd. ist der große Kameradschaftsabend des RLM bei Kroll, mit Musik, Tanz und Ballett der Oper. Es ist sozusagen Dienst für alle, also ziemlich voll. Trotzdem war es voriges Jahr ganz nett. So, das ist alles für heute. Einen Sonntagsgruß, in Liebe, Dein H.

In den Krolloper steht für den preußischen Innenminister, Reichsluftfahrtsminister, Oberbefehlshaber der deutschen Luftwaffe, General der preußischen Staatspolizei, Reichstagspräsident, Präsident des deutschen Staatsrats, Reichsforst- und -jägermeister Hermann Göring die Entenpresse aus dem luxuriösen Restaurant *Horcher* bereit, man parliert geflissentlich. Sonst gilt immer »Deutsche Kost aus deutschen Gauen«, wie die *Gaststätte Heidelberger* in der immervollen Friedrichstraße wirbt, Krabbensalat im *Hansaraum*, Haxe im *Bayerischen Hof*. Jedes Restaurant muss auf Wunsch des Führers ein Eintopfgericht bieten, »um den Armen zu zeigen, dass das ganze Volk mit ihnen fühlt«. Von den 2,50 Reichsmark für den Rheinischen Bohneneintopf mit Speck und Salzkartoffeln gehen zwei ans Winterhilfswerk. »Deutsche Ernte auf Deutschen Tischen«, ist die Parole. Aber doch nicht hier in der Krolloper!

Der »Dicke« hängt in einer Traube der Bewunderer, das Prosten an seinem Tisch nimmt kein Ende. Es wimmelt von Uniformen, mit Schmuck und Kostüm ausstaffierte Ehefrauen reichen galant die Hand zum Kuss, nur manche werfen den Arm auf. Inmitten aller grau-steifer Haltung weiß Libs Harro, findet ihn sofort in der Menge. Er ist einer von ihnen, einer, der vor seinen Vorgesetzten die Hacken zusammenschlägt und doch ganz anders denkt und hofft für Deutschland, für Europa, für die Welt und die ganze Menschheit. Für die kann er an solchen Terminen wenig ausrichten; es quält ihn, aber das würde er nie zugeben. In Gesellschaft macht seine Libs eine gute Figur: Er sieht sie im Gespräch, die Schultern zurückgenommen, den Kopf lächelnd dem wechselnden

Gegenüber zugeneigt. Ein perlendes Glas in der Hand, umringt von pomadierten Uniformierten. Warum auch nicht. Ihre Weltgewandtheit braucht sie nicht zu betonen; sie ist es einfach, eine lässige Kosmopolitin. Sie raucht, spricht, mit der Zigarette im Mund, und es steht ihr, genau zugepasst wie der Haarschnitt – ein kurzer Pagenkopf, der jeden Wink des Kopfes mit einer lebhaften Bewegung verstärkt. Hier in Berlin finden ihre komischen schwyzerdeutschen Sätze immer noch ein dankbares Publikum. Sie kennt keine Scheu. Libertas holt aus, sie schwärmt von den Liebenberger Wäldern, vom jährlichen Halali. Die Jagd gehört zum Schloss wie das Damwild in den Wald. Hermann Göring sei ja auch ein begnadeter Jäger, im Herbst nehme er oft an den Jagdgesellschaften auf Schloss Liebenberg teil, lächelt sie. So eine wie die Dame in ihrem schlichten weißen Kleid, das aussieht, als könne es auch auf einer Hochzeit getragen werden, ist selten, sonst spricht niemand so frei. Die jungen aufstrebenden Militärs verunsichert diese Mischung aus Burschikosität, einem seltsam beiläufigen Humor und Geradlinigkeit. Bei ihr zu Hause auf dem Gut, in Liebenberg, seien sie alle überzeugt. Sie sei so froh, dass Harro so nette Kollegen hat und diese Stellung, wo man endlich dazu komme, einmal wieder die *Times* zu lesen! Natürlich sei sie überzeugt, sagt sie und guckt so, dass die Frage des Gegenübers nur peinlich und kleinkrämerisch wirkt. Das gehöre doch heutzutage zum guten Ton, scherzt Libertas. Alle sind charmant, lustig; die Stimmung ist ausgelassen. Hier schreit niemand »Juda verrecke!«. Libs spielt mit den Komplimenten wie ein Kind mit dem Puderspiegel der Mutter. Es ist ein Gesellschaftsabend. Das ärmellose Kleid lässt das Dekolleté rutschen, wenn sie den Arm zum deutschen Gruß erheben will. So wird es nur ein halber Schlenker, um das kurze Haar zu richten. Der Führer regiert, und alle sagen ja. Mein Führer, sagen die jungen Männer um Libertas. »Wohin führt er uns denn?«, fragt sie schalkhaft die schneidig im schwarzen Ausgeheinheitslook Uniformierten. Plötzlich ist Harro an ihrer Seite. »An die Spitze der Welt«, sagt er und erntet den Beifall der Kollegen. Für Harro stellt sich im Ministerium wieder die Frage: Bleiben oder gehen? Vielleicht noch ein, zwei Jahre; sich bis 1939 der Doktorarbeit widmen, allerdings unter der Bedingung einer besseren Bezahlung. Alles geht viel zu langsam, unruhig macht ihn seine unsichere Zukunft. Ob mit Parteibuch, ob ohne – die Karriere stockt. Immer wieder verfolgt ihn der Verdacht, dass sein Aufstieg aus dem Wissen um die Verhaftungen in der *Gegner*-Zeit verhindert bleibt, dass er eigentlich unter Beobachtung steht. Dienst ist Dienst, aber bloß niemandem trauen. Ein Vabanquespiel. Sehen sie ihm denn nicht an der Nasenspitze an, was er denkt und wer er ist? Ein Regimegegner, der messerscharf und druckreif seinen Freunden und seiner Frau die politische Lage auseinandersetzt, oder einfach ein Emporkömmling? Einer, der endlich die Leiter hinauffallen möchte? Harro kann mehr, und er will mehr: Wenn er nicht »in absehbarer Zeit mindestens 400 Rm ausgezahlt erhielte«, will er gehen und das abgebrochene Jurastudium zum Abschluss führen. Eine Ernennung zum Regierungsrat durch seine Vorgesetzten würde ihm die Mühen ersparen. »Ich glaube aber nicht, dass ohne Parteibuch die geringste Möglichkeit besteht. [...]«

Am 22. Mai 1938 schreibt er den Eltern: »Wenn ich tun könnte, was ich wollte, würde ich mich schriftstellernderweise irgendwo in einer schönen gegend mit libs niederlassen, würde bücher schreiben, photographieren und viel reisen – und wenn die zeiten ruhiger wären – bald mal ein paar kinder haben. Leider gestatten mir die zeitläufte ein derartiges idyll nicht, man wird also weiter als wolf unter wölfen heulen müssen, und es hat ja auch seine reize, solange man nicht zu sehr in die drecklinie kommt [...] die abhängige, konventionellen und (infolgedessen) anstrengende tätigkeit eines diplomaten 2. klasse gönne ich neidlos andern. Ich habe nicht den geringsten wunsch, verantwortung für irgendetwas zu übernehmen oder an einer firma ernsthaft mitzuwirken, in der sich meine auffassungen vom geschäftsleben nicht durchsetzen können.« Libertas bringe erfolgreich ihre ersten Artikelserien mit Bildern unter. Nicht nur Zeitungen werden auf sie aufmerksam, auch »Verlage und Film. Zusammen mit Günther Weisenborn arbeitet sie an einem Theaterstück und einem Filmtreatment. Nun ist er jedenfalls oft bei uns, und Libs findet ihn auch nett.

Oder mehr als ›nett‹. Er kann sehr viel, und wir können einiges von ihm lernen. Libs braucht ja Lehrmeister auf dem Gebiet des Schreibens.«[64]

Eine Romanze

Über vier Jahre haben sich Günther Weisenborn und Harro Schulze-Boysen nicht gesehen, bis sie zufällig 1937 an einer Bushaltestelle am Kurfürstendamm nebeneinanderstanden. Es regnete in Strömen, und die Kälte kroch in die Glieder. Noch einen Blick und noch einen, und beide gaben das Wiedererkennen zu. Harro bot dem Schriftsteller mit dem kleinen zähen Körper und den scharf blickenden blauen Augen einen Drink in der Waitzstraße an. Seit einem halben Jahr ist Günther zurück in Deutschland. Als Gaucho in Argentinien ritt er Pferde ein, als Küchenjunge und Koch lernte er zu überleben. 1928 hatte der Medizinstudent seinen Durchbruch an den deutschen Bühnen mit *U-Boot S 4*, einem Antikriegs-Stück, das genau den Nerv der Zeit traf. Seine *Barbaren* von 1931 fielen der Bücherverbrennung am 10. Mai 1933 zum Opfer; von 1935 bis 1938 stand er auf der »schwarzen Liste« für Literatur. Die deutsche Sprache ist für Weisenborn Heimat; hier an den Bühnen feierte er Erfolge; seine Bücher finden Beachtung. In New York schlug er sich mit Unterstützung des Dadaisten Raoul Hausmann als Reporter durch. Sensationen liefern, Zeilen stückeln in einer fremden Sprache – ganz und gar nicht nach dem Geschmack des Dramatikers und Novellisten. Zurück in Deutschland schreibt Günther Weisenborn unter Pseudonym, Christian Monk etwa, und er ist gut im Geschäft – vor allem in Sachen Kino. Für den Abenteuerfilm *In geheimer Mission* stellt er gerade die Dialoge fertig; sein Erfolgsroman *Das Mädchen von Fanö* von 1935 – die Liebesgeschichte, die nicht sein darf zwischen einem Nordseefischer, verheiratet und bereits Vater eines Kindes, und einem Mädchen aus einer fernen Kleinstadt im Binnenland – wurde mit Brigitte Horney in der Hauptrolle verfilmt. Endlich trifft Günther Libs einmal ohne den ganzen Freundes-Clan. »Womanizer meets maneater«, lacht sie. Sein Esprit ist ansteckend, ungezwungen, vorbehaltlos mit Hang zur Albernheit. Und er ist ein echter Schriftsteller; er kann sich so nennen, er ist einer. Ein Jongleur, ein Sprachphantast. Einer, der verstehen kann, wie man sich mit der Textarbeit für ein Buch quält, die Seiten prüft, verwirft. Wie es ist, zu glauben und dennoch zu fürchten, den Glauben zu verlieren, weil das Gute doch nicht das Gute ist, das es vorgibt zu sein. Harro sieht der zunehmenden Begeisterung der beiden füreinander zu. Sicherlich ein Flirt von nicht allzu großer Bedeutung. Libertas will ihr Schifffahrtstagebuch als Novelle veröffentlichen.

Am 4. Juni 1938 notiert Harro für die Eltern: »Libs' Geld war für ein Film-Treatment, aus diesem T. muss jedoch nun erst ein Drehbuch und aus dem Drehbuch ein Film gemacht werden. Das Robert-Koch-Drama, das sie mit Weisenborn zusammen schrieb, wird vermutl. am Staatstheater Hamburg uraufgeführt. Ich betone bei der ganzen Sache die handwerkliche Seite. Tiefer gehende Werte können sich m. E. erst auf Grundlage der techn. Beherrschung der Arbeitsmethoden ergeben.«

Libertas, Ernst von Salomon und Günther Weisenborn
an der Lanke in Liebenberg

Günther Weisenborn in der Gestapovernehmung: »Ich lernte auch seine Frau, ›Libs‹, kennen, und es kam zwischen uns zu einer Annäherung, die man wohl als intime Freundschaft bezeichnen kann. Ich kam infolgedessen häufiger zu ihr in die Wohnung, oder wir fuhren auch mit dem Kraftwagen ins Grüne. Diese Episode kann etwa ein halbes Jahr gedauert haben und ging dann wieder auseinander. Dass wir uns näher kamen, lag daran, dass sie Interesse daran hatte, schriftstellerische Arbeiten zu leisten, zu denen ich ihr Anregung und Anleitung gab. Später musste ich dann allerdings einsehen, dass es sowohl menschlich wie schriftstellerisch nicht möglich war, sie so weit zu fördern, dass sie sich mit ihren Arbeiten auch hätte einen Namen machen können. Trotzdem sind wir auch nach dieser Zeit in gutem Einvernehmen geblieben und haben uns hie und da gegenseitig besucht. Diese Besuche waren natürlich familiärer Art. So haben Schulze-Boysens bei mir an Hausfesten und auch an meiner Hochzeit teilgenommen, und meine Frau und ich waren aus den gleichen Anlässen auch ein paar Mal im Haus der S-B. Wenn die Letzteren behaupten, bei mir etwa als Ehestifter gewirkt zu haben, so dürfte dies ein wenig übertrieben sein. Seitens der Frau Schulze-Boysen ist mir sogar recht deutlich in Erinnerung, dass sie meine Ehefrau vor mir gewarnt hat. Diese Warnung dürfte ihren Grund aber lediglich in der Eifersucht haben. Trotz alledem blieb unser Bekanntschaftsverhältnis das gleiche.«[65]

Margarethe Schnabel, ein Jahr jünger als Libertas, zieht als Untermieterin in die Waitzstraße ein. Mit Libs, die sie auf einer Reise durch England 1936 im Zug kennenlernte, verbindet sie die Liebe zur Musik. Sie spielen die Ziehharmonika im Duett, beide singen sie. Die dunkeläugige Joy sieht ein wenig aus wie eine Zigeunerin; das macht sich gut neben der blonden Libs. Günther Weisenborn verliebt sich in Joy, das Schnäbelchen.

Margarethe »Joy« Weisenborn-Schnabel, geboren in Wuppertal-Barmen als Tochter des Fabrikanten Julius Schnabel, macht kein Abitur – sie ist ja ein Mädchen. Also besuchte sie das Lyzeum nur bis zur Untersekunda. Mit 16 Jahren lebte sie im Witte Huis, einem Internat für schwer erziehbare Mädchen in Holland. Danach ging sie nach England, um die Sprache zu erlernen; in Paris war sie ebenfalls als Au-pair. Nach einer Episode als Lehrerin in einem Grafenschloss in Mecklenburg-Vorpommern arbeitet sie im Reisebüro Severin & Kühn am Kurfürstendamm. Das Reisebüro erscheint ihr wie eine offene Tür, um Deutschland jederzeit verlassen zu können.

Joy Weisenborn: »Damals kamen oft Freunde, die ich nicht kannte. Ich wusste nicht, was da los war. Unter ihnen war Günther – so lernte ich ihn kennen. Erst später erfuhr ich, dass diese Treffen heimliche Zusammenkünfte der Widerstandsgruppe Schulze-Boysen Harnack waren. Ich war also mittendrin – aber ich gehörte noch nicht dazu. Ich war noch zu jung und zu neu dazugekommen. Im Winter 1941 heirateten wir, und so zog ich aus dieser Wohnung aus. Dadurch habe ich kaum etwas mitgekriegt von dem, was da war. Mein Mann hat mit mir damals nie darüber gesprochen, um mich nicht zu belasten. Aber ich habe oft – mit Handschuhen – Reden ausländischer Politiker getippt. Auch darauf stand Kopf-Ab, aber Gott sei Dank kam das nie raus.«[66]

Die Affäre mit dem Schriftsteller, diesem Hansdampf in allen Gassen, würde Libertas am liebsten mit einem Schulterzucken abtun. Sie warnt ihre Freundin Joy. Nun, ganz private Lesungen im Atelier, ein guter Rotwein … Bloß kein Geld leihen. Dann gibt er's zusammen mit einer anderen aus.

Libs und Günther schreiben das Theaterstück *Die guten Feinde* über den Konkurrenzkampf zwischen Max Pettenkofer und Robert Koch, den Wettlauf um die Entdeckung der Ursachen der Tuberkulose. Der wirkliche Feind des Menschen sind die Seuchen. »Todfeindschaft um den Tod«, so fasst Libertas die Synopsis auf einer Schreibmaschinenseite: »Der Konflikt liegt im Wesen des Dramatischen. Ohne Spannung kein Drama. Man wird sie im Wesen der Liebe suchen, in der großen Politik, im Sterben und Geborenwerden von Menschen und Völkern. Nicht so ohne weiteres jedoch in den reizlosen Laboratorien der Forscher, dieser keineswegs ›heldischen‹ oder ›dämonischen‹ Gestalten, in deren Händen wir sonst Schwerter im Zweikampf um Leben und Tod zu sehen gewohnt sind. Und doch haben wir gerade hier das Feld unerbittlichster Kämpfe: Kämpfe des Menschen um des Menschen willen.«

In Gedanken ist Libertas bei Gisela. Sie kurt in Sommerfeld in der Lungenklinik. Doch die hölzernen Landhäuser inmitten des märkischen Sands bei Berlin haben längst ihren Reiz verloren. Die bestellten Zeitungen wirft Sella ungelesen in den Papierkorb. Der Waldhauscharakter der Klinik soll den wenig begüterten Schwindsuchtpatienten den teuren Aufenthalt in alpinen Lagen ersetzen. Untätig und unruhig – die Nerven bis zum Zerreißen gespannt –, und dann doch wieder so schwach, dass nur der bleierne Schlaf kommen kann, bleibt für Gisela die Konfrontation mit dem Tod nicht aus. Ihre Anrufe schrecken auf, sie bittet Libs zu kommen, sie nicht länger allein zu lassen. Es ist ihr nicht abzuschlagen. Betont burschikos gibt sich Gisela, heiter. Nun bin ich schon wieder in Haft, sagt sie, und die Augen schweifen den immergleichen Bogen zum Fenster hinaus zu den Bäumen. Die Einsamkeit und Stille der Schwerkranken kann kein Scherz verdrängen. Es ist, als wenn ein leises unaufhaltsames Ticken einer unsichtbaren Uhr zu vernehmen wäre. Ihre heiße trockene Hand halten, ihr leises Streicheln wiedergeben. Zaghaft werden die Themen von draußen angeschnitten – von Harro, dem Leben, den anderen. Alles wird nichtig; plötzlich verstummen beide, und Gisela lächelt. Wir fürchten doch die Furcht nicht! Leben oder Tod? Nach dem Abschied, beim Hinausgehen in den kommenden Abend, endlich Aufatmen. Ein Zuschlagen der Wagentür, der Motor brummt, und schnell verliert sich das eben noch bedrückende Blickfeld.

Auch Wochen später bessern sich die Lungenfunktionen bei Gisela von Poellnitz nicht, das Magen- und Darmsystem ist in Mitleidenschaft gezogen. Sie hofft auf einen Aufenthalt in der Schweiz, das Traumland der Rettung der Schwindsüchtigen.

Stärkebonbons

Ein Ausflug mit den Freunden in den Sommeranfang: Günther Weisenborn bringt Marta Wolter, eine junge Schauspielerin und Freundin aus seinen Anfangszeiten 1931 in Berlin, mit; er steuert den alten Opel von Libertas und Harro. Die beiden fahren mit Joy und den Schumachers in ihrem Cäsar, und im Wagen der Ärztin Elfriede Paul sitzen Walter Küchenmeister und seine beiden Jungen, Rainer und Claus. Schon das Stullenschmieren für die vierstündige Fahrt markiert den Anfang der Reise. Wenn dann auf der Strecke Richtung Stettin durch die sanft hügelige Landschaft des Oderbruchs der Geruch der hart gekochten Eier den Wagen füllt und alle lachen, wenn Libs und Joy die ersten Lieder singen und sich die Kette der unbeschwerten Tage draußen wie endlose Ferien vor ihnen ausbreitet, dann endlich bleibt das steinerne Berlin mit jedem Kilometer Richtung Nordosten zurück wie eine alte und lästige Verpflichtung. Die schmale, menschenleere Landzunge des Darss ist ein Ort, zu dem die Sehnsucht stiften geht. Rechter Hand der Bodden, in dem das Schilf für die Reetdächer sich unterm Wind beugt, links die Ostsee mit einem Strand, der keine Wärter kennt und keine Burgen mit Hakenkreuzfähnchen, wo sich das Meer jedes Jahr holt, was es will, und die Wellen lange Zerkautes ausspucken.

Wenn man nur immer im Zelt hausen könnte, die Menschen hätten viel weniger, um das sie sich streiten wollten. Wenn der Tau die Zelte feucht lässt und die hellen Sonnenstrahlen die vom Sandbodenschlaf verhärteten Glieder durchwärmt, wenn die ersten müde aus ihren Schlafsäcken klettern und, noch nicht recht begreifend, dass sie nun doch im Paradies gelandet sind – trotz ihrer verlorenen Unschuld –, sich recken und blinzeln und ausrufen: »Ist das schön hier!« Wenn der Kuckuck seinen Schluckauf pflegt und der Körper, befreit aus allen Kleiderhüllen, die morgendlich glatte See durchteilt in kräftigen Zügen – das ist das Leben, wenn sich die Höhlen der Hüftknochen anschließend ans kalte Meerwasserbad mit Sonnenwärme füllen und knisternd die Äste über der Feuerstelle des Abends zusammenbrechen, damit der Morgenkaffee heiß und für alle reichen wird.

Und endlich ist hier die Uniform zu unbequem; Harro ist einmal kein Prediger, kein Mahner und Warner, kein Zackiger und Überflieger, der jeden Abend nach Dienstschluss am liebsten noch die Welt neu ordnen will. Er macht Witze über Göring; der Dicke scheint dafür geboren zu sein. Sicher, die Männer wollen diskutieren – Walter, Kurt und Harro entfernen sich, wenn sie merken, dass der Blick von Marta Wolter, auf einer Haarsträhne kauend, zu spöttisch wird. Die junge Schauspielerin glänzte neben Ernst Busch in *Kuhle Wampe – oder wem gehört die Welt?* von Slatan Dudow. Ein bisschen hausen sie hier wie die Arbeitslosen in ihrem Camp am Müggelsee in der *Kuhlen Wampe,* berlinerisch für kalter Bauch. Der Film wurde verboten, die Arbeitslosenkolonie aufgelöst. Marta gehört zu einem Kreis aktiver Jungkommunisten aus dem Arbeiterviertel Neukölln. Die kommunistische Einstellung ist dort in vielen Familien Tradition. Nach einem Jahr nun wurde Marta aus dem KZ Moringen in den wilden Zauber der Ostsee-Sommerwelt entlassen. Sie spricht nicht darüber, aber sie hat da was um die Augen, das alles Ansinnen des Theoretisierens über Politik und Zeitgeschehen als Nichtigkeiten entlarvt. Libertas und sie sind gleichaltrig. Marta tourte mit dem Agitpropensemble »Rotes Sprachrohr« durch die Sowjetunion und stand in Gorkis »Mutter« auf der Bühne. Für zwei Jahre wohnte bis zu seiner Verhaftung 1935 der Kommunist Walter Husemann mit seinem Vater illegal bei ihr in der Niederwallstraße. Einkünfte hatte Walter nicht. Mit der Vermittlung von Günther Weisenborn veröffentlicht Marta Kurzgeschichten im Ullstein Verlag, Novellen und Gedichte in Berliner Zeitungen. Es bestehen Kontakte zur Widerstandsgruppierung von Herbert Baum, einer Gruppe junger jüdischer Freundinnen und Freunde und über den Funktionär Hermann Grosse zu dem Eisenbahner John Sieg – Kontakte, die auch in der Widerstandsarbeit um Harro Schulze-Boysen Bedeutung bekommen. Am 26. November 1936 wurde Marta verhaftet, von März bis Juni 1937 ohne Prozess aufgrund der »unangemeldeten Beherbergung eines gesuchten kommunistischen Funktionärs in das KZ Moringen eingewiesen«.[67] Nach dem Jahr im Frauenkonzentrationslager muss sie sich aufgrund der Mangelernährung die Zähne richten lassen; die Studenten in der Klinik dürfen sich an ihrem Gebiss versuchen, so ist es billiger. »Jetzt denken Sie mal an was Schönes«, sagte der Zahnarzt. »Das ist nicht so meine Welt«, erwiderte sie. Walter ist fort, nach Jahren der Illegalität haben sie ihn geschnappt. Werkzeugmacher, Redakteur der *Roten Fahne*. Er war in Sachsenhausen, jetzt ist er in Buchenwald. Manchmal darf er schreiben, und immer bittet er um etwas zu essen. Ob ihre Briefe ankommen, ob er sie lesen darf – sie weiß es nicht. Marta arbeitet seit ihrer Entlassung aus dem KZ Moringen als Telefonistin in der Maschinenfabrik Gottschalk & Michaelis. Nur nicht auffallen.

Die wenigen Tage im Zelt, sie bleiben immer zu kurz. Bis zum nächsten Mal. Die Ausflüge sind wie eine Stärkungsration wertvoller geheimer Vitamine, der Kreis bleibt klein. Bloß keine Spitzel, die sich einschleichen. Die Ärztin Elfriede Paul berichtet von der wachsenden Selbstmordrate innerhalb Berlins, »immer häufiger wurden ärztliche Bescheinigungen über den Freitod eines Juden, eines Kriegsdienstverweigerers oder eines allgemein Verzweifelten nötig. [...] Auch Fehlgeburten nahmen zu infolge der starken seelischen Belastungen der Soldatenfrauen.«[68] Elisabeth weiß vom Arbeitsschutz, dass die Quote der Arbeitsunfälle unter dem Rüstungsdruck stark ansteigt, ist sich aber sicher, dass die Wirklichkeit die Statistiken übertrifft, und Günther Weisenborn erzählt am Lagerfeuer die Gute-Nacht-Geschichten für die Großen – von südamerikanischer Steppe, von liebeshungrigen Millionärserbinnen, aus einem anderen Leben, aus einer anderen Welt.

»Wenn alle um den großen schweren Fahrtentopf herum saßen, hungrig wartend, wann aus dem Inhalt der zwei Büchsen Corned Beef ein schmackhaftes Gericht würde, dann begann Günther Weisenborn leise vom toten Indianer zu fabulieren: ›Seht ihr, da schwimmt er. Guckt genau hin, ein Auge und noch ein Auge ... und schon war er in seinem

Element, erzählte seine Prärie-Geschichten, eine nach der anderen. Günther war ein wunderbarer Erzähler und verstand es, seine Abenteuer, die er als Postreiter in Südamerika erlebt hatte, auszumalen. [...] Wir, noch fast allein am Strand, badeten nackt. Damals war es noch nicht Brauch. Von uns allen genossen es besonders Libs und Marta, unsere beiden Schönen. Sie wetteiferten stets, wer nach den drei oder vier Tagen gebräunter nach Hause fahre. Stundenlang lagen sie abseits, an Diskussionen weniger interessiert, und zeigten ihre Brüste der Sonne.«[69]

Libs und Marta singen zur Ziehharmonika eines ihrer Lieblingslieder: *Mit uns zieht die neue Zeit*:

[...] Eine Woche Hammerschlag, eine Woche Häuserquadern zittern noch in unsern Adern; aber keiner wagt zu hadern! Herrlich lacht der Sonnentag, herrlich lacht der Sonnentag. [...] Mann und Weib und Weib und Mann sind nicht Wasser mehr und Feuer. Um die Leiber legt ein neuer Frieden sich, wir blicken freier, Mann und Weib, uns fürder an, Mann und Weib, uns fürder an.

Planspiel Krieg: Der Einsatz der Lufttechnik für die Besetzung der Tschechoslowakei ist wöchentliches Übungsziel in der Abteilung »Fremde Luftmächte« im Reichsluftfahrtministerium.[70]
Libertas beginnt im Juni einen Fotokurs bei Agfa-Gaevert in der Lohmühlenstraße, hinter den Gleisanlagen des Görlitzer Bahnhofs, unweit des Vergnügungsparks Treptow mit seiner Badeanstalt, dem Bootsverleih, den Ausflugsdampfern, der Insel der Jugend gegenüber dem Zenner Biergarten. Alle bekommen einen langen weißen Kittel und auf geht's ins Labor. Denn wer im Labor wisse zu arbeiten, der knipse auch nicht wild drauflos. Im roten Licht der Dunkelkammer legt Libertas die Negative ihrer Mittelmeerfahrt in den Vergrößerungsapparat; jedes Mal von neuem herrlich ist der Augenblick, wenn die Zeichnung des Bildes sich in der Entwicklerflüssigkeit durchsetzt. Ihre Hände riechen nach

Fixiermittel; die Augen gewöhnen sich ganz an das sanfte rote Licht, das die Ecken und Kanten abrundet bis der stille Raum zu einer Traumzelle wird. Umso greller dann das Öffnen der Tür, der Tritt in den Vorraum, in dem alle sitzen und die aus den Dunkelkammern Kommenden anstarren wie von einem anderen Stern. Auf Fotoreportage werden sie geschickt durch die Stadt, das Thema darf frei gewählt werden.

Allein streift Libertas durch den Vergnügungspark. Morgens gammeln die Kassiererinnen, den Busen in die Auslage gequetscht – verbrauchte Schönheiten mit viel Schminke von gestern im Gesicht –, in den Fenstern der Schaubuden und gähnen. Die Schwäne, Pferdchen und Feuerwehrautos gehören geputzt. Zehnjährige Jungs, die eigentlich in die Schule sollten, bringen pfeifend dicke braune Würste auf lange Holzstäbe geschultert zu den Buden. Das fahrende Volk steht spät auf, doch die Tiere wollen versorgt sein. Der Mann mit der Schlange trägt seine Existenz matt glänzend um die Hüften gewickelt in das Vormittagslicht, und der Bär in Ketten brüllt seinen Unmut in die Sommerluft hinaus. Bald ist es Mittag und die ersten Schüler aus gutem Hause kommen kichernd, um ihr Taschengeld in die verbotenen Guckautomaten zu werfen – eine Nackte! Auf einem Bärenfell! Für fünf Groschen! Schon wendet der Stereoautomat das Bild, und die nächste, noch aufregendere Überraschung stülpt sich aus dem schwarzen Inneren vor die gierigen Augen. Haste nich jesehn! Musste aba! Der Nachmittag bringt die fremdelnden Verliebten, am S-Bahnhof. Auf der Brücke über der Spree finden sie sich, und von weitem schon sehen sie das Riesenrad mit den baumelnden Gondeln; in schwindelerregender Höhe werden sie sich küssen. Libertas fotografiert, fünf durch die Kamera gelaufene Filme trägt sie in ihrer Umhängetasche wie einen Schatz mit sich. Das Pompöse der Stadt – die Denkmäler, Friedrich der Große, die Umzüge, Militärpatrouillen wie zum Tag der Luftwaffe am 1. März oder die Aufmärsche zum Anschluss Österreichs – will Libertas keinesfalls auf ihre Filme bannen, keine Fahnen, Adler, Hakenkreuze!

Auch in den Gründerzeitvillen in Treptow gehören die großen Möbeltransporter der Auswanderer wie in allen gutbürgerlichen

Wohngebieten inzwischen zum Straßenbild. Emigration, Exil, ein Neuanfang in fremden Ländern. Montevideo, vielleicht Buenos Aires – pulsierende Großstädte –, vielleicht Valparaiso, die Sommerfrische der Chilenen. Libertas gerät ins Träumen. Es liegt auch eine sirrende Erleichterung in der Luft um die jüdischen Mammes, die, hektisch mit einer Stehlampe bewaffnet, den Auszug vorantreiben wollen. Sie werden nicht mehr beschimpft werden. Sie werden wieder frei sein. Sie werden außer Landes gehen – und zahlen dafür einen horrenden Preis. Schüchtern schießt Libertas zwei Bilder, doch die Blicke der Abfahrenden wollen sich verwehren. Stumm stehen die Kinder und schauen zu, wie ihre Betten, ihr Schaukelpferd verladen werden, wie große Überseekoffer sich im Dunkeln des Wagens stapeln, während oben die Wohnung in einer scheußlichen Leere gähnend die Spuren der Möbel als Schatten an den Wänden zurückbleiben. Ein schlimmer Szof, ein schlimmes Ende, wird kommen, murmelt ein Mann.

Gisela, Vally, Marta und ihr Walter – was soll nur werden. Und wenn Harro wieder eine Aufforderung von der Gestapo bekommt, eine Vorladung ins Polizeipräsidium, wenn wieder die Männer in der Tür stehen und nach ihm fragen? Was ist, wenn er eines Tages fortbleibt?

Zwei finden sich wieder

Die Nerven liegen einmal mehr blank. Hitler scheint zum Krieg gegen die Tschechoslowakei entschlossen, um die »Sudetendeutschen heimzuholen«. Während der Horthy-Parade – auch das unter dem Regime von Miklós Horthy stehende Ungarn sucht den Anschluss an das nationalsozialistische Deutschland – rasseln Unter den Linden neue Großpanzer den Boulevard hinunter zur Ost-West-Axiale. Die Menschen jubeln am Straßenrand einer riesigen motorisierten Kanone zu, der dicken Berta. Die Soldaten marschieren, den Blick streng geradeaus.

»Wenn nicht jetzt, wann dann?«, das fragt sich Libertas so oft und dennoch: nur hier ein kleines Schrittchen, dort eines in eine berufliche und persönliche Zukunft. Ein Magazin will die Bilder von ihrer Mittelmeerreise veröffentlichen, doch der Termin verschiebt sich immer wieder. Eine Zufriedenheit, wie im Gespräch mit Zehrers; die Zeit mit Harro zu zweit – alles zu kurz und unerreichbar. Umso größer die Sehnsucht danach und die schleichende Trauer darüber, dass dieser Zustand – von vielen Kalendersprüchen vielleicht als das Glück gelobt – immer unfassbarer zu werden droht. Aufhalten, anhalten, innehalten! Wenigstens für eine Stunde! Libertas beschreibt während eines Aufenthalts in Starnberg in einem Brief am 21.8.1938 an Marie-Luise Schulze in Mülheim ihr Unwohlsein:

Zuerst muss ich Dich über meine Gesundheit beruhigen: Allerdings ging es mir recht schlecht diesen Sommer (v. Juli an, nachdem ich meinen Fotokurs absolviert hatte), aber der Herd des Uebels ist längst erkannt u. auch endl. beseitigt worden. Es waren die alten Unterleibsgeschichten. Das U'sein setzte einmal so gut wie aus – daher die Uebertemperatur – und kam Anfg. August, nachdem ich mich einer schmerzhaften inneren Massage bei meiner sehr guten Aerztin unterzogen hatte, derartig lang, schmerzhaft u. stark, dass ich fest im Bett liegen musste u. völlig von Kräften kam. Dies alles ist diesen Sommer mit seinen wirren klimatischen Verhältnissen (wozu bei mir noch eine ganz leichte Gebärmuttererkältg. kam) nichts Außergewöhnliches. Ich hatte durch Ueberanstrengung im Juni, allerhand Aufregungen usw. wenig Kraftreserven, daher wirkte es sich so schlimm aus. Die Aerztin konstatierte außerdem ein nervöses Herz (im Winter, als es uns so schlecht ging, hatte das damit bereits angefangen, früher wusste ich gar nicht, dass es so was gibt), und um das alles endgültig aus der Welt zu schaffen, entschloss ich mich schweren Herzens, Harro wieder zu verlassen u. mich hier bei völliger Ruhe und guter Luft ganz auszukurieren. Und denk Dir, kaum atmete ich die Luft hier, ging es bergauf mit

Auf Erholungsreise

mir. Es ist meine alte Höhenlage (Zürich!), die mir so gut bekommt. Außerdem ist es idyllisch hier. Ein entzückendes Häuschen in einem großen Garten mit viel Blumen, großen Sonnenbalkons, wo man sich im Evagewande sonnen kann (wenn die Sonne mal scheint – doch hatten wir inzwischen 3–4 schöne Tage), und Menschen, die nichts von mir wollen u. mir meine Bücher u. meinen Schlaf lassen. [...] Ich freue mich sehr, dass Euch das Drama gefallen hat. Nur muss ich da einen gr. Irrtum aufklären: Das Stück ist mehr als abendfüllend. Man hat uns sogar um Kürzung gebeten; es war auch noch länger, musste aber etwas zus. gestrichen werden.

Als Erstes hat es das Schauspielhaus Bremen zur Uraufführung angenommen, worüber ich sehr froh bin, denn Bremen hat eine unserer besten Uraufführungsbühnen. Das Staatstheater Berlin hat eine Option, nur traut sich Gründgens bisher nicht ganz (er muss Göring fragen, wie bei allen problematischen Sachen). Doch nehme ich an, dass auch daraus etwas wird. – Weisenborn will, dass ich überall hin mit zur Regie u. Inszenierung fahre; dabei lernt man nat. auch sehr viel, u. ich freue mich darauf.

Die Monologe sind allgem. sehr umstritten. Ich fürchte fast, wir werden auf sie verzichten müssen, weil den Menschen dafür noch etwas das Verständnis fehlt. Der Schluss ist ganz v. mir ... ich gebe zu, ich hatte da auch den Film vor Augen,

aber er lässt sich auch bühnentechnisch herausbringen. Uebrigens haben wir verschiedene Angebote wegen Verfilmung. Dann würden wieder Weisenborn u. ich das Drehbuch schreiben, was sehr viel Geld bringt.
Hoffentl. kommt es auch bei Euch im Rheinld. zur Aufführung. Ich rechne sehr damit u. hoffe auf diese Weise auf einen Besuch bei Euch!!

Eine ganz leichte Gebärmuttererkältung: eine ungewöhnliche Bezeichnung, im gynäkologischen Jargon eher unbekannt. Ärzten, die eine Abtreibung vornehmen, droht Konzentrationslager. Sämtliche Abtreibungsfälle müssen gemeldet werden.
Harro schreibt Ende August 1938 an die Eltern:

Es war nicht einfach, diese paar Tage rauszuschlagen, aber ich bin ziemlich sicher, dass man im weiteren Verlauf des Herbstes seine Kräfte und Nerven noch brauchen wird. Warum also nicht noch ein wenig ausspannen vorher […] Der Ariernachweis ist jetzt erfolgreich erledigt; Dank für die Unterstützung. Ich habe jetzt sowohl für Libs wie für mich alles lückenlos. Wenn Ihr mal was braucht, wendet Euch also an mich. […]
Ich bin froh, dass Libs mir für die kommende Zeit als starker und kräftiger Kamerad unbelastet von irg.-welchen körperlichen Krisen zur Seite stehen kann. Von irgendeiner falschen Behandlung kann keine Rede sein, und damit entfallen auch alle von Mama geäußerten Schlussfolgerungen. Ja, es ist bitter, dass man sich nicht näher ist und sich öfter aussprechen kann. Aber als falsch empfinde ich Mamas These, dass z. B. das Enkelkind oder unsere Nähe oder sonst irgendetwas ein »Quell ständiger Freude« sein würde. Es hat keinen Zweck, Träume zu idealisieren.

Dass Libertas und Harro ihre Ehe selbst gestalten wollen, dass Libertas beruflichen Erfolg selbstverständlich mit als eines ihrer Lebensziele ansieht und nicht ihre Verwirklichung im Heim und am Herd sucht, will immer noch nicht in den Kopf von Marie-Luise. Denn tritt die Frau aus dem Schatten ihres Mannes, missachtet sie die vorgegebene Ordnung und kommt ihrer Berufung zu Hausfrau und Muttersein nicht nach, so die gängige Meinung. »Die Familie ist der erfüllte Lebenskreis der Frau. Unsere deutsche Hausmutter gestalte in ihr den kraftspendenden Ruhepunkt alles männlichen Tuns, die Stätte liebreicher Erziehung des jungen Geschlechts und den Mittelpunkt deutscher Geselligkeit. Wie die Frau, so wird die Familie sein!«[71] Gleichberechtigung kennt die deutsche Frau nicht. Das »Ehrenkreuz der deutschen Mutter« für die Produktion von neuen Soldaten nennt der Volksmund »Kaninchenorden«. Und trotz Ehestandsdarlehen, dem »Ehrenbuch für kinderreiche Familien«, »Müttererholungswerken«, »Ehrenpatenschaften« bei neun Kindern oder sieben Jungen, Kindergeld ab dem fünften Kind und Kinderpflegeplätzen in NS-Heimen für Unverheiratete sinkt die Geburtenrate seit 1934 unter das Niveau von 1920 ab. Die staatliche Ermunterung zum Geschlechtsverkehr fruchtet nicht, es bleibt die Angst und Verunsicherung, die Kinder in Deutschland nicht in Frieden aufwachsen zu sehen. Nach der als Anschluss deklarierten Besetzung Österreichs am 13. März häufen sich die kriegstreiberischen Wortservierungen des nunmehr obersten Kriegsherren Adolf Beck. Ludwig Beck, Generalstabschef des Heeres, Sohn aus traditionsreicher hessischer Offiziersfamilie, nimmt freiwillig seinen Abschied, eine Ausnahmehandlung.

Am 22. September 1938 schreibt Harro an die Eltern:

Liebe Eltern,
entschuldigt, wenn ich mich eine ganze Woche fast in Schweigen hüllte. Aber in so aufgeregten Zeiten ist man ja als Einzelmensch noch kaum da, und im Grunde ist es ja auch vollkommen egal, was man so schreiben und erzählen könnte.
Die Arbeit wurde angenehm unterbrochen durch ein herbstlich-schönes Wochenende im Aeroklub in Rangsdorf, südl. v. Berlin. Wir sind doch beide in diesem Klub drin und kamen auf den Einfall, auch mal was davon zu haben. Und es hat

sich gelohnt, wir waren fast die einzigen Gäste in dem wunderschönen Haus, aßen, tranken, schliefen und vergnügten uns in Wald und Au wie ein Götterpaar in Frankreich. Dabei war's erstaunlich billig.

Libertas bearbeitet die »Guten Feinde« für den Deutschlandsender für 1000,- RM und hat ebenfalls wüst zu tun. Im Übrigen beschränken wir uns auf den allerengsten Freundeskreis. Ein großes Radio ist in diesen Zeiten im Übrigen auch recht am Platze; man ist so der Zeitgeschichte näher.

Heute ist nun Chamberlain am Rhein. Aber inzwischen haben sich die Ereignisse ja (programmmäßig) längst über den von den Anderen akzeptierten Plan hinausentwickelt, und die nächsten Tage werden wohl allerhand Überraschungen bringen, denke ich.

Überall ist die Kriegsangst lähmend spürbar. In den deutschsprachigen Gebieten der Tschechoslowakei herrscht Ausnahmezustand; es wird geschossen, tschechische und jüdische Geschäfte werden geplündert.

Am 15. September 1938 wird Walter Husemann endlich entlassen nach zwei Jahren Konzentrationslager. Feste Arbeitsstätte, Heirat, keine politische Betätigung gegen den Staat – so lauten die Auflagen der Gestapo. Walter steht unter Polizeiaufsicht. Hausdurchsuchungen können jederzeit ihn und Marta treffen; das Verlassen der Wohnung zu Nachtzeiten, das Aufsuchen von Versammlungen ist ihm verboten – alles unter Androhung weiterer Lageraufenthalts. Dennoch nimmt er zusammen mit Marta den Weg vom alten Berlin in der Niederwallstraße am Hausvogteiplatz quer durch die Stadt Richtung Sächsische Straße 63a in die Räume der Arztpraxis von Elfriede Paul auf sich. »Kahlgeschoren kreuzte er plötzlich auf. Allen war die Gefahr gegenwärtig, in der wir als illegal Arbeitende stets schwebten«, so die Ärztin. Freunde treffen, sich austauschen – das ist für den Entlassenen Lebenselixier, obwohl er die verstörten Blicke der Frauen spürt. Libertas nimmt ihn lange in den Arm. Elfriede Paul: »Trotzdem waren wir froh über die Verbindung mit ihm. Seine Schilderungen über die bestialischen

Methoden der SS gegenüber den Häftlingen im KZ Buchenwald waren wirksames Material in unserer Arbeit.«[72]

Die Gruppe um Harro bedeutet Zusammenhalt. In der Waitzstraße prägten der Eindruck der Hausdurchsuchung durch die Gestapo und die Verhaftung von Gisela weiterhin die Räume. Die Privatpraxis in dem gutbürgerlichen Wohnkomplex im gepflegten Wilmersdorf bietet beste Tarnung; Elfriede Paul stellte sich freiwillig als BDM-Ärztin für ihren Straßenbezirk zur Verfügung. Einer ihrer Nachbarn ist Hans Hinkel, als Sonderbeauftragter für »Kulturpersonalien im Reichsministerium für Volksaufklärung und Propaganda« insbesondere für die Verdrängung jüdischer Deutscher aus dem Kulturbetrieb verantwortlich. »Es war viel Betrieb, und zwischendurch kam Hinkel vorbei, mit dem ich einen Treff bei Oda für Freitagabend bei mir vereinbaren wollte und ihn um seinen Besuch gebeten hatte«,[73] schreibt Elfriede Paul in einem Brief an Walter Küchenmeister. Der Umgang mit den Privatpatienten in der Praxis – Frauen wird die Kassenzulassung verweigert – erfordert stete Wachsamkeit. »Allein die Suche nach Abtreibungsvergehen hätte ausgereicht«, bangt die Ärztin. Ihre Patientenkartei enthält neben Naziprominenz auch die Krankendaten der Freundinnen und Freunde. Libertas etwa plagt neben den »Unterleibsgeschichten« das nervöse Nesselfieber. Elfriede Paul: »Wir kamen, meist nach vorheriger Verabredung, kurz nach neunzehn Uhr zusammen, saßen bei einer Tasse Tee, manchmal aßen wir gemeinsam Abendbrot. Jedem Fremden vermittelte unsere Runde den Eindruck zwangsloser Geselligkeit. Der eine kam auch mal später, ein anderer ging früher. Bis spät in die Nacht wurde ohnehin nur beraten, wenn eine besondere Frage zu Ende diskutiert werden musste oder eine spezielle Aktion vorzubereiten war. Zu den Beratungen, Aussprachen, gehörten auch Lesungen. Zum Beispiel die des Manuskripts *Die Moorsoldaten* von Wolfgang Langhoff. [...]«

Harro, Kurt und Walter verfassen das Flugblatt »Der Stoßtrupp«[74] gegen den drohenden Einmarsch der Wehrmacht in die Tschechoslowakei, Libertas, die Schreibgewandte, tippt und schleift die Formulierungen, eine Warnung vor der akuten Kriegsgefahr. Trotz

Ausschluss aus der KPD 1926 aufgrund »unproletarischen Verhaltens« pflegt Walter Küchenmeister seine Kontakte zu kommunistischen Bekannten. Durch Walter Husemann gibt es weitere Verbreitungsmöglichkeiten, doch hauptsächlich erfolgt der Versand wieder per Post. Das Berliner Telefonbuch wird zu einer spannenden Lektüre: Wer findet die Privatadressen von Schauspielern, Regisseuren, Anwälten, Richtern, Ärzten, Verbandsfunktionären, Politikern, Finanzexperten? Als wenn sie einen Ausflug plante, transportiert die Grafikerin Elisabeth Schumacher die Vorlagen für das Flugblatt durch die Stadt zur Reproduktion an ihrer Arbeitsstelle. Um keinen Verdacht zu erregen, kaufen die Frauen der Gruppe die Briefmarken in kleinen Mengen in den Postämtern. Auch der Papiererwerb ist nicht einfach; Privatpersonen müssen beim Kauf von größeren Mengen den Verwendungszweck angeben. Mit ihrem Ford-Eifel unternimmt Elfriede Paul spätabends noch Hausbesuche. Walter Küchenmeister öffnet behende die Wagentür, und schon ist wieder klappernd ein Stoß Briefe im Schlund des schlummernden Kastens verschwunden. Wenn Harro und Libertas den kurzen Fußweg nach Hause in die Waitzstraße nehmen, dann sieht man einen sich sehr gerade haltenden Offiziersanwärter in Uniform; im Arm lehnt ihm eine hübsche Blondine, die Zigarettenrauch in die kalte Herbstluft ausstößt. Der Klickverschluss der Aktentasche rastet leise auf und zu, Harro wirft die frankierte Post an diesen späten Abenden mit einer Selbstverständlichkeit ein, mit der andere ihren Müll entsorgen.

Von den mit einer geringen Auflage von etwa fünfzig Stück entstandenen Flugblättern ist keines mehr erhalten. Zum Zweck der eigenen Standortbestimmung während der bejubelten Erfolgsjahre Hitlers dienen die Treffen allemal. Die Gefahr der Entdeckung geht mit den Zweifeln an der Wirksamkeit der Aufklärungsarbeit einher. Wozu denn noch kritische Schriften verbreiten, wenn Konsens herrscht? Mit dem Münchner Abkommen am 29. und 30. September zur Beilegung der Sudetenkrise scheint auf den ersten Blick der Kriegshetze Deutschlands Einhalt geboten und Hitlers Gebietsforderungen nach dem als Anschluss deklarierten Überfall auf Österreich Genüge getan. Hitler, Mussolini, Daladier und Chamberlain unterzeichnen ein Abkommen zur Übergabe des von Sudetendeutschen, Tschechen und Juden bewohnten Teils der Tschechoslowakei an das Deutsche Reich zwischen dem 1. und dem 10. Oktober. Europa scheint den Frieden zu behalten, und Hitler diktiert den Preis. »Letzte territoriale Forderung« nennt er die Besetzung. Die Verteidigungsanlagen der Tschechoslowakei in westlicher Richtung liegen nun auf deutschem Staatsgebiet. Großbritannien und Frankreich geben unklare Garantieerklärungen für den Bestand der Tschechoslowakei. Doch die »Zerschlagung der Rest-Tschechei« verliert Hitler nicht aus den Augen. Am 21. Oktober 1938 weist er die Generale der Wehrmacht an, sich bereitzuhalten. Der britische Premier lässt sich als Friedensvermittler feiern; auf einem entschiedenen Verhalten Englands gegenüber dem Reich ruhten viele Hoffnungen. Einen samstäglichen Überraschungscoup zu landen wie mit der Besetzung der entmilitarisierten linken Rheinhälfte am 7. März 1936 ist unnötig; die Expansion ist mit dem Arrangement der Westmächte abgesegnet. Am 1. Oktober marschieren deutsche Soldaten in das nördliche Böhmen ein, sie besetzen die legendären Heilbäder Karlsbad und Marienbad. Die Tschechoslowakei ist gezwungen, sich wie ein verkrampfter Muskel ins Innere des Landes zurückzuziehen. Libertas schreibt im Geburtstagsbrief an den Schwiegervater von Frieden und Pläneschmieden:

1. Okt. 38
Lieber Papa,
zu Deinem Geburtstag alles Liebe und Gute. Nicht jeder kriegt zu diesem Tage den »Frieden« als Geburtstagstorte auf den Tisch gestellt. Lass sie Dir gut schmecken! Waren nicht die Engländer, denen man jetzt so zujubelt, von jeher Deine Freunde? […]
Die Bremer Reise hat nun das Drama in seiner endgültigen Fassung festgelegt, die Uraufführung Anfang November steht fest, und die Arbeit ist getan. Ich bin sehr froh und erleichtert darüber. Jetzt werden neue Bücher gedruckt, und

sowie die fertig sind, mache ich mich an die Hörspielbearbei-
tung, wo ich bereits Vertrag mit dem Deutschlandsender
habe. Die Hauptarbeit daran: nämlich der szenische Aufbau,
ist bereits fertig und vom Sender genehmigt. Diesmal läuft
die Sache unter meinem Namen als Ausgleich für den Verzicht auf die Theaterfassung. Man kann ja nun wieder Pläne
machen auf weite Sicht. Noch kommen wir uns ganz verloren vor in der plötzlich friedlichen Welt; aber rasches Umstellen ist von jeher unser beider Stärke gewesen […]
Das Wetter war ja so himmlisch all die Tage! Nur tat mir das
Herz weh, dass Harro kaum ein einziges Mal etwas davon
hatte. Jetzt müssen Zukunfts- und Urlaubspläne ernsthaft in
die Hand genommen werden; denn so geht es nicht weiter.

An die Mutter gerichtet schreibt Harro zehn Tage später einen
Brief, der an ein Pamphlet erinnert. Ihre Ängstlichkeit und Rück-
wärtsgewandtheit ärgert ihn mehr, als eine höfliche Wortwahl
noch verdeutlichen kann. Harro wendet sich vehement gegen ein
»damals war alles besser« oder Sinnsprüche wie »Meide den
Kummer und meide den Schmerz«. Denn:

Heute dagegen leben wir im Zeitalter des Totalen Krieges.
Die politische Existenz der Völker ist nach herrschender
Meinung jedenfalls bei uns zulande vollkommen in das Zeichen des Krieges gestellt, auch bereits im Frieden. Unser ganzes Dasein ist damit in den Schatten des totalen Krieges oder
zumindest in den der totalen Mobilmachung gestellt. Die
private Existenz ist angegriffen, und entweder opfert man
sie – oder man verteidigt sie. […]
Ich habe die Revolution prophezeit (1930), als Ihr sie noch
für eine Utopie hieltet.
Ich habe den Nationalsozialismus in seinem ganzen Wesen
und in seinen Auswirkungen von Anfang an genauer erkannt
als irgendwer.
Ich habe im Jahre 1936 erklärt, der Spanienkrieg werde noch
lange dauern. […]

Ich habe zu Beginn dieses Jahres (Februar) die Möglichkeit eines Krieges um die CSSR vorausgesagt. [...]
Ich sage jetzt für 1940/41 spätestens, vermutlich aber schon kommendes Frühjahr, den Weltkrieg mit anschließendem Klassenkrieg in Europa voraus. Und ich behaupte fest, dass Österreich und die Tschechoslowakei die beiden ersten »Schlachten« des neuen Krieges gewesen sind. [...]
Alles hast Du miterlebt, trotzdem wirfst Du Dich in einen Optimismus hinein, den ich als lächerlich empfinde – und der Dir als Frau vielleicht noch anstehen mag, zu dem ich aber nicht das Recht habe. Das heißt, in meinem Sinne bin ich ja auch optimistisch, aber dieser Optimismus besteht eben nicht in dem Traum vom Glück – sondern in der Bejahung des kämpferischen Lebens. Soll es uns verzehren – es ist doch schön gewesen, sag ich.

9. November 1938

Endlich ein gemeinsamer Urlaub, Tage zu zweit! Ohne Verpflichtungen. Libertas und Harro fahren über den Brennerpass nach Italien, sie übernachten in kleinen Pensionen mit Blick auf die Berge. Im Sommer in Berlin haben sie sich kaum gesehen. Die Affäre mit Weisenborn blieb doch nur eine Affäre. Eine Liebe, die bewacht werden muss, ist doch keine Liebe. Harro wusste es, so etwas wie Eifersucht lohnt nicht; dazu ist doch jeder von ihnen zu selbstständig und frei. Oder einfach zu egoistisch? 10 Mark darf jeder mit ins Ausland nehmen. Damit kommt keiner weit. Über Helga, Harros Schwester, die mittlerweile mit Mann und Kindern in Mailand lebt, transferieren die Eltern Schulze Geld. Harro und Libs reisen weiter nach Venedig. Sie schlafen in einem Hotel nahe dem Markusplatz, und sie fühlen sich wie auf einer zweiten Hochzeitsreise. Beide wollen sie Deutschland vergessen, wenigstens für die Dauer von zwei Wochen. Den Schlick und Mo-

In Italien

der der alten Stadt verlassen sie am nächsten Tag. Mit der Fähre, jetzt im Herbst leer bis auf wenige ewig reisende Engländer, setzen sie über ins jugoslawische Split. Noch ist die Adria warm, sie baden und genießen. Die Rückfahrt führt das Paar über Zürich. Bis spät in die Nacht studieren sie gierig die *Neue Zürcher Zeitung;* die Ausgaben lassen alles Geschehen in einem anderen Licht erscheinen. Zu Hause in Berlin fehlt die Zeit zur Lektüre, obwohl Harro die großen englischen und französischen Tageszeitungen aus dem Ministerium mitbringt.

Harro und Libertas treffen den in die Schweiz emigrierten italienischen Schriftsteller und Kommunisten Ignazio Silone, um eine mögliche Verbindung zu finden, um die Kontakte zur Zentrale der Kommunistischen Partei für die Nazi-Gegner in Deutschland zu intensivieren. 1921 gehörte Silone zu den Mitbegründern der Kommunistischen Partei Italiens – von der er sich knapp zehn Jahre wieder löst, weil er mit der Moskauer Linie nicht einverstanden ist. Mit der Machtergreifung Mussolinis ist Silone gezwungen, Italien zu verlassen. Erst im Schweizer Exil beginnt er zu schreiben. In seinem Alter Ego Pietro Spina in *Pane e vino, Brot und Wein,* und mit *Il seme sotto la neve, Der Samen unter dem Schnee,*

231

erfindet er sich neu: Als ein Kämpfer aus kleinen Verhältnissen, als einer, der gelernt hat, auf Granit zu beißen, und trotzdem nicht aufgibt. Ein weiterer wichtiger Kontakt in der Schweiz ist der am Schauspielhaus in Zürich engagierte Regisseur und Schauspieler Wolfgang Langhoff, ein guter Freund von Günther Weisenborn aus dessen Düsseldorfer Theaterzeiten.

Am späten Abend des 9. November endet für Harro und Libertas die Autobahnfahrt mit der Avus, der »Automobil-Verkehrs- und Übungs-Straße«, in Berlin. Die Reise ist zu Ende. Müde lehnt Libertas an Harro. Klirrende Schaufensterscheiben am Kurfürstendamm, zerberstende Lichter, gellende Schreie; sie fahren vorüber. Die Feuerwehr steht untätig am Stuttgarter Platz. Wohnungen brennen; ein Mann im Schlafanzug steht auf dem Fenstersims eines viel zu hohen Stockwerks. Die Leitern werden nicht ausgefahren. Die Polizei sieht zu. Selbst oben in der gutbürgerlichen Reichsstraße, in der Nähe von Messe- und Olympiagelände, sehen sie die Scherben auf der dunklen Straße glitzern. In der Atelierwohnung herrscht Stille. Die schmale Wohnstraße liegt verschlafen da wie immer. Doch der Blick in den großzügigen Hinterhof zeigt, bei wie vielen Ruhelosen das Licht noch brennt.

Zwei Tage zuvor, am 7. November 1938, erschoss der 17-jährige Herschel Grynszpan in der Botschaft in Paris den deutschen Gesandtschaftsrat Ernst vom Rath. Seine Eltern waren vom »Aufenthaltsverbot für Juden polnischer Staatsangehörigkeit« betroffen.[75] Mutter, Vater und Geschwister wurden aus Deutschland in Lager auf polnischem Gebiet deportiert. Die polnische Regierung erklärte die Pässe der im Ausland lebenden Staatsbürger als ungültig, so wurde der Anlass für die Deportationen aller Juden polnischer Herkunft auf Anweisung Himmlers vom 26. bis zum 28. Oktober gefunden. Seit Jahren und Jahrzehnten lebten sie in Deutschland. Die Verzweiflungstat des 17-Jährigen gibt Goebbels Anlass zur Inszenierung der so genannten spontanen Empörung, Heydrich setzt sie um: Plünderungen jüdischer Geschäfte, Häuser und Synagogen brennen. Das Öffnen der Wohnungstür endet für viele Juden in dieser Nacht tödlich. Eine regelrechte Verhaftungswut herrscht, in den Konzentrationslagern wird es noch enger. Eine

Milliarde Reichsmark müssen jüdische Staatsangehörige für Aufräumarbeiten bezahlen.

Fast jedes Geschäft in der Nähe des Kurfürstendamms liegt zerschlagen und ausgeraubt. In der Großen Hamburger Straße mitten im alten Berlin wurde der älteste Friedhof der Jüdischen Gemeinde vollkommen zerstört. In Weißensee im nördlichen Berlin sieht der größte jüdische Friedhof Europas aus, als hätten Bomben eingeschlagen. Die blinde Wüterei frisst sich bis tief in die Provinz.

Über 25 000 Männer und Jugendliche werden in Konzentrationslager verschleppt. Alles versuchen die Familien jetzt, um ihre Väter und Söhne freizubekommen, um aus Deutschland auszureisen. Doch kein Land der Welt will den Juden Zuflucht bieten. Die Eintrittspreise in das lebensrettende Ausland sind hoch; die Ablöse gegenüber dem Deutschen Reich presst den Fliehenden das Letzte ab. Die Zahl der in Berlin lebenden Juden reduziert sich von 1933 bis 1939 um mehr als die Hälfte auf 78 000. Es bleiben die ohne Geld und Verbindungen, es bleiben die mit »Ariern« Verheirateten.

Der *Völkische Beobachter* druckt am 11. November 1938 den Aufruf des Reichsministers Dr. Goebbels, die »Vergeltungsaktionen« seien zwar verständlich, müssten aber nun aufhören. Die endgültige »Antwort« an die Juden werde »auf dem Wege der Gesetzgebung beziehungsweise der Verordnung« erfolgen. Der Kommentar fügt hinzu, dass »den Juden kein Haar gekrümmt« worden sei, wie gut, dass das deutsche Volk Besonnenheit und Disziplin gezeigt habe.

Die Synagoge in der Fasanenstraße, einer Seitenstraße des Kurfürstendamms, schwelt noch Tage später. Der Brandgeruch liegt in den Straßen und haftet in den Kehlen. Nach der »Aktion« tritt Ruhe ein, als ob die Aufregungen eingeschläfert werden müssten. Die Scherben sind fort; es bleiben die aufgebrochenen Türrahmen, notdürftig verschlossen. Nun werden »Maßnahmen zur Ausschaltung des jüdischen Einzelhandels« aufgestellt, die systematische »Arisierung« der Geschäfte. Das Wäschehaus Grünfeld, modern gestaltet mit einer breiten Schaufensterfront und einem gläsernen

Fahrstuhl darin – hier kauft die Prominenz aus Film, Theater, Musik, aus der Kunst- und Modewelt und Touristen aus dem Ausland –, wird arisiert. Die Grünfelds fliehen. Ebenso gehören das Pelzhaus Weißler, der Kovacs-Herrenausstatter, die Damenmoden von Gerichter nunmehr zu den Geschäften, aus denen die rechtmäßigen Inhaber vertrieben werden.

Vally Wolffenstein, die ehemalige Kinderfrau, meldet sich am Telefon: »Das dicke Hundchen mit den braunen Augen will wieder ausgeführt werden!«, sagt sie wie immer, wenn sie Libertas treffen möchte und sich doch nicht traut, ihren Namen zu nennen. Am Lietzensee-Park dürfen sie frei laufen, die edlen Tiere der gut betuchten Bewohner. Cockerspaniel mit schlappenden Ohren, keifende Foxterrier, frisch geföhnte Königspudel tollen umeinander. Weiße Kinderwägen, wohl unter Spitzendeckchen verpackte Säuglinge, Ball und Reifen dirigierende ältere Kinder bevölkern den sonnigen Park vor dem großen Gerichtsgebäude am Witzlebenplatz. Vally Wolffenstein geht ein wenig gebeugt in den Schultern; sie ist jetzt fast fünfzig Jahre alt. Mit ihrer Schwester Andrea und der über neunzigjährigen Mutter teilt sie sich ein möbliertes Appartement, nahe der Altenburger Allee 19 gelegen, der neuen Wohnung von Harro und Libertas. Hier gibt es für Harro und Libertas dreieinhalb Zimmer mit einem großen atelierartigen Raum, Zentralheizung, Lift, warmes Wasser im Bad – so ist der Plan. Pläne können Vally und ihre Schwester nicht mehr machen, ihre Bewegungszirkel als Jüdinnen werden immer enger. Vally löst weiter jüdische Haushalte auf unter der Aufsicht der Zollbeamten, sie begleitet die Auswanderer zur Devisenstelle. Die Tränen laufen, Vally muss stark bleiben, Verlässlichkeit demonstrieren; wie oft hat sie schon Schikanen erlebt – aber auch Beamte, die ein Auge zudrücken. Nun habe doch alles keinen Sinn mehr, meint sie. Ihre Mutter ist gebrechlich, Vally und Andrea wollen als Domestic Servants nach England gehen. Ob Libertas nicht nach der Mutter sehen kann? Sie wäre nicht die Einzige, nein, aber es wäre doch gut zu wissen, denn wenn sie einmal drüben sind, wer weiß, ob die Kontakte zu den Berliner Freunden sich aufrechterhalten lassen. Aber sie, Libertas, und ihr Mann, sie seien doch nicht gefährdet –

in keiner Weise. Sie hätten doch Verbindungen, sie bewegten sich doch durch alle Kreise. Welch eine Verantwortung. Was soll sie, Libertas, denn tun, wenn die Neunzigjährige einen Bescheid nach Polen erhält? Sie könnte sie nach Liebenberg bringen, aber sie würde so ihre eigene Familie gefährden. Kann denn dein Vater nicht? Er lebt in London. Die Frage bleibt zwischen den beiden Frauen stehen. Libertas übergibt Vally eine pralle Reisetasche mit Lebensmitteln: Mehl, Eier, Butter, Äpfel, Leberwurstkonserven aus Liebenberg, eine Apfelsine, Vitamin-C-Tabletten, Zahnpasta. Sie umarmen sich und gehen schweigend auseinander. Seit dem 17. August muss jeder männliche Jude zusätzlich den Namen Israel und jede Jüdin ihre Sarah in den Papieren verzeichnet mit sich führen. Zum Abschied will Vally etwas Lustiges erzählen, eine kleine Anekdote von den beiden Mädchen, die die Straße überqueren wollen: Die eine traut sich nicht – zu gefährlich –, die andere beruhigt sie; die Pferde können doch nicht wissen, dass wir jüdisch sind.

Das Pogrom vom Anfang des Monats bedrückt Libertas weiterhin stark. Nach ihrem Geburtstag, den sie mit einem Theaterbesuch und anschließendem Dancing feierten, am nächsten Morgen plünderten sie im Bett noch ein großes Fresspaket der Verwandtschaft und fuhren zum Aeroklub nach Rangsdorf, schreibt die nun 25-Jährige am 21.11.1938 ein »Geburtstags-Dankschreiben an die Eltern«:

Heut ist wieder Alltag ... ein Steinhagel fremden Kummers prasselt auf uns ein, und ein Gutteil der Erholung ist unter ihm begraben worden. Aber Papa hat recht: Wie völlig unwichtig ist das kleine Privatleben des Einzelnen u. wie gering sind die Sorgen des Einzelnen!! [...]

Dass bei den Gottesdiensten in der kleinen St. Annengemeinde in der Kapelle aus Feldsteinen und roten Ziegeln auch zur Weihnachtszeit Fürbitte für den in Sachsenhausen gefangenen Pastor Martin Niemöller gehalten wird, ist Herzensangelegenheit der Versammelten. Nicht nur die Gemeinde aus Dahlem Dorf findet sich zusammen, sondern auch Hilfe- und Trostsuchende aus ganz Berlin, die hier auf einen Hort hoffen, an dem Gottes Wort gilt. Um 18 Uhr stellen die Glocken ihr Läuten ein, und die Menschen rücken eng zusammen in der Winterkälte auf dem hellgrauen Holz der Kirchenbänke. Unabhängig voneinander besuchen Libertas und Vally die Gottesdienste; freudig überrascht ist die eine, wenn sie den Rücken der anderen in den Reihen der dunklen Mäntel erkennen kann. »Wenn der Herr die Gefangenen Zions erlösen wird, so werden wir sein wie die Träumenden. Dann wird unser Mund voll Lachens und unsere Zunge voll Rühmens sein. Da wird man sagen unter den Heiden: Der Herr hat Großes an ihnen getan. Der Herr hat Großes an uns getan, deshalb sind wir fröhlich. Herr, bringe wieder unsere Gefangenen, wie Du die Bäche wiederbringst im Mittagsläuten. Die mit Tränen säen, werden mit Freuden ernten.«

Die Gemeinde betet an diesem Sonntag vor Weihnachten für die Verfolgten, die ohne Obdach, die Frierenden, die Hungernden, die Kinder, die Mütter, die Väter, die Waisen und die Gefangenen. Vally, Libertas und viele andere können die Tränen nicht zurückhalten. Der gemeinsame Auszug aus der kleinen Kirche zur Orgelmusik wärmt wie ein tröstlicher Segen. Draußen liegt die schwarze Nacht. Noch ein Stück gemeinsamen Wegs, dann trennen sich Libertas und ihre Kinderfrau. Und Weihnachten ist kein glitzerndes Fest der Liebe; dabei liegt in der Trauer die Erinnerung so vieler schöner, glücklicher und unbeschwerter Kinderweihnachten.

1939

Mit dem Judenpogrom im November vergeht das Jahr 1938 in Schrecken – der Anfang vom Ende. Jüdische Kinder dürfen nicht mehr die allgemeinen Schulen besuchen, die Großen sind mittels »Judenbann« aus den Hochschulen vertrieben. Die entschädigungslose Zwangsarisierung der Betriebe greift, lang gediente Beamte verlieren ihre Bezüge. Ausgeschlossen vom öffentlichen Leben. Kein Kino, keine Konzerte, kein Theater für Juden. »Judenfrei« soll laut NS-Ideologie der deutsche Herrschaftsraum werden: Die zerstörten Synagogen, die verwüsteten Wohnungen und Geschäfte liefern traurige Zeugnisse.

Unmittelbar nach der Pogromnacht findet am 12. November 1938 unter Vorsitz Hermann Görings eine interministerielle Konferenz im Reichsluftfahrtministerium statt. Auf Vorschlag Reinhard Heydrichs, Chef der Sicherheitspolizei (Sipo), beschließen die Konferenzteilnehmer, nach Vorbild der in Wien errichteten Zentralstelle für jüdische Auswanderung die »Reichszentrale für jüdische Auswanderung« in Berlin zu gründen. Voraussetzung für die legale Emigration: eine so genannte Unbedenklichkeitsbescheinigung. Sämtliche Steuer- und Abgabenrückstände müssen nachweislich bezahlt sein; »freiwillig« müssen die Juden erklären, auf sämtliche Besitzstände zu verzichten. Auch der Personal- und Sachhaushalt der Zentralstelle wird über eine von den Flüchtenden zu entrichtende Gebühr finanziert – von Bestechungsgeldern an Gestapobeamte ganz zu schweigen.

Die erste Auswanderungswelle setzte 1933 unter dem direkten Eindruck des »Abwehrboykotts« ein. Rund 37 000 Juden verließen nach dem Geschäftsboykott im April 1933 Deutschland. 1934 sank die Zahl der jüdischen Auswanderer auf etwa 23 000. Scheinbar ließ der Terror nach, im Vergleich zum Vorjahr wurden deutlich weniger Verordnungen und Gesetze erlassen. Trotz der Verkündung der Nürnberger Gesetze auf dem »Reichsparteitag der Freiheit 1935« wollten viele glauben, in einem Rechtsstaat zu leben. Dementsprechend sank die Zahl der jüdischen Auswanderer auf 21 000. Im Vorzeigejahr der Olympischen Spiele 1936 stieg die Quote nur leicht an; in den Jahren der Konsolidierung des Systems schien Ruhe einzukehren – auch für die Juden. Doch ab Herbst 1937 war die wirtschaftliche Verdrängung der deutschen Juden das zentrale Thema der offiziellen Judenpolitik. Tausenden von jüdischen Gewerbetreibenden und Handwerkern wurde per Verordnung im April 1938 die berufliche und materielle Existenz entzogen. Ende Mai 1938 wurden Juden von der Vergabe öffentlicher Aufträge ausgeschlossen, und am 25. Mai erging die vierte

Verordnung zum Reichsbürgergesetz, einem der Nürnberger Gesetze, nach der jüdische Ärzte ab September 1938 die Approbation verloren. Kurz darauf wurde jüdischen Rechtsanwälten mit der fünften Verordnung die Zulassung entzogen.

Weiterhin arbeitet Vally für die Auswandererhilfe: »Ich hatte es vorwiegend mit Wohlhabenden zu tun, die seit Generationen in Deutschland lebten, viele Kriegsteilnehmer und ihre Familien darunter, viele, deren Söhne und Brüder im vorigen Krieg gefallen waren. Von Monat zu Monat mussten sie mehr von ihrem Hab und Gut zurücklassen und gingen immer verarmter einer ganz ungewissen Zukunft im fremden Lande entgegen. Und sie gingen in ausgezeichneter Haltung, gingen ohne Rachegeschrei und ohne Pathos, es war sehr imponierend. [...] Eine Frau war darunter, deren Mann früh verstorben war, ihr kleiner Sohn war ihr Ein und Alles. Als Hänschen zehn Jahre alt war, musste sie ihn fortgeben nach Amerika, wo sie zum Glück einen Bruder hatte. ›Das wünsche ich allen arischen Müttern‹, sagte sie, ›dass sie ihre Kinder so wegfahren sehen müssen. Aber es soll den Kindern nichts geschehen!‹ [...] Solche Kindertransporte sah ich abgehen, die Mütter, die sich im Wartesaal von ihrem Kind trennen mussten, ohne zu ahnen, ob sie es je wiedersehen, werde ich nie vergessen.«[76] Insgesamt verlassen bis Ende 1938 rund 180000 und 1939 noch einmal 80000 der etwa 500000 deutschen Juden das Land.

Altenburger Allee 19

Am 12. Januar schickt Libertas den ersten Brief des Jahres an die Schwiegermutter – der Alltag und seine kleinen und großen Sorgen:

Ich weiß nicht, aber dieses neue Jahr lässt sich gut an. Ich bin frisch, vergnügt und leistungsfähig, Harro ist munter, und wenn Du uns hier sehen könntest, wie wir fast jeden Abend an zwei kl. Tischen mit zwei hellen Stehlampen vor zwei Maschinen sitzen und arbeiten, ich an meinem Seefahrtsbuch und Harro an dies u. jenem, was ihm Freude macht oder auch an Uebersetzungen (ich hab schon schrecklich viel verdient im neuen Jahr – es war auch dringend nötig!), oder wie ich ihm ein Prachtsmahl koche (Du hast eben doch meinen Ehrgeiz herausgefordert, u. Harro ist der Nutznießer!) – Du hättest einfach Deine Freude.

Dann laufen wir lange Strecken zu Fuß, weil unser Auto noch immer in Liebenberg ist. Sonntag allerdings soll es geholt werden u. gleichzeitig der alten Großmutter ein Besuch abgestattet werden, doch habe ich mir vorgenommen, weiter viel zu laufen, es bekommt mir so gut.

Ich hab mir überhaupt viel vorgenommen; und da es in allen Punkten »der nächste Entwicklungsschritt« ist, den ich ohnehin normalerweise tun müsste und den ich durch gute Vorsätze beschleunige, geht es herrlich voran!

Nun zu Deinen Fragen von Brief u. Karte. Es sind diesmal (da wir erst so kurz weg sind, ja nicht viele!) Die lungenkranke Cousine ist nicht O. Karls Tochter, sondern eine entferntere Cousine, die Harro pflegte, als ich auf See war (seligunseligen Angedenkens!) ein Prachtmädel, das einen erschütternden Eindruck machte, wie sie blass und madonnenhaft schmal in den Kissen lag. Sie freute sich sehr über unser Kommen. Ich fand es schön, das neue Jahr mit etwas Gutem und Helfendem anzufangen. Onkel Karls kl. Tochter ist gottlob ganz geheilt.

Ich muss Schluss machen und meine Hasenläufe wenden (ganz ruhig, Mama: Sie sind abgezogen, gespickt, angebraten, kurz alles, was in Deinem famosen NS Kochbüchern steht!!). Harro kommt gleich nach Haus.

13.1.39
Ihr Lieben

[...] Libs hat Euch wohl geschrieben. Sie arbeitet jetzt mit Hochdruck an ihrer Mittelmeernovelle. Die Robert-Koch-

Sachen kommen nicht recht vorwärts, weil Weisenborn z.zt. mehrere Filme macht, dabei sehr viel Geld verdient und nun in die Verhandlungen keinen rechten Eifer mehr an den Tag legt. Ich bin gespannt, wann das Hörspiel nun endlich kommt.

Zu Beginn des Jahres 1939 beschließt der größte Filmkonzern Deutschlands, die Ufa, auf Druck des Propagandaministeriums keine amerikanischen Filme mehr als Ur- oder Erstaufführungen in die Kinos zu bringen.[77] Dabei lacht nicht nur ganz Berlin über das tolpatschige Duo Stan Laurel und Oliver Hardy, und Mickey Mouse lieben Kinder und Erwachsene. Stepptänzer, Jazzsinger, Hollywood Girls, das virtuose Wasserballett der Schwimmerin Esther Williams; die Musik Cole Porters oder Irving Berlins lassen die Beine hüpfen im Takt – Steppen ist auch in Berlin in. Die amerikanischen Musicals finden ein begeistertes Publikum; dagegen nehmen sich die in Deutschland produzierten Revue-Filme wie eine Leistungsschau turnerischen Könnens im Stechschritt aus. Der Glamour, das Leichtlebige, es fehlt dem deutschen Kino in der Flut der Bergfilme, Rennfahrerepen und männlich aufschneidender Zackigkeiten. Die Nacktheit der Körper in den Riefenstahl-Filmen oder den Figurinen des Arno Breker bleibt versteinert; eine lustlos tote Erotik, die den Namen nicht mehr verdient. Deutsch ist der Film, deutsch ist die Kunst; mit abertausend Mosaiksteinchen reicht die Simulation des Aufgehobenseins in der heimeligen Volksgemeinschaft bis ins Bett und seine Träume. Und dass nicht jeder Volksdeutsche blondbezopfte Arbeitsmaiden anbetet, beweist der »Bock von Babelsberg« für über zwei Jahre: Joseph Goebbels verliebte sich in die schwarzhaarige, schmale Tschechin Lida Baarova, seit 1934 für die Ufa verpflichtet. Die über zweijährige Staatsaffäre endete mit einem Führerbefehl, 1938 kehrte die Baarova nach Prag zurück.

Das Theaterstück von Günther Weisenborn und Libertas *Die guten Feinde* wird am 1. März 1939 im Schauspielhaus Bremen uraufgeführt. Unter dem Autorennamen von Günther Weisenborn erhält das Stück überschwängliche Kritiken nach Aufführungen an den wichtigsten deutschen Bühnen. Heinrich George ist begeistert und will es am Schiller-Theater in Berlin mit einer Rollenbesetzung durch den Starschauspieler aufführen.[78] Libertas Schulze-Boysen schreibt eine Hörspielfassung des Stücks für den Deutschlandsender.

Ein wahres Robert-Koch-Fieber breitet sich aus: Die Kämpfe heroischer Helden aus der deutschen Geschichte, aus der Wissenschaft, sind kinoträchtiges Potenzial, um der »Weltgeltung« der deutschen Kultur auf die Sprünge zu helfen. Die Tobis dreht *Robert Koch, der Bekämpfer des Todes* in der Regie von Hans Steinhoff. Pflicht und Opferbereitschaft, Männer, durchdrungen vom Willen zum Wirken, und kaum eine Liebesszene. Besetzt mit hochkarätigen Schauspielern ist der Film ein Publikumsmagnet, ebenso wie der Roman von Hellmuth Unger *Robert Koch* zum Bestseller des Jahres 1940 werden wird.

Zum ersten April 1939 beziehen Harro und Libertas ihre neue Wohnung in der Altenburger Allee 19 – »ein Umzug um vier hinunter, fünf Etagen hoch, im Gegensatz zu unserm etwas Bohemienhaften Waitzstr.-Atelier« eine gediegene Adresse. Die Miete beläuft sich auf 120 RM; Harro ist nun endlich Offizier der Reserve mit einer Gehaltserhöhung auf 500 RM. »Die Gegend ist hier fast ländlich. Alles geht ohne Hut, viel Grün ist ringsum; zum Grunewald sind 10 Min., zum Reichssportfeld 5 Min. Die Gegend ist wohlhabend, behäbig, so dass wir, die wir in der Waitzstr. als ›elegant‹ verschrien waren, hier mit unserm kleinen angerosteten Caesar, der auf der Straße parkt, u. ohne Mädchen, das Einholen geht, in unserer ›Mansardenwohnung‹, wie sie wegen ihres romantischen Dachschnittes heißt, als ›schäbig‹ angesehen werden, jedenfalls nehme ich das an. Der Portier ist hohe Trinkgelder gewöhnt, u. unser Unterwohner, der leider sein Schlafzimmer unter unserer Radioecke hat, erklärte uns neulich, wenn wir Gäste hätten, mögen wir ihnen Bescheid sagen, dann gingen sie ins Adlon schlafen für die Nacht.« Jeden Morgen wandert das östliche Licht durch die Fensterfront. Das Erkerfenster liegt nach Westen gegenüber der Frühstücksecke – Sonne zu allen Tageszeiten. Aufs Ehebett verzichten Libertas und Harro weiterhin, über Eck stehen ihre Schlafcouchen, und Harro braucht nur den Arm auszustrecken, um das große Radio vom Bett aus zu bedienen. Daneben liegt das Esszimmer mit den schweren Mahagonimöbeln aus Liebenberg. Zudem verfügen sie über zwei weitere, ein kleines und ein großes Zimmer. »Also ist auch diese Wohnung noch ausbaufähig u. wird uns nicht zu eng werden.« An Kinderzimmer denken Harro und Libs nicht.

Strenge Maßnahmen

Ihr Walter, meint Elfriede Paul, ist zweimal verhaftet, vorbestraft, lungenkrank; er muss raus aus Deutschland, zur Hochgebirgskur in die französische Schweiz. Und Gisela, Sella? Wer rettet sie? Dem schon zu Kinderzeiten heftig ausgeprägten Gerechtigkeitssinn von Libertas sind diese Diskussionen zuwider. Einerseits gibt es regelmäßige Geldsammlungen für politische Gefangene, aber für Sella macht sich niemand stark. Die Treffen bei Elfriede Paul, der dünne Tee – und immer wieder die Parole: »Aber wir müssen doch etwas tun!« Dieses Zusammenhocken, und dann, wenn es schellt, »Endlich, das muss Harro sein!« zu rufen, als wenn der Retter der Welt in seiner Luftwaffenuniform erschiene. Harro – Hans, der Gehetzte. Wochenlang arbeitete er im Ministerium mit an einem Vergleich der deutschen Luftwaffenaufrüstung mit der Frankreichs und Englands. Die Luftwaffe – die große Stärke der Wehrmacht, so kamen die Autoren zu ihrem Schluss – werde spätestens zum Ende des Jahres, mit Beginn 1940, überholt sein. Hermann Göring steigerte sich in einen Wutanfall. Defätismus! Der Abteilungschef Joseph Schmid, Harros neuer Vorgesetzter, hat verstanden: Das erstellte Dokument wird vernichtet; die Luftrüstung der Westmächte ist niemals in der Lage, den deutschen Vorsprung aufzuholen.
Ende März bringt Elfriede Paul zusammen mit Kurt und Elisabeth Schumacher ihren Geliebten Walter Küchenmeister ins hochalpin

gelegene Sanatorium in Leysin. Gisela von Poellnitz geht es weiterhin sehr schlecht. Doch für den ersehnten Aufenthalt in den Zauberbergen fehlt es ihr an Geld und an Verbindungen. Elfriede Paul schreibt am 22. Mai 1939 an Walter Küchenmeister:

> Sella ist hoffnungslos. Es handelt sich jetzt nur um die Erfüllung eines letzten Wunsches. Sie steht unter schwersten Medikamenten, die Ärzte lassen die Natur entweder ihr Zerstörungswerk vollenden oder ein Wunder vollbringen. Sie lassen ihr jeden Wunsch, auch den verrücktesten, lassen sie trotz des hohen Fiebers aufstehen, lassen sie das Fieber nicht mehr messen und stehen auf dem Standpunkt, dass die menschliche Kraft hier versagt. Ich selbst sah sie ja für eine Stunde am Sonnabend und habe den trostlosesten Eindruck von ihr. Es ist ein Jammer! Sie könnte 200 Mark im Monat für einige Zeit aufbringen, das ist alles. Schreibt genau, ob bei einer so schwer Kranken, die zweimal wöchentlich einen Pneu und endlos viele Medikamente braucht, möglich erscheint. [...] Ich lege schärfsten Protest ein, wenn ihr etwa doch daran dächtet. Und Hans steht auf dem Standpunkt. Wir stehen beide dir zu nahe, und Sella hat nicht die Verbindung zu uns gehabt, als dass wir zu sinnlosen Opfern bereit wären. Sie ist selbstverständlich hoch infektiös und wäre für dich eine nicht zu übersehende Gefahr. Auch wenn sie in ein anderes Haus dort kommt, darfst du sie nur selten und unter den größten Vorsichtsmaßnahmen sehen. Bitte schreibe gleich ehrlich über diese Sache. Ich stehe da mit Hans (Harro) allein mit meiner Auffassung gegen alle die anderen, an der Spitze Kurt.

Pfingsten verbringen Kurt und Elisabeth, Marta und Walter Husemann – die beiden haben geheiratet –, Günther Weisenborn, Elfriede Paul und Harro und Libertas statt an der Ostsee an der Liebenberger Lanke.
Auf dem Weg nach Liebenberg besuchen die Freunde Gisela in Sommerfeld. Das erste Mal seit einem halben Jahr verlässt sie das

Sanatorium; eine kleine Ausfahrt zum Neuruppiner See macht sie glücklich. Nach einem Gang ans Ufer schläft sie ein, die Lippen weißlich, ohne Farbe. Elfriede Paul erkundigt sich beim Stationsarzt: »[...] dass man Sella gegenüber zwar ihre Wünsche respektieren müsse, auch tatsächlich alles Äußere vorbereiten könne, dass man aber ernstlich eine Reise in die Schweiz hintertreiben sollte. Nur dir, Itze, schreibe ich das. Die Freunde sind verblendet. [...]«

Anfang Juni reist Elfriede Paul zusammen mit Gisela von Poellnitz, ihrer Mutter und einem Arzt aus Berlin-Spandau, der wegen Schwangerschaftsunterbrechungen gesucht wird, nach Leysin. Der dortige Arzt stellt fest, dass die Krankheit zu weit fortgeschritten ist. Gisela klammert sich ans Leben. Walter Küchenmeister beschreibt die letzten Tage mit Gisela: »Ich muss mich gegen das Bild, vor dem ich täglich stehe, wehren. Es ist ein dunkler Schatten, der für mich durch den Mittag gleitet. Oft frage ich mich, ob ich gehen soll, wenn Sella ruft. Sooft ich die Frage aber auch stelle, gebe ich mir die Antwort: Du musst! Die Gedanken, die du dir machen wirst, kenne ich: Alles ist eine große seelische Belastung. Ich weiß, aber Sella bat mich immer zu kommen, wenn sie mich ruft. Sie hat sehr geweint und mir gesagt: ›Walter, du bist der Einzige, den ich hier kenne!‹ Ja, liebe Elfriede, die Einsamkeit des schweren Krankseins ist für Sella weniger drückend, wenn ich bei ihr bin.«[79]

Auf dem Rückweg nach Deutschland spucken Passanten auf das Auto mit dem Berliner »IA«-Kennzeichen; die deutschen Reisenden sind nicht beliebt. In Zürich trifft Elfriede Wolfgang Langhoff. Auf dem Freund und Vertrauten des Schriftstellers Günther Weisenborn liegen viele Hoffnungen der Gruppe. Seit ein paar Wochen haust illegal ein Mann in dem holzverschlagartigen Atelier von Kurt Schumacher auf dem Kleingartengelände Papestraße in Berlin. Rudolf Bergtel, Kommunist, verurteilt wegen Hochverrats, flüchtete am 29. Juni aus dem Lager 7, Esterwegen – unter den Überlebenden genannt die Hölle am Walde. Ilse Schaeffer, eine Bildhauerin und Freundin der Schumachers, vermittelte den Schlafplatz in der Laubenkolonie; ihr Mann, der Orientalist und

Sinologe Philipp Schaeffer ist seit März 1935 inhaftiert. Mit Wolfgang Langhoff soll auf Vorschlag von Harro die Flucht von Rudi in die Schweiz besprochen werden. Elfriede Paul regelt und organisiert, sie bringt Schweizer Franken mit nach Deutschland.

Auswendig lernen, lautet die Devise für Rudi, um Informationen an die Sowjetunion zu transferieren: »Harro informierte mich eingehend über die Hitlerwehrmacht. Er nannte mir die Anzahl der Flugzeuge, die verschiedensten Typen, er nannte mir Namen von Leuten, die in Spanien eingesetzt wurden, detaillierte Pläne über die Ausrüstung, Panzer der verschiedensten Divisionen und andere militärische Fragen. [...] Nachdem die Genossin Paul zurückkam, war es so weit. Und er hat mir mitgeteilt, dass General Niemann zuständig ist für den Ausbau einer Basis auf den Kanarischen Inseln.«[80]

Am Anhalter Bahnhof hängen Fahndungsplakate von Rudolf Bergtel und anderen Entflohenen. In der Abenddämmerung eines sonnendurchhitzten Tages bringen Elisabeth und Harro in Uniform die beiden Bergfreunde Kurt und Rudi zum Schlafwagen – zwei Touristen mit Gamsbarthütchen und Rucksack, die frohgemut einsteigen in den Zug nach Vorarlberg. Elisabeth steht am Bahnsteig und lächelt wie erstarrt. Harro winkt kurz mit einer Hand. Kurt hat ein kariertes Taschentuch an seinen Wanderstock gebunden und lässt ihn aus dem Fenster tanzen; langsam setzt sich die Lokomotive in Fahrt in die Gerade hinaus aus dem Endbahnhof.

Am nächsten Morgen starten die beiden den Fußmarsch in die Berge bei Bludenz – Aufstieg Richtung Schweizer Tor. Rudi stehen die Schweißperlen auf der Stirn. Die Muskeln sind schwach, der Hunger im Lager hat den Körper ausgehöhlt. Alle 100 Meter lutscht er an einem Stückchen Traubenzucker. Fliegen müsste man können! Rudi Bergtel erreicht das Schweizer Gebiet. In Zürich sucht er wie verabredet die Buchhandlung Stauffener auf und übergibt die Informationen an den Buchhändler Edgar Woog, Generalsekretär der schweizerischen Partei der Arbeit und Mitglied der KPdSU.

In der Anklageschrift gegen Harro Schulze-Boysen und andere lautet ein Punkt: »Organisierung und Beihilfe zur Flucht ins Ausland eines rechtskräftig Verurteilten.«

Freiflug

Die Untergrundbahn spuckt Libertas am Flughafen Tempelhof aus. Nach einem kurzen Weg über das Rollfeld steigt sie in die Propellermaschine, eine viermotorige neue Condor. Der Flughafen Berlin-Tempelhof, inmitten der Großstadt gelegen, wird von etwa 40 Fluggesellschaften täglich angeflogen. In den Sessel gedrückt, den kurzen Moment des Abhebens mit einem Anhalten des Atems überbrückend, unten bleiben die Restaurantgäste immer kleiner zurück, die, mit Blick aufs Flugfeld, den Kaffee kalt werden lassen. Die Stadt mit ihren Schluchten, den Miniaturautos; verwischt mit einem Wimpernschlag, grauer Stein nur noch Erinnerung, denn steil aufwärts erklimmt die Maschine die Wolkenberge. Noch ein Blick auf die spiegelnden spreegespeisten Seen, und schon glitzert die Sonne um die Tragflächen – ein Fest. Wer da sich nicht freut und den Blick aus dem Fenster genießt! Stattdessen durchblättert ihr Flugnachbar blasiert die Tageszeitungen. Kriegsvorbereitungen, das verkünden die Überschriften und Untertitel. Libs schließt die Augen.

Da ist ihre Mutter Tora und ihr liebes weiches Gesicht. Da ist Günther, der sie weiterhin will. Da sind die Ausflüge in den Spreewald mit den Schumachers, wenn ihr Kanu wie ein stilles Krokodil durch die Kanäle schleicht, abseits von allen lauten Touristen und ihren Wirtschaften mit den berühmten Gurken und der Berliner Weiße in Rot oder Grün, wenn der wuchernde Urwald über den spinnenhaften Verzweigungen des Spreeflüsschens sie alle verschlingen will. Plötzlich wieder eine Lichtung, ein Vogelpaar schreckt auf. Sie ziehen die Faltboote ans Ufer; stampfend tritt Kurt auf den Boden, kein Sumpf. Es sind seltsame Nächte dort draußen unter den Sternschnuppen, die doch wieder ein nur Flugzeug bedeuten. Im flackernden Widerschein des Feuers sitzen sie vor den Zelten; Libertas, Kurt und Harro lassen die kleine Pfeife rotieren. Die Stimmen der Freunde sind murmelnde Vertrautheit wie ein beruhigendes Geräusch, das ein Kind zum Einschlafen braucht. Nur Kurt Schumacher rumpelt, als wolle er mit Hammer und Meißel eine Form aus dem Stein schlagen. Elisabeth lacht leise, und Harro kann das Räuspern nicht lassen. Sie horchen auf das verborgene Rascheln der Rohrdommel irgendwo im Schilf, und der Wind trägt die Balzrufe ans andere Ufer. Harro und Libertas halten einander im Arm, beide in dicken Pullovern; eine kleine Kerze in ein Stück Brot gesteckt glimmt zu ihren Köpfen. Die Stunden wandern, das Schweigen breitet sich aus in den hängenden Haarbüscheln der Weiden. Plötzlich schwingen die Sirenen der umliegenden Dörfer auf zu ihrem todkündenden Kojotengeheule, die nebelweißen Finger der Flakscheinwerfer suchen den Himmel ab. An Schlaf ist nicht mehr zu denken. Wütend quaken die Frösche, die Rohrdommel schimpft; es ist, als würde die Tierwelt den Aufstand versuchen. Schlaftrunken stehen sie alle vor den Zelten. Im Osten zeigt sich der rötliche Streifen der Morgensonne.

Der Freiflug bringt Libertas nach Königsberg, sie reist weiter über das Seebad Cranz auf die Kurische Nehrung in das Fischerdorf Nidden. Libertas hat eine kleine Kate gemietet in der Künstlersiedlung unweit der meeresnahen Häuser von Thomas Mann und des Malers Lovis Corinth. Auf dieser schmalen Landzunge zwischen Meer und Haff mit ihren weiten Wanderdünen will sie allein sein und an ihren Texten feilen – die Mittelmeernovelle ihrer Schiffsfahrt. Allabendlich verschwimmen in den niedrigen Wolken am dämmernden Horizont die ausfahrenden Fischerkähne, und auf den versteckten Wegen im Elchbruch begegnet Libertas wild streunenden Pferdegruppen. Mit dem Rauschen der Bäume, dem Blinken des Meeres in den letzten verschenkten Sonnenstrahlen des Tages kommt auch sie zur Ruhe. Über der sandigen Dorfstraße liegt der Geruch geräucherter Fische. Im Dorfkrug schäumt das Bier, die Männer sitzen still an den Tischen und betrachten die Fremde ohne Mann verhalten. Die kurische Sprache haben sich die Fischer erhalten; sie hat einen seltsam gutturalen Klang. Die Fischertochter Neringa, eine Riesin, hat die Landzunge geschaffen: Sie trug in ihrer großen Schürze Sand heran und kippte ihn in die See. So rettete sie die Fischer vor dem tobenden Meeresgott

Bangputis; die Landzunge wurde ihr zu Ehren Neringa genannt. »Eines Tages waren sie weg«, sagt der Mann hinter dem Tresen und schaut auf die Gläser in seiner Hand. »Die Juden gehen zu Verwandten und Bekannten ins Grenzgebiet. Aber auch Litauen ist kein sicheres Land.« Auf der an manchen Stellen nur etwa 400 Meter breiten Landzunge der Kurischen Nehrung leben Deutsche, Juden, Litauer und Polen zusammen. Ostpreußen ist »Mustergau«. Am 22. März 1939, eine Woche nach dem Einmarsch der deutschen Wehrmacht in Prag und der Errichtung des Protektorats Böhmen und Mähren, muss Litauen das Memelgebiet per Ultimatum an Deutschland abtreten. Jüdische Flüchtlingskolonnen ziehen seitdem über die Grenze nach Litauen. Die Grenze ist Hoffnung, Rettung, Leben. Libs fotografiert die Familien, die – ihre wenige Habe auf Handkarren geschnallt, obenauf hocken die kleinen Kinder – langsam auf dem Nehrungsweg nach Norden wandern. Schwarz gekleidete Fischersfrauen halten die wettergegerbte Hand vor die blinzelnden Augen und beobachten den Auszug.

»Den Film! Geben Sie den Film heraus!«, tönt es plötzlich. Libertas ist verhaftet. Ungläubig lächelnd steigt sie ein in das bereitstehende Auto, das sie zur Staatspolizeileitstelle nach Königsberg bringt. Am gleichen Tag wird sie wieder entlassen. Bloß keine Widerreden, obwohl die Belehrung dazu reizt. Der Dampfer bringt sie am nächsten Morgen über das Kurische Haff vom Seebad Kranz über Rossitten zurück nach Nidden. An Bord fröhliche Jugendliche; alle tragen Uniform, Familien und Frischverliebte, die sich benehmen, als würde sie niemand sehen. Libertas wandert über die Hohe Düne, hinunter ins sandverwehte stille Tal des Schweigens. Die Gleichmäßigkeit der Bewegung, die frische Luft tun ihr gut. An ihren Schwiegervater schreibt sie am 16. August 1939 über ihr Buchprojekt, sie sei schon auf Seite 148 angelangt, aber es langweile sie zu Tode: »Harro [...] ist voller Hoffnung. Ich bin nicht so voll Hoffnung. Ich habe diesen Sommer viel von meiner Geradlinigkeit eingebüßt, weil ich zu viel nachgedacht habe in der Einsamkeit.« Harro absolviert wieder einen Kurs bei den Seefliegern, dieses Mal auf Norderney. Beobachten steht auf dem

Lehrplan. Zu Hause in Berlin zersplittert der Freundeskreis. In ihren Briefen entrüstet sich Elfriede Paul gegenüber ihrem Geliebten Walter Küchenmeister über Libertas und Harro. Walter Küchenmeister versetzen die politischen Entwicklungen und die Ereignisse im Freundeskreis in einen nervösen Zustand. Am liebsten will er sofort wieder nach Deutschland zurückkehren. Libertas blieb nicht allein auf der Kurischen Nehrung. Die Freunde empören sich. Am 19. August 1939 schreibt die Ärztin Elfriede Paul:

Wälterchen, mit allen, die ich treffe, bespreche ich die immer wichtiger werdende Frage eines Bleibens oder nicht Bleibens. Alle sagen übereinstimmend, dass du hier keineswegs sein kannst, wenn du gesund werden willst. [...]
Gestern ging es Hänschen von sich aus nicht gut. Und gleich bei meiner Ankunft, denke dir, muss ich eine schreckliche Geschichte von seiner Frau hören, die uns alle furchtbar mitgenommen hat. Sie hat solche Dummheiten auf ihrer Reise gemacht, dass wir nun keinerlei Achtung mehr vor ihr haben, selbst Hänschen, der sie doch immer für so gut im innersten Kern gehalten hat, nunmehr an ihr irre ist. Heute geht es Hans viel besser, dem armen, dummen Kerl, der immer ein großes Kind bleiben wird. Wir sind alle erleichtert. Denn gerade jetzt hat er so viel zu tun und braucht auch seine ganze Kraft, um über die treulose Handlungsweise seiner Frau hinwegzukommen. Ich will dir die Einzelheiten nicht erzählen, obwohl sie dich später sehr interessieren werden. Aber im Augenblick sollst du mit diesen persönlichen kleinlichen Dingen nicht behelligt werden. Sie wird durch unsere Verachtung genügend gestraft. Jetzt ist sie draußen im Elternhaus. Hans wollte sie wirklich für einige Zeit nicht sehen.

Heinrich Scheel

Den Berliner Kontakt zu Lotte Schleif, der Bibliothekarin, lässt Harro nicht abreißen. Zurück vom Lehrgang begegnet er in ihrer Wohnung in der Kaiserallee 172 im gediegenen Teil Wilmersdorfs endlich weiteren Hitlergegnern wie Heinrich Scheel: Der 1915 geborene Student der Geschichte wuchs auf in der Kreuzberger Adalbertstraße, »in einer engen Mietswohnung zwischen großen unfreundlichen Häusern und verkehrsreichen Straßen. In der Schule war ich stets Bester und wurde von meinem Lehrer vorgezogen und begünstigt. Aber trotz allem liebte ich die Schule nicht im Geringsten. Im Alter von 13 Jahren verließ ich die Schule in der Stadt und besuchte von da ab die Schulfarminsel Scharfenberg, eine Schule, die mich in jeder Hinsicht tief beeinflusste. Ich besuchte sie fünf Jahre lang und betrachte diese Zeit als die glücklichste meines Lebens.«[81]

Der in Knickerbockern, Harro, macht großen Eindruck auf den 23-Jährigen: »Er belehrte nicht, sondern provozierte Fragen. Er war ein guter Zuhörer und bewies dabei Geduld, auch wenn vermeintlich Geklärtes von mir erneut in Frage gestellt wurde. [...] Er besaß eine selbstverständliche Autorität, gepaart mit einer Kameradschaftlichkeit, die das Herz erwärmte und in mir spontan den Wunsch erweckte, mit diesem Menschen befreundet zu sein. Es war keineswegs nur sein Intellekt, der faszinierte; es war der ganze Mann mit seiner Aufgeschlossenheit, die Verstand und Gefühl in gleich starkem Maße ansprachen. Von der Theorie neigten wir dazu, die Gefühle zu unterschätzen, als sentimental, verschwommen, bürgerlich abzutun. Die illegale Praxis jedoch strafte faktisch solche Theorie ständig Lügen, denn das Gefühl war immer stärker als der analytische Verstand. [...]

Wenn er diskutierte, versuchte er die Einstellung des anderen ganz zu erfassen und in sich aufzunehmen, um alle Einwürfe selbst zu machen und auch gleich zu beantworten. Für seine intellektuelle Redlichkeit und seinen Scharfsinn spricht, dass er Gegengründe so exakt und vorurteilslos vorwegnehmend umriss, wie sie sein Gegner in der Diskussion nicht besser hätte formuliert. Er hatte Freude daran, die Einwürfe wie Bausteine zu säubern, indem er sie treffender umschrieb, und aus ihnen ein Gebäude aufzurichten, um es dann mit seinen überlegenen geistigen Argumenten zu zerstören. Das Ergebnis unserer Unterredung war, dass ich ihm die Mitarbeit unserer Gruppe zusagte.

Obwohl ich nichts über seine berufliche Tätigkeit wusste, erriet ich, dass er einen Platz haben musste, der ihm tiefere Einblicke gestattete. Dies und seine Überlegenheit machten ihn zum Kopf unserer Gruppe. Immer wieder bewunderte ich seine Arbeitsenergie. Er hatte sich in kurzer Zeit die Kenntnisse des Russischen angeeignet, um das viele Material, das ihm in dieser Sprache zufloss, auch verarbeiten zu können. Allgemeine Unterhaltungen liebte er nicht, stets drang er sofort darauf, zum Zweck unserer Zusammenkunft zu kommen. ›Wollen wir an die Arbeit gehen!‹, mit dieser fast stehenden Redewendung schnitt er alle nebensächlichen Gespräche ab.«[82]

Der Nichtangriffspakt – Harro nennt ihn einen Noch-Nicht-Angriffspakt, zwischen Hitler und Stalin – beschäftigt den kleinen Kreis in der Wohnung der Bibliothekarin. Kurt, Elisabeth und Harro sind zugegen. Seine Frau sieht Harro zurzeit nicht oft; sie geht wieder mit Günther Weisenborn aus. Es ist so einfach, einen Raum betreten, sich umschauen, ein kleines Lachen, ein neuer Flirt. Tanzen. Die Mobilmachung lässt Harro, wie es heißt, unabkömmlich sein. Aber andere sind abkömmlich.

Die Party zum Weltuntergang

25 Jahre nach Ausbruch des Ersten Weltkriegs und nach nur sechs Jahren der Aufrüstung heißt es: Volk ans Gewehr! Berlin spielt Luftschutz. Auf dem Gehweg üben Helfer den Abtransport zweier Toter. Am 28. August, einem Montag, stehen die Menschen

geduldig und geordnet in Reihen an um Lebensmittel- und Kleiderkarten. Stoff, Strümpfe und Seife sind plötzlich nicht mehr zu haben. Am späten Nachmittag des 1. September 1939 rollt der Feierabendverkehr ununterbrochen brummend über den Tauentzien, den Kurfürstendamm, die Joachimsthaler Straße. Die Cafés sind voller Menschen, Zeitungen werden ausgebreitet. Männer, gekleidet fürs Geschäft, das Sakko nun offen, und Frauen in bunten Sommerröcken strömen im gewohnten Trab nach Arbeitsschluss heimwärts. Fliegeralarm! Wohin sich wenden? Alles rennt, die Autos biegen ab in die Nebenstraßen; dort, ja dort ist der nächste Luftschutzkeller. Blinder Alarm. Ein Warnschuss, der in die Glieder fährt. Am Abend fehlt das Licht der Straßenlaternen, der bunt leuchtenden Schaufenster. Berlin liegt schweigend dunkel. Weinende Frauen zeigt die Wochenschau, sie berichten in die Kamera von Greueltaten der Polen.

Mit dem schnellen Klappern ihrer Schuhe über dem hölzernen Bootssteg laufen Harro und Libertas federnd zu ihrer »Haizuru«, schnell hinaus aufs Wasser. Die Jolle von Günther Weisenborn schwankt unter seinem Gewicht, er ist auf dem Boot und hantiert am Schwertkasten. Der alte Kahn! Gemeinsam kreuzen die drei gegen den Abendwind aus Südwest; eigentlich ist es zu spät, um noch hinauszufahren. Libertas und Günther vermeiden die Blicke. »In der nächsten Nacht geht es also los gegen Polen«, sagt Harro plötzlich in das Schweigen. »Bisher konnte Hitler manövrieren. Ab morgen werden seine Entschlüsse immer mehr eingeengt. Jetzt wird wirklich Weltgeschichte gemacht, nur macht er sie nicht allein.« Libertas stemmt sich gegen die Fockschot. Der Wind lässt das Boot über die Schaumkronen des sonst so friedlich flachen Sees rasen, das Wasser schlägt kalt herein. Harro spricht langsam, wie für sich. »Wir werden uns alle daran ein wenig beteiligen, die ganze Welt um uns und ... wir! Es wird der größte Krieg der Weltgeschichte, aber Hitler wird ihn nicht überleben.«[83] Sie sind allein auf dem schwarzen Wasser, unter dem tiefen Himmel jagen einander die Herbstwolken.

Am Abend zuvor, dem 30. August 1939, schreibt Elfriede Paul an Walter Küchenmeister: »[...] leider sind die dummen Geschichten

mit Hänschens Frau und Günther noch keineswegs beigelegt. Er
ist eben ein unverbesserlicher Don Juan.«
Am Freitagabend, am 1. September 1939, trifft sich eine Abend-
gesellschaft in der abgelegenen Grunewaldvilla der Engelsings in
der Bettinastraße 2 b. Der Hausherr Herbert »Enke« Engelsing,
Produktionsleiter bei der Tobis-Filmgesellschaft, feiert zusammen
mit Harro in den doppelten Geburtstag. Die berüchtigte Schwelle
der dreißig Jahre übertritt Harro in dieser Nacht, Enke ist fünf
Jahre älter. Die Gastgeberin, die 22-jährige Ingeborg: »Krieg liegt
in der Luft, und tatsächlich hat der Angriff auf Polen am 1. September begonnen. Hitler bemüht sich, die Volkswut gegen die bösen Polen zu richten, die den Gleiwitzer Sender überfallen haben
sollen. Für uns sind dies alles keine Gründe, die Party abzusagen.
Wir sind in einer ›Nun gerade!‹-Stimmung. Mit dem letzten Benzin in unserem Tank holten Enke und Libertas ihr Schifferklavier
aus der Altenburger Allee in Westend.«
Im Deutschen Reich gelten Kriegsbedingungen. Die Nacht bleibt
lichterlos. Omnibusse mit abgeblendeten Scheinwerfern kriechen
langsam durch die menschenleeren Straßen. Niemand zeigt sich.
Es ist keine friedliche Nachtruhe, eher ein ängstliches Verharren.
Enke, ein schmaler Mann mit runder Hornbrille, bekannt für seinen sarkastischen Humor, und Libertas schweigen nach dem Party-
trubel. Im Haus in der Altenburger Allee knarren die Treppenstufen unter dem Läufer; den Schlüssel dreht Libertas leise um, als
wolle sie keine Schlafenden wecken. Erleichtert läuft sie im Nu
mit der Ziehharmonika im Arm stufabwärts, den Lift lässt sie
oben stehen. Enke klinkt die Wagentür von innen auf, die Ziehharmonika dehnt sich gähnend in ihre ganze Länge und gibt einen
unwilligen Laut von sich wie ein fremdes Tier.
Bis 1933 agierte Herbert Engelsing als Rechtsberater des Verbands
der Rundfunkindustrie; aus dem Gericht, so meinte er, hätte er
ausscheiden müssen, da die Rechtsprechung unerträglich geworden wäre. Der Film sei da schon viel freier, trotz Goebbels. Nun
hat er den Juristen mit dem Produktionsleiter bei der Tobis-Film
gewechselt. Regisseure wie Wolfgang Staudte, Karl Anton, Willi
Reiber sind bei der zweitgrößten deutschen Filmproduktions-

253

gesellschaft nach der Ufa hier fest unter Vertrag. Enke bringt Unterhaltung in die Kinos; er ist froh, dass er an bestellter Propaganda wie *Hitlerjunge Quex – Ein Film vom Opfergeist der deutschen Jugend* oder *Henker, Frauen und Soldaten* mit Hans Albers nicht beteiligt ist. Enke zeichnet für *Bel Ami* mit Willy Forst und Paula Wessely, *Wenn wir alle Engel wären,* nach einer Idee von Heinrich Spoerl mit Heinz Rühmann und Leny Marenbach, *Der große Schatten* mit Heinrich George und Heidemarie Hatheyer, *Ein Schritt vom Wege* mit Marianne Hoppe, *Eine Frau ohne Bedeutung* mit Gustaf Gründgens und Käthe Dorsch, für Revuefilme wie *Gigli, Der Tiger von Eschnapur* und *Das Indische Grabmal* verantwortlich. Wochenschau, Kulturfilm, Spielfilm – die Ware Film boomt, in der dunklen Anonymität des Kinosaals kommt endlich das Vergessen. Nachts schreibt Herbert Engelsing selbst Filmmanuskripte, die wie *Herr Sanders lebt gefährlich* oder *Ruf an das Gewissen* ihre Umsetzung erleben.

Herbert »Enke« und Inge Engelsing öffnen die Türen ihres doppelstöckigen Hauses in der Bettinastraße 2B für viele Besucher. Oft beginnen die Einladungen zum Nachmittag, Bocchia, Gartenfeste, Grillabende. Von einem Buffet mit Kuchen und Kaffee steigt man um auf Salate, Wein und Bier am späteren Abend. Es trifft sich Berliner Society. Hier sagt man »Guten Abend« und nicht »Heil Hitler«; ein Wagnis und jedes Mal eine Befreiung zugleich. »Tatsächlich ging in unserem Haus die Unterhaltung nicht über den freien Meinungsaustausch hinaus. Aber das ist natürlich schon ›staatszersetzend‹«, so Inge. Ihren sehnlichen Wunsch, Kinderärztin zu werden, musste die Abiturientin 1935 aufgeben. Als »Mischling 1. Grades« mit einem jüdischstämmigen Großelternpaar darf sie gemäß »völkischer Gesetzgebung« nicht an die Universität. In Genf ließ sie sich zur medizinisch-technischen Assistentin ausbilden – ein Beruf, der in ihr lähmende Langeweile hervorruft.

Harro und Libertas kennen die Engelsings seit einem gemeinsam verbrachten Abend bei Werner von Simson, dem Spross einer altehrwürdigen Berliner Gelehrtenfamilie. Ingeborg: »An diesem Abend hielt ich Harro für einen netten Jungen, etwas zu hübsch, etwas zu unbedeutend. Libertas fand ich schon damals begabt, interessant und eitel.« Hinsichtlich Harro hat Ingeborg Engelsing bald ihr Urteil revidiert: »Ich lernte ihn als einen Menschen kennen, der Freude an ernster wissenschaftlicher Arbeit, Liebenswürdigkeit, Wärme und Lebensfreude auf angenehme Weise verband. Wir sprachen bald über Dinge, die uns am meisten am Herzen lagen. Wenn sich auch unsere politischen Vorstellungen nicht immer deckten, so trafen wir uns doch in einer 100-prozentigen Gegnerschaft gegen den Nationalsozialismus, einer Gemeinschaft, die keine Kompromisse und ›Aber‹ gelten ließ, wie es sonst an der Tagesordnung war. Dazu war Harro einer der wenigen, der mit seiner Abneigung gegen Hitlers Diktatur auch politische Vorstellungen für die Zukunft verband.«[84]

Der Kriegsausbruch ist das Partygespräch zwischen Häppchen und Sekt. Der Überfall auf den Gleiwitzer Sender, es ist doch ein Gegenangriff! Entlang der Ost-West-Achse am Tiergarten hat die Luftwaffe Abwehrgeschütze installiert. Ach, und wer fand schon die am heutigen Vormittag im Rundfunk übertragene Rede Hitlers aus dem Reichstag überzeugend? Morgen sind wir im Zweiten Weltkrieg, sagt jemand. Heinz Rühmann langt mit der Schöpfkelle in die Bowle, als wenn es Limonade wäre; es meldet sich die Ziehharmonika mit »hell die Gläser klingen, ein frohes Lied wir singen!« Wichtiger Ernst liegt in den Mienen der Männer, der einem amüsierten Grinsen weicht, Libertas singt weiter: »Mädel schenke ein, es lebe Lieb und Wein: Prosit, auf Wiederseh'n.«

Verschwunden das Land, verschwunden der Strand;
Schiff auf hoher See! Rings um uns her, Wellen und Meer,
alles was ich seh!
Leis die Wellen wiegen, Möwen heimwärts ziehen,
golden strahlt die Sonn, die Herzen voller Wonn,
o Heimatland ade!

Ingeborg: »Diesmal spielt sie nicht ihr geliebtes Lied von der ›Krummen Lanke‹, sondern wir singen die Marseillaise. ›It's a long way to Tipperary‹, und Harro bringt uns die polnische Nationalhymne mit ihrem ›Noch ist Polen nicht verloren‹ bei. Die Stimmen klingen sehr laut, und ich patrouilliere um das Haus herum, um festzustellen, ob die Nachbarn den Gesang hören. Ein kleiner Kreis bleibt bis zum Morgen.« Ingeborg Cahn stammt aus einer der alteingesessenen jüdischen Bankiersfamilien Berlins. Die großzügige Villa am Tiergarten, das Parkviertel ist traditionell geistiger und gesellschaftlicher Mittelpunkt der Stadt und eine der vornehmsten Wohngegenden, muss der Vater mitsamt dem Interieur schweren Herzens versteigern. Ihre Eltern flüchten in die USA. Nach den Nürnberger Gesetzen begeht das Paar das Verbrechen der Rassenschande. Die Heiratserlaubnis für das Ehepaar Engelsing erreicht »Enke« durch Eingaben seiner Filmfreunde bei Goebbels sowie durch die Fürsprache seines Schulfreundes Hans Globke. Globke ist Referent im Innenministerium und ein Experte in Sachen Rassegesetze, beteiligt an der Vorbereitung der Ersten Ausführungsverordnungen der Nürnberger Gesetze vom 15. September 1935, dem Gesetz zum Schutze der Erbgesundheit des deutschen Volkes vom 18. Oktober gleichen Jahres und dem Personenstandsgesetz vom 3. November 1937.

Der Kriegsausbruch und seine unabsehbaren Folgen beherrscht die doppelte Geburtstagsfeier. Inge: »Harro ist sehr ernst. Er meint, es gebe keinen Grund zu hoffen, dass das dritte Reich nun zusammenbrechen werde. Im Gegenteil, die Diktatur werde erstarken. Er entwirft ein Bild des Krieges für uns. Polen sei ein Kinderspiel für die deutsche Kriegsmaschine. Es werde einfach überrollt. Auch Frankreich sei kein Problem, denn es habe keinen Kampfgeist. Die Eroberung Englands werde versucht werden. Hier sei der Erfolg fraglich. Die europäischen Westmächte können Deutschland nicht niederwerfen. Russland werde in den Kampf verwickelt werden. Einen Sieg können nur die Vereinigten Staaten erreichen. Doch werde es lange dauern, bis die Westmächte zum Gegenschlag ausholen würden. Hitlers Diktatur werde immer wahnwitziger werden, und keiner könne sich aus dem Hexenkessel befreien. Wir sind zunächst versteinert. Dann fragt einer von uns: Warum hat sich Russland mit Hitler gegen Polen verbündet? Auch Russland ist auf einen Krieg noch nicht vorbereitet. Es will Zeit gewinnen und die deutsche Kriegsmacht gegen den Westen lenken.«[85]

Hugo Buschmann, Direktor der Deutschen Asbestzementwerke AG, er bewohnt mit seiner Frau Margrit, einer Malerin, das obere Stockwerk über den Engelsings, erinnert sich an den Abend: »Dieser schlanke Fliegeroffizier mit den scharf geschnittenen Gesichtszügen, blauen Augen voller Leben und Energie machte eine eigenartige Figur in dieser Gesellschaft im Grunewald. Dort waren Schriftsteller, Schauspieler, Maler, Filmproduzenten, Ärzte, Rechtsanwälte und hübsche Frauen. [...] Sie feierten keinen Jahrestag, sondern den Ausbruch des Krieges. Was für Illusionen diese Leute hatten. Alle waren sich sicher, dass das Ende des Dritten Reiches kommen werde; fast alle glaubten, es stehe nahe bevor – in jedem Augenblick erwarteten sie den ersten britischen Luftangriff auf Berlin [...] Nur der junge Luftwaffenoffizier, dessen Gesicht vor Hass zitterte, wenn er von den Nazis sprach, war anderer Ansicht. Sicher, der Kleinbürger Hitler würde stürzen. Aber so einfach war das nicht zu erreichen. Schulze-Boysen hatte ganz allgemein kein allzu großes Zutrauen zu England, und Chamberlains Politik hatte ihn zum Gegner dieses Landes gemacht. Er hielt England nicht für fähig, mit Hitler fertig zu werden, und wandte seine ganze Aufmerksamkeit dem Osten zu [...] Wartet doch nicht auf die britischen Bomber, pflegte er während der ersten Phase des Krieges zu sagen – sie sind zu schwach. Dann begann er wieder zu tanzen, und zwar sehr gut. Die Frauen bewunderten ihn. Schließlich hatte er genug von all dem Spektakel.«[86]

Würde das Tausendjährige Reich nur bis 1939 oder bis 1940 bestehen? Das ist die Frage, die durch das Partygelächter schwappt. In einer Couchecke würfeln begeistert die Paare um die Häuser in der Schlossallee. »Los, los! Gehen Sie nicht über Los!«, kreischt jemand, »Sie ziehen nicht 4000 Mark ein!« Das neue Brettspiel, Monopoly, ist der Clou des Abends. In Deutschland verboten; Enke brachte es über die österreichische Grenze. Jüdische Spekulanten, heißt es im Scherz, ihr treibt die Mieten in die Höhe und wollt nur den Gewinn! Um drei Uhr haben die Aufwarte-Mädchen Feierabend, und die Gläser stapeln sich auf Fenstersimsen, Schreibtischen, Treppenabsätzen. Das Grammophon läuft, und um Libertas hat sich eine albern lustige Herrenrunde geschart. Sie gackern wie die Hühner auf der Stange zu ihrem: »Ich wollt, ich wär ein Huhn, ich hätt nicht viel zu tun. Ich legt vormittags ein Ei und nachmittags wär ich frei. Mich lockte auf der Welt, kein Ruhm mehr und kein Geld, und fände ich das große Los, dann fräße ich es bloß. Ich brauchte nie mehr ins Büro, ich wäre dämlich, aber froh, drum hab ich mir gedacht: Ich wollt, ich wär ein Huhn, ich hätt nicht viel zu tun, ich legte täglich ein Ei und sonntags auch mal zwei. Ei! Ei!« *Das Lied vom Huhn* ist der Schlager der Saison aus dem Film *Glückskinder* mit Lilian Harvey und Willy Fritsch, ein Unterhaltungsfilm der luxuriös-leichten Muße.

Harro zieht Hugo Buschmann mit sich in eine ruhige Ecke: »Diese Bourgeois wissen nicht, wie das hier enden wird. Es ist nicht nur das Ende von Hitler, sondern auch ihr eigenes. Der Krieg kann nur durch die Ausrufung des Sozialismus beendet werden.« Hugo Buschmann fügt hinzu, auch er halte es für leichtsinnig, sich über den Beginn des Krieges zu freuen, denn es gäbe nichts Kostbareres als den Frieden zwischen den Menschen. »Sie sind leicht zu Tränen zu rühren wie ein Kleinbürger«, fährt Harro heftig fort. »Es ist Hitler, der die Verantwortung für den Ausbruch des Krieges trägt, angeblich, um einen Gegenschlag zu führen; obwohl die Polen nie etwas getan haben, um das zu rechtfertigen.« Und es ist Stalin, der den Gewinn erntet, davon ist Harro überzeugt. Bei einer solchen Gelegenheit, die sich vielleicht kein zweites Mal biete, werde die Sowjetunion nicht länger warten, den Marsch gegen Westen zu dirigieren. Polen werde untergehen, aber sei nur ein Zwischenspiel. Hugo Buschmann und Harro verstricken sich in eine heftige Diskussion. Der weltläufige Unternehmer zapft an seiner rot glühenden Havanna. Harro verteidigt den deutsch-sowjetischen Nichtangriffspakt als gerissene Taktik Stalins: »Dieser verrückte Hitler glaubt, dass er nach Polen England schlucken kann. Er stellt sich vor, dass er die Möglichkeit hat, gemäß seinem Plan in *Mein Kampf* seine Aggression dann gegen den Osten zu wenden. Nein, die Engländer müssen standhalten. Eines Tages wird es ein Kräftegleichgewicht geben. Dann wird die bürgerliche Ordnung in ganz Europa erschüttert sein, weil die bürgerlichen Kräfte sich bis zur Erschöpfung bekämpft haben werden. Sehen

Sie jetzt die Lektion, die Stalin den Westmächten erteilt, die bis zum Ende die Möglichkeit behalten wollten, Hitler gegen den Bolschewismus zu nutzen, und die darauf gesetzt haben?«

Hugo Buschmann hofft auf die Hilfe der USA, die den europäischen Westmächten zur Seite stehen werden. Die beiden Männer geraten ins Politisieren, ihr leises akzentuiertes Gespräch lässt die Umsitzenden neugierig aufhorchen. Libertas kommt erhitzt vom Tanz hinzu, mädchenhaft, mit vor Schalk blitzenden Augen. Partykleid neben Luftwaffenuniform. Harro steigert sich: »Glauben Sie nicht, dass ich Kommunist bin; derjenige, der meine Sympathien hat, ist mein Freund, der andere mein Feind. Die Engländer haben meine Sympathien nicht. Diese Lords haben sich von der Reichskanzlei demütigen lassen, ebenso auf dem Obersalzberg. Indessen waren die Konzentrationslager überall bekannt. Aber was man die seriöse Presse nennt, hat darüber in dem Moment Stillschweigen bewahrt, als man sich fragte, ob es vielleicht ein Mittel gäbe, sich mit Hitler zu arrangieren. Ist das falsch?«, gibt er an Hugo Buschmann zurück. Der herbstliche Samstagmorgen dämmert. Der Direktor ist ein Buchliebhaber mit politischem Faible, seine Bibliothek überstand seit 1933 mehrmalige Durchsuchungen. Harro zeigt großes Interesse an seiner politischen Literatur zur Sowjetunion, im RLM gebe es nur einige propagandistische Schriften von Stalin. Libertas und die beiden Männer steigen in den Keller hinab. Hier, zwischen Äpfelregalen und modrigen Gartenschuhen, verbirgt Hugo Buschmann hinter schweren Weinregalen seine Bücherkisten mit Verbotenem: Trotzki, *Über den Terror*, November 1911, *Der Krieg und die Internationale*, 1914, *Mein Leben*. Der ganze Lenin. *Kommunismus – das ist Sowjetmacht plus Elektrifizierung des ganzen Landes! –* Harro ist begeistert wie ein Kind. »Als Harro diese Schätze sah, umarmte er mich und wühlte fieberhaft das heraus, was er mitnehmen wollte.« Hugo Buschmann stellt sich vehement dagegen, sein Name und seine Anschrift sind in den Bucheinbänden verzeichnet. Harro: »Das macht nichts. Ich bin Berichterstatter über russische Fragen. Ich kann Ihnen zeigen, dass ich russische Werke mit dem Stempel des Ministeriums habe. Ich erhalte regelmäßig die *Prawda* und die

Iswestija, und ich muss sie lesen. Also, es passiert mir nichts, und selbst wenn mir was passieren sollte, meine Abteilung verlangt ein eingehendes Studium dieser Literatur. Außerdem: Wir sind doch Verbündete von Sowjetrussland. Das hätten wir doch fast vergessen!« Harro und Libertas rollen schweigsam in ihrem Caesar nach Hause. Die Stadt erwacht. Im Kofferraum hat Harro mehrere Bände verstaut. Hugo Buschmann: »Es war nichts zu machen, er nahm eine Anzahl von Büchern mit. Da hatte ich etwas Schönes angerichtet. War das nicht kindisch? Konnte man einem Menschen, der so unvorsichtig war, verbotene Literatur anvertrauen?«

Am Sonntag, den 3. September, erklären Großbritannien und Frankreich Deutschland den Krieg. Ein warmer Tag, der die Berliner an den Wannseestrand zieht.

»Jeder Versuch, die Geschlossenheit und den Kampfeswillen des deutschen Volkes zu zersetzen, ist rücksichtslos zu unterdrücken«, heißt es in den Zeitungen. Jede Person, die in ihren Äußerungen am Sieg des deutschen Volkes zweifelt oder das Recht des Krieges in Frage stellt, wird festgenommen. Gegebenenfalls könne eine »brutale Liquidierung solcher Elemente« folgen. Es gelten die Grundsätze der inneren Sicherheit während des Krieges.

Am 7. September 1939 drucken die Zeitungen die »Verordnung über außerordentliche Rundfunkmaßnahmen« – wer Nachrichten ausländischer Sender abhört und verbreitet, dem droht die Todesstrafe. Verantwortlich zeichnet der »Vorsitzende des Ministerrats für die Reichsverteidigung Göring Generalfeldmarschall«. Denn: »Jedes Wort, das der Gegner herüber sendet, ist selbstverständlich verlogen und dazu bestimmt, dem deutschen Volke Schaden zuzufügen. Die Reichsregierung weiß, dass das deutsche Volk diese Gefahr kennt, und erwartet daher, dass jeder Deutsche aus Verantwortungsbewusstsein heraus es zur Anstandspflicht erhebt, grundsätzlich das Abhören ausländischer Sender zu unterlassen.«

Das Verbot ist ein weiterer Eingriff in die Privatsphäre. Harro und Libertas wissen ihr Telefunken-Gerät, das Superröhren-Radio, nach wie vor sehr zu schätzen. BBC und Radio Moskau senden in deutscher Sprache Nachrichten von der Front. Mit dem Angebot des Großdeutschen Rundfunks gibt sich kaum jemand zufrieden. Der »Deutsche Kleinempfänger«, der Volksmund nennt ihn die »Goebbels-Schnauze«, liefert Hörfunk-Nachrichten – der »Drahtlose Dienst« direkt aus der Presseabteilung des Propagandaministeriums. Mit dem Volksempfänger gestaltet sich das Abhören von »Feindsendern« als so gut wie unmöglich.

Hugo Buschmann: »Ich wollte Harro zur Vorsicht bewegen. Er war schrecklich unvorsichtig. Zu dieser Zeit gehörte es zum guten Ton, ›politische Geschichten‹, wie man es nannte, zu erzählen. Man hörte auch regelmäßig den englischen Sender in den Häusern, wo nur eine Familie wohnte. Das genügte, um der Meinung zu sein, aktiv Widerstand zu leisten.

Im Dankesbrief an die Eltern für die Geburtstagsgeschenke erwähnt Harro den Krieg als notwendig: »Er wird das alte Europa mitsamt seiner bisherigen ›Zivilisation‹ unter sich begraben.« Meist trage er Uniform und spare dadurch seine Zivilkleidung. Privatautos bleiben stehen. Auf ihren Drahteseln Brutus und Cassius radeln Harro und Libertas nach Abgabe ihres Caesar über die freien Aufmarschstraßen Berlins. Die Arbeitersiedlungen, die Fabriken und die Hafenanlagen von Siemensstadt liegen etwa 600 Meter entfernt der Altenburger Allee: »Also, wenn ›sie‹ wirklich kommen, lohnt es sich schon, die fünf Treppen hinunter zu laufen, aber meist ist es ja blinder Alarm«, so Harro. Das Alltagsleben in der Dachwohnung bleibt vorerst ruhig: »Wir sitzen abends viel zu Haus und lesen. Über Berlin kreuzen sich die Scheinwerfer. Das Leben in der großen Stadt ist ganz verwandelt – fast unwirklich.«

Neue Kreise

Ab dem 25. September gelten Lebensmittelrationen: Pro Woche erhalten die Deutschen 500 Gramm Fleisch, zweieinhalb Kilo Brot, 750 Gramm Fette, 180 Gramm Zucker und Gerstenkaffee, Schwerarbeiter bekommen die doppelte Ration. Trotz der Anspannung und der schwieriger werdenden Versorgungslage halten die Engelsings weiterhin ihr Haus offen. Auch Benzin ist rationiert, die Preise für Alkohol und Zigaretten steigen immens. Harro, der Mann in Uniform, wird zu einem gern gesehenen Gast in der Bettinastraße. »Oft kommt Harro vorbei und leistet mir Gesellschaft, wenn ich Thomas füttere«, so Ingeborg; der erste Sohn der Engelsings ist bald zwei Jahre alt. »Er unterhält ihn mit den tollsten von ihm erfundenen Geschichten. [...] Später habe ich oft darüber nachgedacht, warum Harro uns nichts von seiner politischen Aktivität wissen ließ. Wollte er uns schonen, weil wir schon genug belastet waren?«

Unter den vielen Gästen in der Bettinastraße befindet sich eines Abends auch das Ehepaar Greta und Adam Kuckhoff. Der Produktionsleiter Enke Engelsing schätzt den 52-jährigen Schriftsteller Adam Kuckhoff aus Aachen, der auch Filmscripts verfasst, so Inge: »Er weiß eigentlich nur, dass sie keine Nazis sind, und meint, dass ihnen Schulze-Boysen gefallen werde. [...] Außer Kuckhoff lernt Harro bei uns den Zahnarzt Helmut Himpel und seine Verlobte Mimi Terwiel und natürlich das Ehepaar Buschmann, das bei uns im Haus wohnt, kennen. Alle werden später verhaftet.«[87]

Die 1910 als Tochter eines hohen Verwaltungsbeamten geborene Marie Terwiel wird nach ihrem Studium der Rechtswissenschaften nicht zum Referendarexamen zugelassen. Ihre Mutter ist jüdischer Abstammung. Helmut Himpel und Marie Terwiel sind seit Jahren ein Paar, heiraten dürfen sie nicht. 1937 eröffnete Helmut Himpel seine zahnärztliche Praxis in der Lietzenburger Str. 6, in unmittelbarer Nähe des Kurfürstendamms. Patienten seiner Praxis sind Prominente und Schauspieler, Angehörige des Diplomatischen

Korps. Seine jüdischen Patienten sucht Helmut Himpel, nachdem ihnen die Benutzung öffentlicher Verkehrsmittel verboten ist, in ihrer Wohnung auf. Marie Terwiel ist eine hervorragende Pianistin, Helmut und sie geben Hauskonzerte. »Zwischen ihnen und Harro und Libertas springt gleich der Funke über«, so Ingeborg Engelsing.

Greta Kuckhoff, eine schmale 36-jährige: »Ich fand, unser Sohn war noch zu klein, um alleine zu Hause gelassen zu werden. So war ich nicht ganz glücklich über die Einladung bei Engelsings. Gewiss, er war Produktionsleiter bei der Tobis-Filmgesellschaft, und zudem, was wir bereits des Öfteren gehört, hatte er taube Ohren für faschistische Gedankengänge, offene aber zumindest für liberal fortschrittliche. Mein Mann konnte ein paar Menschen durchaus gebrauchen, die Arbeit für ihn taten: Dialoge zu Filmen oder kritische Einschätzungen, positiv künstlerische Verbesserungen, kurzum alles, was ein bisschen Geld in unsere Kasse brachte, ohne dass wir uns dem herrschenden Denken und Verhalten unterwerfen mussten.« Greta und Adam Kuckhoff kommen nur mit Ach und Krach finanziell über die Runden. Adam ist und bleibt ein Idealist. Die Nadelfabrik Blaschke und Bachus des Vaters führte der schriftstellernde Sohn nicht weiter; Anfang der dreißiger Jahre zeichnete er für *Die Tat* zeitweilig als Redaktionsleiter verantwortlich. Kuckhoff verfasst Theaterstücke, Romane, Erzählungen, Essays und Lyrik. Mit seinen Romanen *Der Deutsche von Bayencourt* und *Strogany und die Vermissten* erntet er regimetreue Erfolge, wehrt sich aber vehement, trotz Geldschwierigkeiten, gegen eine, wie er meint, tendenziöse Verfilmung zu Propagandazwecken. Mit Adolf Grimme, vor 1933 preußischer Kulturminister, ist Adam Kuckhoff seit Studienzeiten eng befreundet.

Greta, Volkswirtschaftlerin und Soziologin, steht dagegen mit beiden Beinen auf der Erde. Sie arbeitet sich in englische Wirtschaftsübersetzungen ein – Kontakte, die sie schließlich zu einem Arbeitsplatz im Rassenpolitischen Amt führen. Einträglich sind die Übersetzungen der Reichsparteitagsreden ins Englische. Fein gemacht mit einem neuen weißen Kragen am alten Kleid, weißen

Manschetten und Seidenstrümpfen in italienischen Schuhen stakst Greta hinter ihrem voluminösen Mann einher, den Bus für vierzig Pfennig will er sparen, und die Abkürzung zu Engelsings führt über Schutthalden. Endlich angekommen gibt es ein großes Hallo für die beiden zerrupften Abenteurer. An der hellen Tafel klirren die Gläser, das Diner hat schon begonnen, und Adam und Greta sind gleich mittendrin. »Die Unterhaltung nach dem Abendessen verlief jedoch so, dass von Vergessen keine Rede sein konnte«, so Greta Kuckhoff. »Zuerst einmal: Der Luftwaffenleutnant Harro Schulze-Boysen und seine Frau Libertas [...] verfehlten bei aller Jugend nicht, Eindruck auf uns zu machen. Sie sahen gut aus, waren von einer Sicherheit, die diejenigen gewinnen, die sich in den verschiedensten Ländern und Kreisen bewegt haben und überall als zugehörig anerkannt worden sind. Als wir ihren Lebenslauf kennenlernen, war er eine Bestätigung für diese Annahme. [...] Libertas war eine Augenfreude, sich mit ihr zu unterhalten war ein Vergnügen. [...] Sie selbst erzählte, dass sie gelegentlich wie ein Zugvogel lebte, ein paar Monate hier, ein paar Wochen dort, die Eltern waren geschieden.« Etwas sauertöpfisch beäugt Greta das herumgereichte kleine Fotoalbum aus Libs' Kinderzeiten, die Bilder vom Schloss und von den Anlagen. Auf dem Heimweg nach Friedenau in die Wilhelmshöher Allee 18 lassen die Kuckhoffs den Abend Revue passieren: »Uns gefiel dieser schneidige, tatendurstige Gegner mitten im Lager der Nazis!« Denn im Bekanntenkreis der Kuckhoffs hatte sich »in der letzten Zeit eine etwas lahme Lust herausgebildet, mit gar zu viel Vorsicht an die Dinge heranzugehen und das einfach Mut machende Handeln zu vernachlässigen. [...] Unsere Gedanken auf dem Heimweg und während der nächsten Tage bewegten sich vor allem um die Frage: Ist Harro ein Mensch, den man mit Arvid Harnack bekannt machen sollte?«

Die Kuckhoffs und die Harnacks

1929 setzte Greta Lorke ihr Soziologiestudium an der Universität Wisconsin/USA fort. Hier lernte sie die blonde Mildred Harnack, geborene Fish, und Arvid Harnack kennen. Mit der Rückkehr nach Deutschland lebt die Freundschaft mit der Lektorin und Lehrerin für englische Literatur und Literaturgeschichte und dem promovierten Juristen und späteren Oberregierungsrat im Reichswirtschaftsministerium fort. Durch Mildred Harnack besteht ein enger Kontakt zu US-Botschafter Dodd und seiner partybegeisterten Tochter Martha. Sein Nachfolger Donald Heath telegrafiert an das amerikanische Finanzministerium »Berichte über den Aufrüstungsboom, den Rückgang der Reallöhne der deutschen Arbeiterschaft, Devisenstatistiken, Angaben über Goldimporte als Anzeichen von Kriegsvorbereitungen und über die Außenhandelsbilanz der I.G. Farben«.[88] – Informationen von den Harnacks.

Arvid Harnack ist ein Denker aus einer deutschen Traditionsfamilie der Wissenschaften und begeisterter Anhänger der sowjetischen Planwirtschaft. In seiner wenigen freien Zeit organisiert er marxistische Lehrgänge: »Wir können gegen diese gigantische Kriegsmaschine nicht eine gleich starke Friedensarmee von Deutschen in Deutschland antreten lassen! Jetzt geht es darum, so diszipliniert und intensiv zu arbeiten, damit bei möglichst vielen die Pflicht zur Gegenwehr geweckt wird.« Die Haltung der kapitalistischen Staaten zeige, wie wenig grundsätzliche Gegnerschaft gegen den Nationalsozialismus es ihrerseits gäbe. Hoffnungsträger sei die Sowjetunion, gegen die der Hauptstoß der Hitlerschen Politik gerichtet sei.

Greta verbirgt statistisches Material aus dem rassenpolitischen Amt unter dem Deckblatt des *Völkischen Beobachters* und gibt es an Arvid Harnack weiter. Ein klein im Finger eines Handschuhs zusammengefalteter Zettel erscheint ihr verdächtiger. Sie ist bereit, sich in Gefahr zu begeben: damit Flugblätter entstehen können, damit Gleichgesinnte sich finden. Dennoch zweifelt sie den Sinn vieler von Arvid verordneter konspirativer Maßnahmen an. Was sollen Decknamen, wenn es nachweislich vielfältige Verbindungen miteinander gibt? Und auf Arvids Wunsch, in der Bodenkammer zu hocken, um mit dem Feldstecher nach Nachbarn Ausguck zu halten, die vielleicht beobachten: »Bei Kuckhoffs ist mal wieder ein munteres Leben«, hält sie für ebenso gefahrenvoll wie »mit der Hand im Ofenrohr zu schlafen«, um bei Bedarf schnell den *Mephisto* von Klaus Mann zu verbrennen. Als Arvid und Adam meinen, eine Hausdurchsuchung drohe, schicken sie die sichtbar schwangere Greta mit einem schweren Koffer voller Flugschriften zur Übergabe an den Eisenbahner John Sieg. Sie gerät auf dem U-Bahnhof in eine Razzia – und bittet geistesgegenwärtig einen SS-Mann, ihr mit dem Gepäckstück zu helfen. Der Koffer wird ihr bis zur Wohnungstür zurückgetragen. Statt Lob hagelt es Vorwürfe von Seiten Adams und Arvids.

Arvid, der nüchterne Romantiker mit dem unscheinbaren Äußeren eines Kontorangestellten, war 13 Jahre alt, als sein Vater, der Literaturhistoriker Professor Otto Harnack, 1914 Selbstmord verübte; die Mutter Clara Harnack blieb allein mit vier kleinen Kindern. »Nutze die Zeit« klemmte der Junge sich an die Zimmertür. Das Jurastudium finanzierte er selbst. Mit 23 Jahren promovierte er 1924 – und wechselte ins nächste Studium, die Nationalökonomie. Insbesondere Karl Marx begeistert ihn. Nach dem Juraexamen erhielt er ein Stipendium der Rockefeller Stiftung – Dollars vom amerikanischen Ölbaron. In Madison, Wisconsin, lernte er seine spätere Frau Mildred und Greta kennen. 1930 promovierte er in Staats- und Wirtschaftswissenschaften in Gießen; seine Promotionsschrift veröffentlichte der Fischer-Verlag, Jena: *Die vormarxistische Arbeitsbewegung in den Vereinigten Staaten.* Arvid reiste per Anhalter durch die USA und besuchte die Motortown Detroit. Der Freikorpsangehörige und bürgerlich-preußisch Geprägte erfuhr seine politische Initialisierung im Vorzeigeland des Kapitalismus. Die über tausend Manuskriptseiten des Folgebands über die Rückschläge der Arbeiterbewegungen in den USA lagern in der Schublade; eine Veröffentlichung unter den Nazis ist unmöglich. Arvid avanciert vom Experten des Amerikareferats zum leitenden Mitglied im Reichswirtschaftsministerium. Herr Dr. phil. Oberregierungsrat Harnack, seit 1937 Mitglied der NSDAP, ist Referent für Devisenbeschaffung und Vortragender im »Außenpolitischen Schulungshaus« unter Alfred Rosenberg. Nach dreijähriger Referententätigkeit im Reichswirtschaftsministerium wechselt Arvid 1938 in eine Festanstellung als Regierungsrat. Er gewinnt Einblicke, die die deutschen Kriegsvorbereitungen beweisen – um sie an die amerikanische Botschaft wie an sowjetische Informantenträger weiterzuleiten.

Mit seinem Doktorvater, dem Nationalökonomen Friedrich Lenz, initiierte Arvid Harnack 1931 die »Arplan«, die Arbeitsgemeinschaft zum Studium der Planwirtschaft. Mit der Weltwirtschaftskrise beweise das kapitalistische System sein Scheitern; das sowjetische Modell werde siegen. In monatlichen Treffen vereint Arvid Wissenschaftler und Publizisten. Im Sommer 1932 unternahm die Arplan-Gesellschaft eine dreiwöchige Studienreise unter Vorsitz ihres Sekretärs Dr. Harnack in die Sowjetunion. Reiseteilnehmer waren etwa Ernst Niekisch, Herausgeber der Zeitschrift *Der Widerstand*, der Direktor des Hafens Rotterdam, Dr. Ing. Plate, Graf E. Reventlow, Herausgeber der Zeitschrift *Der Reichswart*, Dr. Mayer zu Schwabedissen, Hans Jaeger, Vertreter des Marx Engels Archivs Berlin, Professor Auler, Uni Gießen, Dr. Rolf Wagenführ vom Institut für Konjunkturforschung, der Publizist, Nationalökonom und Mitbegründer der KPD, Dr. Hermann Duncker, Dr. E. von Hoffmannsthal, Internationale Vereinigung für vergleichende Rechtswissenschaften, Wien, Dr. Ing. Boening, Planungsingenieur der Berliner Elektrizitätswerke, Vorsitzender des Bundes geistiger Berufe, Dipl.-Ing. Gurewitsch, Schweizerischer Vertreter der Western Telegraph and Telephone Company.

Mildred Harnack unterrichtet als Dozentin für englische und amerikanische Literatur an der Berliner Universität sowie am Berliner Abendgymnasium und der Volkshochschule Groß-Berlin. Dort sammelt sie einen Kreis von Erwachsenenschülern um sich. Karl Behrens, tagsüber bei der AEG beschäftigt: »Ich lernte so manches verstehen und so manches verurteilen und bin heute unendlich froh darüber. Heute möchte ich diese Schule nicht mehr missen, obwohl sie vom Verstand her gesehen zwecklos war, denn sie hat mir in meinem Beruf nichts genützt und mir bisher nicht weiter geholfen.«[89] Seine Frau Clara Behrens, dienstverpflichtet mit Ausbruch des Krieges, arbeitet als Stenotypistin in der Abteilung Kriegsgefangenenwesen im Oberkommando des Heeres: »Mein Ehemann und Arvid Harnack waren der Ansicht, wenn ich als Mitglied unserer Gruppe dort arbeite, könne ich wichtige Informationen sammeln. Eine Begründung gaben sie mir dafür nicht. Bis zum Februar 1941 – zu diesem Zeitpunkt gab ich mein Arbeitsverhältnis auf Grund der Geburt meines zweiten Kindes auf – informierte ich laufend Dr. Harnack und Karl Behrens über meine Arbeit und Vorgänge in meiner Abteilung, so weit ich dies überblicken konnte. Insbesondere berichtete ich über die Errichtung neuer Kriegsgefangenenlager, deren Kapazität, die Kapazität der bestehenden Lager, die Ankunft neuer Transporte Kriegsgefangener sowie über Umbesetzungen in den Lagern.«[90]

Wenn sie und Arvid zusammen sind, so Mildred anlässlich ihres fünften Jahrestages, ist es, »als sei Weihnachten [...] Wir lieben einander immer stärker und tiefer, wir sind gesünder geworden, unsere Ideale sind deutlicher geworden. Wir sind tüchtiger und klüger geworden. Unsere Arbeit befriedigt uns jetzt mehr.« Mildred und Arvid halten ein offenes Haus: Ernst Rowohlt gehört dazu ebenso wie sein Sohn und Assistent Heinrich Maria Ledig-Rowohlt, der Verleger Samuel Fischer, Max Tau, Lektor im Cassirer Verlag, die Journalistin Margaret Bovari, Ernst von Salomon, der Kritiker Erich Franzen.

Auch Rudolf Heberle, zeitgleich Rockefeller-Stipendiat zusammen mit Arvid und verheiratet mit Franziska von Tönnies, einer entfernten Cousine von Harro, war zu Gast und erinnert sich an einen Versuch, 1935 die Harnacks mit Harro bekannt zu machen: »Ich habe Harro während der Zeit besucht, als er im Luftfahrtministerium tätig war, und ich konnte feststellen, dass er entschieden gegen das Regime war, das überraschte mich überhaupt nicht, denn ich hatte einen langen Briefwechsel mit ihm geführt, als er noch den *Gegner* herausgab. Daher sorgte ich dafür, dass Harro eines Abends zu den Harnacks kam [...]. Sie stellten fest, dass sie die gleichen Grundeinstellungen teilten. Nachdem Harro Schulze-Boysen gegangen war, meinte Harnack: ›Sage deinem Vetter, dass ich mich sehr gefreut habe, ihn kennenzulernen. Es war für mich sehr interessant, aber wir sollten uns nicht mehr treffen, denn es ist zu gefährlich.‹«[91] Der Soziologe Rudolf Heberle wanderte mit seiner Familie in die USA aus.

Zwischen dem Ehepaar Kuckhoff und Libertas entwickelt sich eine enge Freundschaft. Den 52-jährigen Adam und Libs – die »kleine Große« nennt er sie – eint das enthusiastische Interesse für die Entwicklung des Films. Schreiben wie im Kino! Schreiben für das Kino! Greta Kuckhoff erinnert in ihren Memoiren daran, dass die Frauen für Verständigung unter den Männern sorgten: »Als wir nach einiger Zeit, während der wir uns näher kennengelernt hatten, auf eine Woche nach Hohnstein in die Sächsische Schweiz reisten, saßen Mildred und Libs in unserer schmalen Küche mit dem schönen großen Balkon davor. Es war das erste Treffen der beiden Frauen in Vorbereitung einer Zusammenkunft ihrer Männer.«

Libertas und Mildred, beide leidenschaftliche Literaturliebhaberinnen, wechseln vom Englischen ins Deutsche und wieder zurück. Mildred spricht die Landessprache überkorrekt aus, ihre Kürzungen und Endungen schnalzen preußisch; mehr noch freut sich Libertas über die seltene Gelegenheit, ihr Englisch zu trainieren. Dass Mildred mit ihrem strengen Mittelscheitel auf sie wirkt wie eine Farmers-Frau aus fernen Zeiten, die mit schmalen Lippen täglich ihren Gram verschluckt, will Libertas sich nicht anmerken lassen. Sie trägt die Haare wieder im Nacken kurz wie ein Knappe und lümmelt wie ein müder Kutscher in ihrem Reisekostüm mit Zigarette am Küchentisch. Mildred ist mehr als vorsichtig, ein mühsames Lavieren der Worte. »Ich halte Arvids Kopf in meiner Hand«, sagte sie einmal. Über zehn Jahre älter ist sie als Libertas, doch es ist nicht nur der Altersunterschied, der zwischen ihnen steht. Ob Harro bereit ist, die Informationen, die er aus dem Reichsluftfahrtministerium im Freundeskreis verbreitet, ihrem Mann zur Verfügung zu stellen. Der sowjetische Botschaftsrat

Alexander Hirschfeld fragte Arvid im Sommer 1935, ob er Darstellungen aus seinem Arbeitsprozess an sowjetische Gewährsleute liefern kann. Der russische Geheimdienst weiß über Arvid Harnack zu berichten: »Im Jahre 1935 wurde ›Korse‹ von unserer Berliner Residentur angeworben. Nachdem die Faschisten zur Macht gekommen waren, trat der Korse in unserem Auftrag dem Nationalsozialistischen Juristenverband und später der NSDAP bei. Zu dieser Zeit arbeitete er als Referent im deutschen Wirtschaftsministerium und hatte auf Grund seiner Dienststellung Zugang zu Materialien, die uns interessierten (Handelsverträge Deutschlands, Zustand der Finanzwirtschaft). Während der Zeit seiner Arbeit übergab er uns authentische Handelsabkommen von geheimem Charakter, Materialien zur Devisenwirtschaft Deutschlands, über die Finanzierung der deutschen nachrichtendienstlichen Organisationen und auch politische Informationen. Im Dezember 1938 wurde die Verbindung mit dem Korsen unterbrochen.«[92]

Arvid übergab Originalfassungen von geheimen Wirtschaftsverträgen, Unterlagen zur Valutawirtschaft, zur Finanzierung der NSDAP-Auslandsorganisationen, Kopien von Handelsverträgen zwischen Deutschland, Polen und den baltischen Staaten.[93] Ein wenig fühlt sich Libertas wie in einem Kriminalfilm, als müsste sie sich zwicken, weil sie im Kinosessel eingeschlafen ist. Aber das ist hier ihr wirkliches Leben! Es ist, als hätte sie nun einen Auftrag. Warum kontaktiert Arvid, dieser unscheinbare Beamte – verschlossen und ein wenig weltfremd wirkt er, wie einer, der einsam über seinen Büchern geworden ist –, nicht einfach Harro selbst? Weil wir Frauen mitdenken, mitfühlen, mitleiden müssen? Weil wir die Gefahr mit tragen müssen? Mildred wünscht sich Kinder, hat sie sich schon immer gewünscht, das sagt die 36-Jährige mit einem müden Lächeln. Greta Kuckhoff drückt ihren Sohn fest an sich, nachdem sie die Küchentür hinter den beiden verschloss: »Jetzt geht es bei unserer Arbeit nicht mehr nur um die Gefahr, die Freiheit zu verlieren. Von jetzt ab steht der Tod in unserer Nähe.«[94]

Die guten Freunde

Täglich rückt der Krieg näher in die Familien. Im *Völkischen Beobachter* nehmen die Todesanzeigen der gefallenen Soldaten über eine Zeitungsseite ein: »Im Alter von 22 Jahren starb am 18. September bei den Kämpfen in Polen mein geliebter Sohn den Heldentod für Führer, Volk und Vaterland.« Von der Front in Polen erzählt man sich Schreckliches. Die Bewohner von Dörfern massakriert. Männer, Frauen und Kinder werden nach einer Nacht, in der sie gehalten werden wie Vieh, vor die Holzwände ihrer Häuser getrieben und erschossen. Ein Umsiedlungsprozess setzt ein. Polnische Familien werden mit Waffengewalt gezwungen, ihre Höfe, ihre Wohnungen zu verlassen, werden in Güterwaggons gepfercht, deportiert und interniert. Hab und Gut, Haus und Hof müssen sie innerhalb kürzester Zeit verlassen. Nur die Mitnahme von warmer Kleidung, Decken, Trink- und Essgefäßen, und Lebensmittel für einige Tage, einer kleinen Menge Geld, für Polen gelten 50 Reichsmark, für Juden 25 Reichsmark, und Dokumenten ist erlaubt. Ein Gesamtgewicht von zunächst 12 kg, später 25 oder 30 kg pro Erwachsenem darf nicht überschritten werden; für Kinder gilt jeweils die Hälfte. »Volksdeutsche« aus dem von Russland besetzten Gebiet Ostpreußens und die so genannten Baltendeutschen werden heim ins Reich geholt, größtenteils in den nun von Deutschland beanspruchten Teil Polens. Auf ehemals polnischem Staatsgebiet werden mit dem Wartheland neue Gaue unter deutscher Verwaltung und Gerichtsbarkeit gebildet. Am 14. September lässt das Oberkommando der Wehrmacht eine offizielle Bekanntmachung verlauten: Um den polnischen Zivilisten die »Sinnlosigkeit ihres Widerstands« zu demonstrieren, werde die deutsche Armee alle erforderlichen Mittel zu dessen Niederschlagung einsetzen, insbesondere Bombardements aus der Luft und schwere Artillerie.[95] Die Kämpfe um Warschau, eine der größten europäischen Hauptstädte mit einer wechselvollen jüdisch-polnisch-deutsch geprägten Vergangenheit, dauern fort. Die

Warschauer verteidigen erbittert ihre Stadt. Zum 23. September gibt das Oberkommando der Wehrmacht das Ende des so titulierten »Polenfeldzuges« an.

Gisela von Poellnitz stirbt nach langem Leiden in Vevey am Genfer See.

Libertas schreibt am 1. Oktober 1939 einen nachdenklichen Brief zum Geburtstag des Schwiegervaters:

[...] Außerdem finde ich es ausgesprochen schwer, in dieser Zeit Briefe zu schreiben. Wenn man auch im Herzen ruhig und sicher ist, so wird man doch jetzt durch alles, was die Tage bringen, viel mehr beeindruckt als in Friedenszeiten, in denen man immerhin als Ventil ab u. zu private Fröhlichkeit und Sorglosigkeit hatte. Andererseits haben Zeiten wie jetzt den Vorteil, dass man durch die Konzentration auf ihren Sinn u. Ernst viel lernt, in Tagen oft mehr als sonst in Jahren, u. das ist bestimmt auch ein Vorteil. Jedenfalls solange unsere Generation nicht grau darüber wird, was wir weder anzunehmen noch zu fürchten brauchen, hoffe ich.

Euer Sohn ist so spannkräftig u. obenauf, wie ich ihn selten erlebte. Er hat die wunderbare Gabe, mit seinem Bewusstsein seine Gefühle völlig kontrollieren zu können, u. daher quälen ihn nicht die »Schmerzen am Wege« (versteht Ihr, was ich damit meine?) wie Andere, mit weniger geschultem Bewusstsein, mit nicht so folgsamen Gefühlen.

Ich gebe mir aber auch redlich Mühe, das Opfer an jungem, kostbaren Blut, das dieser Krieg fordert, als – wenngleich unendlich tragische – Notwendigkeit anzusehen, die ihren Sinn hat. Ich hoffe, ich bin bald so weit wie Harro. Es wäre sonst nicht zu ertragen. [...]

Doch was soll ich über diese Dinge ausführlich schreiben. Solange Harro bei mir ist (u. das wird hoffentl. noch lange sein), ist gar nichts, aber auch gar nichts schlimm!

Innerhalb des Freundeskreises gibt es Polarisierungen, wie Elfriede Paul am 27. Oktober 1939 an Walter Küchenmeister schreibt:

Unser Entschluss ist auch jetzt eisern fest: Hänschen (*Harro*) muss seinen Lebensstil leben, wir den unsern. Dadurch ist keine Feindlichkeit zwischen uns, wir werden uns manchmal wohl gegenseitig einladen, aber sonstige gemeinsame Unternehmungen, wie sie bisher in der Freizeit gepflogen wurden, fallen nun aus. Denn der Ernst der Zeit erfordert auch von der Jugend eine gewisse strenge Haltung.

Und ihr kölsch Wälterken antwortet aus der Schweiz:

16. November 1939
Liebe Elfriede, was Du mir über Hans schreibst, ist eine alte Geschichte, die er jeden Tag neu fabriziert und die deshalb schon ein wenig langweilig wird. Langweilig, ja und deshalb auch eine Gefahr. Ich weiß aber nicht, was man da machen könnte. Zum Leben gehört auch immer eine bestimmte Substanz, und die ist bei der Frau vom Hans scheinbar nicht vorhanden. Dazu kommt dann noch die Geschmacklosigkeit, über die sie desto reichlicher verfügt. Du weißt, nicht nur ich, sondern wir alle haben versucht sie auf die Beine zu stellen. Wir haben es nicht gekonnt.

Hans, Harro, kollabiert im November, wieder eine Nierensteinkolik. Wärme lindert die Krämpfe. Der Schlaf ist eine Dämmerung, die viel zu schnell vorüberfliegt, bevor die nächste Schmerzenswelle anrollt. Die Glieder beginnen zu zittern, der Atem fliegt, Erbrechen wie nach einer schweren Vergiftung. Libertas pflegt ihn. Das Jahr 1939 geht einem bedrückenden Ende zu. Aber es gilt: Ich bin für dich da, was immer auch kommen mag. »Vielleicht sind wir aus der Mode gekommen«, sagt Harro und lächelt. Aus der Zeit gefallen, wie wäre das schön. Statt in ihr gefangen zu sein. Vielleicht will er nicht verzeihen, vielleicht kann sie nicht vergessen. Die Affäre mit Günther Weisenborn hängt nach als ein Diebstahl am eigenen Herzen, warum die Vergessenheitssuche, einsame Seelenlosigkeit, mechanische Liebe in Akt gepackt, Lebenswille gepaart mit Verzweiflung. Treibgut in Nichtigkeiten.

Nicht wiedergutzumachen? Immer hat sie Fehler, macht sie Fehler. Immer der Vorwurf, nicht ernsthaft genug zu sein, zu leichtsinnig, zu impulsiv. Harro braucht eine Kämpferin an seiner Seite, sagt er. Einen echten Kameraden. Ja, Kameraden, antwortet Libertas, das ist zum Sterben zu viel verlangt, und zum Leben zu wenig. Andere, deine Schwester Helga, meine Schwester Ottora – bei beiden ist das zweite unterwegs –, die setzen sogar noch neues Leben in die Welt! Weil sie daran glauben, dass sich die Welt wieder ändern wird! Sie leben nicht im Deutschen Reich, beschwichtigt Harro. Du bist zu impulsiv, heißt es wieder von seiner Seite, Kinder können und wollen wir uns nicht leisten. Aber die andern dürfen und die andern tun es, nagt es in ihr. Und warum geht einer den Pakt mit dem Teufel ein, was ist das für eine Flucht in immer neue Positionen im Reichsluftfahrtministerium? Die Luft wird dünner, die Kluft breiter. Der Zugang zu Informationen aus der Auslandspresse, das kleine Auskosten des Andersseins innerhalb der NS-Strukturen – einfach nur ein wenig sich selbst belügen und weiter an Untergang und Neubeginn glauben? Sein Leben, ihr Leben, das der anderen mit vollem Bewusstsein aufs Spiel setzen? Gisela ist tot, schreit sie, sieh dir Walter Küchenmeister an, der Mann ist doch gebrochen, wie, ich will es nicht wissen! Weltfremd seid ihr alle zusammen!

Eine Ehe in der Krise. Ihre Gespräche sind wie ein immer neu aufgezogener Kreisel; erst aufgeregt schnell um die eigene Achse trudelnd, alles verliert sich in der Unschärfe. Was bleibt, sind die Scherben, die keiner mehr aufheben will. Flugblätter vorbereiten, Fluchtwege für andere auftun, neue Kontakte, kurz angebundene Telefongespräche, Sitzungen im Badezimmer, während das Wasser in die Wanne plätschert. Keine Gespräche vor dem Mädchen. Schreibtisch aufräumen, sofort, nichts liegen lassen. Sie solle wenigstens die Grundzüge der konspirativen Arbeit akzeptieren, verlangt Harro, der immer die Position des Wissenden, des Strebsamen bezieht, mit der Ruhe der Überzeugung. Wir können nun mal nicht unpolitisch leben. Aber wir wollen doch leben, so ist das doch kein Leben! Wenn man schon nicht mehr Geburtstag feiert! Und am Ende steht doch: Lass mich nicht allein. Alleinsein klingt wie Totsein. Und Libertas kann so schlecht allein sein.

Alles scheint rationiert zum Ende des Jahres: die Liebe, die Lebensmittel. 100 Punkte pro Kleiderkarte im nächsten Vierteljahr erhält jeder. 60 Punkte kosten ein neuer Anzug oder ein neues Kostüm.

Diese ersten Kriegsweihnachten verbringen Harro und Libertas getrennt. Der Weihnachtszauber fehlt, die Straßen der Weltstadt sind freudlos. In den Auslagen sind die schönen Dinge zu bewundern, doch es sind nur Ausstellungsstücke. Jeder bekommt in der Weihnachtswoche vier Eier anstelle von einem, ein viertel Pfund Butter extra und dazu 100 Gramm Fleisch zugeteilt. An diesem Weihnachtsfest leuchten keine Bäume und Kerzen in den Wohnzimmern Berlins. Kein Luxus mehr, keine Wärme; es ist, als müsste jeder ohne Flüssigkeit ungeschrotete Haferflocken zerkauen.

In Liebenberg ist alles wie immer, doch die elektrischen Kerzen an dem großen Baum in der Nordischen Halle fehlen, unangebrachter Glanz für die ersten Kriegsweihnachten. Libertas und die Mutter stoßen mit der Großmama oben in der kleinen Wohnung an, unten sitzt die Gutsfamilie um Onkel Büdi. »Mein Kind«, sagt Tora. Meine Mutter. Das Weinen kommt spät, es sitzt tief, verborgen und schwer. Die starre Trostlosigkeit bricht sich ihre Bahn. Dass Harro ein Doppelleben führt, kann sie der Mutter nicht sagen. Sie ist zu zart, sie würde die Wahrheit nicht ertragen. Dass er im Ministerium für die Seite der Nazis arbeitet; und abends verbreitet er die Greuel, die er tagsüber hört. »Und wenn die Welt voll Teufel wär und wollt uns gar verschlingen, so fürchten wir uns nicht so sehr, es soll uns doch gelingen«, so klang es in der Kapelle zu ihrer Hochzeit. Wir fürchten uns doch. Irgendwann hat die Stunde geschlagen, die Sanduhr läuft ab. Oder wir werden alle wahnsinnig.

Karriere, Krieg, Kampfgeist –
und ein mutiges Mädchen

Harro isst täglich im Haus der Flieger. Die Verdunkelung und der Ausfall der öffentlichen Verkehrsmittel lassen die Treffen der Freunde seltener stattfinden. Sich in der umfassenden Dunkelheit zu Fuß durch die Millionenstadt zu tasten erfordert Stunden. Elfriede Paul: »Ich erinnere mich eines kalten, regnerischen Abends. Wir hockten bis in die Nacht in meinem Auto. Harro berichtete uns anhand wichtigen Geheimmaterials über die Kriegslage. Der Regen prasselte, und wenn die Zweige ihre nasse Last auf unser Wagendach schütteten, erschraken wir. Wie erleichtert waren wir, als Harro in seinem Wagen und ich in meinem – jeder brachte Kameraden nach Hause –, ohne verfolgt zu werden, durch verdunkelte Vorstadtstraßen zurückfuhren.« Sie berichtet von weiteren Flugblattaktionen und Postwurfsendungen; die Organisation Todt, die Errichtung von KZ in Polen werden thematisiert. »Sahen denn nur wir die Züge von Deportierten, Männern und Frauen mit armseligen Bündeln, auf ihrem Weg ins Ungewisse oder die Arbeitskolonnen, die in abgerissenen Kleidern in die Fabriken einrückten? Ein P, violett umrandet, kennzeichnet sie.« Von kommunistischer Seite, über Walter Küchenmeister – nach seinem Ausschluss aus der KPD 1926 gilt er zwar als nicht sicherer Verbindungsmann, aber er bleibt einer der wenigen nicht Emigrierten und zurzeit Nichtinhaftierten –, leitet Elfriede Paul Informationen an Harro weiter. Von den Flugschriften ist keine erhalten.

Jetzt erst recht! Sich nicht kleinkriegen lassen, der Normalität misstrauen und zäh weiter trotzen, heimlich, unheimlich weiter denken, weiter machen. Sich nie fragen: Was bringt ein Flugblatt? Wozu die Gefahr? Den Kontakt zu dem Geschichtsstudenten Heinrich Scheel verstärkt Harro. Es entsteht die Idee zu Schriften, die an der Westfront unter den deutschen Soldaten für Aufklärung sorgen sollen. Heinrich Scheel bringt seine Verlobte Fridel Seeger mit in die Altenburger Allee 19: »Sie war in einem ausgesprochen proletarischen Milieu groß geworden, bewegte sich schon in Westend wie auf feindlichem Gebiet und fühlte sich in der komfortablen Atelierwohnung restlos unwohl. Da standen überall Dinge herum, mit denen sie nicht aufgewachsen war und ihrer Meinung nach zum ›Feinen‹ gehörte. Bei der Kleiderablage hing eine Uniform; und – schlimmer noch – ein Damenpelzmantel. Wäre sie der Frau begegnet, die in diesen Pelzmantel gehörte, so wäre ihre Verstörung noch größer gewesen.« Libertas beschreibt der sonst so realitäts- wie klassenbewusste Student als »eine ungemein reizvolle Frau, ungehemmt lebhaft, ja sprudelnd, keine Distanz duldend, eine betörende Frau«.

Ein Freund von Heinrich Scheel aus dem Kreis der Scharfenberger, der Reformschule auf einer Insel im Tegeler See, Hans Lautenschläger, zum Wehrdienst eingezogen seit 1937, soll auf seinem Heimaturlaub die Schriften mit ins Gepäck an die im Westen entstehende Front nehmen. Drei Aussagen kennzeichnen das Flugblatt im Kern: »1. Der Krieg Hitlerdeutschlands ist ein Verbrechen, 2. Jeder deutsche Soldat ist berechtigt und verpflichtet, zum vorgeblichen Gegner überzulaufen und sich so dem Missbrauch für eine verbrecherische Sache zu entziehen, 3. Der deutsch-sowjetische Angriffspakt ändert nichts an der prinzipiellen Ablehnung des Nazismus durch die Sowjetunion.«[96] Nach Aussage von Heinrich Scheel gingen mit »ihnen die Pferde durch«. Endlich etwas bewirken! Die Flugblätter werden in der Altenburger Allee auf Wachsmatrizen geschrieben. Vor der Berührung der Schreibmaschine streift sich Libertas die Handschuhe über, ein Relikt vom Fotokurs bei der Agfa.

Ina Lautenschläger wohnt in Kreuzberg unweit des alten Luisenstädtischen Kanals. Hier steht in einer Bodenkammer über der Wohnung ein handbetriebener Kopierapparat. Ina Lautenschläger: »Meist fuhr ich mit dem Fahrrad und in der Verkleidung als Junge, die sich Hans ausgedacht hatte, mit Knickerbockerhose, Rollkragenpullover und Schirmmütze unter dem Namen Peter.«[97]

Geboren 1916, heiratete Ina mit zwanzig Jahren den damals noch minderjährigen Hans Lautenschläger. Sie haben einen Sohn, in der Wickelkommode verstecken sie illegale Schriften. Ina weiß von Verbindungen zu Arbeitern in Großbetrieben; es gibt Zusammenkünfte von Regimegegnern in der Wohnung, die über einen zweiten Ausgang sowie mehrere Bodenkammern verfügt. Hier rollen die Wachsmatrizen im kurbelbetriebenen Kopierapparat den Text auf das dünne, rauhe Papier. An Vertraute verschicken sie die Flugblätter als Kontrollsendungen. Nicht erst durch ihren Mann Hans ist Ina Lautenschläger eine Nazigegnerin. Da war die Wurfsendung in einem Warenhaus, aus der fünften Etage in den Lichthof hinunter. »Wir ließen etliche Päckchen herunterwirbeln, und ehe einer den Inhalt der vermutlichen Reklame entdeckte, waren wir in der Menge untergetaucht.«

Ina kommt aus kleinen Verhältnissen: »Ich hatte keine Lehrstelle und bekam auch keine. Vater versuchte zu helfen, doch die Handwerkskammer lehnte ab, politische Unzuverlässigkeit.« Bei der Mutter lernt sie schneidern. Ina geht als ungelernte Arbeiterin in die Fabrik, eine Garnaufmacherei: »Strickgarne aufgehaspelt, Nähgarne gespult.« Zwanzig Frauen arbeiten im Schichtdienst, immer im Akkord. Nach der Geburt ihres Sohnes 1936 beginnt sie in Konfektionsbetrieben zu nähen. Ein jüdischer Unternehmer entdeckt Ina als Mannequin. Bei ihm lernt sie die Laufstegpräzision der Schritte.

Ina wird einer der Stars im Modesalon Heise, gelegen im dem Tiergarten nahen Bellevue-Viertel: »Die Struktur des Salons verlangte nicht nur das Vorführen der Bekleidung, ich bediente auch die Kundschaft und verkaufte mit. Dabei hatte ich guten Kontakt zu allen Kundinnen, die aus sehr exklusiven Kreisen kamen. Frauen der Nazigrößen, höchster Offizierskreise, Künstlerinnen und Filmgrößen lernte ich kennen. So unter anderen Eva Braun, Frau Kesselring, Frau Goebbels, Zarah Leander, Marika Rökk. Bei Heise wurden außer Privatkleidung auch Filmkleider für die Stars der Ufa-Filme hergestellt. Für die Repräsentation der Eva Braun wurde beispielsweise jede Hürde genommen, um das gewünschte Material heranzuschaffen. Die Meisterin bekam von höchsten

SS-Stellen alles Nötige, um so bequem und schnell wie möglich zu Anproben nach München oder auf den Obersalzberg zu fahren. Die Koffertransporte übernahm die SS.

Sowohl bei diesem Kundenkreis als auch bei der Chefin war ich sehr beliebt und hätte Familienverkehr haben können, wenn ich es darauf angelegt hätte. Dennoch gewann ich großen Einblick in das Geschäfts- und Privatleben der Heises und der Kundschaft. Frau Heise – ihr Mann war übrigens in einer leitenden Funktion eines Wirtschaftskonzerns – war nicht als Nazi anzusehen. Das konnte ich wiederholt in Gesprächen feststellen. Zu ihrem Freundeskreis gehörte unter anderem die Familie Gottschalk. Joachim Gottschalk war Schauspieler und mit einer Jüdin verheiratet. Jedenfalls waren mir meine Tätigkeit und persönlichen Kontakte zu unzähligen dieser Frauen eine sehr wertvolle Informationsquelle.«[98]

Die Freunde beschließen, dass es sinnlos ist, die Flugblattsendung an der Westfront zu verteilen: »An der Maginot-Linie herrschte weiterhin faktisch Waffenstillstand; ein Frontwechsel unter solchen Bedingungen war undurchführbar«, so Heinrich Scheel.[99]

Spagat, schmerzhaft

Die jungen Männer fehlen im jungen Jahr 1940 in der Stadt. Brot oder Mehl gibt es auf Reichsbrotkarte, Seife und Waschpulver auf Reichsseifenkarte. Kinder rollen Schneemänner und versehen sie mit Judenstern und Gebetskäppi. Minus fünfzehn Grad und Kohlen sind knapp. Alle frieren, in den Wohnungen, den Schulen, den Büros, den Kasernen, den Fabriken.

Graue, grüne, schwarze und braune Uniformen von Wehrmacht und Partei beherrschen das Straßenbild. Das Reisebüro Käse bietet Stadtrundfahrten in Panzerspähwagen. Die Reichshauptstadt muss Vergnügen bieten; Berlin flaniert, in der Illusion, vom Krieg verschont zu bleiben. »Feldzug in Polen« hat am 8. Februar 1940 im Ufa-Palast Premiere. Der Propagandafilm von Fritz Hippler entwickelt sich zum Kassenschlager; der inszenierte Dokumentarfilm, produziert durch die Deutsche Wochenschau, transportiert die Geschichte der deutschen Invasion in Polen.

Der Film erzählt nicht die Geschichte einer grausam organisierten Völkerwanderung, nicht die Geschichte der größten Verbrechen an der Menschlichkeit im Rahmen eines rassischen Experiments – auf dem Gebiet des Generalgouvernements entstehen vier Vernichtungslager für die »Endlösung der Judenfrage«: Belzec, Sobibor, Treblinka und Majdanek. »Ziel der Arbeit im Generalgouvernement ist nicht der Aufbau eines Rechtsstaats, sondern die Erfüllung der nationalsozialistischen Ostaufgabe«, so Hans Frank, Generalgouverneur für die besetzten polnischen Gebiete und Parteigenosse seit 1927. Den polnischen Staat gibt es nicht mehr. Jüdische Ghettos entstehen. Für Warschau ordnet Hans Frank an, dass das Ghetto ab sofort mit Barrikaden von der übrigen Stadt getrennt wird. Juden seien Träger und Verbreiter von Krankheiten und Bazillen. In einer Erklärung zur »Treuhandschaft« über den Kultur- und Kunstbesitz des Landes schrieb Frank bereits am 3. Oktober 1939: »Danach kommt nur eine Ausnutzung des Landes durch rücksichtslose Ausschlachtung,

Harro (vorne links) im Reichsluftfahrtministerium

Abtransport aller für die deutsche Kriegswirtschaft wichtigen Vorräte, Rohstoffe, Maschinen, Fabrikationseinrichtungen usw., Heranziehung der Arbeitskräfte zum Einsatz im Reich, Drosselung der gesamten Wirtschaft Polens auf das für die notdürftigste Lebenshaltung der Bevölkerung unbedingt notwendige Minimum, Schließung aller Bildungsanstalten, insbesondere der technischen Schulen und Hochschulen, zur Verhütung des Nachwuchses einer polnischen Intelligenzschicht, in Frage.« Bereits in den ersten Tagen der Okkupation wurde die Universität Warschau geschlossen; Polen verliert fast 30 Prozent aller Wissenschaftler und Lehrer an Höheren Schulen. Im November 1939 werden die Professoren der Universität Krakau vom Campus vertrieben und im KZ Oranienburg interniert – eine »kulturelle Kontrastpolitik«, wie Frank sie nennt.

Im Frühjahr 1940 scheinen Hitlers Truppen alles zu überrennen: Dänemark, Norwegen, Holland, Belgien, Luxemburg. Am 14. Juni marschieren deutsche Truppen in Paris ein, im Gepäck *Mein Kampf,* die Pflichtbibel, sie liegt als Taschenbuchausgabe vor mit einer Gesamtauflage von fast sechs Millionen Exemplaren. Einberufungsbefehle kommen mit der Post, unumstößlich wie Todesurteile. Harro bleibt »uk-gestellt«, unabkömmlich. Er hat neue Pläne, um endlich doch ein Studium abzuschließen: Mit den Fächern »Außenpolitik/Wehrpolitik – Außenwirtschaft; Länderkunde Schweden und UdSSR. Sprachen: Englisch und Schwedisch« will er am neu gegründeten Auslandswissenschaftlichen Institut der Berliner Universität schnellstmöglich promovieren. Die Hochschule für Politik fusioniert mit der Auslandshochschule und dem Orientalischen Seminar zu einer festen wissenschaftlichen Größe der NS-Außenpolitik – ein Sprungbrett für die Karriere. Dekan ist der Leiter der Abteilung VII im Reichssicherheitshauptamt, der dreißigjährige Dr. Franz Alfred Six. Die Absolventen dürfen erwarten, über die Station Reichssicherheitshauptamt, RSHA, in die Führung des NS-Staates aufzusteigen. In den Briefen an die Eltern betont Harro, dass er fest mit dem Posten eines Regierungsrats nach der Promotion rechnet und das Studium nur mit Hilfe von Libs zu schaffen sei.

Neben dem Dienst im Ministerium dann die Vorlesungen bei dem »Standartenführer SS und Abteilungs-Chef der Geheimen Staatspolizei«[100] Dr. Franz Six, einer der sieben ranghöchsten Führer im gesamten SD-Hauptamt. Six setzt sich maßgeblich für einen entscheidenden Einfluss des SD in der Juden- und Rassenpolitik ein. Der NS-Karrierist Six, mit der Durchführung der »staatspolizeilichen Vorbereitungen« des Überfalls auf Polen beauftragt, ist als Mitglied des »Stabs Heydrich« umfassend in die Pläne Hitlers, Himmlers und Heydrichs zur Liquidierung der gesamten polnischen Führungsschicht eingeweiht. »Der Mann ist sehr energisch, und ehrgeizig und hat den festen Willen, aus der neuen Fakultät was zu machen [...] ohne Rücksicht auf Verluste. (Er geht sehr rigoros gegen die alten Hörer und Hörersitten der ›Hochschule für Politik‹ vor.) Das Studium (jedenfalls derjenigen, die jetzt anfangen) ist streng eingeteilt und überwacht. Wer dort das Examen macht, wird direkt an eine höhere Staatsstelle (Ministerium, Diplomatie usw.) weitergegeben. Also ungefähr das, was ich mir früher mal unter einem politischen Studium vorstellte«, schreibt Harro an die Eltern am 21.3.1940.

An der »Auslandswissenschaftlichen Fakultät« stellt Six Themen wie Kriegs- und Lageberichterstattung, expansionistische Großraumgestaltung und die Ostsiedlung in den Vordergrund. »Aber ›Privatleben‹ ist nicht mehr. Ich habe ja fast jeden Abend Kolleg. Pfingsten waren wir 2½ Tage sehr erholsam mit Freunden im Zelt (Liebenberg, an unserem See). Mit Rad kamen wir schnell hin«, schreibt Harro Mitte Juni. Die Engelsings besuchen die für ein paar Tage abseits aller Pflichten lebenden Freundinnen und Freunde: »Doch wir wissen nur, dass alle diese jungen Leute, die sich um Harro scharen, gegen Hitler sind. Er wirkt gelöst und heiter im Kreise seiner Vertrauten. Libs hat wie so oft die Ziehharmonika dabei, und es wird gemeinsam gesungen, geschwommen und gekocht.«[101]

Einmal mehr der Versuch, die verkehrte Welt wenigstens nach Feierabend und am Wochenende zu wandeln? Wie Heinrich Scheel stammen die meisten der neuen Bekannten eher aus dem Arbeitermilieu als aus dem Großbürgertum. Heinrich Scheel, im Januar wird er einberufen zur Fliegerhorstkommandantur in Pommern, schlägt seinen engsten Freund, den 24-jährigen Hans Coppi, als Verbindungsmann für Harro zum kommunistischen Untergrund vor. Auch den 1,90 großen blonden Schlaks mit dem verträumten Blick hinter der Brille prägt die Scharfenbergschule auf der Insel im Tegeler See. Aus einer Arbeiterfamilie stammend ist der Jugendliche politisch organisiert bei den Roten Pfadfindern und im Kommunistischen Jugendverband. Wegen illegalen Verteilens von Flugblättern gesucht, wird er Ende Januar 1934 verhaftet und zu einem Jahr Jugendgefängnis in Berlin-Plötzensee verurteilt. Der 19-Jährige beschließt die Haft nach einem mehrmonatigen Aufenthalt in dem in der Oranienburger Brauerei untergebrachten KZ.

Nach der Haft arbeitet Hans Coppi als Dreher in einer Maschinenbaufabrik. Ab 1939 ist er in der Widerstandsgruppe um den Dramaturgen und Schauspieler Wilhelm Schürmann-Horster aktiv sowie im Scharfenberger Freundes- und Widerstandskreis.

Seit Herbst 1939 lebt Hans mit der sieben Jahre älteren Hilde zusammen, Sachbearbeiterin bei der Reichsversicherungsanstalt für Angestellte. Fridel Seeger über Hilde: »Sie war nie laut, hatte ein feines, verstehendes Lächeln, war hilfsbereit, ohne sich aufzudrängen. Ihr Wesen glich dem einer liebevollen mit dem Patienten mitfühlenden Krankenschwester. Es fehlte ihr jeglicher Wagemut. Sie wollte, dass der Krieg zu Ende geht. Für andere setzte sie ihr persönliches Glück aufs Spiel. Und sie war glücklich mit ihrem Hans. Beider Wesen atmete, sah man sie zusammen, Ruhe und Harmonie.« Die Hänge im Tegeler Forst sind ihr zu steil zum Rodeln. Hans und Hilde leben zurückgezogen im Norden Berlins; in ihrem Häuschen »Am Waldessaum« steht ein großes Rundfunkgerät der Marke Stassfurt. Durch Umbau lässt sich das Gerät mittels Morsetaste auch als Funkgerät benutzen. Die Eltern Coppi betreiben eine bekannte Eisdiele, die als Treff dient.

Walter Küchenmeister kehrt aus der sicheren Schweiz zurück. Er will in Deutschland mitwirken, das glaubt er sich als »alter Kämpfer« schuldig zu sein. Elfriede Paul nimmt ihn wieder bei sich auf: »Dabei, das spürte ich oft, besonders dann, wenn er heimlich den Schweizer Sender hörte, sehnte er sich in das Emigrationsland zurück.«[102] Zu Hitlers Geburtstag am 20. April erleben viele Gefangene eine Amnestie, so auch der politische Rivale und Weggenosse Walter Küchenmeisters, Wilhelm Guddorf, ein Freund von Walter Husemann. Ein Mann, der durch seinen riesigen wasserköpfigen Schädel und durch eine verkrüppelte Hand auffällt. Der 1906 geborene Wilhelm Guddorf, bekannt als Redakteur der *Roten Fahne* aus dem Ruhrgebiet unter dem Decknamen Paul Braun, verfügt über eine enorme Vielzahl an Kontakten – insbesondere zu Arbeiterkreisen im Stadtteil Neukölln und nach Hamburg zu Bernhard Bästlein und Robert Abshagen. Paul Braun betreut das große Antiquariat Buchhandlung Gsellius. Mit der 19-jährigen Romanistikstudentin Eva Maria Buch, ebenfalls in der Buchhandlung tätig, verbindet ihn eine heftige Liaison

Über das Ehepaar Schumacher stößt der im März nach fünf Jahren aus der Haft entlassene Sinologe Philipp Schaeffer mit seiner Frau Ilse, Bildhauerin, zum Kreis um Harro und Libertas. Da die Gestapo den Nachweis der Erwerbstätigkeit forderte, trat er als Packer bei Frigidaire ein. 1894 in Königsberg geboren als Sohn eines Offiziers, hat er seit 1933 jede Verbindung zu den Eltern abgebrochen; von seiner ersten Frau, aus der Ehe entstammen zwei Töchter, ist er geschieden. Seit 1928 ist er führendes Mitglied der KPD. In den Diskussionen bei den Eheleuten Schulze-Boysen und Schumacher will er nur Meckerei und törichtes Witzemachen gesehen haben. Nach den ersten vier Abenden habe er eine weitere Teilnahme aufgegeben, heißt es in seinen Gestapoakten. Mit Elisabeth verbindet den Sinologen bald eine Liebesgeschichte.

Der Unternehmer Hugo Buschmann erinnert sich an »Diskussionen, Diskussionen. Wir kamen mit vielen Leuten zusammen, entweder bei uns oder bei ihm. Wir trafen geheimnisvolle Gestalten am Sonntagmorgen, wenn wir im Grunewald spazieren gingen. Musste man handeln? Harro erklärte, dass die deutsche Kriegsmaschinerie nicht geschwächt werden dürfe, dann würde ein Sieg der Westmächte möglich, bevor eine revolutionäre Situation herangereift sei. Ich war absolut nicht einverstanden. Ich hatte das Angebot einer Reise nach Moskau mit einer Industriellen-Kommission zum Kauf von Rohstoffen abgelehnt, weil ich nicht in ein Land fahren wollte, das mit Hitlerdeutschland verbündet war. Harro machte sich lustig. Die russische Politik sei stimmig. Inzwischen war er überzeugter Leninist geworden. Es könne nicht die Frage sein, die russische Organisation auf Deutschland zu übertragen. Das stünde bei Lenin schwarz auf weiß. Wenn Russland eines Tages in den Krieg eintrete und Hitlerdeutschland den Gnadenstoß gebe, dann werde die deutsche Revolution eine nationale Erhebung sein wie 1917 in Russland und der Rest von Europa werde folgen. Wir waren uns nicht einig.«[103]

Sommer in Berlin

Durch die Vermittlung von Heinrich Karbe beginnt Libertas regelmäßig Filmkritiken für die *Essener National-Zeitung* zu verfassen, anfangs aushilfsweise für nicht »uk«-Gestellte männliche Kollegen, denn für die Ausübung des Berufs müsste sie die Schriftleiterprüfung passiert haben und, so die Auflage, über dreißig Jahre alt sein.

Ob Harro den neuen italienischen Fliegerfilm gesehen hat? In der Rubrik »Kultur und Unterhaltung« der *Essener National-Zeitung* schreibt Libs in der Ausgabe vom 4. Juli 1940: »Zwischen Leben und Tod – Das Schicksal des Luciano Serra: Im Augenblick, da die Armata Azzurra an der Seite der deutschen Luftwaffe in das große Ringen um eine neue bessere Weltordnung eingegriffen hat, erscheint auf der deutschen Leinwand ein Film, der von Geist und Leistung der italienischen Luftwaffe Zeugnis ablegt.« Sie stellt Parallelen zu dem deutschen Fliegerfilm *D III 8* fest, der als »staatspolitisch besonders wertvoll« und »jugendwert« gilt, einem Männer- und Soldatenfilm. Aber: »So zwangsläufig ähnlich die Idee, so verschieden die Darstellung. Das muss so sein, denn wir dürfen nicht vergessen, dass wir es in einem Fall mit unserer eigenen, im anderen Fall mit einem Volk romanischer Rasse zu tun haben, das mehrere Breitengrade jüdischer ist und dessen

ausgeprägteste Charakterzüge gerade im Film deutlich zutage-
treten.« Mundgerechte Propaganda, kein Text, der einen Schrift-
leitereingriff herausfordert.

Ende Juli übernimmt Harro für Libertas, die an den Folgen einer
Mandeloperation leidet, die wöchentliche Filmkritik. An die Eltern schreibt er am 21. August: »Außer den ›Rothschilds‹ neulich
habe ich übrigens in Libertas' Vertretung noch eine Filmkritik verfassen müssen, die morgen, Donnerstag, in der *Essener* erscheinen
wird. Hoffentlich sperrt man Libertas dafür nicht ein. Ich habe
ziemlich vom Leder gezogen.«

»›Die Rothschilds‹: Ein ausgezeichneter politischer Film. [...] ›Die
Rothschilds‹ sind, trotz ihrer historischen Existenz, eine aktuelle
politische Angelegenheit. Sie verkörpern am eindeutigsten den
Feind – die City, die Welt, in der ›alles seinen Preis hat‹, in der die
heiligsten Güter gehandelt werden.« Der Film starte am Aus-
gangspunkt – im »Ghetto«, hier vermehren die Rothschilds in ihrem Frankfurter Stammhaus ihr Kapital, der »Weg der internationalen Hochfinanz«. Harro schreibt weiter: »Es ist erschütternd
und beschämend zu sehen, wie sehr den Rothschilds durch das
Verhalten ihrer nichtjüdischen Umwelt der Weg geebnet wird. Die
›Gojim‹ machen den Rothschilds die Sache so leicht.« Harro
schließt die »Kunstbetrachtung«: »Jawohl, dies ist ein sehr aktu-
eller Film. Denn wir erleben heute die Heraufkunft einer neuen
Ordnung, vor der die Rothschilds das Feld zu räumen haben. [...].
Das Ende der Rothschilds ist gekommen. Nach 150 Jahren kapi-
talistischer Diktatur über Europa sind sie und die anderen ihres-
gleichen endlich, endlich – diskreditiert. Der Film zeigt es. Diskreditiert und erkannt.«

Weder Obst, Gemüse noch Kartoffeln gibt es in ausreichenden
Mengen. Die Menschen stehen geduldig wartend vor den Geschäften. Parks und Vorgärten werden umgegraben, am Gendarmen-
markt und vor dem protzigen Berliner Dom pflügen Arbeiter den
Rasen um für den Gemüseanbau. Noch wiegt sich Berlin in Sicherheit vor Bombenangriffen. In Nord- und Westdeutschland setzt
die Zerstörung der Städte ein. Auf den Dächern von strategisch
wichtig plazierten Gebäuden wie dem Geschäftssitz der IG Farben

Unter den Linden stehen Flakabwehrgeschütze. So schlimm wird's schon nicht werden! Die Kriegbegeisterung fehlt in der Stadt, missmutig verbringen die Berliner die Bombennächte mit Ohropax, Decken und Feldbetten in den Kellern ihrer Häuser. Am 6. Juli kehrt der Führer von der Westfront zurück, und dem größten Feldherrn aller Zeiten wird auf Befehl des Propagandaministeriums ein symbolhafter Grandezza-Empfang bereitet. Der *Berliner Lokalanzeiger* vom 7. Juli 1940: »Um 2 Uhr ist die Feststraße der Reichshauptstadt gerüstet. Vom Platz vor dem Anhalter Bahnhof bis zum Wilhelmplatz stehen hinter dem Spalier der Leibstandarte, der SA, der NSKK[104] und anderer Formationen der NSDAP dicht gedrängt die Massen. Die Fenster aller Häuser sind mit Trauben von Menschen besetzt. Bis auf die Dächer klettern die Wagemutigen, um Zeuge des Führers in der Reichshauptstadt zu sein ... Die ganze Wilhelmstraße ist in einen Blumenteppich verwandelt ... Immer höher steigt die Spannung, die freudige Erwartung, als der Lautsprecher ertönt und der Rundfunk das Eintreffen des Führers auf dem Anhalter Bahnhof miterleben lässt. Gleichzeitig grüßen die Glocken der benachbarten Dreifaltigkeitskirche den einziehenden siegreichen Feldherrn. Noch wenige Minuten, da dröhnt der Badenweiler Marsch auf, und bald bricht der Jubel der Begeisterung aus, der unbeschreiblich ist [...] der Führer fährt vorbei [...] Es ist ein strahlend festliches Bild, das der Wilhelmplatz und die Zehntausende in der Spannung und Glück wartenden Berliner bieten. Vom Dachfirst der Ministerien wallen die Hakenkreuz-Banner bis zur Erde herab, der ganze Platz leuchtet vom Rot des Fahnentuches ... Der Führer kommt, der Führer kommt! Es ist ein einziger Jubelschrei ...« Joseph Goebbels notiert an diesem Tag in sein Tagebuch: »Der Führer ist sehr gerührt. [...] Die Tränen kommen ihm in die Augen. Unser Führer!« Am nächsten Tag auf der Ministerkonferenz beklagt er, dass auf dem Kurfürstendamm »das gleiche flanierende Pack zu beobachten ... wie immer« sei. Nach seiner Ansicht hat der Kurfürstendamm ein »jüdisches Gesicht«, und »solange Juden in Berlin leben, wird die Stimmung im Westen der Stadt stets durch sie beeinflusst bleiben«.

»Wenn een feindlichet Flugzeug die Reichshauptstadt überfliecht, denn will ick Meier heeßen«, sagt einer den alten Witz Görings vom Beginn des Krieges im Keller der Altenburger Allee 19 auf. Am 13. August beginnt der deutsche Luftkrieg gegen England. In der Nacht vom 25. auf den 26. August werfen die Flieger der Royal Air Force über der Stadt ihre Bomben ab, die ersten Berliner Toten sind zu verzeichnen. Frauen lassen horchend die Maschen aus dem Strickzeug fallen, die Männer halten das Kartenspiel fest mit der Hand umklammert. Die Bomber dringen ohne Schwierigkeiten in den deutschen Luftraum ein; Berlin ist auf Luftangriffe schlecht vorbereitet. Die Schüsse der nächstgelegenen Flak bellen und treffen nicht. In den Keller nimmt Libs ihre Ziehharmonika mit. Die Nachbarskinder umringen sie und summen leise mit, auch wenn sie die Lieder nicht kennen. Harro und Libertas haben sich als Brandwache aufstellen lassen. Das Haus verfügt über keinen Keller, es ragt bis über die Hälfte aus dem Boden heraus. In ihm befinden sich große, baumstarke Abort-, Warmwasser- und Heizungsrohre und sechs schlecht geschützte Fenster.

Nun arbeiten Bauarbeiter und KZ-Häftlinge Tag und Nacht in Berlin am Bunkerbau, Feuerlöschteiche müssen ausgebaggert, die Kellerwände der Häuser durchbrochen, Fluchtwege geschaffen werden. Die als Flaktürme vorgesehenen Bunker im Humboldthain, am Bahnhof Zoo und im Friedrichshain reichen nicht für die viereinhalb Millionen Berliner.

Auf den Fliegeralarm gegen Mitternacht ist Verlass. Vor der Wohnungstür sind ein randvoll mit Wasser und ein mit Sand gefüllter Eimer Pflicht. An Schlaf ist nach dem Abebben des Alarms gegen fünf Uhr morgens kaum noch zu denken. Übermüdung, Verschleiß stellt sich ein. Die Sehnsucht nach Ruhe wird übermächtig, die Anspannung ist spürbar auf den Straßen, Gift und Galle spucken die Berliner, jeder wird dem andern zum Feind. Von wegen: Jeht nich jibss nich, nichts geht mehr. Und dennoch sind alle folgsam, und niemand überquert bei Rot die Straße. An den S-Bahnhöfen stehen SA-Leute bereit, mit einem ungelenk gemalten Plakat auf der Brust weisen sie auf ihre Aufgabe hin: Achtung, Hier steht der Begleitdienst der SA Stürmer 3/2, Wer allein muss heimwärts gehen, Durch die dustre, dunkle Nacht, Und sich grault, s könnt was geschehn, Wird von uns nach Haus gebracht. Harros Vater, der mittlerweile sechzigjährige Korvettenkapitän Erich Edgar Schulze, erlebt noch einmal seine Einberufung: Das »Unternehmen Seelöwe« bereitet die Invasion Englands vor. Ziel sind Industrieanlagen, um die englische Wirtschaftsmacht zu schwächen, sowie Angriffe auf englische Städte. An die Mutter schreibt Harro zum 2. September, seinem Geburtstag, den er und Libertas wieder hineinfeiernd zusammen mit Engelsings verbrachten, dieses Mal im Luftschutzkeller: »Papa schrieb heute aus Wilhelmshaven. Ich freue mich eigentlich für ihn, und ich teile Deine Ansicht: Es wird ihm vielleicht körperlich und seelisch recht guttun. Wie stark doch die Bande der Tradition sind: Da zieht nun dieser Mann aus zur Zerstörung seiner eigenen Lebensform! Wenn das bei so reifen Menschen passiert, was soll man dann zu den halben Kindern sagen!?«

Vertrauensmänner

Endlich gelingt es Mildred Harnack, Greta Kuckhoff und Libertas, ihre Männer zu einem Treffen zu bewegen. Knapp bemessen ist die Zeit von Harro außerhalb von Dienst und Vorlesungen. Libertas hält die Kontakte aufrecht. Adam Kuckhoff und Greta leben mit ihrem kleinen Sohn Ule in der Wilhelmshöher Allee 18, einer ruhigen Straße im Bezirk Friedenau. In der Diele des doppelstöckigen Hauses mit Dachgarten, einem architektonischen Kleinod der neuen Sachlichkeit von Hermann Muthesius, hängen der U-Bahnplan, eine Europakarte mit den verzeichneten Reisen des Paares und, hinter einem Vorhang, eine Karte der Sowjetunion. Versunken steht Adam oft vor der Karte, den Schlachtenverlauf des Ersten Weltkriegs kennt er auswendig. Auch der Schriftsteller ist überzeugt, dass der Kriegsbeginn mit dem Münchner Abkommen den Weg in einen Zweiten Weltkrieg bedeutet.

Arvid Harnack und Adam wollen Greta schonen. »Nach Ules Geburt hatten die Männer sich entschlossen, mich möglichst wenig zu belasten. Es gab so selten einmal in unserem Kreis ein Kind, Harnacks hatten keine, obwohl Mildred es sich so von Herzen wünschte, Libertas hatte keins, Schumachers waren ohne – ebenso Siegs. Adolf Grimmes Kinder waren grad dabei, dem Haus zu entwachsen.«[105] Aber: »Das halbe Wissen bedrückt mehr als das ganze.«[106] Libertas erhofft sich von dem 53-jährigen Adam Kuckhoff mäßigenden Einfluss auf ihren Mann, der sich allzu häufig von seinem Temperament hinreißen und alle Vorsichtsmaßnahmen außer Acht lasse.

An einem Sonntagnachmittag im Oktober 1940, die Sonne vergoldet alles in rührigen goldenen Kitsch, kommen Arvid und Adam mit Harro zusammen, um ernsthafte Planungen zu unternehmen. Greta und Libs sehen Ule zu, wie er mit dem Dreirad auf der Dachterrasse um die Blumenkübel kurvt. Auf der Straße erzählen ihm die fremden Tanten und Onkel, dass ganz böse Männer nach den Bombenangriffen den Schutt abtransportieren. KZler werden eingesetzt zum Räumen und Entschärfen der nicht gezündeten Bomben. Als alle jüdischen Kinder und Erwachsenen ab dem 1. September mit dem gelben Stern kenntlich werden, wollte Ule unbedingt auch ein gelbes Sternchen aufgenäht tragen. Oft spielt Ule zusammen mit der gleichaltrigen Saskia von Brockdorff, der Tochter von Erika von Brockdorff und dem Grafen Cay von Brockdorff-Rantzau. Erika arbeitet als Stenotypistin, pünktlich bringt sie jeden Morgen Saskia zum Kindergarten. Die 1911 in kleinbürgerliche Verhältnisse geborene Erika und Greta sind Nachbarinnen, zweimal kurz einmal lang, das ist Erika! Nicht nur zum Fasching schneidert die immer zum Lachen bereite Blondine Phantasiekostüme für die Kinder: Schweine mit Flügeln, Lurche mit Nashörnern.

Erika von Brockdorff ist über Schumachers mit Hans Coppi und seinem Freundeskreis bekannt. Bei Luftalarm lässt sie aus Angst vor dem Blockwart und neugierigen Nachbarn die Freunde oben im Dunkeln in der Wohnung abwarten.

Die drei Männer ziehen sich zurück. Arvid spricht im Referatston:

»Zu den Grundsätzen jeder Widerstandsorganisationen gehört die Rückendeckung im Ausland. Es wäre unverantwortlich dem eigenen Volke gegenüber, einen Staatsumsturz vorzubereiten, ohne Verhandlungen mit den auswärtigen Mächten zu führen mit dem Ziel, dass die Organisation – sollte ihr Umsturz glücken – vom Auslande anerkannt wird. Im gegenteiligen Falle – ohne Verhandlungen mit dem Auslande – liegt die Gefahr nahe, ein innenpolitisches Chaos heraufzubeschwören, aus dem nur die auswärtigen Mächte Nutzen ziehen.« Die letzten Worte verschluckt die Tür. Adam schließt sie bedächtig. Die Frauen bleiben unter sich. Harro erzählt von seinen Einblicken im Reichsluftfahrtministerium, von seinem Studium bei Six, von den Freundinnen und Freunden aus dem weiten Kreis der Scharfenberger. Adam Kuckhoff erwähnt seinen engen Freund, den Deutschamerikaner John Sieg, Güterbodenarbeiter bei der Reichsbahn mit intensiven Verbindungen zum Neuköllner Arbeiteruntergrund. Er schuftete in Detroit bei Ford und Packard in Nachtschichten am Fließband. Und Arvid Harnack erzählt, wie immer knapp, nüchtern und präzise, von seiner Verbindung zum sowjetischen Geheimdienst. Seit 1932 pflegte er Kontakte zu Botschaftsangehörigen. Geschockt von den Moskauer Prozessen, zweifelte Harnack dennoch nicht an seiner Überzeugung; der sozialistische Ausweg aus der kapitalistischen Krise ist sein Herzensthema. Weiterhin trifft er Vertreter der SU wie Alexander Hirschfeld und Sergej Bessonow, Mitarbeiter der sowjetischen Botschaft. Am 17. September 1940 machte er eine neue Bekanntschaft.

Die Berliner Residentur

Harnack willigte ein in ein Treffen mit einem Abgesandten der Sowjetunion in seiner Wohnung in der Woyrschstraße 16; Mildred ist zur Kur in Marienbad, fernab der englischen Bomber. Alexander Korotkow – der Zwanzigjährige begann 1929 seine

Karriere in der Lubjanka, der Zentrale des Staatssicherheitsdienstes der Sowjetunion – stellt sich Arvid Harnack vor als Alexander Erdberg. Der fließend deutsch sprechende Russe, nur manchmal ist ein slawischer Tonfall zu merken, braucht seine ganze Überzeugungskraft, um auf Arvid glaubhaft zu wirken. Korotkow lernte sein Handwerk bei Alexander Michailowitsch Orlow, sowjetischer Topspion und Meister im Wechseln der Seiten. Durch Protektion von Berija nahm ihn der NKWD nach den stalinistischen Säuberungen wieder in seine Dienste, nun tritt er als Diplomat im Range eines Sekretärs der sowjetischen Botschaft in Berlin auf. Korotkow gilt als stellvertretender Leiter der Residentur, der ausländischen Abteilung des Geheimdienstes innerhalb der sowjetischen Botschaft.

Noch steht der sowjetisch-deutsche Nichtangriffspakt. Josef W. Stalin sieht keine Begründung, daran nicht mehr festzuhalten. Provokationen der deutschen Seite werden vermieden.

Alexander Korotkow beschreibt die Motivation des Regierungsrats Harnack zur Mitarbeit: »Es sieht so aus, dass er es als seine Pflicht betrachtet, uns über das zu informieren, was ihm bekannt wird. Er sieht sich nicht in der Rolle eines Agenten, und in uns sieht er nicht seine Chefs, sondern zuallererst Vertreter der Sowjetunion, das heißt eines Landes, mit dem er sich ideell verbunden fühlt und von dem er Unterstützung erwartet.« Harnack mache auf ihn »den Eindruck eines aufrichtigen Menschen, der wirklich so eingestellt ist, wie er spricht«.[107]

Arvid Harnack, er erhält den Decknamen Korsikanez, wartet nicht auf Aufträge aus Moskau oder gar auf die Bezahlung. Er strebt eine gleichberechtigte Ebene mit dem Vertreter des Geheimdienstes an.

Aus dem Bericht der Berliner Residentur, Alexander Korotkow an den Auslandsnachrichtendienst des NKWD vom 26. September 1940[108]
[...] »Korsikanez« erfuhr in einem Gespräch mit einem Stabsoffizier des Oberkommandos der Wehrmacht, dass Deutschland Anfang nächsten Jahres einen Krieg gegen die

Sowjetunion beginnen wird. (Ein vorbereitender Schritt wird die militärische Besetzung Rumäniens sein, deren Vorbereitung gegenwärtig erfolgt und die im Laufe der nächsten Monate stattfinden soll.)[109] Das Ziel des Feldzuges bestehe in der Abspaltung eines Teils des europäischen Territoriums der UdSSR, von Leningrad bis zum Schwarzen Meer, von der Sowjetunion und in der Errichtung eines von Deutschland völlig abhängigen Staates. Im verbleibenden Teil der Sowjetunion solle nach diesen Plänen eine »deutschfreundliche Regierung« eingesetzt werden. Bei einer Konferenz des Wehrmachtsbeschaffungsamtes ließ der Vorsitzende, Konteradmiral Groß, die Bemerkung fallen, deren zufolge die allgemeinen Operationen gegen England vorerst zurückgestellt werden sollen.

Nach ihrem ersten gemeinsamen Treffen erklären sich Harro Schulze-Boysen und Adam Kuckhoff bereit, ebenfalls Informationen zu übermitteln. Eine militärische Intervention der Sowjetunion entgegen dem Hitler-Stalin-Pakt erscheint den drei Männern als einzige Möglichkeit, den Krieg in Nazideutschland und das Ende des Regimes in reale Nähe zu rücken.

Auch die Unterhaltung muss dienen

Libertas ist inzwischen regelmäßig im Auftrag der *Essener National-Zeitung* unterwegs. Neben den Filmkritiken an jedem Donnerstag der Woche erhält sie weitere Aufträge, in der Rubrik Kultur und Unterhaltung angesiedelt. Im Brief an die Schwiegereltern vom 21.11.1940 beschreibt Libertas ihr berufliches Streben, sich als Filmpublizistin zu etablieren.

Meine Filmarbeit, von der Du vielleicht auch einiges in Duisburg gesehen hast?, fesselt mich sehr, nimmt mich aber auch sehr in Beschlag. Es ist ein hart verdientes Brot – immer anders, immer möglichst besser schreiben als die Anderen, immer rasch rasch, damit die Sachen nicht an Aktualität verlieren und vor allem: sich als Frau gegen eine große Zahl von Männern zu behaupten, die nur darauf lauern, den einflussreichen Posten zu bekommen, als der die Zeitungsarbeit gilt.

Ich weiß nicht, wie lange ich die Sache werde machen können [...] Aber solange ich es machen kann, tue ich mein Möglichstes und lerne sehr, unschätzbar viel dabei. Und weiß vor allem endlich, dass es doch wirklich die »Filmkarriere« ist, die ich einschlagen muss, und weiß es umso sicherer, je vertrauter ich mit der Filmmaterie werde. Es ist nur bis zum Erfolg ein langer Weg, das macht sich der Laie nie klar. Es ist im Augenblick außerdem schwieriger denn je, weil Stoffe und Bearbeiter vorgeschrieben ist, weil keiner sich auf Experimente einlässt usw. ... aber solange ich alles, was ich versuche, als »Lernen« auffassen kann, bin ich ja gut dran. Und die Arbeit für die Zeitung sorgt ja für den notwendigen Nebenverdienst [...]

»Am 15. Dezember blickt die *Essener National-Zeitung* auf zehn Jahre ständigen Aus- und Aufbau zurück«, so feiert sich die Zeitung auf ihrer Titelseite zum Geburtstag. »Als nach den Septemberwahlen des Jahres 1930 der Nationalsozialismus in Deutschland ein nicht mehr zu übersehender Faktor geworden war, wurde mit der Gründung der National-Zeitung am 15. Dezember 1930 ein Organ geschaffen, das den seit diesem geschichtlichen Datum bedeutend gewachsenen Aufgaben der Partei eine geschliffene Waffe des Geistes sein sollte: Wenn nun jetzt die National-Zeitung auf das erste Dezennium ihres Bestehens zurückblicken darf, so kann sie mit Genugtuung feststellen, dass ihr Kampf vom ersten Tage ihres Bestehens an allein im Dienste des Großdeutschen Reiches unter Führung von Adolf Hitler gestanden hat. Als Organ der NSDAP ist sie zusammen mit der Partei gewachsen, sind die Aufgaben von Jahr zu Jahr größer geworden.«

Unter »Frontdienst der Wochenschau« resümiert Libertas am 20.12.1940 das nationalsozialistische Filmschaffen:

Strategische Ziele des Spielfilms

Ebenso rasch, wenn auch nicht ganz so umfassend wie die technische, vollzog sich die thematische Umstellung auf die Kriegsverhältnisse. Es mussten Filme zurückgestellt werden, die den neuen kämpferischen Richtlinien nicht entsprachen, andere traten an ihre Stelle, die zunächst, man möchte sagen, mehr tagespolitischen Charakter trugen. Klar und eindeutig treten in ihnen die Kriegsziele zutage; besser als Reden und Artikel vermögen sie volksaufklärend zu wirken: Filme wie *Stukas* und *Kampfgeschwader Lützow* und vor ihnen *D III 88* dienen der Würdigung der deutschen Luftwaffe; *Unterseeboot westwärts* dem Kampf der deutschen U-Boot-Waffe, *Blutsbrüderschaft, ... reitet für Deutschland* geben Beispiele deutschen Offiziers- und Soldatentums; *Feind hört mit* dient der Spionagegefahr, *Jungs und Jakko* der Jugendertüchtigung der HJ. *Mein Leben für Irland, Ohm Krüger* und vor ihnen *Der Fuchs von Glenarvon* der Enthüllung britischer Unterdrückermethoden; *Carl Peters* gibt dem deutschen Kolonialgedanken Raum, *Über alles in der Welt* und *Feinde* geben Schicksal und Leiden der Deutschen in Russland, *Jud Süß* und *Der ewige Jude* und vor ihnen *Die Rothschilds* dienen dem immer aktuellen Kampf gegen das Judentum. Parallel aber mit der veränderten deutschen Situation im bisherigen Kriegsverlauf, sozusagen mit den erweiterten Grenzen, hat auch eine spürbare Erweiterung der filmpropagandistischen Ziele stattgefunden. *Der Große König* kämpft, wie nach ihm *Bismarck*, um die Vollendung des deutschen Gedankens, *Friedrich Schiller* singt das Hohelied des deutschen Idealismus, wie ihn sich heute wieder vielfach die nationalsozialistische Dichtung zum Vorbild nimmt, *Bayreuth* schlägt die starken Klänge deutscher heroischer Musik an.

Auch die Unterhaltung muss dienen

[...] Nur in einem autoritären Staat und mit einer derart zentralisierten Industrie konnte sich der Film so rasch und reibungslos auf die Kriegsproduktion umstellen, wie es in Deutschland geschehen ist.
Welch hohe Einschätzung aber diese Filmarbeit in allen ihren Sparten im Kriege erfährt, beweisen neben der Organisierung der Kriegswochenschau vor allem jene teuren, repräsentativen, mit hohen Prädikaten ausgezeichneten Filme der neuen Staffel, die teilweise bis weit in die Geschichte zurückgreifen, um Gedanken und Ideen zu verherrlichen, die dem deutschen Volk immer wieder ins Bewusstsein rufen sollen, dass ein Kampf einer gerechten Sache dient.
Libertas Schulze-Boysen

Das Reichsluftfahrtministerium ist rund um die Uhr besetzt. Weihnachten erhofft sich Harro einen freien Tag, um mit Libs nach Liebenberg zu fahren. Zum ersten Januar wechselt Harro in die Attachégruppe der Abteilung V., Fremde Luftmächte, im Reichsluftfahrtministerium. In seine Bearbeitung fallen die Berichte der an den Botschaften tätigen internationalen Luftwaffenattachés – der Feinde und Verbündeten des Deutschen Reiches.
Ab 1936 entstanden in Wildpark-West südwestlich von Potsdam auf dem Wildparkgelände nahe Schloss Sanssouci Kasernen- und Bunkerbauten. Anfang 1940 sind zwei mit Hilfe von Tunneln verbundene Bunker fertig gestellt: In idyllischer Villennachbarschaft in der südwestlichen Umgebung von Potsdam tagt im Göring-Bunker *Kurfürst* die Befehlszentrale des Oberkommandos der Luftwaffe.
Für Harro bedeutet die Verlegung der Dienststelle Kasernenaufenthalt. »Für Libertas war natürlich alles sehr überraschend. Zunächst ist sie froh, mich noch etwas zu haben. Und umgekehrt bin ich auch vergnügt, nicht ganz aus der Welt zu sein ... (ich meine, aus ihrer, aus unserer kleinen Welt)«, schreibt er am 18.1.1941 an die Eltern.

Libertas ist allein in der Altenburger Allee. Oben in der Wohnung klingt das unheilvolle An- und Absummen der Bomber durch die Nacht. Hellhörig, mit allen Sinnen wach gespannt liegt sie dort. Im Keller, der wenig Schutz bietet, sitzen die Nachbarskinder und warten auf Libs und ihre Ziehharmonika. Ein kleiner Trost.

Die Übermittlung von Nachrichten und die Aufrechterhaltung der Verbindungen zum Freundeskreis erschwert die Versetzung nach Potsdam. Libertas ist als Sendbotin ihres Mannes gefragt. Zumal der in seiner knapp bemessenen freien Zeit einer privaten Leidenschaft nachgeht: Er hat sich verliebt. Seine Studienpläne sind »ein Schlag ins Kontor«.[110] Aber, mit Absender Wildpark-West, fünf Tage später schreibt er den Eltern wie zur Beruhigung: »Sehr sympathische Herren, mit denen ich zu tun habe. Arbeit von morgens früh bis spät in die Nacht – aber interessant (und das ist ja die Hauptsache). Merkwürdiges Gefühl: plötzlich wieder mal ein neuer Lebensabschnitt. Wieder alles von vorn. Luft gut. Verpflegung gut. [...]« Harro bearbeitet nun nicht mehr die Presseeingänge, sondern »andere, sehr interessante Berichte aus aller Welt«.

III

1941: »*Stimmung! Voller Betrieb*«
Ein besonderes Problem ist die Liebe

Drei Opernhäuser geben in Berlin ihre gut besuchten Vorstellungen. An den dortigen Untergrundstationen ist vom Krieg nichts zu merken. Angeregt plaudernde Damen klappen Puderdosen in Handtaschen, Männer im schwarzen Anzug an ihren Zigaretten ziehend bevölkern den Bahnsteig. Zwei Dutzend Theater sind geöffnet; Amüsierbetriebe wie das Haus Vaterland, die Scala und der Wintergarten spielen vor begeistertem Publikum. Im Bobby am Ku'damm tobt der Jazz, das Ballhaus unter den S-Bahnbögen der Jannowitzbrücke am Alex wirbt mit: »Stimmung! Voller Betrieb!«. Berlin ist der brodelnde Durchlauferhitzer für die Soldaten, die der Krieg von West nach Ost, nach Skandinavien und nach Afrika schiebt.

An seine Freundin Stella Mahlberg schreibt Harro: »[…] wenn ich könnte, würde ich mich schnell mal ent*lie*ben (*ie*, nicht umgekehrt) und bei Kriegsende wiederkommen, auf gut Glück sozusagen. Du glaubst gar nicht, wie ungern ich ein mir so seltenes und liebes Gefühl den tausend kleinen Widrigkeiten unserer jetzigen Berliner Existenz aussetze!«

Harro hat sich heftiger verliebt, als dass es einfach zu handhaben wäre, das Gefühl. Aber was passt in dieser Zeit schon. Ins Leben passt kein Plan, kein Soll und kein Haben. Zu kurz, zu schnell, zu heftig – vielleicht ist sie so, die Liebe in Zeiten des Kriegs. Brüchig und zerbrechlich, und doch ein umso kostbareres Gut. Die Schauspielerin Stella Mahlberg ist festes Mitglied im Ensemble des Deutschen Theaters. In *Das lebenslängliche Kind* von Robert Neuner und *Im Himmel und auf Erden* von Klaus Herrmann ist sie zu sehen. Die Briefe Harros an die 1914 geborene Schauspielerin mit den dunklen großen Augen zeugen von unbedingter Leidenschaft. Im April erwähnt er in einem Brief an Stella: »Keine Schwindelei Libs gegenüber. Sie ist im Bilde und von mir nicht beschwindelt worden. So was machen wir nicht.«[111] In den wöchentlichen Briefen an die Eltern findet seine Romanze keine Erwähnung.

Der Schmerz saugt sich fest an Libs wie ein Schmarotzer an einer schwimmenden Muschel. Ruhe, Tapferkeit, Verlässlichkeit ausstrahlen; schreien könnte sie: Ich bin nichts ohne dich, verlass mich nicht. Sich eingraben, aufwachen, und der Spuk geht vorüber wie ein schlechter Traum. Die Wut ist zu billig. Das gemeinsame nächtliche Gespann des Schlafes, das Flüstern, die Hand ausstrecken und ihn berühren – es ist vorbei. Vorbei, vorbei, ein altes Lied, das keiner mehr singen will. Die Stadt ist zerbombt; in den zerstörten Häusern klaffen die Narben wie offene Grabkammern.

Auf der Hochzeit von Günther Weisenborn und Joy im Januar 1941 tanzt Libs inmitten der ausgelassenen Fröhlichkeit; die so gar nicht gräfliche Gräfin Erika von Brockdorff zeigt lachend ihr Dekolleté, umringt von einem Schwarm Freundinnen. Sekt und Schnaps fließen, und trotz kriegsbedingter Mangelware schlemmen alle am Buffet. Mit seiner eigens zur Hochzeit erstandenen Kamera filmt Günther die Freundinnen und Freunde. Lange Netzstrumpfbeine recken sich vors Objektiv; die Schnitte werden immer schneller, die Schwenks wüster, als alle durcheinander den Abklatscher tanzen – und da ist auch Libs in einem hellen Kleid mit nackenkurzen Haaren, ausgelassen, mit Harro, dem Tänzer in Luftwaffenuniform. Einmal noch lass mich glücklich sein, mit dir; dann lass die Trauer kommen. Alles hat diesen faden Beigeschmack von einmal noch – ein letztes Mal, nur um Abschied zu nehmen. Einmal noch das Verlangen, einmal noch ihn packen und schütteln und rütteln, wie sie als Kinder die Pflaumenbäume in Liebenberg stießen. Geh nicht! Seine warme Haut an ihrer spüren und ihn sagen hören: Du bist doch meine Frau, mit einem Ausrufezeichen versehen. Du bist doch meine Frau, seufzte er, wenn sie zweifelte, verzweifelte an dem, was er die Aufgabe nennt. Die selbst gewählte. Rebellion hieß ihre Antwort. Und selbst dafür fühlt sie sich plötzlich zu schwach. Es sind die einsamen Gebete, die ganz privaten Wünsche, die man Gott doch nicht stellen darf, weil sie so schrecklich egoistisch sind. Lieber Gott, lass es sein wie früher. Bald würden sie einmal zu dritt zu Abend essen. Dann würde sie schon sehen, dass auch Stella ein ganz passabler Kerl sei. Wirklich, wir sind modern, vernünftig, erwachsen. Eine Farce, die mit der Demütigung wächst.

Den Verlauf der Ehe zwischen Libertas und Harro schätzt die langjährige gemeinsame Freundin Ingeborg Engelsing als kritisch ein: »Wir litten unter den Unstimmigkeiten zwischen Harro und Libs, und unsere Freundschaft wurde weniger eng. Wir sahen uns seltener im Sommer. Libs suchte sich öfters bei Enke Rat, einmal sprach sie über eine etwaige Scheidung. [...] Harro wusste alles einzuordnen und zu verarbeiten. Libertas fühlte sich häufig vernachlässigt. Hausfrauenarbeit lag ihr gar nicht. Sie war eine Quartalsköchin; was sie tat, tat sie mit Eifer, aber nicht regelmäßig. Sie half auch Harro bei seiner Arbeit mit großer Begeisterung, aber es hielt nicht an: Der Erfolg kam ihr nicht schnell genug. Sie war zu ehrgeizig, um auf die Dauer eine zweite Rolle zu spielen. Libs versuchte immer und überall zu wirken. Das erschien häufig krampfhaft und unnatürlich, zumal sie eigentlich solchen Aufwand nicht nötig hatte. [...] Trotzdem hatte sie eine Art Minderwertigkeitskomplex, der vielleicht seinen Ursprung in ihrer Jugend hatte. In ihrer Familie hatte sie als das ungeschlachte junge Entlein gegolten neben einer ausgeglichenen älteren Schwester. In Liebenberg wurde sie nie ganz ernst genommen. Nun versuchte sie immer und überall der Mittelpunkt zu sein, was ihr auch häufig gelang. Sie gab mir gegenüber diese Eigenschaft auch mit rührender, entwaffnender Offenheit zu.« [112]

Magda Linke, eine Arbeitskollegin aus der Berliner Redaktion der National-Zeitung weiß von einer förmlichen Sucht zu Affären, die sie bei Libertas beobachten wollte: »Sie erzählte viel und häufig von kleinen und größeren Liebesgeschichten, ohne deren Sensation sie offenbar nicht leben konnte.« [113] Die Kollegin sagt ihr eine Beziehung zu Regisseur Wolfgang Liebeneiner nach und sieht einen Zusammenhang zwischen »ihrem brennenden Ehrgeiz und ihrem betonten Selbstbewusstsein, das sich ziemlich egozentrisch entfalten konnte«. [114] In den Gestapoakten finden sich immer wieder schlüpfrige Hinweise auf die lässige Liebesauffassung innerhalb der Gruppe: »Laufend abgehaltene, nicht selten mit sexuellen Pointen gemischte Diskussionsabende, hauptsächlich in seiner Wohnung, wurden von ihm und seiner Ehefrau Libertas Schulze-Boysen geschickt zur politischen Beeinflussung der Teilnehmer ausgenutzt und stellen geradezu ein klassisches Beispiel der Nachrichtenerfassung auf dem Wege der Gesellschaftsspionage dar.«[115]

Ingeborg Engelsing sieht ihre Freundin auf der Suche nach Geborgenheit: »Sie war eine femme à hommes, vital, sanguinisch, ein großer Flirt, obwohl sie ihren Mann sehr liebte. Manchmal glaube ich, dass sie mich im Grunde ihres Herzens beneidete, weil ich Kinder hatte und ein viel bürgerlicheres Leben führte. Aber es hätte ihr nie genügt.« Schnell, schnell her mit dem ganzen Leben. Sie geht vorbei, die große Liebe, irgendwann, verflogen mit einem Augenblinzeln, ein kurzer kostbarer Moment? »Schön war sie eigentlich nicht, aber sehr reizvoll und verführerisch. Kein Mann konnte ihrem Zauber widerstehen. [...] Ihre blühende Gesundheit, die Kraft, die von ihr ausging, ihre mannigfaltigen musischen und sportlichen Talente machten sie überall zum Mittelpunkt. Sie fand sich in jeder Gesellschaft zurecht, ob es sich um Grafen, Intellektuelle, Filmschauspieler oder Arbeiter handelte. Sie war optimistisch, lebensdurstig und leichtgläubig«,[116] so Ingeborg Engelsing.

Magda Linke fügt ihren Erinnerungen hinzu: »Anfangs hatte ich den Eindruck, dass diesem hoch begabten Geschöpf alle künstlerischen Dinge wie im Halbschlaf gelängen, erst später konnte ich beobachten, wie zäh und verbissen Libs an manchen Niederschriften arbeiten musste und welcher starken Eigenkritik jeder ihrer Gedanken vor seiner Druckreife unterzogen wurde.«[117]

Selbstbehauptung, nach vorne schauen, arbeiten, leben – es fällt so schwer ohne Harro. Von Schloss Liebenberg sendet Libertas am 10. Mai 1941 folgende Zeilen an die Schwiegermutter:

In Berlin sah ich Harro kurz; es geht ihm nicht schlecht, den Umständen entsprechend. Es war ein sehr liebes und positives Wiedersehn! Meine Arbeit hab ich gleich wieder aufge-

nommen; was nun definitiv damit u. überhaupt mit mir geschehen soll, ist noch nicht heraus u. muss gut überlegt
werden, auch unter Einbeziehg. der neuen Drohg. mit Frau-
eneinziehungen, die mich ev. treffen kann ... Mein Kommen
nach St. Blasien steht an vorderer Stelle bei allen Erwä-
gungen.
Im Übrigen waren diese Wochen doch so, dass ich dankbar
für sie bin u. ja zu ihnen sage. Jede Art Erleben, selbst wenn
es wie hier im 2. Teil vor allem Bewährung und Geduld fordert, ist etwas Positives, u. für mich war es gut, einmal etwas
ganz, ganz anderes zu haben als den Alltag mit seinem Lebenskreis, seinen tägl. Menschen und Gedanken; nun, das
weißt Du ja.
Bitte, liebe Mama, schreib bald. Ich denke so viel hin zu Euch
und bin, das weißt Du ja nun zur Genüge, voller Sorge und
Ungewissheit! – Mutti grüsst herzl. Es geht ihr nicht gut.
Dir viel Liebes, immer
Deine treue Libs

Der Hauptstadt mit ihren Forderungen, den wöchentlichen Filmkritiken, den Partys und den Teegesellschaften kehrt Libertas den
Rücken zu. Sie reist nach St. Blasien im Schwarzwald, um die
Schwiegermutter bei der Pflege des bettlägerigen Sohnes Hartmut
zu unterstützen. Bei dem jüngeren Bruder, mittlerweile zum
Kriegsdienst eingezogen, wird eine Knochen-Tuberkulose vermutet. Harro schreibt einen Brief wie von Mann zu Mann an seinen
19-jährigen Bruder:

Lieber Hartmut!
Dein Brief hat mich sehr interessiert. Er bestätigt mir vollauf
meine schon Mama gegenüber in Freiburg geäußerten Ver-
mutungen. Ich sagte ihr damals schon, aber sogar schon vorher mal in Berlin, dass ich den festen Eindruck hätte, dass
deine angebliche »Knochen TB«« nichts anderes ist als Nie-
rensteinauswirkung. Ich habe doch schließlich seit Jahren
Schmerzen an den gleichen Stellen gehabt. »Nervöses Rheu-

ma« zwischen den Rippen, in den Schenkeln, vor allem aber in den von Dir bezeichneten Stellen in der Becken- und Oberschenkelgegend sind nichts anderes als Auswirkungen der Nierensteine.

Du brauchst Dir keine Sorgen deswegen zu machen. Ich kenne mich auf diesem Gebiet aus. Nierensteine sind keine »Krankheit«, sondern eine körperliche Veranlagung, die gewisse Schwächen, aber auch gewisse Stärken mit sich bringt und im Großen und Ganzen der Persönlichkeitsentwicklung nicht zu schaden braucht. Die Dinger gehören eben zu einem, und man muss sie nur richtig behandeln, dann tun sie einem wenig. […]

Ein besonderes Problem ist die Liebe. Die Steine machen im doppelten Sinne empfindlich. Das hat sein Gutes, denn man hat natürlich eine viel feinere »Antenne« als die anderen Mitmenschen. Man empfindet feiner, man empfängt feiner, als ob man einen Radio-Kristall in sich hätte. Möglich, dass die Nierensteine diese Funktion übernehmen. Hellseher, Hypnotiseure, Don Juans usw. sind ohne Nierensteine überhaupt nicht denkbar. Napoleon hat es um die ganze Welt gejagt … Goethe trieben sie von einer Frau zur anderen … Heiraten ist schlecht, wenn ich's mir überlege. Wenn ja, dann nur so wie ich: unbedingte Freiheit behalten (und fairerweise sie dem andern geben). Mit N.-Steinen taugt man nicht für eheliche Pflichten. Man bezahlt die Freuden der Liebe teurer als Andere, also muss es sich schon sehr »lohnen«, der Stimulans muss stärker sein als beim Normalmenschen. Beim Sexualakt kommen die Steine ins Rutschen: Körperliche und seelische Bewegung! Als Folge oft Nierenbluten (rötl. Urin), Blutleere im Gehirn, Müdigkeit, schlechtes Aussehen (Augen!). Das hört sich schlimm an, ist es aber nicht. Ein bisschen Askese ist nur gut für den Geist. Zusehen, dass man bei leichten, mühelosen Frauen bleibt. Florettfechten erotisch (Libs ist z.B. für mich zu schwer). Für den Notfall: Zäpfchen bei sich führen. Bei Kolik sofort Wärme!

[…] Alles in allem brauchst Du Dir keine Sorgen zu machen.

Man muss etwas an sich arbeiten, um die Nachteile der N-Steine zu kompensieren. Im großen Ganzen lebt es sich gut damit, solange man die Steine nicht zu groß werden lässt. Die Knochen TB kannst du ab jetzt getrost abschreiben, also kränker bist du bestimmt nicht geworden. Nebenbei: Darauf achten, dass Unterkörper, vor allem Nieren und Füße, nicht frieren.

Schluss. Glaub's mir. Dein H.

[...] Meine teuren Eltern banden mir früher als Kind die Hände oben an die Bettdecke fest. Dabei waren die Hände ganz harmlos und gar nicht an der Reizung schuld. Da sieht man mal, wohin man kommt, wenn man nicht die Phänomene auf die Materie zurückführt.[118]

Still ist es in der Altenburger Allee. Harro bleibt die Woche im Hauptquartier der Luftwaffe in Görings Bunker bei Potsdam. Seine wenige freie Zeit teilt er mit Stella Mahlberg oder trifft sich mit Freunden. Oft übernachtet er in der Bettinastraße bei Engelsings oder bei Tante Elle. Bei Elsa Boysen, einer unverheirateten Schwester der Mutter, Dolmetscherin bei Siemens & Halske, lagert Harro im Esszimmer ihres Dahlemer Hauses seine russischen Zeitungen und Bücher.
Johannes Haas-Heye kehrt mit Frau und Tochter im Mai 1941 nach Berlin zurück. »Ich hatte nach wie vor Berufsverbot in der nationalsozialistischen Presse. Wie so oft wollte ich wieder bei Harro und Libertas einziehen. Doch sie sagte mir, das solle ich lieber nicht tun. Ich habe das als Warnung verstanden.«[119] Auf Vermittlung von Günther Weisenborn editiert Johannes Haas-Heye in der Zentraldirektion des Rundfunks Nachrichten für Deutschland. Zuvor leitete er das Büro der United Press in Amsterdam, doch unter den Bedingungen des »Wehrbezirks Ausland« wurde die Dependance geschlossen.

Ruf nach Moskau

Mitte April 1941 erhält der Agent Alexander Korotkow mit dem Decknamen »Erdberg« aus Moskau den Befehl zum Aufbau einer Berliner Station des NKWD-Auslandsnachrichtendienstes, einer Residentur, und zur Anwerbung weiterer Mitarbeiter: Harro Schulze-Boysen, genannt Starschina, und sein Kreis, vermittelt durch Arvid Harnack, Korsikanez. Alexander Korotkow berichtet von einem ersten Treffen mit Harro am 27. April 1941:

> Wie wir Ihnen schon mitgeteilt haben, führte uns Korsikanez vorigen Donnerstag mit Starschina zusammen. Das Treffen war ausschließlich seinen Angaben über die antisowjetischen Pläne gewidmet, so dass die Fragen nach den Möglichkeiten von Starschina, seinen Verbindungen, seinem Kontakt mit der örtlichen Parteiorganisation unter anderem nicht berührt wurden. [...] Starschina versteht sehr gut, dass er es mit einem Vertreter der SU zu tun hat und nicht über die Parteilinie. Man hat den Eindruck, dass er bereit ist, uns vollständig über das, was er weiß, zu informieren. Auf unsere Fragen antwortete er direkt, ohne Ausflüchte und ohne Absichten, uns etwas zu verheimlichen. Mehr als das. Er hat sich offensichtlich auf dieses Treffen vorbereitet und hat auf einen Fetzen Papier einige Fragen zur Übergabe an uns aufgeschrieben. Bei Kleinigkeiten haben wir uns bewusst nicht aufgehalten, um einerseits unsere Aufmerksamkeit auf die Hauptsachen zu konzentrieren, und andererseits, um nicht den Eindruck zu machen, dass die sowjetische Aufklärung ein Opfer gefunden hat, aus dem sie alles nur Zugängliche ausquetschen will. [120]

Arvid Harnack bittet die Russen, »alles zu vermeiden, was bei Starschina, [...], ein Gefühl wecken könne, dass seine Parteiarbeit,

die er über alles stellt, sich in einfache Spionage verwandelt«, so
der Bericht der Kommandantur. »[...] Starschina macht einen
durchaus seriösen und soliden Eindruck, scheint es uns nach der
ersten Begegnung, dass er sich als Kommunist über die Verbindung mit uns im Klaren ist, und wir hoffen, den Kontakt mit ihm
aufzubauen.

Es wird jedoch ziemlich schwierig sein, mit ihm in Verbindung zu
treten. Starschina ist kaserniert, in die Stadt kann er nur an völlig
unbestimmten und unvorhergesehenen Tagen kommen, noch im
Hellen, manchmal in Uniform, wie das erste Mal. [...]

Wie bekannt hat Starschina seine eigene Gruppe, die sich mit Parteiarbeit beschäftigt und vor allem aus Künstlern besteht. [...]

Starschina sei seinerzeit in der Parteihochschule der NSDAP als
Assistent von Professor Six gewesen, habe Vorlesungen über Außenpolitik gehalten, wobei er diese Lektionen zum Fragenstellen
nutzt, um für den Nationalsozialismus schädliche Gedanken auf-
zuwerfen. Das kann als sehr eigentümlich und paradox aufgefasst
werden, erscheint aber trotzdem nahe der Realität. [...] Starschina
erwähnte beiläufig, dass er Informationen über die Vorbereitung
eines trotzkistischen Aufstands in Barcelona im Jahre 1937 hatte.
Da er diese Informationen für sehr wichtig hielt, hat er dies mit
Hilfe einer Frau an unsere Botschaft in Paris weitergeleitet. [...]

Was Grafen und Dekabristen[121] in der Gruppe von Korsikanez
anbetrifft, so muss man berücksichtigen, dass in Deutschland vor
1933 solche Erscheinungen vielfältig waren. Solche Leute sind
nicht offiziell Mitglieder der Partei geworden, und man empfahl
ihnen, ihre Verbindung zur Partei geheim zu halten.«

Die Siegesgewissheit hält vor. Am 6. April beginnen die deutschen
Truppen den Balkanfeldzug; der Überfall auf Griechenland und
Jugoslawien sowie auf Rumänien, Bulgarien und Ungarn gelten
als ein Vorspiel für den Angriff auf die Sowjetunion. Wagt Hitler
einen Zweifrontenkrieg, im Westen wie im Osten? Weiterhin hat
der Hitler-Stalin-Pakt Bestand.

Wer wird in Moskau den Warnungen eines Oberleutnants der
Luftwaffe, einem Büromenschen aus dem Reichswirtschaftsministerium und einem deutschen Schriftsteller Glauben schenken?

Bewusst verzichten Arvid, Harro und Adam auf die Übergabe von Dokumenten. Alle Übermittlung erfolgt ausschließlich mündlich. Das Wissen, das sie übertragen, muss als Beweis genügen. Beunruhigt reagiert Alexander Korotkow auf die Tatsache, dass die Männer ihre Widerstandstätigkeiten, die Kontakte zu den Freundinnen und Freunden, nicht aufgeben. Keinesfalls wollen sie sich als bezahlte Agenten Moskaus verstehen. Harnack erscheint dem Russen als Träumer, der »vorwiegend Pläne für die Zukunft schmiedet [...], wenn die Kommunisten an die Macht kommen«. Harro Schulze-Boysen dagegen sei ein »kämpferischer Mensch, der sich auf die Notwendigkeit von Aktionen zur Erreichung dieser Ziele konzentriert«.

In Görings Stab in Wildpark-West arbeiten die Russlandexperten an den letzten Kriegsvorbereitungen: Zu Aufklärungsflügen über sowjetischem Gebiet, berichtet Harro, starten die deutschen Flugzeuge in Bukarest, Königsberg und im norwegischen Kirkenes. Aufmarschpläne und Truppenkonzentrationen an den sowjetischen Grenzen seien bewiesen.[122]

Am 28. März 1941 erfolgt wieder Meldung nach Moskau: »Starschina nach Beobachtungen im Stab der Luftwaffe: Das deutsche Oberkommando bereitet einen zangenförmigen Schlag vor – einmal von Süden von Rumänien und andererseits von Norden über das Baltikum und möglicherweise Finnland. Dieses Manöver soll dazu dienen, die sowjetische Armee abzuschneiden, wie das seinerzeit in Frankreich geschah. Im Osten, nicht weit von Krakau, sind große Luftwaffenverbände zusammengezogen, zudem wurde ein neues Luftwaffenkorps geschaffen.«

Die Luftwaffe habe ihre Kriegsvorbereitungen hinsichtlich des Überfalls auf die Sowjetunion abgeschlossen. Die Eroberung der Ukraine und der Ölfelder Bakus verhindere den Zugriff der sowjetischen Luftmacht auf ihren Treibstoff. Hitler hoffe auf einen Blitzsieg. Der Oberleutnant Harro Schulze-Boysen liefert explizite Beschreibungen, wie der Bericht an den Auslandsnachrichtendienst des NKGB vom 2. April 1941, vermittelt von Korotkow, zeigt:

Starschina traf sich mit Korsikanez. Starschina meldete die vollständige Vorbereitung und Erarbeitung des Planes für den Überfall auf die SU durch seine Dienststelle. Der Plan besteht in Kürze in Folgendem: Die Luftangriffe konzentrieren sich auf wichtige Objekte von wirtschaftlicher und militärischer Bedeutung. Wegen der Zerstreutheit der sowjetischen Industrie auf einem riesigen Territorium kann man in einer kurzen Zeit das Land durch Bombardierung nicht aus seinem normalen militärisch wirtschaftlichen Leben reißen. Deswegen konzentriert die deutsche Luftwaffe ihre Angriffe auf Eisenbahnknotenpunkte des zentralen Teils der UdSSR.[123]

Starschina und Korsikanez sagen Angriffsziele und Schlachtrouten voraus, etwa das Bombardement der Eisenbahnlinien Tula – Orjol – Kursk – Charkow, Kiew – Gomel. Den Nachschub der sowjetischen Reserven von Ost nach West sowie die ökonomischen Arterien in der nord-südlichen Richtung abschneiden, so werde die Wehrmachtsstrategie verfahren. Korsikanez weiß von einem Gespräch mit dem stellvertretenden Leiter des Instituts für militärische Wirtschaftsstatistik, Oberregierungsrat Langelüttke, einem Spezialisten der Wehrwirtschaft. Der deutsche Generalstab gehe davon aus, dass der Widerstand der Sowjets innerhalb von acht Tagen erschöpft ist. Mit der Besetzung der Ukraine werde die Sowjetunion ihrer wesentlichen Industriebasis beraubt. Danach beabsichtigen die Deutschen, nach Osten vorzurücken, um den ölreichen Kaukasus von der Sowjetunion abzuspalten. Der Ural werde in greifbare Nähe rücken.

Ziele der deutschen Luftangriffe sind laut Starschina Kraftwerke, vor allem des Donez-Beckens; Motorenbauwerke, so das Kugellagerwerk Moskau und Werke der Luftfahrtindustrie. Starschina bestätigt, dass die Luftstützpunkte bei Krakau als wesentlichste Ausgangspunkte der Luftangriffe auf die UdSSR vorgesehen sind. Starschina versichert die Glaubwürdigkeit dieser Angaben, die er Dokumenten entnommen hat, welche in seiner Dienststelle durch seine Hände gehen.

[…] Aus den Gesprächen mit Major G. [vermutlich Gehrts[124]] der im Luftfahrtsministerium an operativen Instruktionen für den Mannschaftsbestand arbeitet, hat Starschina die Mitteilung erhalten, dass die Aktion gegen die SU vollkommen sicher ist und dass der Überfall demnächst stattfinden werde.

Der ehemalige Journalist, Major Erwin Gehrts, ist ein alter Bekannter von Harro. Aus dem Generalstab der Luftwaffe berichtet er, der operative Plan der Armee bestehe in einem blitzartigen überraschenden Schlag auf die Ukraine und dem weiteren Vormarsch nach Osten. Aus Ostpreußen wird zugleich der Schlag nach Norden erfolgen. Den sowjetischen Truppen, die sich zwischen den nördlichen und den südlichen Linien der Deutschen befinden, wird der Weg abgeschnitten. Die Zentren bleiben unbeachtet, nach dem Beispiel der polnischen und französischen Offensive. […] Allen Armee-Einheiten seien starke Verbände der Luftwaffe sowohl zur Aufklärung als auch zum Angriff zugeordnet, da man gemeinsamen Aktionen der Luftwaffe und Armee große Bedeutung beimisst.
Finnland solle ebenso in den Krieg eintreten. […] Die Deutschen halten, so Gehrts, es für besonders günstig, den Überfall im Frühjahr zu beginnen, da der Zustand der sowjetischen Flugplätze in dieser Jahreszeit die Handlungen der Luftwaffe erschweren wird.
Am 7. April gibt Harro Hinweise über die Evakuierung von Frauen und Kindern in Memel und Posen über den Mittler Arvid Harnack durch. Vier Tage später, am 11. April, bezieht er sich auf einen Verbindungsoffizier im Stab Hermann Görings und auf »Beobachtungen im Außenministerium in den einflussreichsten Kreisen Deutschlands«. Hitler halte einen Krieg, den er Präventivkrieg nennt, für unumgänglich.
Am 9. Mai 1941 übermittelt Harro Informationen nach Aussagen von Erwin Gehrts: »Alle Leiter von Flugplätzen im Generalgouvernement und Ostpreußen erhielten den Befehl, die Aufnahme von Flugzeugen vorzubereiten. Der große Flugplatz in Insterburg wird beschleunigt ausgerüstet.«

Zwei Tage später folgt die nächste Meldung am 11. Mai von Starschina: »Die Flotte Nr. 1 der Luftwaffe ist als Grundeinheit für die Handlungen gegen die UdSSR vorgesehen. Sie existiert vorläufig nur auf dem Papier mit Ausnahme von Nachtjägern, Flakartillerie und -einheiten, die besonders auf Tiefflug trainiert sind.«

Am 29. April spricht Hitler im Sportpalast in Berlin vor 50 000 jungen Absolventen der Offiziersschulen. Der Schluss der Rede geht nicht an die Zeitungen. Harro liefert nach Moskau. Der Führer prophezeit, »demnächst werden Ereignisse eintreten, die viele im Volk nicht verstehen werden. Jedoch stellen diese Maßnahmen, die wir planen, eine staatliche Notwendigkeit dar, da der rote Pöbel sein Haupt über Europa erhebt.«[125]

Auch über die innerdeutschen Verhältnisse informieren die Berliner Moskau:

Besonders kompliziert stellt sich das Arbeitskräfteproblem dar. Ständig finden weitere Einberufungen in die Armee statt. Alle Soldaten, die einen so genannten Arbeitsurlaub erhalten haben, d. h. aus der Armee in die Produktion geschickt wurden, kehren wieder in die Armee zurück. Einrichtungen und Betriebe bitten das Oberkommando, etwa sechs Millionen Wehrpflichtiger in den Einrichtungen und Betrieben zu belassen. (Die Armeestärke beträgt nach allgemeiner Meinung 8 bis 9 Millionen.) Die Deutschen hoffen, die fehlende Arbeitskraft zum Teil durch 1 bis 2 Millionen Arbeiter, die im Laufe des Jahres 1941 aus den Balkanländern nach Deutschland geschickt werden, zu decken.

Starschina teilt mit, dass über dem sowjetischen Territorium ein deutsches Aufklärungsflugzeug abgeschossen wurde. Die Deutschen zerbrechen sich den Kopf, wie das geschehen konnte, denn während ihrer Aufklärungsflüge über Frankreich und England sind die deutschen Flugzeuge nie entdeckt worden.[126]

Harro berichtet weiter, »dass die Schweiz gegenüber Deutschland nachgiebig geworden ist. Als Beweis dafür ist die Tatsache anzusehen, dass das Luftfahrtministerium Deutschlands demnächst an Schweizer Firmen Aufträge für Uhrenmechanik und Fliegerabwehr-Geschütze im Wert von 200 Millionen Mark vergibt.«[127] Am 30. April 1941 erreicht Alexander Korotkow ein folgenschwerer Auftrag des NKGB-Auslandsnachrichtendienstes:

Wie aus den Berichten der Agentur hervorgeht, wird die Atmosphäre angeheizt. Wir glauben, dass alle unsere Maßnahmen zur Schaffung der illegalen Residentur und der »Wirtschaft« beschleunigt werden müssen. Für den Fall des Abbruchs der Verbindungen organisieren Sie die Übergabe des Funkschlüssels, der Funkgeräte und eine Geldsumme bis zu 60 000 Mark an Korsikanez und Starschina. Die Funkgeräte und das Geld schicken wir mit der nächsten Sendung. Es ist für die Arbeit der Gruppe notwendig, wenn der Kontakt mit uns abreißt.[128]

Karl Behrens, Abendschüler bei Mildred Harnack und Techniker bei der AEG, Hans Coppi, Arvid Harnack, Harro Schulze-Boysen und Kurt Schumacher: Mehr als fünf in den Funkverkehr involvierte Personen will das NKGB nicht einsetzen. Harro warnt Korotkow ein letztes Mal vor der Gefahr des Kriegsbeginns, wie es im Bericht der Berliner Residentur vom Mai 1941 heißt: »Wir müssen Moskau eindringlich darauf hinweisen, dass der Angriff gegen die Sowjetunion beschlossene Sache ist. Der Angriff soll in allernächster Zeit erfolgen. Im Generalstab der deutschen Luftwaffe werden die Vorbereitungen von Operationen gegen die UdSSR mit größter Eile vorangetrieben. In Gesprächen mit Stabsoffizieren wird häufig der 20. Mai als Datum des Kriegsbeginns genannt. Andere meinen, der Kriegsangriff sei für Juni geplant.«[129]
Der Volkskommissar für Staatssicherheit, Merkulow, informiert Stalin über die Nachrichten aus dem Generalstab der deutschen Luftwaffe. »Genosse Merkulow soll sich die Quelle beim Kommando der deutschen Luftwaffe in den Arsch stecken. Das ist kein Informant, sondern ein Desinformant«,[130] soll Stalin am Rand des Berichts notiert haben.

Geheime Übergaben

Aus dem Führerhauptquartier gibt das Oberkommando der Wehrmacht bekannt: Zur Abwehr der drohenden Gefahr aus dem Osten ist die deutsche Wehrmacht am 22. Juni, 3 Uhr früh, mitten in den gewaltigen Aufmarsch der feindlichen Kräfte hineingestoßen. Die Geschwader der deutschen Luftwaffe stürzten sich noch in der Dämmerung auf den sowjet-russischen Feind«, plärrt das Radio am 22. Juni 1941. Drei Millionen deutsche Soldaten überfallen zusammen mit etwa 600 000 Kroaten, Finnen, Ungarn, Rumänen, Italienern, Slowaken und Spaniern die russischen Grenzgebiete. In *Mein Kampf* verdeutlichte Hitler 1926 seine Absichten hinsichtlich Osterweiterung und Ostpolitik: »Es sind zwei Gründe, die mich veranlassen, das Verhältnis Deutschlands zu Russland einer besonderen Prüfung zu unterziehen: 1. handelt es sich in diesem Falle um die vielleicht entscheidendste Angelegenheit der deutschen Außenpolitik überhaupt, und 2. ist diese Frage auch der Prüfstein für die politische Fähigkeit der jungen nationalsozialistischen Bewegung, klar zu denken und richtig zu handeln.«[131] Denn: »Das Recht auf Grund und Boden kann zur Pflicht werden, wenn ohne Bodenerweiterung ein großes Volk dem Untergang geweiht erscheint. Noch ganz besonders dann, wenn es sich dabei nicht um ein x-beliebiges Negervölkchen handelt, sondern um die germanische Mutter all des Lebens, das der heutigen Welt ihr kulturelles Bild gegeben hat. Deutschland wird entweder Weltmacht oder überhaupt nicht sein!«[132]
Die sowjetische Botschaft und Residentur schließen. Die Zeichen stehen auf Krieg. Mündliche Übermittlungen fallen weg; die Berliner Gruppe erhält zwei Sendegeräte. Harro, der selbst das Chiffrieren und Dechiffrieren beherrscht, will den Bildhauer Kurt Schumacher zum Funker ausbilden. Da Kurt am 7. Juni eingezogen wird, übernimmt Hans Coppi. Mitte Juni übergibt Elisabeth ihm das Funkgerät in ihrer Wohnung. Ein zweites Funkgerät steht in der Altenburger Allee 19. »Aus Berlin wird mitgeteilt, dass sich

ein Funkgerät zeitweilig bei Starschina, ein anderes bei einer Frau aus der Gruppe des S. befindet. Der Funkschlüssel ist mit Korsikanez durchgearbeitet worden. Mit Ausnahme der Rückübersetzung von Buchstaben in Ziffern bei der Entschlüsselung. Bei Korsikanez befindet sich vorübergehend eine deutsche Kurzbeschreibung über die Regeln des Funkverkehrs.«[133]

»1000 Grüße allen Freunden« lautet der Probefunkspruch der Berliner nach Moskau am 26. Juni 1941, vier Tage nach Beginn des »Unternehmen Barbarossa«. Die Antwort der Sowjets auf die Sendung der Berliner Gruppe: »Ihren Versuchsfunkspruch haben wir erhalten und gelesen. Das Ersetzen von Ziffern durch Buchstaben und umgekehrt soll durch die ständige Zahl 38475 und das Schlüsselwort ›Schraube‹ erfolgen.«[134] Weitere Nachrichten aus Berlin sind nicht im Äther auszumachen. So einleuchtend und schlagkräftig die Weitergabe kriegswichtiger Informationen zur Schwächung Deutschlands und somit zur schnellstmöglichen Beendigung des Krieges erscheinen mag, so unsicher und letztlich fatal erweist sich der Einsatz der Funktechnik. Hinter dem vermeintlich stärksten Potenzial der Gruppe lauert der Tod.

Am Matthäikirchplatz in Berlin, im Hauptquartier der Funkabwehr, arbeitet der Mathematiker Dr. Wilhelm Vauck. Mit »AR 50385 KLK de PTX« endet eine in der Funküberwachungsstelle Cranz an der Ostseeküste aufgefangene Sendung. Der Ausgangsort befindet sich, so die Annahme, irgendwo in den besetzten Gebieten Westeuropas: in Frankreich, Belgien oder den Niederlanden. Entschlüsselt werden kann die Nachricht nicht. Daran gearbeitet wird fieberhaft in der Dechiffrierabteilung.

Libertas versteckt den kleinen schwarzen Handkoffer in der Speisekammer. Sie meidet die Küche. Von Harro kommt keine Antwort, was mit dem Koffer geschehen soll. Es ist wie das Warten vor einer Explosion, sich wohl vorsehend, nicht vor dem Knall zu erschrecken.

Greta Kuckhoff berichtet in ihren Erinnerungen, wie Alexander Erdberg/Korotkow das Ehepaar zur Empfangnahme eines Funkgerätes bewegt.[135] Das etwa vier Kilo schwere Köfferchen mit der Funksendevorrichtung, dessen Besitz das Leben kostet, soll sie als zu ihrem Luftschutzgepäck gehörend behandeln und bei Alarm mit in den Keller nehmen. Der nüchtern rechnenden und denkenden Greta scheint der Einsatz der Funkgeräte als wenig sinnvoll. Der Radius ist begrenzt auf 1000 Kilometer, bis auf Harro ist niemand in der Gruppe zum Funker ausgebildet. Zudem ist die Gefahr der Entdeckung allzu groß, als dass die Mutter eines Kleinkindes sich dafür begeistert.

Auf dem U-Bahnhof Thielplatz erscheint die schmale 39-Jährige, gekleidet in einen kanarienvogelgelben modischen Regenmantel. Dem Klischee der mausgrauen unscheinbaren Agentin will sie keinesfalls entsprechen. In ihrer Angst sieht sie auf dem Plateau des Bahnhofs SS-Uniformen im Übermaß. Alexander Erdberg alias Korotkow schlenkert den Koffer wie ein lustiger Reisender, bis er ihm aus der Hand fällt. Der Stoß macht den Sender unbrauchbar. Greta Kuckhoff bringt den Koffer in die Wilhelmshöher Allee: »Und zu Hause weinte ich. Ich wollte nicht weinen. Ich wollte nicht unvernünftig sein.« In den nächsten Tagen, so Erdberg, werde er den Koffer wieder abholen und einem fähigen Funker übergeben. Niemand kommt wie versprochen, der Koffer mit der defekten Sendeanlage steht wie eine Anklage hinter den Mänteln im Kleiderschrank verborgen.

Greta Kuckhoff: »Nun verstanden wir beide, weder Adam noch ich, etwas von den ungeheuren Schwierigkeiten, die sich technisch aus solchen Vorhaben ergeben, aber wir ahnten sie und haben jedes Mal gesagt, kann man denn um Gottes willen diese Dinger nicht etwas schneller in Gang bringen, und wo gibt es Experten. Das durften wir zwar nicht wissen, das war ja eine Kategorie für sich – aber in Wirklichkeit hatten wir das Gefühl, dass zu wenig oder zu spät Vorbereitungen getroffen wurden.«[136]

Adam Kuckhoff bittet nochmals seine Frau Greta, um Alexander Erdberg das Funkgerät zur Reparatur zu übergeben. Dabei soll sie ihm eine Anzahl russischer Ortsnamen übermitteln. Harro brachte im Generalstab der Luftwaffe die ersten Angriffsziele in Erfahrung. »Aber ich kann keine russischen Namen behalten, ich behalte sie einfach nicht. Wenn man mir englische nennen würde, dann ja. Die russischen Namen prägen sich mir vom Bild aus nicht ein, weil ich die Schriftart nicht kennengelernt habe.

Infolgedessen ist Adam mit Libs hingegangen, und sie hatten eine ganze Latte davon, mindestens ein bis anderthalb Dutzend, bei denen die ersten Einsätze sein würden. Für die Lieferungen von Unterbringungsmaterial waren schon Orte genannt, die dahinter lagen. Die Liste war also durch diese Verfügungen bestätigt. Man fragte, woher habt ihr diese Unterlagen? Wir waren ja nicht Leute, die Stahlschränke aufbrechen und nachts Dokumente fotografieren, sondern wir waren Leute, die es aus ihrem Beruf heraus wissen konnten, ob es so geplant war oder nicht. Man musste uns also Glauben schenken oder gar nicht. Das war für unsere Freunde sicher etwas kompliziert, wenn sie hauptsächlich mit in Methoden und Techniken geschulten Leuten zu tun hatten. Für uns aber war es genauso kompliziert, denn – vielleicht war das nicht richtig – wir gingen vom Vertrauensverhältnis unter Genossen aus und hatten auch nicht die Voraussetzungen, soweit ich unterrichtet bin, ein solches Material mit Stempel und Unterschrift zu bringen.«[137]

Auch Adam nennt Libs »die Kleine«, aber bei ihm hat die Bezeichnung einen liebevoll-spöttischen Klang. Weil er davon überzeugt ist, dass sie eben über die menschlichen Stärken verfügt, die ihr andere aus dem Freundeskreis absprechen: »Libertas war eine unerhört tüchtige Frau, die einfach durch ihre Fähigkeit, gesellschaftlich aufzutreten, einen Eindruck zu machen, sehr viele Aufgaben übertragen bekam, die man andern nicht übertragen konnte. Sie konnte überall hingehen. Sie blieb eben doch die Frau eines Offiziers, nach dem Eindruck sogar eines höheren Offiziers, als er tatsächlich war«, so Greta Kuckhoff.

Mit gegenseitigem Handklatschen und lautmalerischen Eselsbrücken präparieren sich Libs und Adam für die Übertragung der kyrillischen Ortsnamen an Alexander Erdberg alias Korotkow. Nur nicht auffallen im Straßenbild; die Wege unter dem dichten Baumbestand des Tiergartens sind mittlerweile dafür bekannt, dass Agenten hier ihre Wanderungen unternehmen – Zigarettenrauch im Vogelgezwitscher, abseits vom Straßenlärm, abseits von Abhöreinrichtungen. Zu nahe am eigenen Wohnort darf der Treff nicht stattfinden. Wer weiß, ob nicht doch ein Beschatter unterwegs anknüpft; lieber ein mehrmaliges Wechseln der Autobusse und der Bahnlinien.

An der Umsteigestation Gleisdreieck nahe dem Potsdamer Platz strebt die Untergrundbahn schräg hinauf aus dem Schlund des Tunnels in ein plötzliches unwirkliches Tageslicht und kommt über dem Schienengewirr des Wechselbahnhofs zum Stehen. Unten schnauben die schweren Dampfloks des Güterverkehrs. Es rumpelt und zischt, seltsame Winkel und Wellblechhütten, die aus schmalen Schornsteinen verhaltene Lebenszeichen ihrer unsichtbaren Bewohner geben, verknäultes Elend. Oben hasten die Reisenden schnell über die Treppen auf die Etagen und Bahnsteige in Richtung ihrer Züge von Ost nach West, von Nord nach Süd. Die U-Bahn wandelt sich am Gleisdreieck zur Hochbahn und rollt wie eine übergroße Kirmesattraktion mit Blick auf die fernen kleinen Schaubudenhäuser des Berliner Herzens am Potsdamer Platz in Richtung Kreuzberg. Den Westen erobert sie vorsichtig vorwärts tastend über die Eisenträgerbrücke der Dennewitzstraße, um in den oberen Stockwerken eines Wohnhauses wie von Zauberhand zu verschwinden. Zwischen dem Wiederkäuen der menschlichen Fracht sieht Adam Kuckhoff den blonden, unscheinbaren Alexander Korotkow ruhig wartend mit einer glimmenden Zigarette in der Hand neben dem Aufsichtshäuschen stehen. Aus der geschlossenen, von SS-Mannschaften umstellten Botschaftsvilla in der Kurfürstenstraße konnte der Agent fliehen. In der nachmittäglichen Stoßzeit mischen sich die drei in den Strom. Langsam wandern sie treppauf und treppab, und mit jeder Stufe fällt ein russischer Ortsname; die Stationen der Hauptangriffsroute. Das Tempo nimmt zu, und endlich – außer Atem – es ist genug. Noch einmal lässt sich Erdberg flüsternd die Städtenamen wie eine ansteigende Tonleiter aufsagen. Adam und Libs könnten Vater und Tochter sein, die erhitzt im Großstadttrubel in einen frohen Nachmittag eilen. Korotkow folgt ihnen mit den Augen. Von hinten sehen die beiden müde aus; wie ein altes Ehepaar stützen sie sich Arm in Arm aufeinander, ein wenig schwankend wie Angetrun-

kene. Libs zittern die Beine; die Knie geben nach – ein haltlos-
schwammiges Gefühl, kurz vor der Watte der Ohnmacht.

Am nächsten Tag besucht Libertas Greta Kuckhoff: »Sie setzte
sich an eine sonnige Stelle des Dachgartens und ruhte mit geschlossenen Augen, als ich den Kaffee und einen Kognak brachte,
um sie, die sehr abgespannt aussah, zu erfrischen. Sie schien froh
zu sein über die Stille und sprach mehr vor sich hin als zu mir. Es
ängstigte sie, dass sie aus einer Familie komme, die nicht eben mit
robusten Nerven ausgestattet sei.«[138]

Adam Kuckhoff hält es kaum noch zu Hause. Er verbreitet eine
flirrend nervöse Stimmung um sich; kaum ist er angekommen,
wirft er wieder den Mantel über. Mit dem Hut in der Hand steht
er hinter dem Filzvorhang und betrachtet stumm die großflächige
Karte der Sowjetunion. Dass die gefährlichen Übermittlungen eine
solch geringe Wirkung haben; der Dramatiker will es nicht glauben. Von einer russischen Gegenwehr kann keine Rede sein. Im
Juli erobert die Wehrmacht Minsk und Riga, der Vorstoß der
Deutschen Richtung Moskau beginnt.

»Fünf Eisen im Feuer«

Zum 28. Mai 1941 berichtet Libertas der Schwiegermutter
Marie-Luise Schulze aus ihrem Alltag und dankt für neuen
Lesestoff, Irmgard Keun, die mit ihren seit 1933 verbotenen Groß-
stadtmädchenromanen für Furore sorgte:

Liebe Mama!
[...] Ich verbringe meine Tage mit nötigen Nutzlosigkeiten
wie Wohnungssuche für meinen Bruder, Einmotten, Filmarti-
kelschreiben und vor allem eine neue ausfüllende Tätigkeit
suchen, die mich möglichst von Berlin freimacht. Da wegen
Papiermangel u. fehlenden Arbeitskräften vor Kriegsende
keine Romane mehr herausgebracht werden, die nicht irgend-

wie wehrwirtschaftl. oder propagandistisch zu rechtfertigen sind, hat's keinen Sinn, meinen Roman weiter zu schreiben, wie ich vorhatte. Den Zuschuss, den ich brauche, um irgendwo anders als in Berlin (z.B. eine Zeitlang in St. Blasien od. Freiburg) leben zu können, muss ich mir auf irgendeine Weise zu beschaffen versuchen. Das ist sehr schwierig, leider, aber ich lasse nicht locker. Zu schade, dass ich meine Filmarbeit nur von hier aus machen kann!

Harro ist sein Gefängnisdasein ziemlich leid. Ich sehe seine Blässe und Nervosität mit Kummer, ohne helfen zu können. Das ist bitter. Meine Hoffnung sind drei Pfingsttage, aber auch die sind ungewiss, und außerhalb des Berliner Bezirks dürfen wir nicht […] Hoffentlich hast Du gemütliches Quartier und einigermaßen Verpflegung. Hier ist's sehr schwierig damit im Augenblick, so dass wir uns mit Sanostol und Biomalz und Ovomaltine helfen.

Leb wohl für heut. In Liebe und Treue und Anhänglichkeit bin ich

Deine Libs

Im Pfingsturlaub im dritten Kriegsjahr Anfang Juni 1941 üben alle wieder das Vergessen: Harro und Libs teilen ihr Zelt, sind sie doch alte Kameraden, Wegelagerer auf Zeit am Herzen des anderen. Elfriede Paul, Walter Küchenmeister, seine Söhne Rainer und Claus, Elisabeth Schumacher, Joy und Günther Weisenborn: Sie alle campieren auf der Mole in Marquardt westlich von Potsdam. Oben auf dem grasbewachsenen Hügel thront die Ausflugsgaststätte des arisierten Kempinski; eine Hochzeitsfeier lässt durch die Nacht ihre Musik über die Seenlandschaft schallen. In unmittelbarer Nähe der Zelte führt der Havelkanal die Bockschiffe weiter. Ein ruhiges Stampfen kündigt die schwarzen Kohletransporter aus den schlesischen Bergbaugebieten an. Auf Berlin hageln die Bomben der britischen Luftwaffe. Das Zeltdorf an der Mole bleibt unbehelligt. Im silbrigen Rauschen der hohen Uferpappeln singt Libertas zur Ziehharmonika die Schlaflieder vom Frieden in der Nacht.

Johannes Haas-Heye zieht es am Wochenende hinaus nach Lieben-berg zusammen mit Libs und Harro; oft begleitet ihn Stella Mahl-berg. Über Harro berichtet der Bruder: »Man merkte ihm immer mehr die Anspannung an. Er wirkte doch sehr nervös. Immer wenn man sich am Wochenende traf, dauerte es eine Weile, bis er relaxt sein konnte. [...] Mit den Freundinnen und Freunden bade-ten Harro und Libertas im Lanke-See, meistens nackt. Sie blieben für sich und lebten ein Pfadfinderleben. Unsere Cousine Ingeborg hasste Harro von Anfang an. Ihr Mann, der Luftwaffenoberst von Schoenebeck, empörte sich darüber, dass Harro sich so leichtfertig äußerte. Dass er einfach annahm, die Liebenberger dächten wie er. Dass Harro und sein Kreis zum Widerstand gehörten, dass es die-sen überhaupt gab, das wusste man nicht im Schloss.«[139]

In Berlin fühlt sich Libertas wie in einer Falle gefangen; das Ge-fühl des Verrats hat sich eingeschlichen wie ein böse langlebiges Insektensekret, bald schlummernd, bald giftig. Weiterhin liefert sie ihre wöchentlichen Filmkritiken für die *National-Zeitung*, etwa zur »1. Tagung der internationalen Filmkammer im Krieg« oder zu *Ich klage an* von Wolfgang Liebeneiner, einer filmischen Rechtfertigung der Euthanasie. Ihr ist, als würde sie die Zeit tot-schlagen. Die Zeit, die ihr davonrennt – die Lebensuhr; ihre Erzie-herin, das Fräulein Protzen auf Schloss Liebenberg, beschrieb sie als von beiden Enden angezündet. Unabhängig von Harros Ent-scheidungen plant Libertas ihr Leben. »Später litt sie sogar unter Harros Wirkung auf Menschen, sie ging vom Ehrgeiz getrieben ihren eigenen Weg. Berufliche Erfolge, junge Bewunderer, Geld und Luxus führten sie von Harro und seiner Arbeit fort. Als sie dann doch verhaftet wurde, musste sie (ich habe dies immer be-sonders bedauert) für etwas büßen, was sie längst nicht mehr ver-trat«,[140] so Ingeborg Engelsing.

Günther Weisenborn über seine Exfreundin: »Sie ritt ausgezeich-net, und ich vergesse nicht, wie sie eines Tages heftig atmend und voller Lebensfreude strahlend auf mich zukam, das Pferd am Zügel. Das Gut Liebenberg war riesig, in der düsteren Halle des Schlosses standen leere Ritterrüstungen umher, und wir lachten miteinander. [...] Sie war mit einem Mann verheiratet, den sie

liebte, und sie arbeitete mit ihm und schrieb illegale Texte, gefährliche Aufrufe und Botschaften. Sie wollte leben. Wir saßen im
Schloss beim Tee, wir segelten zusammen auf dem Wannsee, und
wir hatten viele Gespräche miteinander. Sie wollte leben. Sie wollte nicht mehr illegal arbeiten, aber sie konnte Harro nicht im Stich
lassen. Sie hat fünf Jahre treulich für ihn gearbeitet, und auf jede
einzelne dieser Arbeiten stand der Tod. Nach fünf Jahren konnte
sie diese Angst nicht mehr aushalten. Sie wollte leben, einfach leben. Sie wollte Liebe und Frieden. Und dann kam der Krieg. Sie
arbeitete getreulich weiter, Angst im Herzen, Hoffnung und Verzweiflung im Herzen.«[141]
Libertas will den Berliner Kreis verlassen, wie dieser Brief nach
den Pfingsttagen an die Schwiegermutter erzählt:

Libertas an Marie-Luise, Berlin, 13.6.41
Meine liebe gute Mama!
Ich hab ja ein sooo schlechtes Gewissen Dir gegenüber, dass
ich Dir noch immer nicht für das zauberhafte Nachthemd
gedankt habe und für Deine lieben Briefe! Entschuldigt es
mich, wenn ich Dir sage, dass vor allem Dein Sohn daran
schuld ist, für den ich ständig auf den Beinen war in allen
möglichen Geschichten, dazu die Gänge zum Arzt (der Fuß
will und will nicht heilen!) und sehr wichtige berufliche Verhandlungen (ich habe z. Zt. 5 Eisen im Feuer: erweiterte Arbeit bei der NZ Essen – Kultur u. Kunstteil; Anstellung als
selbstständige Büroleiterin in Genf, Lissabon oder Balkan für
eine neue gr. Nachrichtenagentur – dies bitte vertraulich! –;
Fronttournee mit der Ziehharmonika v. der deutschen Kon-
zertgemeinde aus; Vertrag mit dem Stalling-Verlag über eine
Artikelserie; Sekretärin in Paris der v. Deutschld. gekauften
Agence Havas. Dazu noch Fühlungnahme mit dem Reich
[Zeitschrift] über eventuelle Mitarbeit.) »Am Rande: Diese
Angebote sind bestimmt nicht alle ernst!« Und die Entscheidungen drängen, und es ist rasend schwer, das Richtige zu
wählen. Und dann gibt es Momente, wo man sich sagt, dass
das alles unsinnig ist, weil große politische Ereignisse vor der

Tür stehen, die einerseits Kräfte lähmen, andererseits sie be-
feuern, jedenfalls Herz und Mensch ganz mit Beschlag belegen und alles Private und privat-Planende zurückstellen und
sinnlos werden lassen – [...]
Unser Pfingsten war herrlich. Bei schönstem Wetter haben
wir wie die Wilden gehaust und uns herrliche Dinge zusam-
mengekocht und gebraten. Harro sah einmal wieder so blühend und strahlend aus wie an jenem 14. Juli vor 7 Jahren,
als er mir, zum ersten Mal, im blauen Paddelboot in der
Abendsonne auf dem Wasser entgegenfuhr. Inzwischen ist
nur noch ein Schimmer davon übrig: Arbeit, doppelt viel
jetzt in der Zeit großer Aktivität, frisst ihn auf. Ich bin gut zu
ihm und versuche, es ihm leichter zu machen, und vergesse
darüber meine eigenen Dinge, was gut ist.
Morgen wollen wir uns wieder draußen beim Zelten treffen.
Ich versuche das mit allen Mitteln durchzusetzen, es ist das
Einzige, was ihn erholt und entspannt.
[...]
Leb wohl für heut, Mamachen!

An der Lanke in Liebenberg

In der Villa Marlier[142] am südlichen Wannsee in idyllischer Gartenlage finden Bewerbungsgespräche statt. Libertas scheitert in der ersten Runde bei Übersetzungen vom Englischen ins Deutsche. Der Nachrichtenjargon liegt ihr nicht, vermutet ihr Bruder. Johannes Haas-Heye sitzt als erfahrener News-Journalist im Auswahlgremium. Ihm wird die Leitung der portugiesischen Nachrichtenagentur Radio Mondial mit Sitz in Lissabon angetragen: »›Nun‹, sagte ich, ›wenn dort Propaganda gemacht werden soll, so schafft man am besten Vertrauen, indem man erst einmal neutrale Nachrichten bringt.‹ 1100 Mark verdiente ich dort. Einen Korrespondenten etablierte ich in Belgrad, einen in Prag, und wir sendeten Probeläufe. Doch das alles war ziemliche Spielerei. Dann kam meine Einberufung, zehn Tage nachdem Radio Mondial eingestellt wurde. Zurück in Berlin ging es mir eigentlich sehr gut, ich hatte eine schöne Wohnung und sogar ein Auto. Wer hatte denn zu dieser Zeit noch einen fahrbaren Untersatz?«[143]

Organisator und Redaktionsleiter von Radio Mondial wird Dr. Waldemar Lentz, Auslandsberichterstatter des *Völkischen Beobachters* und des *Angriff* in Polen, Lettland und Rom; 1939 bis 1941 Leiter der Informationsabteilung des Propagandaministeriums. Das neutrale Radio Mondial ist eine Tarneinrichtung aus Goebbelscher Initiative. Joseph Goebbels und Joachim von Ribbentrop, Propagandaministerium und Auswärtiges Amt, streiten um die Kompetenzen der angeblich neutralen Radiostation.

Johannes Haas-Heye: »Es war doch wie mit allen Dingen des Lebens, wenn man mit den Nazis in Kontakt kam. Entweder man emigrierte oder man blieb. Blieb man, konnte man entweder überhaupt nichts tun, oder man musste versuchen, mit den Nazis so auszukommen, um für sie zu arbeiten und um vielleicht einmal gegen sie zu arbeiten. Es war eine fürchterliche Zeit, keine Frage. Libertas schrieb ihre Filmkritiken; manches musste man weglassen, manches hervorheben. Es war ein Brotjob, mehr nicht. Wir machten Kompromisse. Entweder man verließ Deutschland und betrat das Land nicht mehr, oder man musste sehen, wie man hier durchkommt.« Libertas gehört nun zum festen Mitarbeiterstab der *National-Zeitung*. Die im Brief angekündigte Artikelserie für den Stalling Verlag muss ins Verlagsprogramm gepasst haben: Der Oldenburger Verlag Stalling ist seit dem 19. Jahrhundert auf Kinderbücher spezialisiert. 1941 erscheinen in der mittlerweile vom Nationalsozialistischen Lehrerbund editierten »Jugendschriften-Warte« *Das Buch vom Führer: für die deutsche Jugend,* mit einem Vorwort von Baldur von Schirach.

Die in Libertas' Brief erwähnte NS-Wochenzeitung *Das Reich* wurde 1940 als Renommierprojekt gegründet: »Tenor: Mehr Freiheit und Lockerung«,[144] notierte Goebbels, der Zeitung eifrigster Leitartikler, in seinem Tagebuch. Hauptschriftleiter ist Eugen Mündler, das innenpolitische Ressort leitet Peter Neumann, abgelöst von Elisabeth Noelle. Auch einige ehemalige Redakteure des *Berliner Tageblatt* sind nun Mitarbeiter der Zeitung: Karl Korn, Margret Boveri, Theodor Heuss und Werner Höfer.

Zusammen mit Joy Weisenborn plant Libertas, auf Wehrmachtstournee zu gehen. Joy singt ebenfalls zum Schifferklavier Chansons und Soldatenlieder; mit den Truppen reiste sie bis nach Nordafrika.

Nur raus aus Deutschland – weg von dem Druck, dem täglichen Nichtwissen. Ob nicht doch einer weiß und Meldung macht, über die Flugblätter, die Kontakte, die Sendeapparate gegen den Kriegswahnsinn.

Heinrich Karbe, Autor für die *Essener National-Zeitung:* »Sie waren bei uns. Ich kann mich noch genau erinnern, wie Harro auf dem Sofa saß. Da war eine Fensterwand, und Libertas stand am Ofen. Meine Frau sagte, wir reden immer über Antinazi und Harro in Uniform – sie arbeiten den ganzen Tag für Hermann Göring. Da sagte Libs: Wenn Sie wüssten, was Harro macht, und dann sagte Harro, pst. Wusste man schon, dass was gemacht wurde, aber es wurde nicht darüber geredet. Natürlich, ich hatte ein bisschen einen soft point gegen Libertas. Sie war schon jemand, der einen ein bisschen bezaubern konnte. Am Schluss, da wäre sie am liebsten aus allem heraus gewesen. Sie hing ja am Leben und war so vergnügungssüchtig. Sie war ein froher Mensch, sie war lustig und flirtete gerne. Einmal hatten wir eine Aussprache: ›Du hör mal zu, Libertas, du musst versuchen, jedes Wort zu prüfen, das du sagst. Anders geht es nicht.‹ Da hat sie fast geschrien vor Angst. Ich hatte das Gefühl, dass sie nicht wusste, in welcher Gefahr sie schwebte. Das Gefühl hatte ich, und ich kann nicht sagen, warum.«[145] Mit Harro und Libertas sei er »auch nicht weiter gekommen als über persönliche Freundschaft und kleine Hilfsdienste«. Heinrich Karbe vermittelt den Kontakt zu Annie Krauss. Wahrsagerische Fähigkeiten werden der 57-Jährigen nachgesagt: »Ich habe Harro und Libertas erzählt davon, von dieser Kraussen-Mutter und von den erstaunlichen Sachen, die sie mir gesagt hatte, und daraufhin wollten sie sie kennenlernen, unbedingt, und ich habe die Verbindung hergestellt, leider.«

Blicke in die Zukunft

Die Witwe des Prokuristen der Zigarettenfabrik Manoli, Annie Krauss, bessert ihre Rente mit Zukunftsprognosen auf. Ihr einziger Sohn starb in der Wohnung eines Mitschülers durch Gas. Unter Vermeidung eines homosexuellen Skandals wurde nie nach Schuldigen gesucht. Viele hohe Offiziere und Wehrmachtsangehörige verkehren bei Annie in der Parkallee 10 im Vorort Stahnsdorf zwischen Berlin und Potsdam. Das Losungswort für die Freundinnen und Freunde um Harro und Libs lautet »Jonny«. John Graudenz, altgedienter Journalist und Ex-Inhaber einer international agierenden Bildagentur, nun Handelsvertreter in Sachen Bremsen, ist seit 1926 Nachbar der Wahrsagerin und mit Harro eng befreundet. Der 57-Jährige beteiligt sich an der Stationierung der Funkgeräte und sorgt mit professionell redigierender Hand für eine inhaltliche wie stilistische Straffung der Schriften. In der Annahme, dass Annie, die »Kraussen-Mutter«, von einer Verhaftung als ungarische Staatsangehörige nicht bedroht ist, beherbergt sie Juden auf der Flucht.

Den Blick in die Zukunft wagen auch Harro und Libertas bei Annie Krauss. Der Tod ist nicht fern, sagte sie zu Libs. Seid gewarnt!

An manchen Tagen, auch an denen, die sich anfühlen wollen wie gute Tage, verfolgt die Angst Libertas auf Schritt und Tritt. An den Sommermorgen schleicht sie wie ein dunkler Schatten durchs Treppenhaus, steht kalten Atems hinter ihrer Schulter, sitzt auf Brustkorb und Magen und schluckt die Luft. Auf jede der Aktionen der Gruppe steht die Todesstrafe. Harro spielt mit seinem Leben – und mit dem Leben der anderen. Das Wissen lässt sich nicht einfach abstreifen wie ein lästiger Gedanke. Es bohrt sich tiefer und tiefer, bis ins Innerste, in den Schlaf und die Träume, die niemand mit Libs teilt. Verlässlich wechseln wöchentlich die Briefe mit der Schwiegermutter:

Berlin 14.8.1941
Liebe Mama!
[...]
Ich bin ja so froh, dass es Dir wieder besser geht und dass Ihr auch betr. Hartmut zuversichtlich seid.
Nun wegen meines Kommens: Es ist alles recht schwierig. Ihr stellt Euch das einfach vor »Filme vorher sehen« und so [...] Das geht nicht. Ich habe schon in der einen Woche jetzt, wo ich nicht hier war, festgestellt, dass dann eben nichts klappt und man leider auch Wichtiges versäumt. Weißt Du, ich bin jetzt ja feste Mitarbeiterin und muss dementsprechend mitarbeiten und werde ja auch dementsprechend bezahlt. [...]
Aber schließlich muss ich aus dieser Zeit ja etwas machen. Ich komme arbeitsmäßig so wunderschön voran, und Du weißt ja: Ich will im Leben noch einmal etwas Richtiges leisten, und dazu muss man eben arbeiten. Wie viel besser habe ich's doch noch als so viele Frauen, dass ich mir meine Arbeit einteilen kann u. dass ich etwas tue, was mich interessiert und woran ich lerne! Ganz abgesehen von meiner Dankbarkeit dafür, dass Harro in der Nähe ist u. ich nicht um ihn Angst zu haben brauche!
Dass Harro seinen Urlaub, auf den wir nun ja schon Jahre warten!, nicht mit mir verbringt, ist mir sehr bitter, doch sehe ich völlig ein, dass es so richtiger ist. Auch meine Erfahrungen

in Prerow, wo ich buchstäblich gehungert habe, zeigten mir, dass er irgendwo hin muss, wo er wirklich noch gut zu essen bekommt. [...]
Dir viel, viel Liebes, meine gute Mama!
Deine Libs.

Eine neue, attraktive Arbeitsmöglichkeit bietet die Kulturfilm-Zentrale für Libertas ab dem 1. November 1941. Für die *Essener National-Zeitung* schilderte sie die Bedeutung der 1940 gegründeten Zentrale: »Ihre Hauptaufgabe besteht darin, die Kulturfilmarbeit der einzelnen Produktionen sinnvoll zu steuern und Filmstaffeln auf lange Sicht aufzustellen, die alle Gebiete des öffentlichen Lebens, des deutschen Wesens und Wirkens, zu erfassen sich bestreben«, so Libs in der *NZ* anlässlich der Kulturfilmwoche in München. Kulturfilme sind beliebt: »Doch gibt es immerhin schon eine ganze Anzahl Leute, die etwas von ›Rücksichtslosigkeit‹ zischen und die Hälse demonstrativ recken, um keine Phase des gerade laufenden Kulturfilms zu verpassen; ja, es gibt bereits solche, die ins Kino gehen, nur um Kulturfilme zu sehen, wie die Kulturfilmschau in München bewiesen hat. Doch noch immer hat es der Kulturfilm schwer zwischen Spielfilm und Wochenschau, wirklichkeitsnaher Dramatik und dramatischer Wirklichkeit. Er hat von beiden zu lernen, wie sie beide von ihm gelernt haben und noch weiter lernen werden. Die einzige ihm gemäße Reklame war und ist: Qualität zu liefern.«[146]
Die Kulturfilmzentrale erscheint Libertas als eine Nische abseits von Agitation und Propaganda innerhalb des deutschen Filmschaffens: »Dass die Kulturfilmzentrale bei dieser sinnvollen Steuerung der Filmthemen – wobei Anregungen gleichermaßen von ihr ausgehen wie ihr zugetragen werden – die Form in keine Norm zu zwängen versucht, bestätigt Staatssekretär Gutterer in seiner Rede, mit der er die Reichsfilmwoche eröffnete: ›Es gibt keine Form, die als die einzig kulturfilmgemäße bezeichnet werden kann!‹«[147]
Am 16. November 1941 schreibt Harro an die Schwester Helga: »Zu Hause bin ich nur selten und kurz. Libs, die für den Kultur-

film arbeitet und mehr als ich verdient, kommt auch erst spätabends nach Hause. Es ist auch ganz gut so für sie. Beschäftigung ist ja das Gesündeste für Leib und Seele.« Der Dramatiker Adam Kuckhoff übernimmt die wöchentliche Rubrik der Filmkritiken, Libertas beendet ihr Dasein als freie Journalistin.

Die Suchenden

Ende September 1941 bereist Libertas für einen ihrer letzten Aufträge der *National-Zeitung* die Leipziger Mustermesse. Der Keramiker Jan Bontjes van Beek stellt aus. Libs und seine 21-jährige Tochter Cato teilen die dreistündige Fahrt zurück nach Berlin. Beide lebten längere Zeit in England und begeistern sich für Filme. Die Lebensweise in der freien Welt loben sie, entgegengesetzt der Enge und dem immer spürbaren dunklen Druck in Deutschland. Die Sehnsucht nach ihrem Geburtsort Fischerhude, dem Moor, den alten knarrenden Eichen, den kleinen Flussläufen, auf denen die flachen Holzboote Waren und Personen bis nach Bremen transportieren, beherrscht Cato. Sie lebt den Traum vom Fliegen; als begeisterte Segelfliegerin hebt sie ab im Verein der NS-Segelfliegerinnen, wann immer es die Zeit erlaubt. Ihr großes Vorbild ist die amerikanische Pilotin und Frauenrechtlerin Amelia Earhart, die erste Atlantiküberfliegerin. Mit dem Blick aufs immergleiche Nirvana der Autobahn, den »Straßen des Führers«, lässt es sich gut erzählen. Im März 1939 schob sich Cato eine unvergessliche Erinnerung ins Leben: »Mir träumte, ich sei zum Tode verurteilt worden, zusammen mit noch anderen. Warum und was ich verbrochen hatte, weiß ich nicht. Ich war aber das einzige weibliche Wesen. Nach dem Urteil wurden wir gleich zum Hinrichtungsplatz geführt. Der Weg ging durch eine große Halle, die mit rot gemusterten imitierten persischen Teppichen behangen war. Zuerst ging der Scharfrichter, dann die Richter, dann wir Verurteilten und hinter uns ein Haufen Volk. Alles strömte durch die riesige Halle einer mit dicken roten Teppichen belegten Treppe zu. Ich wusste genau, dies ist mein letzter Gang. Ich spüre aber in mir nicht die geringste Trauer um mein Leben, nein, ich habe vielmehr mit dem Leben vollkommen abgeschlossen und warte nur noch auf die Hand des Henkers. [...] Wir befanden uns dann in einem länglichen Zimmer. Mir wurde ein Stuhl angewiesen, der sehr viel Ähnlichkeit mit dem eines Zahnarztes hatte, auch die bewusste Stütze für den Kopf fehlte nicht. Ich wusste sofort, das ist der Henkerstuhl, aber vollkommen ruhig und gefasst setzte ich mich. Plötzlich ertönen die Klänge eines Marschliedes aus irgendeinem Koffergrammophon. Ganz tief holte ich dann Atem und legte den Kopf zurück, warf ihn in den Nacken. Ich spürte das Messer an meinem Hals, einen Ruck und hörte den Kopf nach hinten rollen, irgendwohin, vielleicht in ein tiefes Loch, wo schon viele Köpfe lagen. Mein Körper, ohne Kopf, erhob sich von dem Stuhl. Ich tastete mit meinen Händen zum Rumpf, um mich davon zu überzeugen, dass ich auch wirklich keinen Kopf mehr hatte. Ohne Kopf lief ich herum, kaum es wagend zu gehen, denn der ganze Körper war voller Blut. Befand sich nun mein Geist im Kopf oder im Körper? Oder verließ er den Kopf, nachdem der vom Körper abgetrennt war, und ging in den Körper über? Im Traum ist ja alles möglich!«

Libertas stellt Cato in der Kulturfilm-Zentrale als mögliche Mitarbeiterin vor. Die Schwester Mietje: »Was für eine Perspektive! Dann haben sie sich immer wieder getroffen. Und bald hat Cato auch Harro Schulze-Boysen kennengelernt. Libertas und Harro erkannten, wie begeisterungsfähig die 21-jährige Cato war.«[148]

Ihrem Bruder Tim teilt Cato am 24. Oktober ihre Pläne mit: »Ich trage mich ernsthaft mit dem Gedanken, mir ein eigenes Zimmer zu mieten. Ich will mir nebenbei noch Geld verdienen, zweimal wöchentlich würde ich Schreibereien für eine Bekannte machen, die jetzt einen Posten als Chefdramaturgin der Reichskulturfilmzentrale bekommen hat. Ich könnte mir so ganz gut Geld verdienen. Ich soll zwei englische Bücher übersetzen. Das wäre wunderbar, vorausgesetzt, dass ich es schaffe und kann.«

Mietje Bontjes van Beek: »Es dauerte nicht lange, da kam sie zu mir und sagte: Das ist eine tolle Sache. Ich darf nicht darüber sprechen. Aber nur so viel: Ich bin aufgefordert worden, mitzumachen. Und ich habe geantwortet: Ja, ich mache mit. Da hatte sie auch schon die ersten Aufträge.«[149] Cato bittet die jüngere Schwester, keine Fragen zu stellen.

Bontjes van Beek meint »Bäumchen am Bache«. Zusammen mit ihrem Freund Heinz Strelow sucht Cato eine Zweizimmerwohnung. Der Hamburger Lyriker aus kommunistischer Familie erlebte seine erste Inhaftierung 1935. Tagsüber arbeitet er bei der Heeresabnahmestelle in Berlin, seine Frau wohnt in Hamburg. Harro Schulze-Boysen verfasst mit Cato Bontjes van Beek, Heinz Strelow und anderen die AGIS-Flugschrift mit dem Titel »Die Sorge um Deutschlands Zukunft geht durch das Volk« – unter dem Eindruck des Scheiterns der deutschen Offensive vor Moskau im Winter 1941.

AGIS

Die Bezeichnung AGIS, lateinisch »Handle!«, stammt von Libertas. Zugleich steht sie für den König von Sparta, Agis IV., einen der ersten Sozialreformer. Begeistern konnte er die Jugend, während die Alten ihm nach dem Leben trachteten und zum Tode durch den Strang verurteilten. Das Verlangen seiner Mutter und Großmutter, ihn vor ein ordentliches Gericht zu bringen und die Verhandlung öffentlich vorzunehmen, wurde abgelehnt, da man die Popularität des Gefangenen fürchtete. Zu einem seiner trauernden Diener sagte er: »Höre auf zu weinen, mein Freund, denn ich sterbe auf eine ungerechte und gesetzwidrige Art und insofern bin ich besser dran als meine Henker.«
Auf sechs eng beschriebenen Seiten klärt die AGIS-Schrift auf über die tägliche nationalsozialistische Propaganda und die Gewaltverbrechen des Regimes: »Vergeblich müht sich Minister Goebbels, uns immer neuen Sand in die Augen zu streuen. Die Tatsachen

sprechen eine harte, warnende Sprache. Niemand kann mehr leugnen, dass sich unsere Lage von Monat zu Monat verschlechtert. Niemand kann noch länger die Augen verschließen vor der Ungeheuerlichkeit des Geschehens, vor der uns alle bedrohenden Katastrophe der nationalsozialistischen Politik.«

Die Adressaten stammen aus dem Berliner Fernmeldebuch: Professoren, Ärzte, Ingenieure, Rechtsanwälte, höhere Beamte, Offiziere, NSDAP-Funktionäre, Hochschullehrer und Geistliche, Auslandskorrespondenten. Wehrkreis- und Wehrbezirkskommandos in ganz Deutschland werden angeschrieben. An die Front geht die Schrift über befreundete Soldaten auf Heimaturlaub. Nicht nur mögliche Multiplikatoren, auch dem Regime Zugewandte stehen auf der Adressenliste. Bis das Blatt fliegen lernt, kostet es viele Mühen: Allein Papier und Umschläge zu beschaffen grenzt an Waghalsigkeit, denn wer in großen Mengen kauft, macht sich schon verdächtig. Unter Beteiligung von John Graudenz mit seinen Verbindungen zum kommunistischen Untergrund, er besorgt den Vervielfältigungsapparat, von Helmut Roloff, Helmut Himpel und Maria Terwiel werden einige Hundert Kopien hektographiert. Viele der Empfänger liefern die Flugschriften bei der Polizei ab, doch die Gestapo kann die Urheber trotz intensiver Bemühungen nicht ermitteln.

Der Pianist und Orchestermusiker Helmut Roloff sagt spontan zu, als sein Freund Helmut Himpel ihn zur Mitarbeit auffordert. Seine Freundin Maria Terwiel erlebt der Musiker als die treibende Kraft: »›Also, Sie wissen Bescheid, wenn's rauskommt ... Köpfchen!‹ Sie und Himpel gehörten zu einer größeren Gruppe, die sich nur die Aufgabe gesetzt hätte, auf die verschiedenste Art und Weise Sabotage zu betreiben. Es gäbe Verbindungen ins Ausland und viel Geld sei vorhanden. Prinzip sei es, in möglichst vielen kleinen Abteilungen zu arbeiten, die sich nicht untereinander kennen sollten. Wir hier kämen zunächst für Flugblattaktionen in Betracht, von denen sie schon einige gestartet hätte.«

Die Dissertation der angehenden Juristin Maria Terwiel verbleibt in der Schublade, als Halbjüdin ist ihr die Referendarstelle verwehrt. Die Einunddreißigjährige lebt zusammen mit dem drei Jahre älteren Helmut Himpel, heiraten dürfen sie aus »rassischen Gründen« nicht. Ein wenig stolz ist der Prominentenzahnarzt Helmut Himpel auf seine umfangreiche philosophische Bibliothek. Doch der Rückzug ins Private ist ihm unmöglich. Maria will so nicht leben, sie will etwas tun. Wie oft hämmerte sie in ihre Schreibmaschine die Worte des Münsteraner Bischofs Clemens August Graf von Galen: »Hart werden! Fest bleiben! Wir sind im Augenblick nicht Hammer, sondern Amboss. Andere, meist Fremde und Abtrünnige, hämmern auf uns, wollen mit Gewaltanwendung unser Volk, uns selbst, unsere Jugend, aus der geraden Haltung zu Gott verbiegen.« Mit Libertas verbindet Maria eine widersprüchliche Freundschaft. Einerseits fühlen sich beide zueinander hingezogen, sie reagieren gleich heftig auf empfundenes Unrecht und sie eint der tiefe Glaube an Gott. Libs erscheint Maria dagegen als zu leichtlebig, oberflächlich und zugleich zerstörerisch. Sie will ihre Kraft unbedingt sinnvoll verwenden.

In der Bevölkerung mehren sich die Zweifel am Erfolg des Russlandfeldzugs, und die Kriegserklärung der USA beunruhigt nicht nur militärische Kreise. Mit der AGIS-Schrift wollen die Verfasser das Gewissen wachrütteln: »In allen Ländern werden heute täglich Hunderte, oft Tausende von Menschen standrechtlich und willkürlich erschossen oder gehenkt [...] Im Namen des Reiches werden die scheußlichsten Quälereien und Grausamkeiten an Zivilpersonen und Gefangenen begangen. Noch nie ist in der Geschichte ein Mann so gehasst worden wie Adolf Hitler. Der Hass der gequälten Menschheit belastet das ganze Volk.« Die Stunde der Abrechnung werde kommen, schreiben die Verfasser: »Das Volk weiß, dass es sich eines Tages vor der Geschichte, vor sich selbst und vor der Welt wird verantworten müssen [...] Mögen diejenigen weiter untätig bleiben, die zu träge sind, die Wahrheit zu suchen [...] Jeder kriegsverlängernde Tag bringt nur neue, unsagbare Leiden und Opfer. Jeder weitere Kriegstag vergrößert nur die Zeche, die am Ende von allen bezahlt werden muss.«

Die Mitwirkung von Helmut Roloff an der Verbreitung der Schriften blieb unentdeckt.

Die Macht der Bilder

In die Kino-Matineen am Sonntag strömen die Menschen wie ehemals in die Kirchen: *Flieger, Funker, Kanoniere* oder *Alpenkorps im Angriff*. Libertas hat ein eigenes Büro, sie redigiert Drehbücher. Seit dem 1. November 1941 arbeitet sie als Referentin für die Sachgebiete Kunst, deutsches Land und Volk, Völker und Länder in der Deutschen Kulturfilmzentrale. »Wir haben niemals die Kunst nur für Friedenszeiten reserviert. Für uns hatte das Wort, dass im Waffenlärm die Musen schweigen, keine Berechtigung«, mahnte Joseph Goebbels am 27. November 1939 in der Krolloper die Mitglieder der Reichsfilmkammer. Die Kunst als Kunst verachtet er, aber die Kunst als Auftrag für den Krieg muss vergöttert werden. Kunst kommt für ihn von Können, und damit ist das Handwerkliche gemeint; nicht vom Künden, vom Sendegedanken, der etwa Dadaismus oder andere, gar entartete Kunst gebiert. Der Krieg fordert Goebbels zufolge die Notwendigkeit zum ideologischen Kampf. In seiner Rede vor der Reichsfilmkammer gibt er 1941 zu verstehen: »[...] das, was wir im liberalen Staat unter einer freien Presse oder einem freien Rundfunk oder einem freien Film verstehen, gibt es im nationalsozialistischen Staat nicht. Frei sind diese Bildungs- und Erziehungsmittel ja nie gewesen. Es unterscheidet sich der jetzige Zustand vom früheren nur dadurch, dass sie früher anonymen Mächten dienen mussten, während sie heute der offen proklamierten Macht des Staates zu dienen haben.«
Die Kriegswochenschau ist mit den Wochenschauen zu Friedenszeiten nicht zu vergleichen. Die Propagandakompanien, die »PK« der Wehrmacht, stehen mit Kameramännern und Assistenten bereit: Mit ihren motorisierten Filmaufnahmewagen und den neu entwickelten 16-mm-Kameras von ARRI begleiten die PK die Truppen an vorderster Front. Nach der von Goebbels an jedem Sonnabend durchgeführten Abnahme geht die Kriegswochenschau zur Begutachtung beim Führer. Hitler übt Kritik und lässt neue Begleitkommentare verfassen.[150]

Am 30. April 1940 übernahm die Deutsche Wochenschau auf Erlass des Reichsministeriums die Zentralisierung der Kultur- und Propagandafilmplanung. »Die Dienstaufsicht steht Reichsminister Dr. Goebbels persönlich zu. Die Deutsche Kulturfilmzentrale dient der planmäßigen Lenkung der Herstellung und des Einsatzes der Kulturfilme und der Sicherung der wirtschaftlichen Grundlage des Deutschen Kulturfilmschaffens zur Steigerung der Leistungen der Filmindustrie.«[151]

Unterhalten und unterrichten: Alle Filme ohne eine erkennbare Spielhandlung gelten als Kulturfilme. Der Kulturfilm ist alles: Natur und Wissenschaft, Kunst, Handwerk und Technik, Militär und Politik. Geprägt ist Kamera- und Schnitttechnik durch die Filmexperimente der zwanziger und dreißiger Jahre. Allzu belehrend oder als Propaganda zu erkennen darf der Kulturfilm nicht sein. Einige Kulturfilme leben ihr eigenes kurzes Kultkinoleben, etwa *Tran und Helle*: Zwei rheinische Komiker, Ludwig Schmitz, ganz gemütlicher Sünder und negatives Schema, Jupp, sein bester Freund und das gute Gewissen, klönen über »Hamsterfragen«, »englische Flugblätter«, »Umgang mit Kriegsgefangenen«; und Ludwig ist nach jeder Staffel ein bisschen klüger. Wie der Deutsche von nebenan. Die Kulturfilme bieten ein breites Potpourri mit »Sport-Sport«, im »Zeitspiegel« oder unter dem Motto »12 Minuten«.

Gegen den Terror leben. Leben, leben, leben. Libertas ist für die Themenauswahl zukünftiger Kulturfilme zuständig und begutachtet die laufenden Produktionen. Die Kinofront in der Heimat stärken: Der Film hat als »große und gütige Trösterin« zu funktionieren, damit sich das Publikum ihr als »der großen Mutter unserer Freude hingeben« kann, so Goebbels.[152]

Libertas hat einen Auftrag vom Propagandaministerium. Und einen, den sie sich selbst gestellt hat, nachdem sie die Fotografien und die Filmausschnitte gesehen hat. Selbstverständlich ist für Libertas nichts mehr. Nachts mahlen ihre Kieferknochen; morgens glaubt sie, neue, fremde Gesichtsmuskeln im Spiegel zu entdecken. Es sind die Bilder, die nicht mehr aus ihrem Kopf wollen. Sie holen sie ein, wenn sie alleine in der großen verdunkelten Dachgeschosswohnung in der Altenburger Chaussee liegt. Auch, wenn sie die halbe Nacht Alkohol in den geschlossenen Bars mit den offenen Hintertüren in sich hineinschüttet, während irgendeiner ihr Geliebter wird. Sie kommen wieder: Da sind die als »Verhöre, Sonderbehandlung oder Liquidierung« bezeichneten Massaker an polnischen, jüdischen und sowjetischen Männern, Frauen und Kindern.[153]

Von der Ostfront trifft tagtäglich in der Bildstelle der Kulturfilm-Zentrale neues Film- und Fotomaterial der Soldaten ein, hauptsächlich durch die Einsatzgruppen der Sicherheitspolizei und des SD – Fotografien und Filme von Massenerschießungen.

Libertas archiviert, was die Männer ihr bringen. Beweismaterial gegen die stolzen Täter, die zur Veröffentlichung beitragen wollen. Sie sorgt dafür, dass die Bilder, die den Terror gegen die Zivilbevölkerung, gegen die Juden, gegen vermeintliche oder echte Partisanen dokumentieren, bewahrt bleiben. Nach ihrem System. Aus Betriebsgeldern schafft Libertas einen Reproduzierapparat und eine Dunkelkammer an. Das Grauen wächst: Ein totes Mädchen auf der Weide, ungläubig lächelndes Erstaunen ins Gesicht gestanzt. Irgendwo, immer wieder: Bilder aus einem Wald mit vielen Birken. Tatorte. Männer mit erhobenen Händen an einer Senkgrube. Brennende Häuser, zerstörte Höfe, der Einzug der Truppen. Das Dorf dort, das mit den vielen Leichen auf der Straße am Weiher. Die lachenden Soldaten, sich umarmend in Reihe fürs Foto in Pose werfend. Eine getötete Kuh, auf dem aufgeblasenen Leib Soldaten hingeflegelt wie auf einem Sofa. Die Wehrmacht, die SS; in Polen fing alles an in den noch lauen Septembernächten 1939, inmitten der Ernte. Jetzt beginnt bald das dritte Jahr des Krieges. »Hat nicht der Fotograf«, fragte der Philosoph Walter Benjamin, »die Schuld auf seinen Bildern aufzudecken und den Schuldigen zu bezeichnen?«

Die Soldaten, die ihre Erinnerungsstücke in der Kulturfilm-Zentrale abgeben, sind ganz normale Männer, Familienväter. Libs stellt sich vor, wie alle gemeinsam Abendbrot essen. Er liest den *Völkischen Beobachter*, die Kinder maulen, im Radio läuft ein munterer Schuhplattler im Dreivierteltakt. Wortlos schiebt er der

Frau die Tasse hin, still gießt sie den dünnen Ersatzkaffee nach. Ein normales deutsches Leben, bevor es wieder an die Front geht, rein in den Wahnsinn. Libs fragt nach, und die Männer berichten. Sie will es hören. Von einem, der ganz nah an den knienden Menschen vorbeigeht und ihnen eine Kugel in den Hinterkopf knallt. Wie er die Reihen abschreitet. »Die Schusswunden bilden also einen Blutring, wenn man so dicht abfeuert. Wie sieht der denn aus?«, fragt sie. Die Antworten kommen mit dem Stumpfsinn eines Fleischers. Sachliche Beschreibungen vom Zusammensacken der Körper. Andere wieder umklammern ihre Hand, die Verzweiflung nässt sie voller Tränen. Hier ist endlich eine, die zuhört. Es sind die großen starken Männer in Uniform, deren Schultern zucken. Russlandfeldzug. Im Osten geschehen Dinge, die die Väter zu Hause verschweigen. Die sie dem Sammelbecken der Wochenschau und der Kulturfilmzentrale überlassen – falls ihre Erzeugnisse gebraucht werden.

Libertas braucht sie. »Ach, nur noch Ihren Namen, Ihre Anschrift und Ihre Telefonnummer, vielleicht sind die Bilder doch etwas für uns!«, lächelt sie, und bereitwillig geben die Männer Auskunft über ihren Wohnort. Für später. Für ein Deutschland, für das es sich zu leben lohnt. Für die Beweise und vielleicht auch für die Rache. Für ihr nicht gelebtes Leben. Für die Kinder, die sie nicht bekommt, für die Leben, die sie nicht leben darf, für die Bücher, die sie schreiben wollte.

Am 5. November 1941 gehen der Schauspieler Joachim Gottschalk und seine jüdische Frau in den Freitod zusammen mit ihrem achtjährigen Sohn. Goebbels verlangt die Scheidung, er verhängt Filmverbot. Seinen Durchbruch feierte Joachim Gottschalk 1938 in *Du und ich* von Wolfgang Liebeneiner an der Seite von Brigitte Horney. Mit *Aufruhr in Damaskus*, *Eine Frau wie Du* und *Das Mädchen von Fanö*, der Verfilmung des Erfolgsromans von Günther Weisenborn, wird Joachim Gottschalk zum Publikumsliebling. Flucht, meinte Gottschalk, sei zwecklos – bald gehöre ganz Europa Hitler. Nur wenige zeigen ihm das letzte Geleit. Darunter Wolfgang Liebeneiner, Brigitte Horney, Gustav Knuth, Günther Weisenborn und Libertas.

Funkstille

Harro, Libertas und das Ehepaar Engelsing treffen sich weiterhin regelmäßig. Letzte herbstliche Ausflüge in den langen flachen Spreewaldkähnen, Lampionabende auf der Terrasse in der Bettinastraße: Fernab der fahnengeschmückten, rastlosen Innenstadt ist in der Dahlemer Nachbarschaft noch ein Stückchen heile Welt zu finden. Im Garten des Architekten Hermann Henselmann liefern sich die Paare Tischtennismatches. Hugo Buschmann, der Direktor für Eternit-Baustoffe mit weitreichenden Beziehungen zu Industriellen nach West- wie nach Süd- und Osteuropa: »Nach dem Überfall auf die Sowjetunion kam Harro zu mir. Die Meinungsverschiedenheiten, die unsere Beziehungen zeitweilig etwas gelockert hatten, waren jetzt nicht mehr wichtig. Er sagte mir, dass seine Beziehungen zum Ausland, das heißt zu Moskau, weitestgehend genutzt werden müssten. Er bat mich um Informationen über die deutsche Kriegswirtschaft, über den Bedarf an Rohstoffen, über die neuralgischen Punkte der Produktionsbetriebe, die für Luftangriffe geeignet seien, und über die Situation in den besetzten Gebieten, wo ich oft hinfuhr, im Westen wie im Südosten. Ich gab ihm diese Informationen umgehend. Ich wollte Harro zur Vorsicht bewegen. Er war schrecklich unvorsichtig. Zu dieser Zeit gehörte es zum guten Ton, ›politische Geschichten‹, wie man es nannte, zu erzählen. Harro konnte sich nicht zurückhalten. Er saß da in seiner Luftwaffenuniform mit dem Eisernen Kreuz auf der Brust und machte Sensation, indem er verrückte Sachen aus dem Ministerium erzählte, über die Taktik der Operationen, über die Tötung von Gefangenen und solche Dinge. Diese eleganten Damen und Herren klatschten bis in die Morgenstunden. Und die Frauen vergaßen nicht, über den brillanten Offizier zu reden, der sich soeben verabschiedet hatte. Natürlich wussten sie nicht, wie gefährlich es war, zu ihm Beziehungen zu haben. Am Sonntag lag er bei uns im Garten und las die *Prawda*.«[154]
Laut Ina, dem Mannequin, laufen seit August 1941 im Modesalon

Libertas im Spreewald

Heise die Sonderaufträge ein: Pelze und neue Stoffe aus Paris, um bei eiskalten Minusgraden einen Empfang zu bestehen. Die Damen bestellen die Garderoben für die Siegesfeiern im Kreml. [155] Im Herbst 1941 rücken die deutschen Truppen auf 25 Kilometer vor Moskau. Stalin, der wankende »Generalissimus«, wie er sich nennen lässt, gewinnt mächtige Verbündete: Roosevelt verspricht Hilfsleistungen, Churchill will den alteingefleischten Feind gegen Hitlerdeutschland wieder auf die Beine stellen.

Hugo Buschmann: »Einmal kam Harro zu uns mitten in der Nacht in großer Erregung. Er sagte, er habe einen deutschen Fliegerangriff gegen einen englischen Geleitzug, der auf dem Wege nach Russland sei, durchgegeben.« Innerhalb von 24 Stunden erwartet Harro eine militärische Entscheidung. Über die BBC will er erfahren, ob seine Warnung genutzt habe. »[...] Die Aktion würde nicht durchgeführt, man sei zurzeit unterrichtet worden vom Eingreifen der Luftwaffe gegen den Konvoi. Nun wussten wir, wie weit Harro ging. [...] Ich sagte zu Harro, dass er die Propaganda von der sehr wichtigen Arbeit der Geheimsendungen trennen müsse. Die Erfahrung zeige, dass diese Propaganda schließlich entdeckt werden würde. Es wäre wirklich furchtbar, dadurch die viel wichtigere Arbeit in Gefahr zu bringen. Harro versprach es, hielt sich aber nicht daran. Doch die Russen müssten nach dem Kriege Leute in Deutschland vorfinden, die auch im Inneren Widerstand geleistet haben. Nur dann könne man verhindern, dass Deutschland nach russischem Schema kommunistisch würde. Er führte beide Dinge bis zum Ende weiter.«[156]

Nach der Einkesselung Kiews bleibt der Vormarsch der Wehrmacht auf Moskau in der Rasputiza, im Schlamm, stecken. Die deutschen Truppen – in der russischen Erde versunken wie einst die Soldaten Napoleons. Anfang Dezember startet die Gegenoffensive der Sowjets. Am Tag des Angriffs der Japaner auf Pearl Harbour, am 7. Dezember 1941, treten die Truppen der Vereinigten Staaten ins Kriegsgeschehen ein. Vier Tage später erklärt Deutschland den USA den Krieg, der nun in jedem Winkel der Erde zu Hause zu sein scheint.

Hugo Buschmann: »Harro aber lachte höhnisch über alle, die glaubten, dass der Krieg gewonnen werden müsse und dass dann Hitler zu beseitigen wäre. Er verachtete die Salonritter des Dritten Reiches, die unverbindlich Hitler-Witze erzählten und glaubten, so ihren Soll an Widerstand zu erfüllen. Gegen sie ritt er seine Attacken mit der Aufforderung, über Geschwätz hinauszukommen bis zur äußersten Unvorsichtigkeit. Die Offiziere und Politiker, die erst 1944 zur Tat kamen, waren für ihn feige Zauderer, auf die man sich nicht verlassen konnte. Er dagegen wollte keinesfalls einen Sieg Hitlers überleben. Wir haben auch darüber gesprochen, dass Widerstand bis zum Landesverrat, wie Harro ihn betrieb, deutschen Soldaten das Leben kosten würde. Harro erwiderte darauf, dass umso mehr Deutsche und von Hitler Verfolgte ihr Leben behalten würden, wenn der Krieg abgekürzt werden könne.

Später, 1943, schrieb mir der Chef der Untersuchungskommission der Gestapo, es sei zwecklos, ihn glauben zu machen, Schulze-Boysen sei harmlos gewesen. Die erste Winteroffensive der Russen wäre nur erfolgreich gewesen, weil die Russen sehr präzise Orthinweise erhalten hätten.«[157] Doch die Kurzwellensender schweigen weiterhin. Im Europaverkehr bleiben die Nachrichten von Berlin via Brüssel nach Moskau aus.

Tel. 99-58-47

Der unscheinbare Blonde, Alexander Korotkow alias Erdberg, Leiter der Berliner Residentur, ist sehr beunruhigt, da aus Berlin die kriegswichtigen Nachrichten ausbleiben. Zudem ist er unterrichtet, dass Harro Schulze-Boysen weiterhin Flugblätter entwirft und von seiner Gruppe verteilen lässt. Die konspirative Arbeit verbietet, Bereiche zu vermischen. Moskau aktiviert Brüssel, hier sitzt Anatoli Gurewitsch. Getarnt ist er als Vincente Sierra, Geschäftsführer der Firma Simexco mit uruguayischem Pass sowie dem Decknamen »Kent«. Die Handelsfirma Simexco pflegt den Austausch auf der Leipziger Messe im September 1941 mit deutschen Firmen. Aus Moskau erhält »Kent« in Belgien folgenden Auftrag vom 26. August 1941:

> »Suchen Sie in Berlin Adam Kuckhoff oder seine Frau in der Wilhelmstraße[158] 15 auf, Tel. 83-62-61, zweite Treppe links, obere Etage, und erklären Sie, dass Sie von einem Freund Arvids und Harros geschickt werden, den Arvid als Alexander Erdberg kennt. Erinnern Sie an das Buch Kuckhoffs, das er ihm vor dem Krieg geschenkt hat, und an das Theaterstück ›Ulenspiegel‹. Schlagen Sie Kuckhoff vor, Ihnen, Kent, ein Zusammentreffen mit Arvid und Harro zu arrangieren. Wenn es nicht möglich ist, dann klären Sie über Kuckhoff:
> 1. Wann wird die Funkverbindung aufgenommen und warum funktioniert sie nicht?
> 2. Wo sind alle Funker und wie ist die Lage? Italjanez, Lutschisti, Leo, Karl und die anderen?
> 3. Lassen Sie sich ausführlich informieren für die Übermittlung an Erdberg.
> 4. Schlagen Sie vor, sofort jemanden zur Verbindungsaufnahme nach Istanbul zu schicken, der sich persönlich an den [sowjetischen] Handelsvertreter wendet, oder nach Stock-

holm zu schicken, der sich persönlich an den Konsul wendet in beiden Fällen im Namen von Strahlmann.

5. Bereiten Sie Unterbringungsmöglichkeiten für die Aufnahme von Personen vor. Falls Kuckhoff nicht anzutreffen ist, wenden Sie sich an die Frau von Harro Schulze-Boysen, Libertas, Altenburger Allee 19, Tel. 99-58-47, erklären Sie, dass Sie von jemandem kommen, der sie gemeinsam mit Elisabeth in Marquardt kennengelernt hatte.« [159]

Auch die Berliner Gruppe aktiviert die Verbindung nach Brüssel über Ina Lautenschläger, das Mannequin: »Für die zweite Hälfte des September 1941 war eine Modenschau von einer Berliner Organisation der Modebranche in Brüssel und Antwerpen geplant. Es sollte in den bisher okkupierten Westgebieten die *Deutsche Mode* gezeigt werden. Hans Coppi gab mir oft Hinweise, in welche Richtung ich eventuelle Informationen sammeln sollte. Kurz vor der Reise nach Belgien machte er mich mit Harro bekannt, wir trafen uns in der Leipziger Straße in der Zuntz-Kaffeestube. Wenige Tage später, jedenfalls vor der Reise, erhielt ich von Hans ein kleines Päckchen, nicht größer als eine Zigarettenschachtel, das ich in Brüssel an eine mir nicht mehr erinnerliche Adresse übergeben sollte. Über den Inhalt dieses Päckchens wurde nicht gesprochen. Ich sollte mir die Adresse nicht aufschreiben, sondern gut merken und unauffällig dorthin gehen. Während der Reise versteckte ich das Päckchen in meinem Modenschaugepäck.« Ina Lautenschläger läuft durch die fremde Stadt, mühsam buchstabiert sie die französischen Straßennamen. Das Tor zum Vorgarten einer kleinen Villa steht offen: »Das Päckchen überreichte ich dort vor der Wohnungstür einer Frau, die, so hatte ich den Eindruck, mich schon erwartet hatte. Ohne mit dieser weiter gesprochen zu haben, ging ich.«

»Kent« wählt die Fernsprechnummer 99-58-47 aus dem nahe dem Bahnhof Zoo gelegenen Hotel Excelsior an. Eine Frauenstimme meldet sich mit einem abwesend klingenden Hallo, ohne Namen. »Kent« ist an der richtigen Adresse. Frau Schulze-Boysen. Am 29. Oktober 1941 trifft Libertas in Berlin den Verbindungsmann »Kent«, Anatoli Gurewitsch alias Vincente Sierra aus Brüssel. Sie kennen sich nicht, als Zeichen trägt »Kent« einen kleinen Blumenstrauß, ein mittlerweile selten gewordenes Mitbringsel. »Kent«: »Ich fragte sie, warum sie so lange nichts hat von sich hören lassen, worauf ich die Antwort erhielt, dass das vorhandene Funkgerät defekt sei.«[160] Gemeinsam schlendern sie aus dem Bahnhof in Richtung des Landwehrkanals, ein strenger Geruch vom nahe liegenden Zoo dringt in die Nase. Libs vermittelt Kent einen ersten Eindruck der Funkmöglichkeiten der Gruppe: Bei dem batteriebetriebenen Gerät sind die Akkumulatoren defekt; das Funkgerät für Netzanschluss mit Wechselstrom brachte Hans Coppi ans häusliche Gleichstromnetz. Die Röhren und der Netztrafo sind durchgeschmort, Schaltpläne gibt es nicht.[161] Kent: »Der Treff für den nächsten Abend fand ebenfalls auf einem Bahnhof statt, ich glaube mich erinnern zu können, dass der Bahnhof so ähnlich wie Heerstraße hieß. Ich bin dann mit der Dame einige Schritte von dem Bahnhof entfernt gegangen, und nun trafen wir einen größeren Herrn, [...] der mir als *Choro* vorgestellt wurde. Wir begaben uns alle drei in eine Wohnung, die etwa 15 Minuten vom Bahnhof entfernt war. In der Wohnung dieser Leute angekommen, hat Choro mir anfänglich ohne mein Befragen verschiedene Mitteilungen gemacht [...] Ich habe Choro nach meiner Erinnerung folgende Fragen gestellt, die mir von meinen Auftraggebern übermittelt worden sind: Wo ist das Führerhauptquartier? Welche Apparaturen befinden sich an den Flugzeugen zur Verwendung von Kampfstoffen?

Choro hat mich selbst gefragt, auf welche Weise denn diese Nachrichten von mir weitergegeben werden. Ich antwortete, dass ich von Brüssel nach Moskau funke, und zwar sofort nach meiner Rückkehr. [...] Bevor wir auseinandergingen, hat er mir etwas davon gesagt, dass es gefährlich sei, ihm direkt zu schreiben, auch soll ich nicht telefonieren, da meine Aussprache mich als Ausländer sofort kennzeichne. Ebenso sprach er davon, dass er beobachtet werde; aus diesen Gründen sei es nicht angebracht, ihn in seiner Wohnung zu besuchen. Er gab mir eine Adresse, welche ich für schriftliche Mitteilungen benutzen sollte [...] Choro sollte von mir eine Adresse aus Paris mitgeteilt bekommen [...] Weiterhin habe ich Choro eine Adresse in Stockholm und eine andere in Ankara oder Istanbul genannt. [...] Zu einem späteren Zeitpunkt habe ich Choro nie wieder gesehen, stand mit ihm auch in keiner irgendwie gearteten Verbindung, [...], habe auch von anderen Leuten über Choro nichts mehr gehört. Choro teilte mir mit, dass sein Funker bis vor kurzer Zeit einen defekten Apparat besessen habe.«[162] Auch seien mit dem reparierten Funkgerät Versuche gestartet worden, jedoch eine Verständigung nicht zustande gekommen. Der Agent betont, über Geldzuweisungen sei nicht gesprochen worden.

Am 21. November 1941 gibt Kent an die Zentrale in Moskau weiter, dass die Treibstoffvorräte der Deutschen etwa bis zum Beginn des Frühlings 1942 reichen. Zu erwarten sei deshalb ein zügiger Einnahmeversuch in Richtung Maikop, zwecks Okkupation der Ölfelder im nordwestlichen Kaukasusvorland. Weiter übermittelt er den Umzug der Hauptquartiere Hitlers und Görings ins ostpreußische Insterburg. Große Verluste seien bei der Besetzung von Kreta zu erwarten, es komme zu Truppenkonzentrationen in Bulgarien zum Einsatz bei den bevorstehenden Kämpfen um Moskau und Leningrad.[163]

Johannes Haas-Heye: »Als meine Großmutter im Dezember 1941 starb, fuhr ich mit Harro nach Liebenberg hinaus. Das Auto war der Ort, an dem man glaubte sprechen zu können; sonst nur im Badezimmer, wenn das Wasser lief. Harro äußerte sich sehr optimistisch. Der Winter kam, die deutschen Soldaten werden sich totrennen; dann ist es nur noch eine Sache von Monaten, bis der Frieden kommt. Auf dem Rückweg nach Berlin – wir fuhren durch den frühen dunklen Winterabend – bat er mich, ihn am Brandenburger Tor abzusetzen, er wolle jemanden treffen. Das muss eine Person wie Kent oder Erdberg gewesen sein.«

Um Sendeversuche zu starten, wechseln die Funkgeräte die Wohnungen. Vom mondglänzenden Wannsee – das Segelschiffchen Haizuru schaukelt im gelbmorschen spätherbstlichen Schilf – codieren Harro und Hans Coppi mit dem batteriebetriebenen Gerät vergeblich militärische Daten. Die Tänzerin Oda Schottmüller und die mit dem Bildhauer Cay von Brockdorff verheiratete Stenotypistin und junge Mutter Erika von Brockdorff scheinen unverdächtig und unpolitisch; ein Funktransfer passt nicht zu ihnen. Greta Kuckhoff bemerkt, dass ihre Freundin Erika im Luftschutzkeller den ihr bekannten Koffer mit sich führt.

Die Geheime Feldpolizei – zuständig für die Bereiche Spionage, Landesverrat, Sabotage und für die Unterstützung der Operationen des Feldheeres – verhaftet Mitte Dezember 1941 einen Großteil der Funkergruppe in Brüssel. Unter der Leitung des polnischen Juden Leopold Trepper, des legendären »Grand Chef«, stehen männliche wie weibliche Agenten. Trepper baute 1938 im Auftrag des sowjetischen militärischen Nachrichtendienstes in Frankreich und Belgien Verbindungs- und Agentennetze auf, die seit dem deutschen Überfall auf Polen arbeiten. Sein Mann in Tokio, Richard Sorge, trägt im November 1941 zur Rettung Moskaus bei, indem er berichtet, eine japanische Invasion sei nicht zu erwarten. Mit Hilfe der freigesetzten sibirischen Truppen gerät die Verteidigung Moskaus zum Debakel für die deutsche Wehrmacht. Die in Belgien agierenden Funker werden verhaftet und schwer gefoltert – im Winter 1941 arbeiten sie für die deutsche Seite. »Kent« kann nach Marseille flüchten.

Für die deutschen Entschlüsselungsspezialisten bleibt der Code zwischen Belgien und Moskau ein Rätsel. Zusammen mit der Gestapo bildet die Funkabwehr eine Einsatzgruppe mit der Bezeichnung »Rote Kapelle«. Sie geht von einem europaweiten Orchester aus; der Jargon der Abwehr bezeichnet die Funker als Pianisten, die mit ihren Fingern das Morsealphabet klopfen.

Noch sind die Adressen der Berliner Sektion der Roten Kapelle, der Kuckhoffs und des Ehepaares Schulze-Boysen, hinter kryptischen Zahlenkombinationen aus der Moskauer Meldung nach Brüssel verborgen.

Sternschnuppken

Im Herbst 1941 wird Juden mit der 11. Verordnung zum Reichsbürgergesetz die deutsche Staatsbürgerschaft entzogen, ihr Vermögen fällt an den Staat. Mit dem Verbot der Auswanderung am 23. Oktober 1941 beginnt die planmäßige Deportation der jüdischen Bevölkerung aus dem Reich Richtung Osteuropa, in das Ghetto in Łódz, nach Riga, Kaunas, nach Minsk. Vom sechsten Lebensjahr an haben alle Juden einen gelben Stern »sichtbar auf der linken Brustseite des Kleidungsstückes fest aufgenäht zu tragen«, so die Polizeiverordnung vom 1. September 1941. Jude steht in hebräisch anmutendem Schriftzug mitten auf dem gelben Davidstern, für alle sichtbar.

Auf Geheiß der Gestapo teilt die jüdische Gemeinde Listen aus, auf denen die Angefragten über ihre Besitzstände Auskunft geben müssen. Sammelstellen zum Transport sind das Jüdische Krankenhaus, Iranische Straße im Wedding, das Jüdische Altersheim, Große Hamburger Straße, das Konzerthaus Clou, Kasernen, das Jüdische Jugendwohnheim in der Rosenstraße 2.[164] Erst werden die Alten ab 65 Jahren abgeholt, dann Frauen, Kinder, ganze Familien zum Abtransport an den Güterverkehrbahnsteig am Bahnhof Wannsee im Grunewald beordert. Die jüdische Kulturvereinigung ist für die medizinische Versorgung verantwortlich. Und sie stellt Eimer für die Notdurft in die Viehwagen. Ab Oktober 1941 bringen die ersten Transporte vom Lehrter Bahnhof die Berliner Juden nach »Litzmannstadt«; um Unruhe zu vermeiden, wird die Abfertigung auf den Bahnhof Putlitzstraße verlegt. Verweinte Menschen auf den Straßen, Alte, Junge, Frauen, Kinder, Männer. Mitnehmen dürfen sie nur ein kleines Bündel, das Gepäck ist vorher aufzugeben. Und der Wohnungsschlüssel ist abzugeben. Kindern auf Transport werden die kleinen Kragen von den Mänteln geschnitten, den Alten und Kranken die Decken genommen. Sammlung fürs Winterhilfswerk heißt es.

Das Arbeitsamt, Abteilung für jüdischen Arbeitseinsatz, kommandiert die Zeichenlehrerin Vally Wolffenstein zum Dienst in die Zeiss-Ikon-Werke nach Zehlendorf. Arbeitszeit ist von 6 Uhr morgens bis 5 Uhr nachmittags. Für den Anfahrtsweg aus Charlottenburg braucht sie fast zwei Stunden. Auf Arbeitsverweigerung steht KZ. Vally schuftet als Putzfrau. 32 Betriebsklosetts sind täglich zu reinigen, Montagehallen, Treppenhäuser. Zwangsarbeit, als kriegswichtige Arbeit benannt, schützt vor der Deportation.

Vally Wolffenstein: »Wenn ich abends gegen 7 Uhr von der Fabrik nach Hause kam, war ich oft so fertig, dass auch nur noch eine Postkarte zu schreiben eine Riesenkraftanstrengung bedeutete.« Das Hundchen will Gassi gehen und braucht einen neuen Knochen, schreibt Vally an Libertas, und schlägt den Sonntagnachmittag, ihren freien Tag, für einen Gang um den Lietzensee vor. Für Nichtjuden steht seit dem 24. Oktober das öffentliche Zusammensein mit Juden unter Strafe. Umgeben von der friedlichen Kulisse des herbstlichen Parks lassen die beiden Spaziergängerinnen wie unbeschwert das bunte Laub um ihre Füße rascheln. Vally Wolffenstein berichtet Libertas, dass sich die Schlinge für die Juden immer weiter zuzieht. Eine Einkaufszeit bestehe nur zwischen vier und fünf Uhr nachmittags. Libertas, stell dir vor, wer nur eine Minute später versucht, den Laden zu betreten, »der kommt nach Polen« – so das Gerücht. Und so viele haben kleine Kinder oder Kranke zu versorgen. Nur in bestimmten Läden dürfen Juden kaufen; schaffen sie es nicht zur angewiesenen Zeit, verfallen die Marken. Wer im Arbeitseinsatz ist, darf später einkaufen, doch dann sind die Regale meist leer. Die Ungerechtigkeit, die Perfidie der Schikanen empört Libertas. Die eigene Hilflosigkeit treibt ihr die Tränen in die Augen. Vally beschreibt weiter, dass Juden ihre Pelzmäntel abgeben müssen, Silber, Schmuck, Radio, Schreibmaschinen, alle elektrischen Geräte, Fahrräder. Von den deportierten Familien bleiben die Reste der letzten Mahlzeit, die halbvollen Teetassen auf den Tischen stehen. Kein Tag vergeht, an dem nicht jüdisches Privateigentum – Handtücher, Bettlaken, Mobiliar, Küchenutensilien, Wäsche, Waren des täglichen Bedarfs – zu einem Spottpreis versteigert oder einfach geplündert wird. Grundstücke,

Häuser, Fabriken werden konfisziert und kommen unter den Hammer.

Aus Liebenberg bringt Libs Äpfel und Leberwurst, einen mit einem wassernassen Taschentuch umwickelten Blumenstrauß – und Gedanken zum Durchhalten. Die Lebensmittel müssen schnellstens im Magen oder an einem sicheren Ort verschwinden, geschenkte Zwiebeln versteckt Vally in der Luftschutzsandtüte vor der Wohnung. Vally, die weiche Vally mit den lieben braunen Augen, ihr Körper strahlt immer noch die verlässliche Kindgeborgenheit aus. Jetzt sind die Rollen umgedreht, nicht das kleine Mädchen aus der Scheidungsehe braucht sie. Immer wieder neue Verordnungen und Verbote erscheinen, der Jüdischen Gemeinde sei es aber untersagt, diese bekannt zu machen. Um möglichst viele Juden straffällig werden zu lassen. Ruhiger Schlaf, die Erschöpfung macht ihn so nötig, ist nicht möglich, wenn Haussuchung und Abtransport drohen. Im Oktober und November 1941 werden auf Befehl des Reichssicherheitshauptamtes über 20 000 Menschen deportiert. Vally weiß von Veronal, Zyankali und Fensterstürzen; aber auch von einer großstädtisch gekleideten Frau, die sie mitten im Gedränge des Potsdamer Platzes anhielt und auf ihren Stern blickte: »Ich schäme mich, dass Ihnen so viel angetan wird, ich schäme mich, dass ich eine Deutsche bin, und so wie ich denken Tausende deutscher Frauen.«[165] Und ein Arbeiter bot ihr einen Sitzplatz in der S-Bahn an, »Sternschnuppken, über meen Hintern vafüje ich noch selbst, nimm Platz!« Doch im vollbesetzten Abteil traute Vally nicht, sich zu setzen.

Über die guten Dinge aus Liebenberg stopft Vally die Wochenzeitung *Das Reich* vom 16. November 1941 aus dem Papierkorb. Hitlers Rede vor dem Reichstag vom 30. Januar 1939 wird wieder zitiert: Wenn es dem »internationalen Finanzjudentum« erneut gelänge, einen Krieg auszulösen, »dann wird das Ergebnis nicht die Bolschewisierung der Erde und damit der Sieg des Judentums sein, sondern die Vernichtung der jüdischen Rasse in Europa«.[166] Man erlebe, schreibt Propagandaminister Goebbels in der Wochenzeitung, »eben den Vollzug dieser Prophezeiung«. Es ist doch gut, dass diese Zeitung im Papierkorb landet, sagt Vally und lächelt nachsichtig wie damals, als müsste sie den Kindern etwas vergeben.

Die Judenverfolgungen – alles Ideen Hitlers, eines einzelnen Mannes? »Und wenn ich mich als Leibwache bei ihm verdingen müsste«, flüstert Libertas voller Wut, »er darf nicht sterben. Er muss am Leben bleiben, bis seine Ideen ad absurdum geführt sind. Bis sich klar vor allen Augen abzeichnet, in welches Unglück er Deutschland hineinmanövriert. Sonst wird er zum Märtyrer und Deutschland ihn nie mehr los.«[167] Die pralle Einkaufstasche mit den Lebensmitteln presst Vally hoch gegen die Brust. Damit niemand ihren Stern sieht. Libs kehrt in die Altenburger Allee zurück. Der Fernsprechapparat wird sicherlich abgehört. Ihr Zuhause ist keines mehr, es ist kalt in der Wohnung. Die Fröhlichkeit der vielen Freundinnen und Freunde fehlt. Harro kehrt nicht zurück. Das neue zweite Schlafzimmer verstärkt nur die Verlassenheit des unnützen gemeinsamen Bettes.

Die Gründung eines Reichsministeriums für die besetzten Ostgebiete unter der Leitung von Alfred Rosenberg wird 17. November 1941 öffentlich bekannt gegeben. Am Tag danach offenbart Rosenberg bei einem Presseempfang, mitschreiben verboten, die Planung des Programms zur Judenvernichtung: »Zugleich ist dieser Osten berufen, eine Frage zu lösen, die den Völkern Europas gestellt ist: Das ist die Judenfrage. Im Osten leben noch etwa sechs Millionen Juden, und diese Frage kann nur gelöst werden in einer biologischen Ausmerzung des gesamten Judentums in Europa.«[168] Am 14. Dezember 1941 kam Rosenberg dagegen mit Hitler überein, nicht öffentlich von der Ausrottung des Judentums zu sprechen.[169]

Vally Wolffenstein und ihre Schwester Andrea tauchen in Berlin unter in die Illegalität, um der Abholung zu entgehen. Auf dem Küchenbuffet lassen sie einen offenen Abschiedsbrief liegen: »Wir hatten gehört, dass in solchen Fällen die Kriminalpolizei gern den Selbstmord für erwiesen ansah und keine Nachforschungen machte.«[170] Die Kinderfrau und ihr Zögling begegnen sich nicht wieder.

Greta Kuckhoff: »Harro hatte Kenntnis vom Wannseeprotokoll bekommen, sehr zeitig, und hat das auch entsprechend weitergegeben. Er hatte außerdem einen Teil der Bilder, die Libertas kopiert und kommentiert hatte, als Anlage dazugegeben, um zu zeigen, in welcher Weise das geschah. Er hatte klüglich hinzugefügt, auch noch die Behandlung politischer Kommissare, die ja ähnlichen Torturen ausgesetzt waren, ich meine sowjetische Kommissare, auch wenn sie nicht jüdisch waren.«[171]

Am 20. Januar 1942 treffen in der Villa Marlier, Am Großen Wannsee 56/58, auf Einladung des Chefs der Sicherheitspolizei und des Sicherheitsdienstes, SS-Obergruppenführer Heydrich, die verantwortlichen Vertreter der verschiedenen Ministerien und Organisationen über die Deportation und Ausrottung des europäischen Judentums zusammen. Der Massenmord ist längst beschlossen, hier wird er bestätigt.

Kreise und Schnittmengen

Wenige Tage vor Weihnachten 1941 lernen Libs und Harro bei dem passionierten Segler Wolfgang Rittmeister mit seinem Bruder John und seiner Frau neue Freunde kennen. Eva Rittmeister, wie Libertas 28 Jahre alt, will Schauspielerin werden. Die Glamourfotos gibt es schon. Das Abitur holt sie an der Abendschule Dr. Heil nach. Für John Rittmeister, ihren Mann, Oberarzt an der Nervenklinik Waldhaus in Berlin Nikolassee und Leiter der Poliklinik des von Prof. Mathias Göring, einem Cousin des Reichsfeldmarschalls, geführten Reichsinstituts für psychologische Forschung und Psychotherapie, ist die Krankenschwester Eva das große Glück. Freimütig konstatiert der fünfzehn Jahre Ältere, der aus einer alteingesessenen Hamburger Patrizierfamilie stammt: »Mir fehlte der Zugang zu Küche und Keller, Zärtlichkeit, die Verbindung mit dem, wo alles entsteht.« Hamburg – eine Stadt, die rechnet und hastet. Einzig die sommerlichen Ferienaufenthalte am Elbstrand in Blankenese, die Feste auf dem Landsitz des Onkels mit langen Tafeln und üppiger Bewirtung sind dem schmalen braunhaarigen Mann mit den langgliedrigen Händen als Lichtblicke in einer von Tabellen, Nüchternheit und Vernunft regierten Kindheit in wohler Erinnerung. Als 19-jähriger Soldat in die Hölle des Ersten Weltkriegs geschickt, trug er seinen Schatz an Büchern stets mit sich als kostbares Gut: Stefan George, das Neue Testament, Hölderlin.

Acht Jahre arbeitet er bis 1937 als Volontärarzt in der Schweiz – Burghölzli, Uniklinik Zürich, Münsingen –, bis er aufgrund kommunistischer Agitation ausgewiesen wird. In Berlin hilft John Rittmeister untergetauchten Juden und politisch Verfolgten mit Geld, Kleidung und Lebensmitteln. Immer wieder bringt er Männer und Frauen, ganze Familien, in der Nervenheilanstalt Waldhaus in einem Klinikbett für ein, zwei Nächte unter.

Mit dem Besuch der Abendschule Dr. Heil sammelt sich ein Kreis von jungen, skeptischen Twenty-Somethings. Die Diskrepanzen zwischen dem nationalsozialistischen Alltag und den eigenen Träumen und Wünschen halten diesen Freundeskreis zusammen. Da ist der 25-jährige Fritz Thiel, ein Bastler, Kommunist seit frühester Jugend. In seiner Wohnung zaubern elektrische Lichtanlagen schwirrende Effekte. Zwei Radioapparate hat er mit Plattenspielern kombiniert, Goebbels- und Hitler-Reden zusammen mit Mozarts Süßigkeiten oder Bachscher Orgelbrisanz ergeben neue bizarre Klangformen. Im Januar 1942 heiratet er seine schwangere Freundin Hannelore, sie ist siebzehn. Am 24. Mai 1942 wird Sohn Alexander geboren. Fritz Thiel unterstützt Hans Coppi bei Versuchen, die defekten Funkgeräte zu reparieren und das Funken zu erlernen. Ursula Goetze, eine enge Freundin von Eva, 25 Jahre alt, studiert an der Friedrich-Wilhelm-Universität Englisch und Französisch. Der langjährige Freund von John Rittmeister, der 41-jährige Romanist Werner Krauss, bezieht nach seiner Einberufung zur Dolmetscher-Lehrkompanie zusammen mit Ursula Goetze eine kleine Wohnung in der stillen Hornstraße 3 nahe dem Kreuzberger Viktoriapark. Hier hören sie ausländische Sender und reden sich die Köpfe heiß. Der zwanzigjährige Friedrich Rehmer, nach der Schlosserlehre Justierer an der Werkbank, ist Aushilfslehrer für Erdkunde und Geschichte an der Abendschule. Er begreift sich als Anarchisten, die Einberufung zur Wehrmacht 1941 an die Ostfront erlebt er als traumatisierend. Nach einer schweren Verwundung wird er nach Berlin zurücktransportiert. Seine Freundin, die russischstämmige Liane Berkowitz, zählt in diesem Sommer 1941 siebzehn Jahre. Auch sie wird schwanger.

Aufbruch zum Abschied

Die Weihnachtsfeiertage verleben Harro und Libertas getrennt. Ingeborg von Schoenebeck, die Cousine von Libertas, sie zeigte schon bei der ersten Vorstellung von Harro Ostern 1936 eine heftige Abneigung gegen den Bräutigam, berichtet von einem Cousinentreffen Mitte Dezember 1941: Libertas, sie trägt einen alten militärblauen Mantel und Kosakenstiefel, Flita, die Schauspielerin, blondiert und onduliert, schwarzer Pelz, Orchidee im Haar, und die elegante, im Liebenberger Seehaus lebende Frau des Majors von Schoenebeck. Ingeborg von Schoenebeck: »Ich frug sie so nach ihrem Leben, da sackte sie zusammen, sagte, es wäre doch nichts, ich hätte doch recht gehabt mit meinem Urteil über Harro. Und ich sag, ja, warum lässt du dich nicht scheiden? Ich hab ihn ja erwischt in flagranti und [...] jetzt lass ich mich scheiden. Da hat er nur höhnisch gelacht, das kannst du nicht, ich hab dich in der Hand.«[172] Harro, ihn begreift die Cousine als eine »Katastrophe für die ausländischen Gesandtschaften«, denn im Luftwaffenführungsstab, in der Attachégruppe des Reichsluftfahrtministeriums, hier arbeitet auch Major von Schoenebeck, »liefen alle Nachrichten zusammen«.

Krieg, Verdunkelung, Lebensmittelkarten. Reisebescheinigung, Ahnenpass, Meldepflicht – das System der Überwachung greift weiter lückenlos.

In der lang gestreckten Halle des Bahnhofs liegt der Personenzug, eine alte verbrauchte Riesenschlange. Die Lokomotive stöhnt, ein dreckiges, verwittertes Reptil. Die Schaffnerin trägt ein müdes Gesicht, ihre Bewegungen hängen wie an den ruckartigen Fäden einer Marionette. Ihr Mann war in Polen, dann in Frankreich, jetzt an der Ostfront; man hört ja nichts und doch so manches. Ein leerer Blick über den Bahnsteig, sie begreift nicht recht, warum das alles so sein muss. Für die einen ist Krieg, und die anderen fahren in die Ferien – fertig machen zur Abfahrt. Der Zug nach Süddeutschland ist überfüllt, schweres Gepäck versperrt die Gänge, einen Sitzplatz findet Libs nach langem Suchen gegenüber einem schwergewichtigen Mann. Mit dem Taschenmesser säbelt der Dicke umständlich die Scheiben einer Salami mit der Ruhe des Genießers, der sich beim Essen von nichts und niemandem stören lassen will. Das Frollein gegenüber mit der Tasche auf den Knien lutscht langsam das weiße Fett aus der geschenkten Wurstscheibe, den Blick leer aus dem Fenster gerichtet, die Salami in die Backen gehamstert. Viele reisen im Stehen, im Durchgang Gedränge, eine Kontrolle arbeitet sich vor. Hier kann einer nur einen Postausweis vorzeigen. Mitkommen. Aus dem Waggon auf den Bahnsteig verhaftet; die Mitreisenden blicken peinlich berührt, keiner wechselt den Blick. Die Luftangriffe, gibt es keine anderen Themen in Deutschland als den Krieg? Über das Wetter spricht schon lange niemand mehr. Es sind die Geschichten von nächtlichen Angriffen und ausgebombten Familien, von Kindern, die aufs Land geschickt werden, und man hört ja nichts mehr, es kam nur eine Karte mit der Kinderschrift. Jeder weiß vom Donner der Nächte, von Panzerschlachten, gesprengten Brücken, von Schiffen, die in der Weite des Meeres hinter dem Horizont schnaubend von ihrer Versenkung künden.

Den Jahreswechsel 1942 verlebt Libertas in der Villa der Winzerdynastie Melsheimer an der Mosel. Auch hier drehen sich die Gespräche um den Ausgang des Krieges. Was macht Berlin? Libertas muss sich erholen; sie plagt seit Wochen ein unerträglicher Juckreiz am ganzen Körper. Stress ist der Auslöser. Im Neujahrsbrief an die Schwiegermutter nimmt sie Bezug auf den Tod der 89-jäh-rigen schwedischen Großmutter im Dezember. Der letzte deutsche Kaiser sandte einen Kranz aus seinem Domizil im niederländischen Doorn.

Traben-Trarbach, Mosel, 6.1.42
Bei Dr. Melsheimer

Meine liebe gute Mama!
[...] Du siehst, ich bin noch immer hier. Das Nesselfieber weicht nur ganz langsam, von Rechts wegen dürfte ich über-haupt keine Kriegsernährung mehr bekommen. Es ist recht deprimierend, denn meine schöne Stellung ist damit ja in Frage gestellt!
Es ist herrlich, dass Harro nun wieder mehr in Berlin ist, aber es erhöht meine hausfraulichen Sorgen – meine bis lang in die Nacht reichende Arbeit lässt keine Hausfrauentätigkeit mehr zu. Nun, es wird sich alles finden.
Jedenfalls freue ich mich, dass wir ab jetzt Alleinherrscher in unserer Wohnung sind und dadurch jeder sein eigenes Reich zum Arbeiten hat, so dass man mit dem Schlafengehen nicht mehr aufeinander zu warten braucht. Das wird viel Nerven sparen.
[...] Es ist schon eine Ironie des Schicksals: Jetzt, wo wir nicht mehr jeden Pfennig umzudrehen brauchen, gibt es nicht ein-mal mehr das Essen, das einen gesund erhalten könnte!! Wie verheerend wir uns in der Stadt ernähren, merke ich so ganz erst hier, wo ich alles bekomme, angefangen von der Vollmilch, über Wildbraten zu den herrlichen Moselweinen. Ich werde wie ein Kind im Hause verwöhnt, im Stall steht ein herrliches Pferd, auf dem ich jeden Tag stundenlang durch dies zauber-haft schöne Land jage. Mein einziger Nebenverdienst ist, die-se Menschen hier, die schwer am Verlust ihres Sohnes tragen, ein wenig aufzuheitern. In weltanschaulichen Dingen herrscht seltene Uebereinstimmung; abgesehen von dem Kindergeschrei diverser Enkel ist es friedlich und still. [...]

Oft bin ich tief melancholisch [...] ich weiß nicht, wie man bei wachem Verstand all das ertragen soll, was in der Welt tagtäglich geschieht. Aber es muss ja nun bald ein Ende geben. Ich glaube fest daran!
Leb wohl für heute, Mamachen. Hab nochmals Dank für Deine fürsorgende Liebe!
Halt Dich bei Kräften und sei lieb gegrüßt
von Deiner Libertas

Nach Liebenberg kommt der Frühling 1942 mit Vogelgezwitscher, warmen Winden und dem Vorwärtsschrei der fliegenden Kraniche hoch im Himmel über den erwachenden märkischen Hügeln. Im bombenunsicheren Berlin sind die Dämmerungslieder der schwarzen Amselvögel längst verstummt. Eine rastlose, kopflose Unruhe ergreift Libertas in der Stadt, die es bald nicht mehr gibt. Es fehlt ihr nicht an Gelegenheiten und Verehrern; die halbherzigen Affären verlaufen im Sande. Will Harro sie mittags treffen, Libs hat Zeit. Sie spricht über die Bücher, die sie liest – und wieder, sie erreicht ihn nicht. Sie fühlt ihr Herz schrumpfen, ein schmerzlichspitzer Prozess in kleinen Verletzungen, Stiche von kalt glitzernden Eiszapfen. Unaufmerksam und müde ist er, seine Augen liegen tief in den Höhlen. Sie machen vage Pläne für die Pfingstferien 1942 wie für einen Mai, den es nie geben wird. Alles klingt so ganz normal und alltäglich. Lass mich das Gesicht in deine Hände legen, lass uns gut sein, füreinander, hallt es wie ein Echo aus vergessener Zeit. Gefrorene Welt mitten im Frühlingsrauschen; sie sind zwei Fremde, die zufällig einen Tisch und ein paar Jahre lang auch das Bett geteilt haben. Höflich formt ihr Mund die Worte. Er muss doch auch hinaus, sich erholen. Ja hinaus, pflichtet Harro bei.

In einem Brief vom 9. Mai 1942 an die nach Freiburg umgesiedelten Eltern zählt Harro den Freundeskreis auf – von Widerstandstätigkeiten erwähnt er nichts: »Ich bin froh darüber, von mir selbst sagen zu können, dass ich im letzten Jahr mehr als einen Freund gewonnen habe: Da ist J[onny Graudenz], alter Journalist, sicher schon über 40, mit einer rührend gastfreundlichen Frau und zwei

*Pfingsten 1942 an der Mole
in Marquardt bei Potsdam*

lustigen Backfischtöchtern. Er ist heute Kaufmann und hat eine nette kleine Villa draußen in Stahnsdorf, also in der Wannseegegend. Morgen, zum Sonntag, werden wir hinausfahren und in dem großen Garten in der Sonne liegen. Und dann kommt sicher auch R[itt- meister] hin, etwas älter als ich, ein bekannter Psychia- ter, der eigentl. gerade nach Zürich fahren wollte, aber die Reisegenehmigung noch nicht hat. Er wohnt ganz in unserer Nähe. Seine künst- lerisch begabte Frau [Eva] war neulich mit uns in Teu- pitz. Dann ist F[ritz] da, den wir durch R[ittmeister]

kennenlernten. Junger 23-jähriger Arbeiter bei Zeiss, der abends sein Abitur machte und nebenher Volkswirtschaft studiert. Als wir ihn neulich besuchten, hat Libs ihm den Kopf gewaschen, weil er, an Hand seiner elektrotechnischen Begabung, eine solche Viel- falt an Beleuchtungsraffinessen usw. in seiner Bude hatte, dass man Gefahren witterte ... Immerhin, er arbeitet unermüdlich an sich selber, und alle helfen ihm, weil er so begabt ist. Dann ist da der 19-jährige Horst Heilmann, vor 1½ Jahren mein bester Hörer im Außenpolitischen Seminar der Universität. Er ist sehr ruhig und wirkt auf den ersten Blick fast etwas schüchtern, aber er hat etwas bezwingend Klares und Konzentriertes. Er sieht in mir zwar so etwas wie seinen ›Professor‹, aber er wird mich bald überflügelt haben. Wir machen eine große außenpolitische Arbeit zusammen. Wir ergänzen uns so gut, dass wir am liebsten immer zusammen arbeiten würden. Er ist als Funker beim OKH eingezogen und hört Funksprüche ab usw., aber jede freie Minute schafft er was. Und dann haben wir einen Zahnarzt [Helmut Himpel] mit seiner Freundin, die Libs in vielem so ähnlich ist. […] Und dann sind da natürlich einige hübsche und nette Mädchen, mit deren einer oder anderer ich von Zeit zu Zeit mal gut essen gehe in einem der teuren Lokale, wo man noch etwas bekommt. Libs ist befragt und hält sich mit einem Flirt vom Film schadlos. Manchmal gehen wir aber auch alle zusammen los.«

Zudem zählt zum Freundeskreis weiterhin die Ärztin Elfriede Paul, das Ehepaar Schumacher, »Kurt behütet Gefangene in Posen. […] Weisenborn ist auch noch da und ein großer Mann beim Rundfunk. Seine Ehe mit unserer kleinen Untermieterin von früher, genannt ›Schnäbelchen‹, weil sie den Nachnamen Schnabel hatte, geht großartig, offenbar hat er keinerlei Heimweh zurück zu seinem in zahlreichen abenteuerlichen Romanen beschriebenen Junggesellenleben. Na, das ist nur eine unvollständige Aufzählung von Freundschaften. Allmonatlich entstehen neue, und wenn man sich längst nicht so oft sehen kann wie im Frieden, so hält man doch zusammen.«

Man hält zusammen – Beschwichtigendes für die Eltern. An Günther Weisenborn schrieb Mutter Marie-Luise Schulze nach dem Krieg, am 1. März 1946: »Ich habe seit Mai 1942 gewusst, dass er die Naziregierung stürzen wollte. Er besuchte mich damals in Freiburg: ›Es müssen sich einige Hundert finden, die bereit sind, sich zu opfern, eher wird es nicht besser.‹ Ich ahnte alles und fragte ihn: ›Möchtest du zu den Hundert gehören?‹ Worauf er sich hoch aufreckte und sagte: ›Warum nicht ich? Wenn alle nicht bereit wären, würde es ja nie anders!‹ ›Einmal habe ich dich vor der Gestapo retten können, ein zweites Mal könnte ich es nicht!‹ ›Beruhige dich, mich schnappen sie nicht so leicht, ich bin immer noch vorsichtiger, als die Gestapo schlau ist.‹ Von dem Moment an hatte ich keine innere Ruhe mehr. Beim sehr ernsten Abschied am Freiburger Bahnhof fühlte ich, dass ich ihn zum letzten Male sah. Meine Tochter, die dabei war, versuchte mich zu trösten. Ich sagte ihr, dass ich solche Angst um ihn hätte und die furchtbare Ahnung, dass ich ihn nie wieder sehen würde.«

Wie lange noch?

Die Journalistin Ursula von Kardorff, langjährig befreundet mit Regine Schütt, der ersten offiziellen Freundin Harros, über den Kriegs-Jetset im Hotel Adlon: »Bonzen in klirrender Partei-Uniform, Urlauber aller Dienstgrade, die noch eine Illusion von Komfort an die Front mitnehmen wollen, ausländische und deutsche Diplomaten, Schauspieler, Dahlemer Damen in Hosen, die sich vom Aufräumen in ihren zerstörten Villen erholen, Geschäftsleute, die die Aura ›Rüstung‹ um sich verbreiten und schweinslederne Aktenmappen tragen, und schließlich Abenteuerinnen aller Grade, die sich der Männer annehmen. Denn Berlin ist eine Männerstadt geworden, seitdem die Familien evakuiert und die Schulen geschlossen sind. In der kleinen Bar wird Bier ausgeschenkt, an den Tischen mit weißen Tischtüchern gibt es Wein. Die Gäste, die in den Saal wollen, müssen zwischen gierigen Blicken Spießruten laufen. Manche gehen gesenkten Hauptes, andere eilig und energisch oder betont hochmütig vorüber. Die Hotel-Manager werden umbuhlt, denn von ihrer Gnade hängt es ab, ob jemand einen Tisch bekommt. So findet sich hier eine Gruppe von Menschen zusammen, die unberührt von allem Elend dahinlebt, als sei sie auf der bedrohten Erde nur zu Gast. Seltsame, spannungsgeladene Atmosphäre. Seit es den Tiefbunker gibt, zu dem vom Hotel aus ein besonderer Eingang führt, gilt das Adlon als bombensicher. Deshalb bekommt auch zur Gespensterstunde niemand hier den nervösen Blick und das gespannte Ohr. Hier ist man sicher, kann folglich in aller Ruhe seinen Rotwein trinken, ehe man sich, die ledernden Koffer in der Hand, unter eine neun Meter dicke Betondecke in Fliegerdeckung begibt.«[173]
Auf dem als Aufmarschgelände dienenden ehemaligen königlichen Lustgarten, einen Katzensprung vom Adlon entfernt gegenüber dem Dom und Schloss, organisiert das Propagandaministerium die Ausstellung »Das Sowjetparadies«, einen angeblich wirklichkeitsgetreuen Nachbau der Stadt Minsk. Unter Zeltdächern lädt

das Elend die Schaulustigen zur Besichtigung ein: Slumartige Bauernhütten, Schlafstätten in Erdhöhlen – so haust der Sowjetmensch, wird suggeriert. Todeszellen und Folterkammern des sowjetischen Geheimdienstes drohen den Betrachtern, Kriegsbewaffnung und Panzer, ein Bunker mit Besatzung, Arbeiterwohnungen, Fabrikgelände – alles aber »desinfiziert und gesäubert«. Wehe denen, die in die Hände dieser Untermenschen fallen. Sonntags warten Familien auf Einlass, Abordnungen nationalsozialistischer Einrichtungen besuchen während der Arbeitszeit die Ausstellung.

Überlegenheit der deutschen Rasse demonstrieren und den Überfall auf die Sowjetunion in eine Befreiungstat verkehren, das ist die Botschaft der am 9. Mai 1942 eröffneten Propagandaausstellung. Lebensgroße Dioramen, Trompe-l'œil-Versuche in raffiniert ausgeleuchteten Schaukästen gaukeln Wirklichkeiten vor, darin finster dreinblickende, mit Beilen, Messern, Äxten und Sicheln bewehrte Sowjetmenschen, die nichts als Angst, Schrecken und Hass verbreiten. Sowjetische Kriegsgefangene, dem Hungertod nahe, im Herbst 1941 in das Konzentrationslager Sachsenhausen eingeliefert und dort wenig später ermordet, stellen die Modelle.

Die Siegesfolgen im Osten lassen auf sich warten. Moskau ist nicht erobert, die versprochenen Lieferungen für die hungrigen Deutschen aus der Kornkammer der Ukraine stehen aus. Die Zeit und der russische Schnee arbeiten für Stalins Heere, der Weltblitzkrieg scheint verloren. Hunderttausende Berliner drängen täglich durch die Ausstellungszelte auf 9000 Quadratmetern. Auch Harnacks und Kuckhoffs unternehmen eine Besichtigung. Der Sowjetfreund Arvid Harnack ist geschockt. Dennoch, die von Harro für die beginnende Nacht angedachte Zettelklebeaktion erscheint ihm als eine ganz und gar leichtsinnige Idee. Um dem Erwartungsdruck einer Gruppe von Abendschülern gerecht zu werden, die gemeinsame Informationsarbeit gefährden? Arvid Harnack will es nicht wahrhaben, sein erster Eindruck von Harro Schulze-Boysen Anfang der dreißiger Jahre steht ihm wieder als warnendes, fernes Echo im Gedächtnis. Harro, ein Hallodri, ein Hasardeur?

Zeichen setzen. Nicht müde werden, sich und den wenigen, die die nationalsozialistische Weltenteilung übrig lässt, verdeutlichen, dass es auch anders geht, dass überhaupt Widerstand spürbar ist. Es gibt sie, die Deutschen, deren Gedanken sie nicht schlafen lassen. Jede Tat, die die Zweifel unterstützt, trägt ihren Sinn in sich. Und wenn auch nur ein kleiner Gedanke angestoßen wird. Trotz vieler Vorbehalte beschließt die Gruppe eine Klebeaktion gegen die Ausstellung »Das Sowjetparadies«.

Die Schülerinnen und Schüler des Heilschen Abendgymnasiums wollen nicht nur reden, sondern handeln. In der Nacht von Sonntag auf Montag, den 18. Mai 1942, wandern gegen Mitternacht aneinandergeschmiegte Liebespaare durch die Stadt. Sie stehen in Hauseingängen, an Litfaßsäulen, an Infotafeln der Untergrundbahnen, an den verschlossenen Fenstern der Kioske, an Bushaltestellen, auf Brückengeländern, an den Umsteigebahnhöfen. Ein Mann in der Uniform eines Luftwaffenoffiziers folgt den Paaren mit einigem Abstand. Das lockige Haar von Maria Terwiel verklebt mit den kleinformatigen Blättern an den Wänden. Hans Coppi jun.:[174] »Meine Eltern waren im Wedding und in Moabit unterwegs. Hunderte Klebezettel wurden in verschiedenen Stadtteilen angebracht. Am Montag früh entdeckten sie viele Berlinerinnen und Berliner, die zur Arbeit eilten, an Hauswänden und Bäumen.«

Libertas nimmt an der Aktion nicht teil. »Libs war 4 Tage in Wien. [...] Ihre Besprechungen mit der Wien-Film sind anscheinend gut verlaufen«, so Harro an die Eltern.

Mit in Tablettenröhrchen versteckten Wattebäuschen setzen am Montag, dem 18. Mai, junge Männer und Frauen einer jüdischen Widerstandsgruppe um den dreißigjährigen Herbert Baum und seine Frau Marianne zwei Brandherde im Sowjetdorf. Ein Schwelbrand entsteht, elf Besucher erleiden eine Rauchvergiftung. Über Nacht wird eine versengte Wandbespannung ausgetauscht, am nächsten Tag geht der Publikumsverkehr ungestört weiter. Über den Brandanschlag wird nicht berichtet, Nachrichtensperre. Am 28. und 29. Juni 1942 werden in einer Vergeltungsaktion fünfhundert Berliner jüdische Männer verhaftet und deportiert.

Alexander

Der junge Schnösel, der sich Joe nannte und einst das Segelboot seines Vaters stolz auf dem Wannsee vorführte, arbeitet nach einem Ingenieursstudium als Aufnahmeleiter für die Tobis. Bei Engelsings haben Libertas und Alexander sich wieder getroffen. Alexander Spoerl in seinen Erinnerungen über sein Vorstellungsgespräch in der Kulturfilmzentrale: »Da war ein abseits gelegenes Zimmer mit kleinem Schild: Libertas Schulze-Boysen. Sie bat die anderen darum, mit mir allein sein zu können. ›Betreiben Sie noch die Antiwelle?‹, fragt sie unvermittelt. Ich weiß heute nicht mehr, wie ich dazu kam, einer unbekannten Frau gegenüber diese Frage zu bejahen. Ich schreibe es auch nur dem Instinkt zu, mit dem Antifaschisten sich gegenseitig erkannten, einem ähnlichen Instinkt, mit dem die Nazis sich gegenseitig witterten. Die Antiwelle war eine in Filmkreisen und teilweise auch in Gesellschaftskreisen geführte Antipropaganda.«[175]

Libs schlägt ihn als ihren Kollegen für die Auswahl und Bearbeitung der Stoffe vor. Sie braucht jemanden, dem sie vertrauen kann, der ihr hilft. Die kleinen Schritte gehen, nicht mit jedem Atemzug die Verzweiflung spüren. Spoerl: »Wir unterhielten uns etwa eine Stunde lang mit völliger politischer Offenheit. Libs umriss kurz die Ziele, die sie sich gesteckt hatte.« Sie will die Produktionen der Kulturfilm-Zentrale beeinflussen. »›Aus beiden Lösungen‹, so Libs, ›ergeben sich großartige Möglichkeiten!‹« Spoerl ist begeistert: »Nach dieser Unterredung unterzeichnete ich den Vertrag.« Abends ist er in die Altenburger Allee beim Ehepaar Schulze-Boysen eingeladen. »Ich erfuhr noch nichts von dem Vorhandensein der Gruppe. Libs hielt ich für eine politische Idealistin, und manches kam mir etwas kühn vor. Aber ich sah die Chance, über den Rahmen der kleinen, nörgelnden Antiwelle hinaus aktiv werden zu können.«

Nicht zuletzt ist es ihr Charme, der ihm das letzte Misstrauen nimmt: »Libertas vereinigte in sich in vollendetem Maße den

Instinkt der Frau, auch Naivität und Glut mit einem ganz männlich anmutenden Intellekt. Sie war außerdem, um einen ganz dummen Ausdruck zu gebrauchen, eine bezaubernde Persönlichkeit.« Dem Einfluss von Reichsfilmintendant Fritz Hippler, Regisseur des Films *Der ewige Jude,* wollen die beiden entgegenwirken. »Wir maßten uns das Recht an, in die Dramaturgie und Produktion der anderen Filmfirmen einzugreifen. Es war gar nicht so schwer, denn in der Nazizeit gab es so viele Behörden und Ämter, dass keiner recht wusste, wer was für Vollmachten hatte. Und unsere beiden anderen Kollegen machten keine Schwierigkeiten. Es gibt sehr viele Kulturfilmsorten. Für Libertas und mich gab es nur zwei Sorten: NS-Filme und wirkliche Kulturfilme. NS-Filme wurden unter Vortäuschung außerordentlicher dramaturgischer Schwierigkeiten und größten Verantwortungsbewusstseins ›kalt zum Fenster herausgehängt‹, sie kamen und kamen nicht vorwärts und brachten die Filmindustrie zur Verzweiflung.« Die weniger stark propagandistisch gefärbten Filme fördern die beiden in der Reichskulturfilmzentrale, deren Unterhaltungsprogramm vermischt mit Wissenswertem nach der Wochenschau das Publikum füttert. »Ginge es nach Libertas, dann würde der Kulturfilm noch heute mit Hilfe neuer Themen und einer neuen filmischen Sprache gesprengt. Wir nahmen uns vor, nach dem Ende der Nazizeit zusammen ganz große und neue Filme zu machen«, so Spoerl.

Und dann gibt es auch für ihn kein Zurück mehr: »Erst allmählich ließ Libertas mich wissen, dass hinter ihr eine Organisation stand, dass ihr Mann, Harro Schulze-Boysen, von Hermann Göring zum Oberleutnant befördert und ins Luftfahrtministerium berufen, dort ganz analoge Praktiken anwendete. Ich lernte Harro kennen: ein schlanker, asthenischer, feiner Mensch, äußerlich scheinbar etwas blutleer, aber wenn er sich aufschloss, voll politischer Hingabe und Glut, dabei intellektueller und hundertmal vorsichtiger und misstrauischer als Libertas. Nach und nach kam ich mit anderen ›Freunden‹ zusammen, nur gelegenheitsweise, auf dem Wasser (Schu-Boy und Libs hatten zusammen ein Segelboot), bei einem Nachmittagstee in der Wohnung der Schulze-Boysens. Ich fühlte viele kritische, abschätzende Blicke; ich wunderte mich, dass man

Libertas und Alexander Spoerl

mir, einem Neuling, gegenüber nicht vorsichtiger war. Ich muss gestehen, dass die Offenheit und Kühnheit dieser ›Freunde‹ mich manchmal an ihrer Sache zweifeln ließ.«

Alexander fotografiert in seiner freien Zeit das Berlin im vierten Kriegsjahr. Nach dem Getöse der Bombenangriffe wimmern alle in einer gemeinschaftlichen oberen Stimmlage, die Männer so, als hätten sie sich auf die der Frauen geeinigt. Libertas und Alexander halten sich an den Händen. Einer sucht den anderen bei sich, sucht sich, vergeblich. Für kurze Zeit sind die beiden ein Liebespaar.

Mit dem Regisseur des prämierten Kulturfilms *Der Landbriefträger*, Wolf Hart, verbindet Libs die Begeisterung und der Idealismus für den Film als Kunstform. Ihr großes gemeinsames Vorbild ist Robert Flaherty. *Nanook, der Eskimo* ist einer ihrer Lieblingsfilme, nicht oft genug können sie die Leinwand das Leben atmen sehen. Die Wirklichkeit ist für Wolf Hart »voller Poesie«. Helga Hart, die zweite Frau des Regisseurs und eine gute Freundin der drei: »Alexander, Wolf und Libertas, sie waren so etwas wie das Ratpack Sinatra, Dean Martin und Sammy Davis Jr. Einer stach den anderen an. Sie waren sehr lebenslustig.« Helga Hart hat die Büros und die Vorführräume der Kulturfilmzentrale als einen Ort kennengelernt, an dem unverblümt antinazistische Meinungen gelten. Auf einer großen Europakarte stecken die Mitarbeiterinnen und Mitarbeiter täglich der Frontverlauf ab, mit jedem Einstich den Wunsch gepaart, der Krieg möge bald sein Ende finden.

Libertas begleitet den Filmemacher Wolf Hart zu Dreharbeiten in die einsame Landschaft des Teufelsmoors, nördlich von Bremen gelegen. Ein Kulturfilm: *Dämmerung über dem Teufelsmoor* zeigt das Porträt eines alten Torfstechers, der von seinem Beruf nicht lassen will, obwohl ihn Familie und Freunde davon abbringen wollen, ein Film voller Ruhe und Geduld im filmischen Fluss. Der Maler und Filmemacher Wolf Hart und Libertas schicken sich Gedichte. Bleiben kann Libs bei keinem. Spüren will sie, dass sie noch lebt, sie einer begehrt – wohl wissend, dass es der Falsche ist. Die Trümmerberge wachsen. Wer will sie, wer kann sie noch aufräumen.

Offene Briefe an die Ostfront

Dieser ganze Mordon, ich kann einfach nicht mehr!« Wieder sitzt Libs bei ihrer Freundin Greta Kuckhoff, der Volkswirtschaftlerin mit dem kühlen Kopf, auf der Dachterrasse. Die Bilder und Filme, die täglich kommen, eine endlose, nicht abreißende Kette der Grausamkeiten. Das kleine Mädchen, das vor seiner Erschießung das aus Kleiderfetzen geschnürte Püppchen ordentlich an ihre Seite setzt; Libs kann nicht vergessen. Kaffee ist schon lange nicht mehr zu haben, lieber noch einen doppelten Kognak, der nichts Französisches, dafür aber umso mehr Fuseliges hat. Libertas redet sich die Greuel gegenüber der lakonisch-pragmatischen Greta mit dem immer exakten Seitenscheitel von der Seele, wie diese sich erinnert: »Da war ein Mann, der in lyrischen Worten von der Schönheit, den Lebensgewohnheiten und der Nützlichkeit bestimmter Insekten sprach. Er hätte keinem Kartoffelkäfer etwas zuleide tun können. Ausgerechnet ihn zeigte ein Foto mit einem winzigen Baby, das er gerade im Begriff stand, schwungvoll gegen die Mauer zu werfen. Oder ein anderer, kleinbäuerlicher Herkunft, der zuerst die Fotos seiner fünf mager auf staksigen Beinen stehenden kleinen Jungs hinblätterte und darauf, ohne zu zögern, eine Aufnahme aus dem Osten. Sie zeigte, wie er sein Bajonett aus dem Leib eines alten bärtigen Bauern zog. Libs, wie wir Harros Frau stets nannten, hat Qualen gelitten bei dieser Arbeit. [...] Sie fühlte sich gerechtfertigt, als wir ihr berichten konnten, dass eine Reihe junger, aber auch älterer Menschen tief ergriffen waren von dem, was sie sahen. Am glücklichsten war Libs, wenn die Beschauer mit zorniger Entschiedenheit reagierten und zu Mitkämpfern wurden, voller Scham, dass sie der ›Mörderbande‹ einmal selbst ihre Stimme gegeben hatten.«[176]

Ein Destillat der Geschichten der Soldaten, die täglich zu Libertas kommen, entsteht: Zusammen mit dem Dramatiker Adam Kuckhoff und dem Journalisten und jetzigen Eisenbahner John Sieg entsteht ein fiktiver »Brief an einen Polizeihauptmann«: »Das Furchtbarste ist nur dies: Dass Hitler es fertiggebracht hat, eine unzählbare Menge an sich rechtschaffener Menschen zu besudelten Komplizen seiner Verbrechen zu machen.« Die Freunde appellieren an die deutschen Soldaten, sich nicht weiter an dem verordneten Massenmord an der Ostfront zu beteiligen. Die eroberten Gebiete unterstehen dem Militär, nicht einer Zivilverwaltung – eine mit dem Polenfeldzug begonnene immanente Integration der Heereseinheiten in die Ausmaße der nationalsozialistischen Verbrechen. Aus der mehrseitigen Schrift »An einen Polizeihauptmann«:

Würde ich Ihnen sonst schreiben, wenn ich nicht annähme, dass Sie die Fähigkeit und den Mut nicht verloren haben, dem Zwang des Gewissens zu folgen, wo es in Konflikt gerät mit einer so offensichtlich bestialischen »Pflicht«, wie es der befohlene Meuchelmord an der Sowjetbevölkerung ist?!
Im Staatskrankenhaus in [...] habe ich neulich einige Kameraden von der Polizei besucht, die aus dem Osten eingeliefert worden sind, wegen Nervenzusammenbruchs, alle. Sie kennen ja die Krankenhausatmosphäre, diese Ruhe besonderer Art, man hatte zudem den Raum mit Blumen belebt, die Kranken durften Musik hören, und zu diesem lächerlich einfachen Requiem der Gemütsheilung gesellten sich, roman-

haft geradezu, ein paar Sonnenstrahlen. Übrigens gibt es dort eine Abteilung, von der mir die Kameraden mit beinahe scheuer Erleichterung berichteten, dort lägen die noch schlimmeren Nervenzusammenbrüche: Kraftstrotzende Revierbeamte von früher bewegen sich fortgesetzt nur hopsend weiter, wie Kängurus, wissen Sie, und andere wiederum kriechen auf allen vieren, schütteln dabei bedächtig den Kopf, das Haar fällt ihnen zerzaust ins Gesicht, und ihr Blick ist, wiederholte jemand beschwörend, »wie bei einem Bernhardinerhund«. Ich habe von den Kameraden viel Entsetzliches erfahren, die Ruhe im Zimmer war trügerisch, die Furien wüteten darin. Flüsternd, mit aufgerissenen Augen, die von mir ein Wort erlösender Rechtfertigung erhofften, erzählte man mir von Massenerschießungen der Zivilbevölkerung in Russland, ausgesuchten Grausamkeiten, von Blut und Tränen ohne Maß, dem ultimativen Charakter der viehischen SS-Befehle, dem unfassbaren Gleichmut hilfloser Opfer, ja, und natürlich vieles vom Kampf der Partisanen, was mich politisch und taktisch ungemein interessierte. Selbstverständlich habe ich keinem der Kranken ein Wort der Tröstung gesagt, das ihnen Hilfe gewesen wäre in den grauengepeinigten Dämmerstunden ihrer Abende, umso eifriger enthüllten sie ihre Taten. Soll ausgerechnet ich die Geister der Erschlagenen bannen, soll ich jemanden, der nachträglich, wenn auch qualzerrüttet gesteht, er habe, sozusagen als Tagespensum, auf Befehl monatelang Morgen für Morgen 50 Menschen erschossen, eine Art Absolution erteilen?[177]

Das Flugblatt nimmt Kurt Schumacher, einberufen zum Landesschützenbataillon 662 in Posen, mit in den Krieg. Genaue Auflage und Verbreitung dieser hektographierten Flugschrift sind nicht bekannt. Wieder pokern die Verfasser um ihr höchstes Gut, ihr Leben. Und hoffen auf einen Schneeballeffekt: dass der unzufriedene Soldat die Schrift an Angehörige der Wehrmacht, die er für vertrauenswürdig hält, weiterleitet. Der fanatische Nationalsozialist wird die Flugschrift lesen und an seinen Vorgesetzten reichen, der wiederum Vorgesetzte hat. Verbreitung wird die Schrift finden. Noch greift die Gestapo ins Leere.

Weiterhin versuchen Harro und der enge Kreis um Hans Coppi, die Funkgeräte zu betreiben. Ohne Erfolg. Seit Dezember 1941 arbeitet in der Dechiffrierabteilung im Oberkommando der Wehrmacht fieberhaft der Mathematiker Dr. Wilhelm Vauck an der Entschlüsselung der Brüsseler Funksendungen. Es bleibt nur eine Frage der Zeit, bis die Nachrichten offen vorliegen – und die Adressen der Freunde entziffert sind. Moskau schickt Verstärkung für die Berliner Gruppe: Fallschirmspringer, in der Sowjetunion geschulte deutsche Kommunisten, treffen in Berlin ein, ausgestattet mit falschen Papieren und Funkgeräten. Sie müssen untergebracht werden. Elisabeth Schumacher kümmert sich.

Crescendo

Das Loch im Fensterglas sieht aus wie frisch gefräst. Sauber, keine Splitter. Der Schuss ging glatt durch. Libertas, zu Tode erschreckt, starrt auf den frischen Einschuss. Auf dem flachen Dach gegenüber ihrem Bürozimmer in dem großen Kontorhaus Jägerstraße 26 ist niemand zu sehen. Wäre sie nicht plötzlich aufgestanden, sie wäre tot. Wer wollte sie treffen, wer nur? Bin ich denn eine Gefahrenquelle, fragt sie sich – die Kehle trocken, das Herz verkrampft, auf allen vieren den Boden nach dem Geschoss absuchend. Plötzlich stehen die Kollegen in der Tür ihres Büros. Ob sie da richtig gehört haben, ein Schuss? Im frühen Kriegsjahr 1942 scheint alles möglich.[178]

»Nein, nein«, sagt Libs, steht auf und streicht sich den wadenlangen engen Rock glatt. »Nein, nein, es ist nichts.« Wirklich nicht? Nein, nein. Was gehen ihr diese Neugierer auf die Nerven. Recken da ihre Hälse im Türrahmen. »Geh auf die Toilette, das beruhigt«, hätte ihre Mutter Tora jetzt gesagt und gelacht über ihr dummes jüngstes Kind. Libs bahnt sich ihren Weg durch die Lanzen der

Blicke, klackert die Schritte den langen Gang hinunter, wie aufgezogen an der Schnur, an die ihr Denken gekettet ist: nicht auffallen, keine Blöße zeigen, keine Schwäche. Ein letztes Tauziehen noch, hinein in den kahlen Waschraum; die Kühle, das Milchglas an den Fenstern, Tür zu. Sinnlos betätigt sie die Spülung. Wie soll es weitergehen, ohne Liebe? Immer gehetzt, immer die Angst. Die Gedanken rennen umeinander, jeder einzelne ist zu viel. Liebe. Eine, die nicht zerstört. Eine ohne ein Ja mit großem Aber. Eine, mit der es sich leben lässt – die Leben schenkt. Keine erschöpfte, dosierte, ewig müde Liebe ohne den Glanz der Verheißung. Heiß quellen die Tränen unter den Augäpfeln vor, unerbittlich wie Lava, kein Aufhalten mehr, die Schluchzer reißen sie hinab in die Schwärze. Da ist nichts, niemand, der sie auffängt. Kein Glauben, kein Trost. Nur Libertas und die Angst.

Es klopft an der Kabinentür. Nein, ihr kann man nicht helfen, auch Alexander nicht. Mit zitternden Händen zerrt sie ein Taschentuch aus dem Ärmel. Im Spiegel blickt ihr ein trotziges Gesicht entgegen, die Unterlippe steht immer ein wenig vor, irgendwo weit dahinter liegt verschwommen ihr Jungmädchengesicht, das Ungerechtigkeiten nicht ertragen konnte. Kaltes Wasser läuft über Mund und Augen, sie trinkt in großen Schlucken. Fünf Buchstaben, nur fünf Buchstaben, denkt sie. Ein L, Wimperntusche, ein I, Lippenstift, ein E, ein B, ein E; und ein bisschen Rouge wärmt ihre Wangen. Die Fassade steht wieder. Sie versucht zu lächeln, es verrutscht zu einem schrägen Grinsen. Als hätte sie sich selbst beim Lügen ertappt.

Das Frühlingslicht blendet plötzlich nach den langen, dunklen Winternächten, wenn die Stadt schwarz schläft und unter den Luftangriffen den Atem anhält. Gleich links aus der Jägerstraße steht sie plötzlich in der Brandung der Friedrichstraße. Passanten eilen aneinander vorbei, stecken neugierig die Köpfe vor, um einen Blick auf die Auslagen der hauptstädtischen Schaufenster zu erhaschen. Wie betäubt geht sie durch ihre Mittagspause. Allein, sie muss allein sein. »Wer hat auf mich geschossen, geschossen, geschossen?« Das Sausen in ihrem Kopf will nicht aufhören. Sie weiß, dass sie nicht als die Stabilste in der Gruppe gilt. Leichtlebig, wankelmütig, egozentrisch, lästern die anderen – sollen sie doch. Harro ist fort. Auf niemanden kann sie sich verlassen. Ist immer auf der Hut. Immer aufpassen. Immer freundlich sein. Immer souverän wirken.

Die nie schweigenden, hetzenden Stimmen aus dem Radio, den Lautsprechern, die auf den Plätzen und Straßen das Mordmonster des Krieges beschwören; der Wahnsinn, der braune Terror, der Kleingeist, die Bürokratie, die Mutlosigkeit – ihr ist das alles so zuwider. Harro. Längst ist er nicht mehr ihr Junge, dem die Haare ins Gesicht fallen, wenn er mit ihr streitet, der Schlaks mit dem trockenen Humor, mit dem sie lachen konnte. Alles ist so schwer geworden. »Wer hat auf mich geschossen«, gebetsmühlengleich kreiseln die Gedanken durch den Nachmittag. Ein Schutzmann erscheint, ein Protokoll wird ausgestellt, sie unterschreibt. »Wer hat auf mich geschossen, geschossen, geschossen?« Fast ist es, als wenn die Frage in ihr zu jubilieren beginnt, sich mit eigenem Leben füllt: plötzliche hysterische Leichtigkeit. Vielleicht ist das hier endlich der Anfang vom Ende. »Wer hat auf mich geschossen, geschossen, geschossen?« Nicht mehr denken, einfach daliegen. Alle würden sich an den Händen fassen und weinen, endlich weinen. Denn die Tränen, die müssen doch geweint werden – hier in diesem Land, das kein Land mehr ist mit einer Kultur, aus der Dichter und Denker kommen. Das zu einem blutroten Trampolin geworden ist, von dem aus Millionen Männer, Frauen und Kinder in den Abgrund gezogen werden. Die Stadt wartet auf die Vernichtung, die Menschen rennen ins Kino.

Auf Dienstreise

Harro kam in dieser Zeit häufig mit dem jungen Heilmann, der ihn grenzenlos bewunderte. Harro aß sich bei uns satt, er schien immer verhungert, und es war für mich eine Freude, ihn essen zu sehen und ihn ein bisschen zu verwöhnen«, so Ingeborg

Engelsing. Der Nachbar Hugo Buschmann: »Im August 1942 saß Harro mit meiner Frau und mir auf der Terrasse unserer Wohnung. Er war niedergeschlagen, hungrig und ein bisschen nervös. Wir blieben zusammen bis zwei Uhr morgens. Er bat mich, eine Verbindung nach Zagreb zu einem kroatischen Diplomaten herzustellen, der früher in der Botschaft seines Landes in Berlin tätig gewesen war und dem Hitler Schwierigkeiten gemacht hatte. Am nächsten Morgen wurde Harro verhaftet. Wir erfuhren es erst zwei Wochen später, denn wir waren am Morgen seiner Verhaftung nach Österreich gefahren. Die gefährdeten Freunde, die in Freiheit geblieben waren, hielten es für das Beste, uns nicht zu treffen. Das hätte aber nicht genügt, um uns zu retten, es wäre im Gegenteil eine Belastung mehr gegen uns geworden. Man verhaftete uns nicht. Und dann begannen Wochen der Sorge um unseren Freund.«[179]

Es ist ein später Montagvormittag, der 31. August 1942, wenige Tage vor Harros 33. Geburtstag. In der Nacht kehrte Libertas von einer kurzen Reise zu Verwandten aus Bremen in die Altenburger Allee zurück; sicherlich hat sie seine morgendlichen Verrichtungen, das Schließen der Tür, verschlafen. »Oberleutnant Schulze-Boysen ist auf einer dringenden unvorhergesehenen Dienstreise. Kann ich etwas ausrichten?«, fragt höflich seine Sekretärin im Ministerium. Die Sekretärin ergänzt: Mütze, Handschuhe und Koppel befänden sich in der Garderobe, er sei aus dem Zimmer gegangen und nicht zurückgekehrt. Libertas erstarrt, den Hörer in der Hand. Die Welt bricht zusammen. Auf Dienstreise. Harro verhaftet, das ist das Ende. Sie tastet sich durch die Tränenschleier zur Chaiselongue. Das Herz rast, die Panik schnürt ihr die Kehle zu. Jede Sekunde kann es schellen, können sie kommen und sie verhaften. Alles dreht sich. Es ist der Moment, vor dem sie sich immer gefürchtet hat – der Moment, der nie wahr werden durfte. Da, ein Läuten an der Tür, einmal kurz, zweimal lang, dreimal kurz; das Zeichen, dann Stille. Da macht nicht jemand auf dem Treppenabsatz kehrt. Sie schleicht sich zum Spion. Überdimensional groß wirkt der Kopf mit dem hervorstehenden Auge durch die Linse. Der 19-jährige Horst Heilmann steht in Dienstuniform vor der Wohnungstür. Einer der Jüngsten aus ihrem Kreis, einer, der ihr in den letzten Monaten so lieb geworden ist wie ein kleiner Bruder.

»Harro ist verhaftet!«, keucht er nach dem Aufstieg in den fünften Stock. Sie halten einander fest, einer den Nacken des anderen umklammernd. Die Gestapo hat nach fast einem Jahr die Funksendungen der Brüsseler Zentrale entziffert. Die Adressen der Kuckhoffs, der Harnacks, der Schulze-Boysens aus dem Moskauer Auftrag vom 26. August 1941 liegen vor.

In der Abschrift des Schlussberichtes des Chefs der Sicherheitspolizei und des SD IV A 2 vom 22.12.1942 heißt es über die Verbindung von Horst Heilmann zu Harro Schulze-Boysen: »Noch am Tage der Festnahme des Schu-Boy, die aus taktischen Gründen völlig unauffällig erfolgte, übergab Heilmann der Frau des Schu-Boy einen in seiner Dienststelle entzifferten Funkspruch über den Chorokreis und hat damit bewusst nur aus seiner jugendlich kommunistischen Einstellung heraus die Warnung aller beteiligten Personen ausgelöst.«[180] Horst Heilmann, geboren 1923, ein überzeugter junger Nazi. 1937 trat er als 14-Jähriger der Hitlerjugend bei, 1941 wird er Mitglied der NSDAP und meldet sich freiwillig zum Heeresdienst. Er arbeitet als Funker in der Dechiffrierabteilung des Kriegsministeriums unter Dr. Wilhelm Vauck, abkommandiert als Entzifferer für englische, französische und russische Funksprüche.[181] Horst, gerade 18 Jahre alt, stammt aus einem regimetreu-kleinbürgerlichen Haushalt. Unter dem Einfluss von Harro wird aus dem begeisterten Hitlerjungen ein Anti-Nazi. Gemeinsam planen die beiden eine Abschlussarbeit. Noch mehr schwärmt Horst Heilmann aber für Libertas. Blitzartig schießt ihm mit einem schnellen Gedanken das Blut ins Gesicht, dass seine roten Lippen pulsieren.

»Hier ist noch eine Dose Ananas, die öffnen wir«, sagt Libs. »Die musst du mit deinem Mann essen, das machen wir nicht!«, wehrt der Junge ab. »Das hier ist die letzte. Wir essen sie jetzt zusammen, du und ich«, bestimmt Libertas. »Aber es kommen doch wieder andere Zeiten?«, fragt Horst zögerlich. »Für uns wohl nicht mehr«, sagt Libs und versenkt mit beiden Händen die Spitze des Öffners in den unnachgiebigen Dosenboden. Die runden

Scheiben schmecken süß und faserig, Libs und Horst prosten sich mit dem hellgelben Konservenwasser zu. Verlobt ist Horst mit einer Hannelore; Hannchen und Horstchen halten wieder Händchen, spotten die Freunde.

Horst vertraut auf Harro, auf ihn ist doch Verlass! Auf einem ihrer letzten Bootsausflüge auf dem Wannsee habe er, Horst, ihren Mann gewarnt, die Fernsprechleitung in der Altenburger Allee werde überwacht; stündlich warte die Gestapo auf den Befehl zum Zugriff. Die russischen Funkkontakte würden decodiert. Auf dem Boot sprach Harro mit seinem jungen Schüler aus dem Seminar der Auslandswissenschaftlichen Fakultät erstmals über die Kontakte zu den Russen. Choro nennen sie ihn, weil sie das »H« von Harro nicht aussprechen können, witzelte er, und von Gefahr könne keine Rede sein. Sollen sie doch den Code wissen – zu perfekt sei die Tarnung der Freunde tief innerhalb der politischen, wirtschaftlichen und militärischen Positionen im Herzen des Systems. Arvid Harnack, einen Oberregierungsrat im Reichswirtschaftsministerium, Adam Kuckhoff, einen Dramaturgen, ihn, Harro, einen Oberleutnant, wer wird sie denn schon verdächtigen.

Johannes Haas-Heye absolviert die Fliegerausbildung im nahe dem Westend gelegenen Berliner Vorort Kladow. Nach Dienstschluss kommt er dem verzweifelten Anruf seiner Schwester nach. Zusammen mit Horst steht Libertas an der Bushaltestelle. Ihre Unruhe, ihr flackernder Blick, die unstet flatternden Hände – der Bruder erkennt die Zeichen, und seine Annahme bestätigt sich: »Am Tag zuvor, so sagte mir Horst Heilmann, sei ihm eine Liste in die Hände gefallen, auf der die Namen von Personen standen, die von der Gestapo überwacht wurden. Auf dieser Liste habe Libertas gestanden, als Frau von Choro. Der gleiche Name war Heilmann in Verbindung mit einem Geheimsender bekannt, der von der Abwehr abgehört wurde. Dass Libertas überwacht wurde, hatte mir Harro Mitte August – das letzte Mal, dass ich ihn zusammen mit Graudenz sah – mitgeteilt. Harro brachte das mit einem Antrag von Libertas für ein Visum nach Schweden in Verbindung. Unsere Mutter beabsichtigte, unsere mit dem schwedischen Diplomaten Carl Douglas verheiratete Schwester Ottora zu besuchen. Da 1942 normalerweise keine Ausreisegenehmigungen erteilt wurden, hatte sich unsere Mutter an Göring gewandt, der wiederholt Jagdgast in Liebenberg war. Harro war ursprünglich dagegen gewesen, dass Libertas mitfahren sollte, hatte dann aber zugestimmt, da bei dieser Gelegenheit neue Verbindungen nach Schweden geschaffen oder bestehende ausgebaut werden konnten.«[182]

Horst berichtet den Geschwistern von einem Telefonanruf in seinem Dienstzimmer in der letzten Nacht, vom Sonntag auf Montag. Horst Heilmann hatte Harro um einen Rückruf gebeten – um ihm mitzuteilen, dass die Verbindung der russischen Funksignale zu den Berliner Adressen jetzt gezogen ist. Harro rief zurück, aber nicht Horst nahm ab. Sein Vorgesetzter Oberleutnant Dr. Wilhelm Vauck, der Chefdechiffrierer der Funkabwehr, fragte Harro Schulze-Boysen perplex: »Schreiben Sie sich mit Ypsilon?« Seit dem 16. Juli habe die FU III die Funkabwehrnachrichten aus Moskau entschlüsselt ans RSHA, Referat IV A2, Sabotageabwehr, übergeben. Die Abwehr und die Gestapo jagen jetzt zugleich nach der Berliner Gruppe.

Der Blick aus dem fünften Stock der Altenburger Allee zeigt die schmale Wohnstraße mit den gutbürgerlichen Mietparteien, noch bleiben die langen schwarzen Torpedos der Gestapolimousinen aus. Manchmal sollen sie in unscheinbaren grauen Volkswagen kommen. Wieder wählt Libertas die Dienstnummer von Harro, wieder hört sie die unbeteiligte Stimme der Sekretärin, Schulze-Boysen sei verreist. Fieberhaft beginnen sie die Wohnung aufzuräumen. Das Pochen an der Tür, die kleine zitternde Bewegung des messingfarbenen Gongs im Flur wird zum Phantom. Flugschriften, Entwürfe, alles muss fort, alles vernichten, verbrennen. Im Kamin schichten sie einen Scheiterhaufen aus Pappen und Papieren. Libs tastet nach der klemmenden Abzugsklappe. Den Kamin haben sie schon lange nicht mehr benutzt; die Gäste blieben aus. Harro in Wildpark-West, es lohnte nicht für sie allein. Hinter der Abzugsklappe findet Libertas ein Richtmikrofon.

Johannes Haas-Heye: »An jenem Abend standen Libertas und Horst Heilmann vor der Frage: Flucht oder Ausharren. Schon am

Nachmittag hatte Libertas eine Reihe von Mitarbeitern von der Verhaftung Harros in Kenntnis gesetzt. Dann passierte zunächst nichts. Zwar wurde Libertas ständig überwacht, blieb aber über eine Woche unbehelligt.«

Die Dissertation von Harro mit dem Vermerk »Achtung Feindsache«, ein vergleichendes Quellenstudium über die Entstehungsursachen der beiden Weltkriege, soll Horst mit sich nehmen. Nur hinaus aus der Wohnung mit der Arbeit, die Harro in Gedanken für einen Neuanfang, nach dem Ende des Tausendjährigen Reiches, verfasste. Horst Heilmann übergibt die Papiere seiner Nachbarin, der Schauspielerin Reva Holsey, in der Hölderlinstraße 10 im Westend. Sie vertraut sich dem Direktor des Schillertheaters, Oscar Ingenohl, an; der übergibt das Material an Günther Weisenborn. Der Schriftsteller, Leiter der Korrespondentenzentrale der Informationsabteilung des Deutschen Rundfunks, ist schockiert, auf Umwegen erhält er die Texte der Gruppe zur Verwahrung. Die wie einen Augapfel gehüteten Entwürfe und Flugblätter – fort mit ihnen, verräterischer Ballast, Galgenblätter.

Hinaus mit den Funkgeräten; Mutter Coppi und die schwangere Hilde Coppi schleppen das Funkgerät aus der Wohnung in Berlin-Tegel. Hannelore Thiel, die junge Frau des Tüftlers Fritz Thiel, versteckt den Sender im Kinderwagen und wirft ihn in die Spree. Zwar sind der Gestapo die drei Adressen der führenden Köpfe der »Roten Kapelle« bekannt – um aber die dahinter vermutete Gruppe zu überführen, lässt sie Libertas und Horst Heilmann in einer trügerischen Freiheit. In ihrer Not besucht Libertas die Ärztin Elfriede Paul und viele andere Freundinnen und Freunde.

Fluchtversuch

Jetzt heißt es die Nerven bewahren und handeln; Alexander darf nicht mit in diese Sache hineingezogen werden. Libertas nimmt die S-Bahn in Richtung Wannsee. Jeder und jede könnte ein Verfolger sein hier auf dem Bahnsteig. Und wenn sie jetzt die Spur zu Alexander legt? Die Dunkelkammer in der Villa im Grunewald, in der der junge Spoerl zwei Zimmer im Untergeschoss bezogen hat! Die vielen Vergrößerungen, die Duplikate! Fieberhaft raffen die beiden Negative und Abzüge zusammen und stopfen alles in einen Wäschesack. Wenn jetzt jemand kommt! Der Herbst kündigt sich an, gestern war es doch noch Sommer. Früh kommt plötzlich die Dunkelheit. Libs auf der Lenkstange balancierend, das Verdachtsmaterial auf den Gepäckträger geklemmt, so radelt Alexander sie in den Berliner Stadtwald hinein. Irgendwo tief im Unterholz verbrennt ein mit Benzin übergossener Wäschesack. An Schlaf ist nicht mehr zu denken.

Alexander Spoerl: »Wir gingen einen Schritt weiter und schrieben uns Briefe, Briefe, in denen wir uns dramaturgische Gedanken mitteilten und in denen wir von dem Willen beseelt waren, deutsche Kulturfilme nationalsozialistisch zu gestalten. Das Aufregendste war, dass vorläufig nichts passierte. Harro Schulze-Boysen kam nicht wieder. Ob bereits ›Freunde‹ verhaftet wurden, erfuhren wir nicht, denn blitzartig hatten wir alle Verbindungen unterbrochen. Vielleicht wusste Libertas auch mehr, als sie mir eingestand, denn sie war von einer rührenden Sorge um mich erfüllt.« Der Gestapo zeigt Alexander die Dunkelkammer: Fotos von Libertas im Bikini am Wannseestrand, das Segelboot, ein lachender Alexander, der über die kleine Reling springt, Libertas und Harro prustend im Wasser. Wolf Hart und Libs beim Picknick. Dann: »Ein neues Signal: Libertas wird eines Morgens um sieben Uhr von einem Kriminalrat besucht, der sie fragt, ob sie vorhabe, nach Schweden zu reisen.« Libertas verneint, sie wolle ihre Ferien an der Mosel verbringen.

Die Spannung wächst ins Unermessliche. Sie muss handeln. Fliehen? Libertas bemüht sich weiterhin, die Genehmigung für die Reise mit der Mutter nach Schweden zu bekommen. Alexander Spoerl: »Als ich am Abend nach Hause komme, vermeine ich auf der Straße einen Verfolger zu haben. Abends um zwölf sehe ich immer noch einen Mann auf der anderen Straßenseite am Geländer des Sees stehen. Ich gehe durch den Kellerausgang zur Hinterfront des Hauses und finde im angrenzenden Garten ebenfalls eine Gestalt. [...] Libertas erzählt mir, dass sie seit gestern beobachtet wird.« Die Postbotin in der Altenburger Allee packt Libs auf der Treppe am Ärmel. »Die Gestapo«, flüstert sie ihr zu. »Die tun so jeheimnisvoll!« Auch der Briefkasten wird kontrolliert.

Enke und Ingeborg Engelsing erhalten am 2. September 1942 an der Ostsee ein Geburtstagstelegramm im Namen von Harro und Libertas: »Als wir in Berlin zurück waren, kam ein merkwürdiger Anruf von Libs, voll von mir unverständlichen Anspielungen. Harro wäre auf einer Dienstreise, ich wüsste wohl schon Bescheid. Sie wollte sich telefonisch von uns verabschieden, Zeit zum Vorbeikommen habe sie nicht. Es war ein merkwürdig tragischer Unterton in dieser Unterhaltung. Der Abschied war übertrieben herzlich für einen vierzehntägigen Aufenthalt an der Mosel«, so Ingeborg Engelsing in ihren Erinnerungen an Harro und Libertas. Libertas will nach Traben-Trarbach, zu Horst Melsheimer, dem Winzersohn. Er hat recht behalten. Sie kommt zurück. Johannes Haas-Heye: »Sie sagte sich, entweder verhaften sie mich noch vor der Abreise, oder es geht wirklich noch einmal gut.« Libertas schreibt eine Postkarte an die Mutter, mit der sie ihre Pläne ankündigt. Entweder – oder, der Spannungszustand des Nichtwissens zerrt zu sehr an den Nerven. Vor der Abreise nach Traben-Trarbach erreicht ein Telefonanruf die Mutter Viktoria in Liebenberg: »Mutti, ich habe so wahnsinnige Angst, ich habe entsetzliche Angst, ich werde verfolgt«, erinnert sich die Cousine Ingeborg von Schoenebeck. Die Mutter ist eingeweiht.

Alexander Spoerl: »Es kam zur ersten Auseinandersetzung zwischen ihr und mir: Ich fand es tollkühn, in dieser Situation einen

Bahnhof auch nur zu betreten. Ich beschwor sie. Libertas muss das Risiko voll erkannt haben, denn sie verabschiedete sich von mir für immer. […] Wenn nichts passieren würde und man sie in den Zug einsteigen ließe, sollte die Mutter mich anrufen und mir mitteilen, ich möge mich um das Drehbuch Meier kümmern. Abends um 10 Uhr rief mich die Gräfin Eulenburg an: Ich möge mich um das Drehbuch Meier kümmern.«

Der 8. September 1942 ist ein strahlender Tag mit einer sanften sommermüden Sonne. Victoria zu Eulenburg reist nach Berlin, um ihre Tochter im Anhalter Bahnhof in den Nachtzug nach Trier zu verabschieden. Libertas trägt das graue Reisekostüm mit dem applizierten schwarzen Kragen. Eine letzte Umarmung, lass sie die vorletzte sein. Der Koffer steht schon im Waggon, noch einmal klettert Libertas die steilen Stufen auf den Bahnsteig hinunter. Mit einer hastigen Bewegung nimmt Tora die schwere Goldkette mit dem Sigwartkreuz ab und legt sie ihrem Kind um den Hals. »Gott sei mit dir auf deinen Wegen«, sagt die Mutter leise. Sigwart, der Musiker und Lieblingssohn des Großvaters, fiel im Ersten Weltkrieg. Als Kinder sangen sie seine Lieder am Grab im Liebenberger Schlosspark. »Ich rufe gleich durch, wenn ich ankomme!«, versichert Libertas, und der Zug setzt sich in Bewegung. Immer kleiner wird die winkende Mutter mit dem Taschentuch. Libs zerdrückt die sattroten Dahlien aus Liebenberg in ihren Händen. Schwarz gähnende Hinterhöfe fliegen am Fenster vorbei – der Grunewald, die Villen von Nikolassee. Am Bahnhof Wannsee wird sie aus dem Zug geführt und verhaftet. Alles geht ganz schnell, wie gut geprobt.

Etwa zehn Tage nach ihrer Abreise ruft Alexander Spoerl in Traben-Trarbach in der Villa des Weingut Melsheimer an: »Dann ist sie wohl spazieren?«, fragt er und nimmt an, sie sei längst schon über die Grenze geflüchtet. »Frau Schulze-Boysen ist nie hier angekommen«, lautet die Antwort. Aus dem Gefängnis der Gestapo schreibt Libertas unter Aufsicht eine Postkarte an die Mutter.

Berlin, den 9.IX.42

Gel.M!

Ich möchte Dir nur rasch schreiben ,
damit Du Dich nicht sorgst ,da Du vermutlich in
Traben-Tr. angerufen hast. Ich bin wegen einer
dringenden dienstlichen Angelegenheit während meiner
Reise zurückgerufen worden und werde wahrschein=
lich für etwa eine Woche ausserhalb von Berlin sein.
Näheres kann ich Dir im Augenblick leider
nicht mitteilen. Es handelt sich um einen Auftrag,
der mich sehr interessiert ,sodass es mir auf den
Verlust der einen Ferienwoche nicht ankommt.
Ich bin gesund und bei guten Kräften.

Ich hoffe bestimmt,dass es trotzdem noch zu
unserer gemeinsamen Reise kommt !

Karte aus der Haft von Libertas an die Mutter

Haft

Ankunft im Hausgefängnis der Gestapo, Prinz-Albrecht-Straße 8, Amt IV des Reichssicherheitshauptamtes. Der »Gegner-Erforschung und Bekämpfung« widmet man sich in der ehemaligen Unterrichtsanstalt des Kunstgewerbemuseums. Vor dem Portal steht ein Doppelposten SS-Männer mit unbeweglichen Gesichtern. Die schwarze Limousine mit Libertas biegt in die Einfahrt zum Innenhof. Die Räder knirschen sandig. Aussteigen. Sie wird in den Keller gebracht, Schlüssel drehen sich in eisernen Schlössern. Hier sind die Wartezellen für die Aufnahme. Das Tageslicht bleibt ausgeschlossen, die Fenster reichen einen Fußbreit über die Erde. Das tagsüber hochzuklappende Bett steckt voller Wanzen, die die Haut zerspicken. In den Gängen flackern kalte Neonlampen. Mit dem Zuwerfen der Tür durch den Wärter drückt die Luft auf die Ohren. Nur für einen Moment. Der Rest ist Ewigkeit.

Die Stille dröhnt. Dann irgendwo ein Weinen, ein Pfeifen. Jemand rüttelt an der Zellentür, als wäre ein wildes Tier dort eingedrungen. Die Uhr, Handtasche und Gürtel haben sie Libertas abgenommen; mit dem Abendschließen müssen auch die Strümpfe fort aus der Zelle. Die Vernehmer wollen gesunde Inhaftierte, ein seltsam scherzhaft anmutender Schutz des Lebens im Angesicht des Todes. Ein Regal, eine Pritsche, ein Eimer in einer Ecke. Die Kellerzelle ist kalt und feucht. Mitten in der Nacht, im schweren Schlaf der Erschöpfung, wieder das Schlüsselrasseln, die Tür fliegt auf. Einer grinst mit der Taschenlampe in der Hand: »Wollte nur mal feststellen, ob's hier noch lebendig ist.« Das kratzend fordernde Geräusch des Ein- und Aufschließens dringt von den Etagen. Die betonten Stiefelschritte der Wachmannschaften, die stetig Gefangene holen und bringen. Vom Hof her an- und abfahrende Autos, Türenknallen, Kommandos, gellende Schreie und Befehle durch die Nacht. Das Ohr transportiert das Grauen hinter die geschlossenen Lider.

Wenn der Körper an physischem Leiden zerbricht, wird der Geist befreit, heißt es bei Hölderlin. Die Träume im kurzen Schlaf sind intensiv, alles scheint zum Greifen nah. Harro, Wind in den Haaren, fast kentert das Boot, ein Blitzen in den Augen und sein Lachen. Sie bleibt sitzend zurück am Steg, unfähig sich zu bewegen, und der Wind trägt das Schiffchen davon. Oder er steht dort vor der Wohnung in der Altenburger Allee, sie will auf ihn zulaufen.

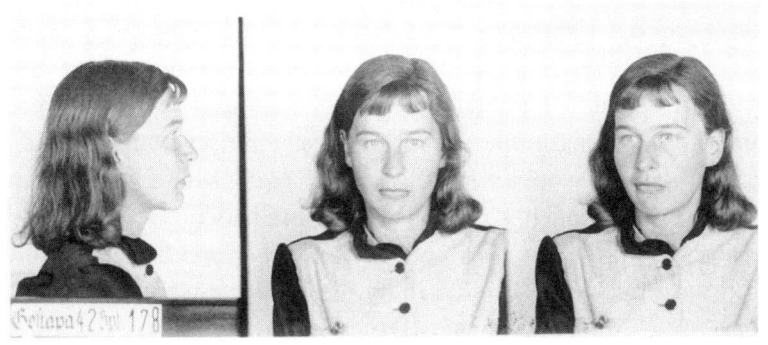

Erkennungsdienstliche Fotos von Libertas

379

Doch er winkt ab, und es ist, als wenn das Trottoir mit ihm davonführe, für immer. Ein gleißender, schneidender Schmerz – sie träumt, sie schreit ohne Bewusstsein, bis die Tränen den kurzen Schlaf beenden. Der Lichtschalter wird umgelegt. Die Zelle zeigt alles. Die Klappe im Guckloch wird von außen angehoben, ein Auge starrt kalt und unnachgiebig auf Libertas. Kein Entkommen.

Um zwei oder drei Uhr morgens – die Zeit steht, und sie rast gleichzeitig durch die Sekunden und Minuten – heißt es antreten. Und wieder warten. Ein Flur in grelles Licht getaucht. An einer Wand eine lange Reihe kastenartiger Sitzgelegenheiten, nischenartig abgetrennt, so tief, dass die Sitzenden einander nicht sehen und sprechen können. Vor der Reihe patrouillieren SS-Männer, kontrollieren. Scharfe Blicke, hämische Bemerkungen. Einzig die aus den Nischen ragenden scharrenden Füße der Gefangenen machen das Ausmaß der Unruhe und Angst sichtbar.

Die erkennungsdienstliche Behandlung sieht drei Fotografien vor. Hinter einem schwarzen Vorhang steht der Apparat schussbereit. »Nehmse Platz und nicht so schüchtern.« Sie machen hier auch nur ihre Arbeit, sagt der hinter der Kamera. Das Blitzlicht knallt, heißhelle Blindheit für Sekunden. Für das Profil presst der Beamte den Kopf unsanft gegen eine schwarze Metallstange; dann dreht der Schemel frontal, Passfotohaltung. Ein Beamter bedient den Stuhl mit einem Ruck durch Hebelwirkung nach rechts und nach links. Libertas versucht die Fassung zu bewahren. Die Schultern hochgezogen, verschreckt, ungläubig blickt sie in die Kamera. Die Bilder für das Geheime Staatspolizeiamt, für das Gestapo, sind die letzten, die von Libertas gemacht werden. Ein Fotoalbum der »Roten Kapelle« wird erstellt.

Im Vernehmungszimmer stehen zwei Schreibtische, an dem kleineren hockt eine Sekretärin. Ihr sieht man die Müdigkeit an, den zwei vernehmenden Kriminalkommissaren, dem Goepfert und dem Strübing, nicht. Auf dem breiten Schreibtisch stapeln sich die Schriften. Sie solle sich ruhig die Blätter ansehen. Obenauf liegen die AGIS-Ausgaben: »Das Werden der Nazibewegung«, »Was bedeutet Stimmenmehrheit?«, »Wie es zum Krieg kommen musste«, »Warum der Krieg verloren ist«, »Aufruf zum Widerstand«. Dann eine Aufsatzsammlung von über vierzig Seiten von Arvid Harnack, »Nationalsozialismus als höchstes Stadium des Imperialismus«, und von Harro »Napoleon Bonaparte«. Der Vergleich des Russlandfeldzugs von 1812, das große Scheitern des französischen Kaisers, mit dem militärischen Fiasko der Wehrmacht. Sie kennt jedes Wort – laut las er vor, jeden Satz hat er geschliffen. Stille. Die Augen der Kriminalen tasten die Lesende schweigend ab. Auf die Verbreitung der Blätter steht die Todesstrafe. Der »Feindbegünstigungsparagraph«, zu Beginn des Krieges geschaffen, besagt, dass jede Beihilfe zum Verlust des Lebens führen kann.

Am Morgen nach der ersten Vernehmung diktiert Kriminalkommissar Alfred Goepfert der Sekretärin die Aussagen in die Maschine. Mit dem eigentlichen Vernehmungsprotokoll haben diese Versionen nicht mehr viel gemein. Es ist Usus, sechs Durchschriften der Protokolle unterschreiben zu lassen. Auf einer Seite dazwischen liegt ohne Text ein Blatt zur Unterschrift, zu dem der Text des tatsächlichen Protokolls häufig erst fabriziert wurde.

Heinrich Scheel über Harro und Libertas in der Haft: »Harro Schulze-Boysen [...] Ich weiß sicher, dass er unmenschlich gequält wurde. Die Anwendung von Wadenschrauben machte ihn für Wochen hindurch unfähig zu laufen und zu stehen. Als er es wagte, vorm Gericht von dieser Behandlung zu sprechen, wurde ihm das Wort entzogen. [...] Er hat sein Testament in der Zelle Nr. 2 des Gestapo Gefängnisses Prinz-Albrechtstr. verborgen. Und Libertas, seine Frau. Sie wurde schwer geschlagen und erhielt Wadenschrauben angelegt. Hans Coppi, mein bereits erwähnter Schulfreund, der die schlimmsten Torturen über sich ergehen lassen musste, denn er war ein starker und zäher Mensch. Als er verhaftet wurde, versuchte er, Selbstmord zu begehen [...]«[183]

Mitte September 1942 schreibt Libertas:

In Zelle 20

Sie nahmen den Namen mir an der Tür.
Das Wünschen an der Schwelle.
Die Träume einzig blieben mir
In meiner kahlen Zelle.

Erst rührte der lichtgewohnte Spuk
Mich auf zu wildem Sehnen.
Dann floh er; weil er nicht vertrug
Das Dunkel und die Tränen.

Jetzt werd' ich langsam stumpf und kalt
Wie meines Kerkers Wände.
Das Herz ist schon zu müde bald
Zu tasten, ob es ende.

Libertas hofft auf Rettung. Der Anwalt der Familie, Dr. Siebert, der Pflichtverteidiger Dr. Rudolf Behse – es muss etwas geben. Alexander Spoerl: »Bei einem persönlichen Treffen in der Stadt – ich wurde noch immer beobachtet, aber ich sah kein belastendes Moment darin, die Mutter meiner Freundin zu treffen – erzählte mir die Gräfin, dass Göring sie sehr unwirsch behandelt habe, etwa mit den Worten: ›Nichts tut mir so leid, als dass ich damals auf dieses Geschöpf hereingefallen bin und ihren Mann auch noch in den aktiven Offiziersstand erhoben und ihn zu mir ins Ministerium berufen habe. Ich denke nicht daran, auch nur irgendwie zu helfen!‹ [...] Gräfin Eulenburg erzählte mir auch, sie habe durch die Sekretärin erfahren, dass es Libertas sehr gut ginge, sie in der Zelle Bilder aufhängen dürfe, Bücher und Zeitschriften bekäme, Radio hören und zuweilen im Büro des Herrn Goepfert mit der Sekretärin Kaffee tränke.«

Ihre Bitten scheinen zu nutzen, tatsächlich erhält Libertas Vergünstigungen. Ganz unmenschlich sind sie hier also doch nicht, trotz Einzelhaft und stundenlangen Verhören. Das Superröhren-Radio wird ihr ebenso aus der Altenburger Allee gebracht wie die Schreibmaschine. Die Vernehmer machen Libertas Versprechungen. Und sie drohen. Johannes habe doch mehr gewusst, den könnten sie noch einmal in die Mangel nehmen. Oder den Bruder zur Frontbewährung in den Osten schicken. Wenn sie aussagt, wenn sie zugibt, dass Harro Funkkontakt nach Moskau aufgebaut hat, dass Greta Kuckhoff einen Funkapparat versteckt hat, dass Maria Terwiel, dass Oda Schottmüller, dass Elisabeth und Kurt Schumacher, dass Günther Weisenborn … dass die anderen schuld sind. Sie versucht, ihren Kopf zu retten, und belastet stark ihren ehemaligen Liebhaber Günther Weisenborn. Der wiederum beschuldigt sie. Libertas ist nicht bewusst, dass sie es mit psychologisch versierten, taktisch geschulten Verhörspezialisten zu tun hat. Die groben Schlächter aus der Anfangszeit der Nazis haben dazugelernt. Die Verhaftungswelle rollt. Weit über 120 Männer und Frauen der »Roten Kapelle« hat die Gestapo auf ihrer Liste; sie werden auf die Gefängnisse am Alexanderplatz, in Charlottenburg und in Spandau verteilt. Zu den Verhören transportiert die grüne Minna die Gefangenen durch die Stadt in die Prinz-Albrecht-Straße.

»Wann kann ich Harro sehen?«, fragt Libs immer wieder. »Behalten Sie ihn so in Erinnerung, wie er war«, lautet die standardisierte Antwort. »Nachdem Ihr Mann und Arvid Harnack vier Wochen lang nichts dazu beigetragen haben, den Fall zu klären, haben wir jetzt die richtigen Mittel angewandt, um sie zum Sprechen zu bringen.« – »Lebt er noch?« – »Ja, aber es wird von Ihnen abhängen, ob er das nächste Mal übersteht.«

Harro äußert beim ersten Besuch seiner Eltern, dass er wohl nicht mehr lange sein werde. In seiner Freistunde wandert er gesondert von den anderen Häftlingen, gezeichnet von der Folter, doch aufrecht, stets von Gestapobeamten begleitet.

Verrat

Gertrud Breiter ist die Sekretärin des vernehmenden Beamten, dem Goepfert. Alle reden sie sich hier in der Gestapo-Zentrale mit Nachnamen an. Mit ihren roten Haaren, ihrem gewissen Chic entspricht die Breiter nicht dem Frauenbild der Nationalsozialisten. Libertas beginnt ihr zu vertrauen, meint, in der weltgewandten Art der Sekretärin eine Verwandte im Geiste entdeckt zu haben. Sie trinken zusammen Wein. Gertrud Breiter sagte dem *Spiegel*-Autor Heinz Höhne[184] in den sechziger Jahren, sie sei ein Erlebnis für Libertas gewesen. Gertrud Breiter, eine der erfolgreichsten Gestapoagentinnen in diesem Prozess über Libertas: »Sie war intelligent, aber sehr, sehr labil.« Libs vertraut ihr, übergibt ihr Kassiber, versteckte Nachrichten, an ihre Mutter und an Mitgefangene, nennt Namen von Freunden und bittet Gertrud, diese zu warnen. Doch Libertas ist nicht die Einzige, die versucht sich zu entlasten – indem sie andere belastet.

Die protokollierende Stenotypistin im Reichssicherheitshauptamt, Anja Griese: »Im Referat IV A 2, hier wurden von den weiblichen Angehörigen des Referats Vernehmungen geschrieben. Ich selbst wurde Schreibkraft des Kriminalkommissars Strübing und hatte in der Hauptsache in dem so genannten Hoch- und Landesverratsprozess ›Rote Kapelle‹ zu schreiben. Es wurden Häftlinge eingebracht, die erst mündlich vernommen wurden und deren Aussagen dann schriftlich in die Maschine gegeben wurden. Die Untersuchungen in diesem Fall dauerten ungefähr von 1942, Ausgang Sommer, bis Ausgang 1943. […] Um aus der verhafteten Frau Schulze-Boysen (*mehr*) herauszubekommen, gestattete man der Breiter ein intimes Verhältnis. Soweit mir erinnerlich, wurden schätzungsweise 150 Personen verhaftet, davon wurden bis Weihnachten 1942 ungefähr 20 Personen hingerichtet.«[185]

Die beiden Sekretärinnen, Gertrud Breiter und Anja Griese, erhalten das Kriegsverdienstkreuz zweiter Klasse, Belohnungen von 5000,- Reichsmark, ein persönliches Anerkennungsschreiben vom

Reichsführer SS und dank ihrem Einsatz in der Sache »Rote Kapelle« eine Gehaltserhöhung.

»Die Breiter sei der erste Mensch gewesen, der sie im Gefängnis umarmt und freundlich mit ihr gesprochen habe«,[186] so der Gefängnispfarrer Harald Poelchau in seinen Erinnerungen. Die Freundin Marta Husemann urteilt nach Kriegsende und Haft über Libertas: »Ein Mensch, den man niemals in die illegale Arbeit hätte einweihen dürfen. Keine bewusste Verräterin. Aber durch ihre maßlose Eitelkeit leicht zum Sprechen zu bringen. Sie wollte auch auf der Gestapo eine Rolle spielen und hat dadurch alle auf das Schwerste belastet. Nur durch ihr ›Zuviel‹-sagen konnte sich mancher retten, weil sie unglaubwürdig wirkte.«[187]
Günther Weisenborn schreibt in einem Kassiber an Kurt Schumacher: »Der Oberstkriegsrat sagte, ich sei ›schwer belastet, durch Frau Schulze-Boysen und Dich‹! Libs hat mich schwer reingerissen, hat gelogen, ich hätte was davon gewusst und Informationen weitergegeben usw.
Sie ist unglaubwürdig und war immer feindlich gegen mich eingestellt. – Vermeide, dass der Umschwung in deiner Aussage unglaubwürdig wirkt. Ich galt bei Euch als ›Dichter‹, weich, polit. unbrauchbar, wäre nie Komm. gewesen, früher auch nicht richtig. Wie bist Du eigentlich zu Deiner Aussage gekommen? Wir haben doch weiter nichts gemacht, das wisst Ihr doch am besten. [...] Händereiben bei Spaziergang heißt: ›Alles in Ordnung, wird gemacht.‹ Wenn Du mir was mitzuteilen hast, klopfe dreimal kurz, dreimal lang und nenn Zahl oder Buchstaben, zu dem Du was sagen willst. [...]«[188] Libertas sagte aus, er habe vorgeschlagen, Nachrichtenmeldungen des Großdeutschen Rundfunks der Gruppe zur Verfügung zu stellen.[189]
Cato Bontjes van Beek in einem Brief an die Mutter: »Traurig ist es nur, dass ich gar nicht weiß, wofür ich sterben soll. Durch diese hohe Strafe bekommt es irgendwie eine Verklärung und damit tröste ich mich. Schade, dass man die Öffentlichkeit ausschloss – aber trotzdem, Mama, es ist kein besonderer Ruhm, mit dieser ganzen Sache etwas zu tun zu haben. Soweit ich es überblicken

kann, haben sich Schulze-Boysen und noch viele andere führende Kräfte sehr schändlich benommen und dadurch unendlich vielen das Leben genommen. Schulze-Boysen war eben doch die ehrgeizige Abenteurer-Natur, für die Heinz und ich ihn gehalten haben, das hatte ja auch unseren schnellen Bruch herbeigeführt – leider zu spät. Jedenfalls sind jetzt noch neue Verhaftungen gemacht worden, die aufgrund von Libertas' Angaben gemacht wurden. Libertas ist die Enkelin des Fürsten Eulenburg, dem Freund vom Kaiser. Ich persönlich kann mir nicht vorstellen, dass sie immer noch mehr Menschen hineinzieht. Ich kannte sie gut, hielt sie für etwas verrückt, aber diese Schlechtigkeiten kann ich mir nicht vorstellen. Sie hat Heinz und mich allerdings auch belastet. Ich habe in dieser Beziehung ein völlig reines Gewissen.«[190]

Hugo Buschmann: »Meine Frau und ich wurden erst einige Monate später verhaftet. [...] Bei unserem ersten Verhör hielt man uns eine Aussage von Libertas vor, die sie vor ihrem Tod abgegeben hatte. Sie hatte gesagt, dass in unserem Haus mehrere Gespräche zwischen Harro und einer Persönlichkeit stattgefunden habe, die später zur Gruppe der 20. Juli-Leute gehörte. Wir haben erklärt, dass Harro tatsächlich an diesen Gesprächen teilgenommen hatte als überzeugter Sympathisant Russlands, der mit dem Freundschaftspakt einverstanden war. Sein Gesprächspartner sei ein mystischer Träumer gewesen, der eine Aktion der orthodoxen Kirche in Russland erhoffte. Diesem Gespräch wäre keinerlei politische Bedeutung beizumessen, ebenso wenig den anderen Gesprächen. Diese Erklärung genügte natürlich nicht, um uns zu retten – wenn nicht ein hoher Funktionär im Range eines Brigadechefs der SS die Gestapo ersucht hätte, die Untersuchung schnell zu führen. Ich hätte eine wichtige Mission auf dem Balkan für die Kriegswirtschaft durchzuführen.«[191]

In den Verhören bekennt Harro Schulze-Boysen sich zu seinen Taten. Auch er nennt Namen. Aus den Vernehmungsakten von Paul Scholz, Grundstücksmakler mit Haus am Teupitzer See und gemeinsamer Freund des Ehepaares Schulze-Boysen: »Als der Angeklagte [...] einen Filmtext verfasste, der sich mit dem Siedlungsproblem befasste, unterstützte ihn Frau Schulze-Boysen auf Grund ihrer eigenen Erfahrung in Filmangelegenheiten. [...] Gegen seine Kenntnis spricht der Umstand, dass Schulze-Boysen, der im Übrigen die Beteiligung der Einzelnen, auch die seiner eigenen Frau genauestens geschildert hat, sich nicht erinnern konnte, dem Angeklagten Hetzschriften gegeben zu haben.«[192] Wadenschrauben, Schläge, Bestrahlungen mit UV-Licht: Auch Adam Kuckhoff, Walter Husemann, Fritz Thiel, Hans Coppi, Kurt Schumacher, John Graudenz und andere werden schwer misshandelt: Viele der Aussagen entstehen unter Einfluss von Folter. John Sieg und zwei andere Mitstreiter begehen Selbstmord, um nicht aussagen zu müssen. Harro versucht, die Vollstreckung der zu erwartenden Todesurteile für seine Freunde und sich hinauszuschieben, indem er vorgibt, belastende Beweise für die Untaten der deutschen Regierung nach Schweden geschafft zu haben. Inständig hofft er auf den Zusammenbruch der deutschen Fronten und auf das Ende des NS-Regimes in absehbarer Zeit. Die Gestapo-Beamten halten ihn für den eigentlichen Kopf der Widerstandsgruppe und ermitteln hauptsächlich aufgrund von Spionage. Die Anklage lautet: Hoch- und Landesverrat. Die Aktivitäten der Gruppe um Arvid Harnack und Harro Schulze-Boysen werden auf die Weitergabe von militärischen Nachrichten an die Sowjetunion reduziert.

Nicht nur Libertas stand in den letzten Tagen in Freiheit unter Beobachtung. Wer wann die Spur zu wem legte – charakteristisch für die Gruppe sind ihre weit reichenden Verflechtungen in allen Gesellschaftsschichten, durch alle Altersgruppen. Von Beginn des ersten Prozessabschnitts an stehen die Todesurteile für die Hauptangeklagten fest. Gerechtigkeit darf im Unrechtsstaat niemand erwarten. Für Nebenangeklagte wie Marta Husemann, deren Schicksal noch nicht entschieden ist, kommen die Aussagen der Hauptangeklagten einer Katastrophe gleich. Weil sie eine Nacht einen der Fallschirmspringer beherbergten, werden etwa die beiden Freundinnen Klara Schabbel und Else Imme hingerichtet.[193]

Marta Husemann führt Tagebuch in der Haft. Ihren Mann Walter lassen die Vernehmer schwer foltern. Walter versucht sich aus dem Fenster zu stürzen, er verfängt sich im Vorhang und überlebt mit lebensgefährlichen Verletzungen. »Mir ist nur immer noch unverständlich, auch heute noch, warum nicht die wichtigsten Leute Selbstmord gemacht haben«, schreibt Marta. »[...] Versucht haben es sicher ein paar. Aber die meisten haben ein umfassendes Geständnis abgelegt. So umfassend, dass man Mund und Nase aufsperren muss. Die ganze Arbeit der Gruppe haben sie preisgegeben, alle Menschen, die jemals mit ihnen in Beziehung kamen. Man kann sagen, wer jemals einmal Harro gesehen hat und die Hand gegeben, war verhaftet.

Und Libs. Es ist kaum glaublich, so ein Verhalten. Trotzdem ich sie immer für eine dumme Pute gehalten habe, für gemeingefährlich habe ich sie aber nie gehalten. Ich habe nach all dem, was ich gehört habe, was sie über andere gesagt hat, wie sie sie belastet hat, auch uns und manchmal Sachen, die glatt gelogen waren, den Eindruck, dass sie sich in der Rolle der großen Agentin oder Revolutionärin fühlte und es ihr Spaß machte, aus Prahlerei alles preiszugeben. Es ist eine riesengroße Schweinerei. Auch einige andere hätten sich so benommen wie sie. Nur wussten die meisten ja nicht so viel wie sie. Aber alle glaubten, ihren Kopf dabei zu retten. Auch die harmlosen Gemüter. Aber man kann es ihnen ja beinahe nicht verübeln, denn die meisten hatten sich ja nicht bewusst, sondern teils aus Romantik, teils aus Verärgerung und ihrer Einstellung gegen den Staat in diese Dinge treiben lassen. Die wenigsten haben ja bewusst gehandelt. Das ist auch eine der deprimierenden Angelegenheiten der Sache. Aber eines ergibt sich aus dem andern. Wären es klassenbewusste Menschen gewesen, hätten sie sich vor der Gestapo anders benommen und nicht wie die Hühner, wenn sie einmal anfangen eifrig ihre Herzchen zu erleichtern vor den ach so lieben Kommissaren. Denn die haben es schon sehr geschickt gehandhabt, wen sie gut behandeln und wen nicht. Sie sind ja gute Psychologen. Sie haben nur da gequält, wo sie wussten, dass was zu holen war. Die andern, da waren sie eitel Liebe und Freundlichkeit. Sie denken ganz richtig. Wenn man freundlich ist, ist man viel zugänglicher, als wenn man angebrüllt oder geschlagen wird. Wie die Hühnchen sind die meisten ins Garn gerannt.«

Auch Erika von Brockdorff ist tief enttäuscht und fühlt sich missbraucht, wie sie ihrer Freundin Ina Lautenschläger mitteilt. Der

Heldentod ist der Mutter der kleinen Saskia wenig erstrebens-wert. Erika von Brockdorff in einem Kassiber an Ina Lauten-schläger:[194]

Liebe Ina!
Gestern nun in der Verhandlung war es so, wie ich es ge-dacht. Frau Harnack und ich wurden den ganzen Tag ver-handelt. Es ist so, dass der <u>Führer persönlich</u> unsere beiden Urteile nicht bestätigt hat und sie noch mal an den Senat verwiesen. Man will also durchaus das Todesurteil, d. h. er. Wir waren gestern den ganzen Tag im Kreuzverhör. Ich von zwei bis sieben Uhr. Es war eine grenzenlose Quälerei. Ich übertreibe nicht. Dann sprach der Staatsanwalt, dann der Verteidiger. Natürlich war für beide die Todesstrafe bean-tragt. [...] Bitte, sei vorsichtig. Gegen Frau Harnack wurden gestern ca. 1 Dutzend Kassiber verwandt, die sie an Libs in Charlottenburg geschrieben und die Libs fein säuberlich auf-bewahrt. Köstlich, es rundet so das Bild über sie. Für heute nun sei mir herzlich gegrüßt. Alles Gute für Dich weiterhin. Wenn es möglich, lass von Dir hören. Auch ich denke, dass ich noch bis Montag früh hier sein werde. [...] aber was Schulze-Boysen und die anderen getan haben, ist ein Verbre-chen gewesen, denn Hans und wir alle, die wir nun hier sind, waren nicht klug genug, um das zu durchschauen. Es ist sehr leicht, als Märtyrer zu sterben, aber nicht leicht ist es, für eine blöde Torheit eines anderen, wo nichts, aber auch gar nichts, erreicht worden ist. Dazu mache ich ihnen noch per-sönlich den Vorwurf, dass sie es nicht einmal fertiggebracht haben, angesichts des sicheren Endes eine natürliche Ein-fachheit und Größe aufzubringen, die man sich erwarten konnte. Ich pfeife auf alle Bildung und Gelehrsamkeit, wenn sie die Menschen klein und egoistisch (bewusst) sein lässt, sie waren und blieben Egoisten bis zum Ende. Es tut mir leid um alle, die für diese Egoisten nun die Kastanien aus dem Feuer holen müssen. Sie haben sich wahrsagen lassen und Horo-skope stellen, ob sie mal später Minister werden. Wenn ich

nicht viel Grund zum Lachen hier hätte, da habe ich doch herzhaft lachen müssen. Sie haben sich um Posten gestritten und die einfachste Vorsicht außer Acht gelassen, aber es gibt doch noch anständige Menschen unter dem Pack, und dass es sie gibt, wird mich auch nicht irre werden lassen. Vielleicht ist es nicht einmal jeder Zehnte, vielleicht nur der Hundertste, ich habe Pech gehabt, wenn ich nun abtreten muss, aber an unserer Stelle werden andere weitermachen. Man hat uns vieles genommen, aber man kann uns nicht die Hoffnung nehmen.

Auf Drängen Hitlers werden die Gefängnisstrafen von Mildred Harnack und Erika von Brockdorff zu Todesstrafen umgewandelt.

Alexanderplatz

Frauengefängnis

Ein letztes Zögern draußen an der Schwelle,
von müder Barschheit abgekürzt: »Nun Schluss!«
… dann schließt sich knarrend wieder eine Zelle
Und alle wissen längst, was folgen muss:

Ein Schluchzen und ein Stöhnen – schwere erste Stunde –
Dick sind die Wände, doch hallt es herauf,
Reißt schmerzhaft an der frisch verheilten Wunde
und erst als Schritte kommen, hört es auf.
Bald wirst du, Kind, die Suppe gierig schlingen,
Die jetzt die tränennasse Hand weit von sich schiebt –
Wie alle, eilig dein Geschirr zum Spülen bringen
Und hoffen, dass es sonntags Nudeln gibt.

Wirst in den langen Stunden unfreiwilliger Muße
Langsam verstehn, dass du Gefangene bist,
Dass dies – was nützen Tränen, Trotz und Buße!
Dein unabwendbar eignes Schicksal ist ...

An Wänden, die noch nie der Sonne Strahlen
Behaucht mit ihrer goldnen Herrlichkeit,
finden in Kalk geritzt sich die Annalen
von Liebe, Hass und hoffnungslosem Leid.

Es kleben an den kleinen Fenstergittern
Bleiche Gesichter – wenngleich Strafe darauf steht!
Wenn auf der Straße irgendeiner geht:

»Du Mensch dort draußen, nützt du deine Tage,
genießt du der Freiheit Heiligtum?«
– es ist die alte, immergleiche Frage ...
Und nur die Kleinen kichern dumm.

Die kleinen Zufallssegler, deren lautes Singen
Sich wie Spottgelächter an den Mauern schlägt,
die ihre Haft wie eine Rast verbringen,
bis sie ein neuer Wind nach draußen trägt.
Sie sind nur wenige – die andern lassen
ihr Herz verkommen, wie das strähnge Haar,
und können in der Tage Leerlauf kaum noch fassen,
wie reich – oder wie arm – ihr Leben ... vordem war.

Kurzzeitig wird Libertas aus dem Hausgefängnis der Gestapo in das Polizeipräsidium am Alexanderplatz verlegt. Wie viele hier schon mit dem Strichcode die Tage zählten, davon zeugen die Wände. Kommen die Bomber, sind die Angst und die Hoffnung groß in dem rechteckigen Quader, an dessen Längsseiten die Zellen liegen. Der Blick vom Gang führt in einen tiefen Lichthof, gesichert durch ein weitmaschiges starkes Netzgeflecht. Frei hängende Eisentreppen verbinden die Etagen, das geschäftige Auf und Ab der Wachmannschaften hallt durch das Gebäude. Düstere Wolken jagen, der Sturm peitscht die Luft, und der Wind heult sein trauriges Lied. Hoch liegen die Fenster auch hier, weit über den Köpfen der Gefangenen. Jedes Frühjahr schlagen sie hier die Scheiben ein, um endlich die Wärme hereinzulassen; mit jedem Winteranfang dauert es, bis eine neue eingesetzt wird. Die Frauen der »Roten Kapelle« belegen die beiden obersten Stockwerke. Im Seitenflügel rechts liegen die Bildhauerin Hanna Berger, die Ärztin Elfriede Paul, Erika von Brockdorff, die schwangere Hilde Coppi, Ina Lautenschläger, Eva Maria Buch, Cato Bontjes van Beek, Rose Schlösinger, Liane Berkowitz, Oda Schottmüller, Greta Kuckhoff, Mildred Harnack und für kurze Zeit Libertas Schulze-Boysen.[195] Auf einer Schiefertafel am Eingang des Traktes sind mit dem Griffel Personalien und Zellennummern vermerkt. Wieder folgt die Abgabe aller Wertsachen, die Handtasche, Gürtel, Ketten, die schmale Sportuhr, das Hochzeitsgeschenk der Eltern Schulze.

Vorbereitung zum Hochverrat, zum Landesverrat, Spionage, Zersetzung der Wehrkraft, Feindbegünstigung. So lauten die Vorwürfe. Freundschaft und Liebe, das Gute und Wahre, das Suchen in philosophischen Systemen – und das Ziel? Wofür? Zettel kleben im Mai und dann? In der Toilette mit Wasserspülung verschwinden die Kassiber, zu kleinsten Fetzen gerissen. Die Verzweiflung zerstört die letzte Gutgläubigkeit, Naivität kann sich hier keine leisten – und doch. Nachts wispert und klopft es, das Zeichenalphabet der Heizungsrohre tönt. Schwer zu begreifen, bis ein Kassiber, auf der Treppe, beim ersten Duschen, die Verständigungskürzel erklärt. Das Weinen der 19-jährigen Liane Berkowitz, Ende des vierten Monats schwanger, zerreißt allen das Herz. Durch ihren Freund Fritz Rehmer kam sie in den Kreis um Harro und Libertas; sie klebte zwischen Kurfürstendamm und Uhlandstraße etwa 100 Zettel mit der Aufschrift: »Ständige Ausstellung – Das Naziparadies Krieg – Hunger – Lüge – Gestapo – Wie lange noch?« Cato Bontjes van Beek pfeift Passagen aus dem Bachschen Weihnachtsoratorium und versucht die Mitgefangenen mit Scherzen und Gedichten aufrechtzuerhalten. Libertas wird ins Gerichtsgefängnis Charlottenburg überführt. Weiterhin erhält sie Haftvergünstigungen.

Bitte

An eine, die »nach draußen« geht …:

Nimm meine Augen mit hinaus,
Lass sie, die halb erloschnen Sterne,
Hinschweifen in die freie Ferne,
Bis sie aufs Neue leuchtend sind!

All meine Sinne nimm mit Dir,
Ihr Hören, Riechen, Schmecken, Fühlen
Lass mit den Elementen spielen,
Mit Feuer, Wasser, Erde, Wind!

Das Herz wie einen Luftballon –
Lass steigen in des Himmels Welle,
Oh, nimm es fort aus dieser Zelle,
Nimm es, eh seine Kraft verfliegt!

Nur meine Schmerzen lass mir hier,
Damit die Seele sie durchdringen,
Denn nur in diesem Ringen, Ringen
Bleibt sie lebendig – unbesiegt!

Charlottenburg, 11.11.1942

Für die auf Schloss Liebenberg lebende Mutter Victoria zu Eulenburg bewahrheiten sich ihre schlimmsten Befürchtungen um ihr jüngstes Kind.
Libertas konzentriert sich auf ihre ursprüngliche Stärke: das Verdichten der Worte. Sie besinnt sich zurück auf die tief religiösen Wurzeln ihrer Kinderzeit. Libertas' erster Brief nach der Verhaftung:[196]

Meine geliebte Mutti!

Vor allem anderen: Hab' Dank und nochmals Dank für deine starke Kraft der Gedanken und des Mitempfindens! Ich war in den ersten schweren Tagen geradezu *wie getragen* davon. Deine Liebe, Deine ständige Nähe sind etwas so Großes für mich, dass ich nur innerlich hoffe, es Dir noch einmal im Leben lohnen zu können. Bitte Liebling, lass keinen Augenblick nach damit: Die Zeit macht die Dinge ja nicht leichter, sondern eher schwerer, weil man sie mehr und mehr begreift. Das Vertrauen, *nie* allein zu sein, hilft so unendlich viel!

Ein Trost sei Dir, dass ich diese Zeit schon jetzt als etwas Notwendiges und damit Positives werte, das mich ganz zu mir selbst führt und zu einem läuternden, stärkenden Gottempfinden. Und des Schmerzes versuche ich Herr zu werden, indem ich ihn *bejahe,* mich um kein Schuldgefühl drücke und langsam von dem stärkenden Vertrauen erfüllt werde – das die kleine Lebensangst und die große Freiheitssehnsucht verdrängt; Wie es kommt, ist es am besten für mich. Ich bin bereit, es zu ertragen! – Ich habe den Willen [...]

Und noch ein Trost: Alle sind gut zu mir, mit denen ich zusammenkomme. Du kannst Dir denken, wie viel das wert ist! – Meine Gesundheit ist leidlich …

Nächster Tage bekomme ich meine Schreibmaschine her, so dass ich arbeiten kann. Hoffentlich kommt etwas Brauchbares heraus. Übrigens habe ich auch das Dichten wieder begonnen – langsam schält sich der alte Kern heraus – das wird Dich froh machen! Wie viel gäbe es noch zu schreiben, aber Gottlob verstehen wir uns ja auch ohne Worte. Hab' nochmals Dank für Deine Liebe, Dein Vertrauen, Deine Kraft. Grüße alle, die an mich denken, und danke ihnen in meinem Namen dafür.

In unsagbarer Liebe,
immer Dein *Kind*

NS. Ich kann nicht Punkt 12 Uhr an Dich denken, weil ich keine Uhr habe (um 12 Uhr war von jeher der Treffpunkt unserer Gebete), aber ich denke ja immer an Dich, morgens, mittags und vor allem an den langen Abenden. Bitte, Liebling, wenn Du verreisen willst, tue es ohne Skrupel. Ich nehme es dann als kleine Buße für all den Kummer, den ich Dir angetan habe.

Wie ein Abgesang auf ein abgelegtes Stück vom Ich liest sich folgendes Gedicht:

Nachruf auf eine Zellennachbarin

Wie Parfumduft trugst Du den Anspruch mit Dir:
Das war ein Klopfen, ein Wünschen und Klagen,
Das Essen und das Licht nicht vertragen,
Als wärest du ganz alleine hier.

Es hieß, Du stammtest aus gräflichem Haus ...
Man müsste Dir Dein Krönchen nehmen,
Denn Adel heißt: sich zu bezähmen
Noch über das Erdenleid hinaus!

Nach ein paar Tagen ließ man Dich wieder frei.
– Deine Schuld ist juristisch nicht zu belegen! –

Die Nachricht tat Dich zu Tränen erregen,
Als ob sie der größte Schreck sei;

Und noch immer verlangtest Du Mitgefühl,
Halt, in Deinem sinnlosen Treiben ...
Du gingst ... und die vielen, die Schweigsamen bleiben –
– was ist das doch für ein grausames Spiel!!

Charlottenburg, 8.11.42

Charlottenburg

Am 20. November 1942 besuchen Johannes Haas-Heye und seine Mutter Victoria Libertas zu ihrem 29. Geburtstag im Niemandsland zwischen Leben und Tod. Johannes Haas-Heye: »[...] Ich stieg die mir aus der Kindheit vertrauten Treppen hinauf – unser Vater hatte auf der ersten Etage dieses Gebäudes, der ehemaligen Unterrichtsanstalt des Staatlichen Kunstgewerbemuseums, 1920 die Modeabteilung gegründet, und als Kinder waren Libertas und ich auf den breiten Korridoren herumgetollt – ich klopfte an die Tür, trat ein und sah als Erstes den Telefunken-Radioapparat von Libertas und Harro auf dem Doppelschreibtisch stehen, an dem Kriminalrat Goepfert und Sekretärin Gertrud Breiter saßen.«[197] Johannes Haas-Heye wird nicht inhaftiert. Er kann glaubhaft machen, dass er die gemeinsamen Wohnungen mit Harro und Libertas nur zweckmäßig nutzte. Für die United Press arbeitete er häufig in Nachtschicht, an den Treffen der Gruppe habe er nie teilnehmen können.

Mutter, Tochter und Bruder stürzen einander in die Arme. Aus den erlaubten zehn Minuten wird eine halbe Stunde. Libertas betont immer wieder, dass sie gut behandelt werde, und der Kriminalrat ergänzt, hier in diesem Zimmer seien sie drei oft zusammen, hörten Grammophon oder Radio. Es gibt noch Hoffnung. Johannes Haas-Heye: »Sie liebte das Leben mit einer unvergleichlichen Intensität. Natürlich hat sie sich fürchterliche Mühe gegeben, uns nicht merken zu lassen, wie traurig sie war und wie schlecht es ihr ging, um einen einigermaßen vernünftigen Eindruck zu machen. Wir konnten nur oberflächlich miteinander reden. Aber dass es überhaupt geglückt war, das war den Bemühungen meiner Mutter zu verdanken, die wirklich alles darangesetzt hat, sie zu besuchen und sie aus der Haft freizubekommen. Das war das allerletzte Mal, dass wir Libertas gesehen haben.«[198]

Unten auf dem von Mauern umgebenen kleinen gepflasterten Kar-

ree gehen mit drei Schritten Abstand voneinander die Frauen im Hof: Im Rundgang wird die Abwesenheit der Freiheit mit dem Erhaschen eines Stückchen Himmels, einer ziehenden Wolke, noch schmerzhafter. Gespräche sind verboten. In der Zelle lenkt die Handarbeit ab von den immergleichen Gedanken. Die Frauen kolorieren Postkarten: Liebespaare im Boot oder auf einer Gartenterrasse, für Exportzwecke in die nordischen Länder in fünf Farben. 3000 rechteckige Seidenpapierfleckchen mit wenigen Griffen in Lila, Rosa, lachsfarbene Schmetterlingsblütler gekniffen und in Kartons mit Cellophanfenstern angeordnet: Frauenhände falten Zerbrechliches, das auf einem Kameradschaftsfest zwischen schalen Bierlachen und ausgedrückten Zigarettenresten in zerknülltes Vergessen gerät. Soldatenwäsche stopfen, der der Geruch nach Schweiß auch nach dem Auskochen anhaftet. Räder müssen rollen, und wenn's das kleinste Rädchen ist, für den Sieg!
Nach ihrem Treffen bittet Libertas die Mutter inständig um Durchhaltevermögen.

Du meine Mutti!
Es ist wirklich schwer, Briefe zu schreiben, weil die »Gedankenpost« so gut funktioniert. Wenn man zudem bedenkt, wie viel hundertmal der andere diese Zeilen lesen wird, so ist es umso schwerer, Großes und über den Tag hinaus Gültiges zu sagen. Darum sage ich, wie Du so oft, »Hab' Geduld, verlange nicht zu viel«.
Zunächst Dank für Brief Nr. 3 mit allem, was darin stand, und nochmals Dank für Deine herrliche Ruhe bei unserem Wiedersehen. Bitte, Liebling, erhalte sie Dir, um unser aller willen! Die Nachwirkung dieses Wiedersehens ist so schön, so schwer es auch mir zunächst war. Und auch das liebe gute Brüderlein gab mir so viel mit seiner Ruhe und seinen wunderschönen Zeilen. Auch Ottoras Gruß war lieb – ihre Schrift so gut und sicher geworden. Diese unser aller Verbundenheit ist wirklich ein so großes Geschenk, dass ich nie aufhöre, dankbar glücklich zu empfinden. Und über alles hält Gott seine große warme Hand.

Gräm Dich nicht um den Verlust meines zweiten Briefes. Er enthielt zwar eine unbändige Liebeserklärung an Dich, zudem aber auch jenen Schrei von Gethsemane, den ich hoffe, überwunden zu haben. [...]

Die Kuchen, Äpfel und alles haben herrlich geschmeckt – zwei Blumen sind immer noch frisch. Die beiden singenden Engel aus der Mappe von Dir stehen Tag für Tag auf meinem Tischchen und tun mir wohl. Zu Weihnachten werde ich die Madonna mit den winzigen Engeln über ihrem Haupt aufstellen! Der eine hat ein Gesicht wie die Liebenberger Dorfmädel in der Kirche, wenn sie singen: »Fröhliche Weihnacht überall ...« Lieb und »wahnsinnig rührend«.

Ich habe mich mit Harro in meinem Herzen versöhnt, und im Gebet für ihn zerschmilzt mein eigenes Schicksal in nichts. Du wirst es gefühlt haben.

So sind diese Tage alle jetzt: schwer und groß und voller Klärung, Reifen und Glauben. Ich bin dankbar für jeden Tag, da mir Zeit und Ruhe zu diesem Kämpfen und Wachsen bleibt. Und der Schmerz, der lebendige, macht wirklich langsam *das* aus mir, was ich als Kind zu sein wünschte: »Eine Dichterin«. Ich bin meiner Kindheit überhaupt so nahe. Weißt du noch, wie ich vor langen Jahren zur Weihnacht in der Halle auf dem Flügel stand und als »Engel des Herrn« den Hirten (Johannes, Alf) sagen durfte: »Fürchtet Euch nicht! ...«

Denk, in dieser Weihnacht, die uns einander verbunden fühlen wird wie noch nie, daran – an meine Kinder-Lieblingsstrophe: »Wohl dir, du Kind ...« (Aus »Befiel du deine Wege«, Vers 11)

Der Raum, in dem ich lebe, ist mir *lieb und vertraut* geworden. Nachts blickt das Gestirn der Kindertage, Der Große Bär, zum Fensterchen hinein. Die 12-Uhr-Stunde fühle ich ohne eine Uhr zu haben. Dank der Hohen Kräfte, ist meine körperliche Verfassung weiter gut.

Das ist wichtig, denn die Gerichtsverhandlung steht ja vor der Tür. Natürlich ist es mir recht, dass du Siebert befragtest

– ich möchte so gern jemanden, der unserer Familie nahesteht. Hoffentlich weiß er Rat.

Und nun, meine geliebte Mutti, noch einmal die Bitte: Bleib stark. Ich will es auch bleiben. Und was auch immer kommen mag, ich will nicht daran zerbrechen, denn es gehört ja zur heiligen Aufgabe Gottes, an dem ich nun nicht mehr irre werden kann.

Ich füge zwei kleine Gedichte bei, deren eines, glaube ich, vielleicht ein *Anfang* ist. Das klingt vermessen, aber ich hege manchmal die stille Hoffnung, für das kaum Sagbare neuen und gültigen Ausdruck zu finden, was nichts anderes heißt, als: Dichten. Aber um dahin zu kommen, muss man noch viel, viel leiden.

Vor einem Jahr begann Omamas Krankheit. Ich denke viel an sie, es ist ja selbstverständlich, und ich werde in den schweren Tagen des Dezembers bei Euch und ihr sein. Wie gut, dass sie dies nicht mehr hat erleben müssen auf Erden. Wie trostreich für mich, dass sie es in ihrer Verklärung in seiner tiefen Sinngebung erkennt! Die Liebe!

Dein Adventskranz wird bestimmt in meinem Besitz sein, eh Du diesen Brief erhältst. Ich freue mich auf ihn.

Alexander bitte um ein Farblehrbuch für mich. Grüße alle die lieben, treuen Menschen, die an mich denken, und bleib auch Du gesund und stark in dieser Zeit, die von so vielen, vielen Menschen so große Opfer verlangt.

Immer und für immer

Dein Kind.

Der Prozess

Gegenüber dem mit altem Baumbestand umgebenen Lietzensee thront das Gerichtsgebäude in hellem Kalk wie ein unumstößlicher Trumm. 1910 ließ Kaiser Wilhelm II. den Schlussstein setzen. Hier tagt das Reichskriegsgericht: zu Entscheidungen in erster und letzter Instanz in Fällen des Hoch-, Landes-, und Kriegsverrats, bei Angriffen gegen den Führer, bei beabsichtigter und vollzogener Tötung von Regierungsmitgliedern. Durch den Vorwurf der militärischen Spionage ist das Reichskriegsgericht für die »Rote Kapelle« zuständig, nicht der Volksgerichtshof. Der Gerichtspräsident übt während des Krieges das Recht der Bestätigung und Aufhebung von Urteilen aus – sofern sich Hitler nicht einen Eingriff in die Urteile vorbehält. Willkür herrscht, gesetzlich reglementiert. Die Anklageschrift bekommen die 77 Angeklagten nicht zu Gesicht. Verteidigt werden sie durch vier bestellte Offizialverteidiger. Deren Engagement und Möglichkeiten zur Akteneinsicht sind beschränkt.

Die Anklagevertretung liegt bei Oberkriegsgerichtsrat Dr. Manfred Roeder – verheiratet, vier Kinder, der Partei nicht zugehörig. Ein Emporkömmling unter den Militärrichtern; Hitlers Spürhund nennen ihn die einen, die anderen schlicht Bluthund. Den wenigen Überlebenden und Familienangehörigen bleiben seine »Kälte und Brutalität« unvergesslich. Widerstand ist für Roeder gleich »Landesverrat«; und ohne Rücksicht und Gnade zu bestrafen. Die Angeklagten um Arvid Harnack und Harro Schulze-Boysen werden nicht in einem Prozess zusammengefasst. Manfred Roeder lässt nur kleinere Gruppen vor Gericht erscheinen. Mit allen Mitteln soll der Eindruck einer großen Widerstandsorganisation vermieden werden.

Gerichtspräsident Max Bastian über die Richter des Reichskriegsgerichts, nach dem Krieg: »Wir alle – und das gilt auch für mich selbst – standen naturgemäß unter dem Eindruck des äußerst ernsten Charakter des Krieges, besonders nach Beginn des Russlandfeldzuges, wir wussten, dass es um Sein oder Nichtsein der Freiheit unseres Volkes ging, wir waren auch auf unserem Sektor der Strafrechtspflege mit heißem Herzen und ernster Sorge bemüht, den Schutz unseres Volkes und die Bewahrung unserer Wehrmacht vor jedem Schaden so wirksam wie nur möglich zu gestalten, wir standen daher unter dem zwingenden Eindruck der harten Notwendigkeit einer streng zu handhabenden Strafrechtspflege. Insoweit übten also die Zeitumstände einen gewissen Zwang aus und drängten Rücksichten rein menschlicher Art aus höheren vaterländischen Gesichtspunkten zurück, die man im Frieden nur zu gern genommen gewusst hätte, [...] aber, und das ist das Entscheidende: die persönliche innere Unabhängigkeit in der Urteilsfindung und -fällung blieb gewahrt, und kein Richter hätte sich jemals einem Gewissenszwang unterworfen, daran ist kein Zweifel möglich, und jeder von ihnen wäre lieber in eine noch so schmerzlich empfundene Verbannung gegangen, als dass er sich in Gegensatz zu Eid, Gewissen und ethischen Grundsätzen gesetzt hätte.«[199]

Die Hauptverhandlung vor dem 2. Senat des Reichskriegsgerichts in Berlin Charlottenburg, Witzlebenstraße 4-10, ist für Dienstag, den 15. Dezember 1942, um 9.15 Uhr anberaumt.

Die Anordnung unter »Geheime Kommandosache« in der Strafsache gegen »den Oberleutnant der Luftwaffe Harro Schulze-Boyen, die Ehefrau Libertas Schulze-Boysen, den Oberregierungsrat Dr. Arvid Harnack, die Ehefrau Mildred Harnack und den Funker Horst Heilmann« unterzeichnet der Präsident des Reichskriegsgerichts, Admiral Max Bastian.

Zu den Verhandlungstagen sind die höchsten Vertreter der NSDAP, der Ministerien, des Sicherheitsdienstes, des Reichssicherheitshauptamtes sowie des Generalstabs zugelassen. Sie thronen auf der Empore des hohen Saals des 2. Senats. An den Fenstern und Türen stieren Soldaten mit leerem Blick und aufgepflanztem Bajonett in eine nur ihnen bekannte Ferne. Hinter der Empore mit dem aus dunklem Holz geschnitzten Richtertisch schwebt die Justitia mit ihren verbundenen Augen. Die Öffentlichkeit ist ausgeschlossen, Geheime Kommandosache. In den Reihen für die Zuschauer sitzen die für den Transport der Gefangenen zuständigen

Kommissare. Im Sonntagsanzug, das Haar gekämmt; harmlos rechtschaffene Bürger, gespannt auf das, was geboten wird. Die vernehmenden Gestapobeamten sind nicht im Saal. Für die Angeklagten steht eine Sitzreihe von zwölf weit auseinandergerückten Stühlen bereit.

Zu Beginn der Verhandlung besetzt Harro den ersten Stuhl. Dann folgt Arvid. Dann Libertas. Dann Mildred. Und Horst Heilmann. Oberleutnant Herbert Gollnow. Kurt Schumacher. Elisabeth Schumacher. Hans Coppi. Kurt Schulze. Erika von Brockdorff. Jonny Graudenz. Die, deren Verhör beendet ist, bleiben im Saal und hören den weiteren Vernehmungen zu. Erst zum Ende des Verhandlungstages ist die Stuhlreihe komplett. Die Angeklagten müssen vortreten an den hufeisenförmigen Tisch; zur Rechten sitzt der Ankläger, leicht erhöht. Ihm gegenüber an der linken Schmalseite hat der Protokollführer seinen Platz, ein Unteroffizier gibt den Gerichtsdiener. Kein lautes Wort fällt, alles scheint seltsam gedämpft bis auf das Rascheln der Papiere, die tiefen Atemzüge der nickernden Senatsmitglieder.

An der Längsseite des Tisches gruppieren sich unter einer übermächtigen Büste des obersten Gerichtsherrn Adolf Hitler in ihren schwarzen Roben die ernsten Männer des Senats. Der schwarze Stoff wallt, krähenartig flattern die Arme zum deutschen Gruß empor. Eine hölzerne Barriere schützt sie vor möglichen Übergriffen der Angeklagten. Der Hitlergruß ist ihnen verboten. Mit einem starren steinernen Grauen beherrschen die pupillelosen Augen der Büste des Führers aus dunklen Höhlen den Raum. Auf einem Tisch rechter Hand der Senatoren liegt eine Generalsmütze mit dem silbernen oder goldenen Adler. Hier thront der Vertreter der Anklage, Dr. Manfred Roeder. Den Vorsitz führt als Verhandlungsleiter Senatspräsident Alexander Kraell. Die verteidigenden Rechtsanwälte flankieren die Angeklagten.

Vier Tage wird der Prozess dauern, vier Tage des Wiedersehens vor der Urteilsverkündung am 19. Dezember 1942; in unmittelbarer Nähe des Todes eine Zeitspanne wie ein geschenktes Leben. In den halbstündigen Pausen lassen die Kommissare eine Kanne Bier kommen, und die Angeklagten teilen ihre für diese Stunden aufgesparten Schätze, einen Apfel, Butterbrote, ein trockenes Stück Kuchen, Zigaretten. Den Männern werden die Fesseln gelöst. Wie geht es dir, die kleine Höflichkeitsfrage aus dem Alltag bekommt hier im Saal einen unsagbar süßen Beigeschmack. Die monatelange Trennung, während der keiner vom anderen wusste, nicht wusste, wer noch lebt, ist aufgehoben; und die Tränen fließen. Vom drohenden eigenen Tod, vom Unabwendbaren spricht niemand in diesen wenigen Tagen. Wer außer John Sieg hat sich das Leben genommen, lebt Walter Husemann noch? Erika von Brockdorff zeigt Fotografien ihrer Tochter Saskia und das Kinderlächeln für die Kamera rührt an einen Hoffnungsschimmer. Ein Lächeln für die Zeit, die kommen wird – ein Lächeln für die, die bald nicht mehr sein werden.

Das also ist die Schlossprinzessin, verheiratet mit einem Protegé Görings, von zwei Soldaten flankiert. Libertas tritt vor mit unsicheren Schritten, den Kopf zwischen die Schultern geduckt. Die Lebensdaten werden verlesen, die Anklagepunkte entwickelt. Die Blicke der Senatoren gleiten über sie hin: Sieht so eine Spionin aus? Eine gerissene Intrigantin, vor deren Charme und Verführungskunst, wie man sich erzählt, selbst die Kommissare sich in Acht nehmen müssen?

Der Ankläger Dr. Manfred Roeder lässt die Hand mit dem Siegelring, mit der er bei der Verlesung der in hölzernem Deutsch gehaltenen Verhöre in wachsendem Unmut das anliegende Haar stetig glatter streicht, plötzlich scharf auf den Aktenstoß vor ihm fallen. Er erbittet sich das Wort und beginnt mit schneidender Kälte die Urteilsverkündung: Die Todesstrafe. »Wegen Vorbereitung zum Hochverrat, Feindbegünstigung und Spionage zum Tode und zum dauernden Verlust der bürgerlichen Ehrenrechte.« – im Namen des Deutschen Volkes.

Der Verteidiger von Libertas, Dr. Rudolf Behse: »Als das Urteil verkündet wurde, schrie Libertas auf und brach ohnmächtig zusammen. Ich hatte sie mehrfach inständig gebeten, doch die Lage klar zu sehen und sich auf das Schlimmste vorzubereiten; aber sie hatte ihr Vertrauen nicht verloren und war bis zu diesem Augenblick im Gerichtssaal optimistisch geblieben. Sie erklärte nun, die

Gestapo habe ihr doch versprochen, sie werde mit einer leichten Strafe davonkommen oder als Belohnung für ihr Geständnis sogar freigesetzt werden. Ich legte Berufung gegen das Urteil ein. Da die Anklage, auf die sich das Urteil stützte, nicht umzustoßen war, lehnte das Gericht die Berufung ab.«[200]

Dr. Rudolf Behse übernahm nach eigenen Angaben die Verteidigung für sechzig von etwa hundert Angeklagten: »Hierbei musste ich immer von neuem erfahren, dass die Angeklagten, deren Aussagen unter Misshandlungen erfolgt waren, sich stark davor scheuten, sogar mir als ihrem Verteidiger davon Mitteilung zu machen. Sie standen offenbar nicht nur noch unter dem seelischen Druck der erlittenen Misshandlungen, sondern fürchteten auch, wie mir viele von ihnen unumwunden erklärten, unter der Angst, bei ihrer Rückstellung zur Gestapo für eine solche Mitteilung an mich büßen zu müssen. [...] Hier war also die Angst vor weiteren Quälereien größer als die vor dem Richterspruch. [...] Davon, dass sämtliche Angeklagte der »Roten Kapelle« in der Hauptverhandlung von vornherein geständig gewesen seien, kann nicht die Rede sein. Das trifft insbesondere nicht auf die in den ersten Komplexen abgeurteilten ›prominenten‹ Angeklagten zu. Ich erinnere mich zum Beispiel noch deutlich, dass mehrere Angeklagte, zum Beispiel der Bauingenieur Paul Scholz, über die in der Hauptverhandlung von den Eheleuten Schulze-Boysen gegen sie erhobenen Beschuldigungen sehr entrüstet waren und sich energisch dagegen zur Wehr setzten. Natürlich habe ich, nachdem mir Frau Schulze-Boysen das oben geschilderte Geständnis gemacht hatte, sie sehr eindringlich auch darüber befragt, ob sie nun etwa die von ihr gespielte Rolle einer Kronzeugin dazu missbraucht habe, Mitangeklagte über die Wahrheit hinaus oder entgegen der Wahrheit zu belasten, was von ihr mit Entschiedenheit und glaubhaft verneint wurde.«

In der Urteilsbegründung gegen Harro heißt es: »Schulze-Boysen hat niemals ehrlich dem nationalsozialistischen Staat gedient. Seine schon vor 1933 vorhandene, ausgesprochen sozialistisch-kommunistische Gedankenrichtung hat er auch weiter verfolgt, nachdem er in staatliche Dienste getreten war. Er fand in den Eheleuten Schumacher, einem Fräulein Gisela von Pöllnitz und dem ehemaligen Kommunisten Walter Küchenmeister Gesinnungsgenossen, mit denen er zunächst eine Art Arbeitsgemeinschaft gründete, die in den Jahren 1934 bis 1938 bei jeweiligen Zusammenkünften über kommunistische Literatur und Ziele diskutierten.« Mit Hilfe der Vernehmungsprotokolle aus den Gestapoakten entwirft der Oberkriegsgerichtsrat das Bild einer raffinierten Vaterlandsverräterin:»Das Abhoeren auslaendischer Sender war in diesen Kreisen eine Selbstverständlichkeit. Seine Ehefrau Libertas Schu Boy, eine impulsive Frau mit starkem persoenlichem Ehrgeiz, war seine eifrigste Mitarbeiterin. Auch sie unterlag nicht nur als Frau, sondern auch spaeter als selbststaendige Kuenstlerin dem Einfluss des Intellekts ihres Mannes. Sie fuehrte Courierdienste aus, nahm illegale Treffs wahr, fertigte Zersetzungsschriften an und warb geeignete Personen zur Bildung von Partisanengruppen in Berlin und war auch Mitwisserin der landesverraeterischen Taetigkeit ihres Mannes.

Frau Schu Boy fungierte als Stellvertreterin ihres Mannes, als er 1941 außerhalb Berlins im Hauptquartier der Luftwaffe seinen Dienst versah, sie hat auch nach der Festnahme ihres Mannes versucht, alle belastenden Unterlagen beiseitezuschaffen und Spuren zu verwischen. Auf ihre Taetigkeit ist auch die Warnung des gesamten illegalen Kreises Anfang September 1942, also vor Ausloesung der Festnahmeaktionen, zurueckzufuehren, die allerdings zu spaet kam.«[201]

Motive eines politischen Widerstands spricht Roeder den Angeklagten ab. Arvid Harnack und Harro versuchen, die Argumentation Roeders zu entkräften. In einer letzten großen Rede will Harro das Regime entlarven. Er wird gewaltsam zum Schweigen gebracht. Die streng geheim abgehaltenen Prozesse unter dem Vorsitz des Reichsoberkriegsgerichtrats Manfred Roeder ergeben für den Verurteilungszeitraum vom 19. Dezember bis ins Jahr 1943 hinein 46 Todesurteile. An 43 Männern und Frauen wird das Urteil vollstreckt, zwei Todesstrafen werden in Gefängnisurteile umgewandelt. 28 Mitglieder der »Roten Kapelle« müssen die Zeit bis zum Ende des Krieges in Gefängnissen zubringen. Begnadigungen lehnt Hitler ab.

Reichskriegsgericht
2. Senat

21 Abdrucke

StPL (HLS) II 129/42
StPL (RKA) III 495/42
       III 496/42
       III 497/42

Geheime Kommandosache! am 1. 5. Jan. 1943

Im Namen

des Deutschen Volkes!

○ vc   F e l d u r t e i l .

In der Strafsache gegen

1.) den Oberleutnant Harro S c h u l z e - B o y s e n , ✝
2.) die Ehefrau Libertas S c h u l z e - B o y s e n , ✝
3.) den Oberregierungsrat Dr. Arwid H a r n a c k , ✝
4.) die Ehefrau Mildred H a r n a c k , 6a
5.) den Oberleutnant Herbert G o l l n o w , ✝
6.) den Funker Horst H e i l m a n n , ✝
7.) den Soldat Kurt S c h u m a c h e r , ✝
8.) die Ehefrau Elisabeth S c h u m a c h e r , ✝
9.) den Dreher Hans C o p p i , ✝
10.) den Kraftfahrer Kurt S c h u l z e , ✝
○   11.) die Gräfin Erika von B r o c k d o r f f , 10a
12.) den Handelsvertreter Johannes G r a u d e n z ✝

wegen Hochverrats u.a.

hat das Reichskriegsgericht, 2. Senat, in der Sitzung vom 19. Dezember
1942 auf Grund der mündlichen Hauptverhandlung vom 15. - 19. Dezember 1942
an der teilgenommen haben

als Richter:

    Senatspräsident Dr. Kraell, Verhandlungsleiter,
    General Mußhoff,
    Vizeadmiral Arps,
    Generalmajor Stutzer,
    Reichskriegsgerichtsrat Dr. Schmitt,

als Vertreter der Anklage:

    Oberstkriegsgerichtsrat Dr. Roeder,

als Urkundsbeamter:

                         Heeresjustizinspektor

Am 31. Dezember 1942 kommentiert Joseph Goebbels in seinem
Tagebuch den Prozess: »Ich studiere die Akten des Hoch- und
Landesverratsprozesses gegen den Fliegeroffizier Schulze-Boysen
und seine Spionageorganisation Rote Kapelle. Man kann aus diesen Akten entnehmen, dass sich in Berlin eine weit verzweigte, im

Dienst des Sowjetismus stehende Spionageorganisation befunden hat, die nun vom SD aufgedeckt worden ist. Die Spionageorganisation setzt sich zum großen Teil aus Intellektuellen, in der Hauptsache aus Offizieren und Künstlern zusammen. Es ist haarsträubend, was dort an Landesverrat geleistet worden ist. Man fasst sich an den Kopf, wie Männer aus national eingestellten Familien sich so weit verirren können, und zwar nur aus blindem Hass gegen den Nationalsozialismus. Was hier an Schaden angerichtet worden ist, lässt sich vorläufig überhaupt noch nicht übersehen. Interessant ist, dass von den Verhafteten nur 13 % den arbeitenden Kreisen angehören; die übrigen gehören den so genannten intellektuellen Kreisen an. Ein Beweis dafür, dass solche Tendenzen in den breiten Massen des Volkes, die ja noch 90 % unserer Bevölkerung ausmachen, nicht zu Hause sind, sondern sich auf einen kleinen Kreis von Halbgebildeten beschränken. Man muss hier ein blutiges Exempel statuieren, um ähnlichen Tendenzen einen Riegel vorzuschieben. Gnade wäre hier ganz falsch am Platze.«[202]

Plötzensee

Gedichte und Gebete –
Eines des anderen Teil
Durch der Gefühle
Urwaldgewühle
Mit blitzendem Beil.

Gedichte und Gebete –
Schwestern vor dem Herrn –
Nach blutigem Hauen
Beide erschauen
Friedvollen Stern.

Charlottenburg, 23.11.42

Die Ablehnung des Gnadengesuchs und den Beschluss des Gerichts mit dem genauen Zeitpunkt der Urteilsvollstreckung erhält Libertas am Abend vor ihrem Todestag, am 21. Dezember.

Harald Poelchau, Gefängnispfarrer zwischen Tegel, Plötzensee, Moabit, den Wehrmachtsgefängnissen und dem Zuchthaus Brandenburg, war Zeuge von etwa tausend Hinrichtungen:[203] »Für jede Hinrichtung erhielt der Scharfrichter 300 Mark, die Gesellen je 50 Mark. Außerdem gab es oft noch Sonderzuteilungen. In Plötzensee stand die Guillotine in einem besonderen Hinrichtungsschuppen. Er befand sich auf dem Spazierhof des Gefängnisses II. Das Gefängnis II. lag mitten im Gesamtkomplex der Gefängnisgebäude. Von hier aus gab es keine Möglichkeit zur Flucht. [...]

Die Todeszellen in Plötzensee waren klein und kalt; kalt, weil man die Heizkörper herausgenommen und in die Innenwand eingebaut hatte. Das sollte den Anreiz zum Selbstmord nehmen. [...] Die Beleuchtung war schwach. Die Lampe war in dem Ventilationsloch über der Tür angebracht und erhellte den kleinen Raum nur dürftig. Die Schaltung erfolgte, wie immer in Gefängnissen, von außen. Das Licht musste die ganze Nacht über brennen, damit man die ›selbstmordgefährdeten‹ Gefangenen stets beobachten konnte. Bis zum letzten Augenblick war die Justiz ängstlich um die Lebenssicherheit der Opfer bemüht.«

In ihrem ersten Abschiedsbrief an die Mutter Victoria zu Eulenburg, übergeben vom Reichskriegsgericht, schreibt Libertas:

> Meine unbeschreiblich geliebte Mutti!
> Da ich bereits in einem Traum lebe, aus dem ich, glücklich wie ich bin, zu keiner grausamen Wirklichkeit mehr erwachen muss, fallen mir Worte schwer. Du bist im Herzen bei mir, ach, könnte ich Dich doch ganz mitnehmen, um Dir das Leid zu ersparen, das ich überwunden habe.
> Es kam rasch und unerwartet, aber die Stunden vor Gericht und jetzt noch und dazwischen waren so groß, dass ich fühlte, Größeres gibt es nicht mehr.
> Oh Gnade, jungen Leibs zu reifen – Du wirst dieses Gedicht

bei meinen Sachen finden und wirst die tiefe Wahrheit er-
fühlen.

O Gnade, statt der langen Jahre
mühsames Tasten bis zur Bahre,
das unermesslich Wunderbare
zu leben in Sekundenklare,
da gibt es nicht mehr Schuld und Triebe,
da gibt es nur noch Kraft und Liebe.

Ich wachse mit jeder Minute mehr in den Himmel hinein,
Harro ist mir nahe, Horst ist mir nahe, und wenn ich Dich
glaubensvoll lächeln weiß, ist alles gut. Ich leide überhaupt
nicht mehr, und alles ist menschlich erfreulich und ohne Schrecken. Ich schrieb dir, hoffentlich bekamst Du den Brief von
dem »Weihnachtsengel«, als den ich mich wieder fühle, meiner Kindheit so nahe. Alle Strömungen meines bunten Lebens
fließen zusammen, und alle Wünsche werden erfüllt: Ich bleibe jung in Eurem Gedächtnis. Ich brauche mich von meinem
Harro nicht mehr zu trennen. Ich brauche nicht mehr zu leiden. Ich darf sterben, wie Christus starb: für die Menschen!
Ich durfte nochmals alles und mehr erleben, was Menschen
überhaupt erleben können.
Und – da niemand vor der Erfüllung seiner Aufgabe stirbt –
so konnte ich, aus dem Zwiespalt meiner Natur heraus, eben
nur durch dieses Sterben zur großen Leistung kommen.
Liebling, wir bleiben ja zusammen. Wir haben uns im Licht
gefunden, und ich darf Dich jetzt emporziehen, gewachsen
wie ich bin, so wie Du mich in den letzten Klosterwochen
emporzogst.
Ich liebe die Welt, ich habe keinen Hass, ich habe den ewigen
Frühling! Gräm Dich nicht um Dinge, die vielleicht noch
hätten getan werden können, um dies und das – das Schicksal hat meinen Tod gefordert. Ich habe ihn selbst gewünscht.
Und wenn Du mir noch etwas zuliebe tun willst: Nimm alle
meine Lieben an Dein Herz […]

Ich habe als letzten Wunsch gebeten, dass man dir meine »Materie« überlässt. Begrabe sie, wenn es geht, an einem schönen Ort mitten in der sonnigen Natur, ich würde Liebenberg wünschen, aber da ich mich nicht von Harro trennen möchte, müsst ihr Eltern das gemeinsam beraten …

Das Silberarmband trug ich bis zum Schluss, auch den Ring und das Kreuz. Den Ring muss mein Vati bekommen. Ein Kuss von Harro ist darauf. Mein armer Vati, ich denke mit so viel Liebe an ihn. Dieser Brief wird ja auch zu ihm kommen und zu Ottorachen und Brüderlein.

Mein Akkordeon bekommt Töffi May – er soll schön darauf lernen. Meine Leica Alexander.

Behalte an Kleidern nur das graue Kostüm, das ich in den schönen großen Stunden trug – und auch jetzt noch trage.

Verteile sonst alles nach Gutdünken und spende so viel Freude damit wie möglich, denn mein einziger Kummer ist, den Menschen im Leben nicht *mehr* gegeben zu haben.

So mein Liebling, die Stunde schlägt. Zuerst geht Harro, und ich denke an ihn. Dann geht Horst, und ich denke an ihn. Und an mich wird Elisabethchen denken, die Liebe […]

In unendlicher Nähe und Freude – alle Kraft und alles Licht …

Dein Kind

Libertas: »Das Letzte an Sichtbarem, das Harro von mir bekam.«

Libertas an Harro!

Du bist mir lieber als das Leben,
Ich zahle mit dem höchsten Preis,
Mehr habe ich ja nicht zu geben,
Nun hast Du den Beweis.
Wir brauchen uns nie mehr zu trennen –
Wie ist das groß und schön!
Wir wollen stolz es Freiheit nennen –
Der Geist wird fortbesteh'n.

Aus der Todeszelle in Plötzensee schreibt Libertas einen letzten Brief an die Mutter und bereut ihren Verrat zutiefst. Den Brief brachte Harald Poelchau aus dem Gefängnis:

Ja mein Liebling, meine einzige starke Mamuschka.
Was ich in den letzten Tagen erleben durfte, ist so groß und wunderbar, dass es Worte kaum mehr schildern können. Ich hatte noch den bitteren Kelch zu trinken, dass ein Mensch, dem ich mein volles Vertrauen geschenkt hatte, Gertrud Breiter, mich und (Dich) verraten hat, aber
»nun iss die Früchte Deiner Taten,
denn wer verrät, wird selbst verraten ...«
Auch ich habe aus Egoismus Freunde verraten, ich wollte frei werden und zu Dir kommen. – Aber glaube mir, ich hätte an dieser Schuld *unsagbar* schwer getragen. Jetzt haben mir alle verziehen und in einer Gemeinsamkeit, die nur angesichts des Todes möglich ist, gehen wir dem Ende entgegen. *Ohne Leid, ohne Bitterkeit.*
Ich weiß jetzt auch um die letzten Dinge des Glaubens, und ich weiß, dass Du in dem Bewusstsein unserer *ewigen Verbundenheit* stark bist und froh.
Dein Engel, der den Bösen ersticht (Du schicktest ihn mir zum Geburtstag) steht vor mir ... wenn ich Dich um eins bitten darf: Erzähl allen, allen von mir. *Unser Tod muss ein Fanal sein.*
Allen, die meinem Herzen nahestehen, danke ich für ihre Liebe.
Ich, Du, mein Schwesterlein, mein Brüderlein, die Kinderchen – Ihr, die Ihr mir so nahe seid, in Euch lebe ich ja weiter und sage Euch mit dem tiefen Ernst der Stunde:
Ich fand meine Vollendung, *meinen eigenen Tod*, mir hätte keine größere Gnade zuteilwerden können als dies. Und: Macht es mir »drüben« nicht schwer mit Tränen, freut Euch mit mir.
Dein Kind
Ich habe es *gut*.

Still ist es bis auf das Klappern der Holzpantinen.

Nach der Feststellung der Personalien durch den unterzeichnenden Oberkriegsgerichtsrat Dr. Manfred Roeder wird der schwarze Vorhang zurückgezogen und das Fallbeil sichtbar. Ihre Bitten, ihre stammelnden Gebetsworte, wollen nicht enden. Als sie immer noch schreit »Aber lasst mir doch mein junges Leben!«, hält ein Wachtmeister ihr mit einem Handtuch den Mund zu. Der Motor summt, das Beil fällt. Eine Kirchturmuhr schlägt halb neun Uhr abends.

Die Vollstreckung dauerte:

a. vom Zeitpunkt der Vorführung bis zu Übergabe an den Scharfrichter ... Minuten ... 3 Sekunden

b. von der Übergabe an den Scharfrichter bis zur vollendeten Vollstreckung 9 Sekunden

Um 20 Uhr 30 Minuten und 12 Sekunden war die Vollstreckungshandlung beendet.

Todesursache: Enthauptung[204]

Einige Wochen vor der Verkündung der Urteile wird in der Hinrichtungsstätte in Plötzensee ein Stahlträger mit acht Eisenhaken errichtet. Am 22. Dezember 1942 sterben hier zwischen 19.00 und 20.33 Uhr der Botschaftsrat Rudolf Scheliha, Harro Schulze-Boysen, Arvid Harnack, Kurt Schumacher und John Graudenz qualvoll durch den Strang. Horst Heilmann, Hans Coppi, Kurt Schulze, Ilse Stöbe, Libertas Schulze-Boysen und Elisabeth Schumacher werden durch das Fallbeil ermordet.

Epilog

Nur wenige Wochen durften die zum Tode verurteilten Mütter Hilde Coppi und Liane Berkowitz mit ihren in der Haft geborenen Kindern verbringen. Hans Coppi wuchs bei seinen Großeltern auf. Irina Berkowitz starb am 16. Oktober 1943 in einem NS Kinderheim.

Die Familien Schulze und die Familien Eulenburg wurden nicht inhaftiert. Die Staatsanwaltschaft forderte für jeden Hafttag in Plötzensee 1,50 Reichsmark, für die Hinrichtung 300 Reichsmark und für das Porto zur Übersendung der Kostenrechnung 12 Pfennige von den Angehörigen. Der Cousin Wend zu Eulenburg überlebte die Abordnung in ein Strafbataillon zur Frontbewährung.

Alexander Spoerl: »Im Januar fuhr ein Auto vor der Wohnung der Schulze-Boysens vor, Männer brachen die Türen auf und holten sich aus der Wohnung alles, was Wert hatte. Rissen die Schubladen auf, trampelten über die Briefe, stießen Plastiken um, die nicht im Sinne der Nazikunst waren. Und dann blieb die Wohnung offen stehen, und lange Zeit wagte keiner im Haus, hinzugehen und die Türen wieder zu schließen.« Sein Erfolgsbuch *Die Memoiren eines mittelmäßigen Schülers* widmete er Libertas.

Der Bruder von Harro Schulze-Boysen, Hartmut Schulze-Boysen, erreichte mit dem bestätigenden Schreiben der Staatsanwaltschaft Berlin vom 24. Februar 2006, dass das Urteil des Reichskriegsgerichts vom 19. Dezember 1942 gegen Harro Schulze-Boysen wegen Vorbereitung zum Hochverrat und anderer Delikte durch §§ 1, 2 Nr. 3 NS-Aufhebungs-Gesetz nicht mehr gilt.

Vally Wolffenstein und ihre Schwester überlebten als »U-Boote«. Sie wurden durch die Hilfen ihrer Mitmenschen in Berlin und München gerettet.

Manfred Roeder arbeitete ab 1951 in Lüneburg wieder als Staatsanwalt. In einer Kleinstadt im Taunus wurde er in den sechziger Jahren zum Ehrenbürgermeister gewählt.

Von der Libertas dagegen sagt man,
dass sie einstweilen bei den Elfen im Traumschlosse wohne,
das aber seitdem niemand wieder aufgefunden hat.

Joseph von Eichendorff

Anhang

Anmerkungen

1 Umorganisation des RLM, ab 1.4.1934, BA-MA Freiburg RL 2 III/2, Bl. 4

2 Erinnerung Fräulein Protzen, Erzieherin, Schloss Liebenberg, Sammlung RK, GDW

3 zit. nach Frei/Schmitz, Journalismus im Dritten Reich, Becksche Reihe 1999, S. 85

4 Reichsgesetzblatt, Teil 1, Nr. 123 vom 26.9.1933

5 Brief von Johannes Haas-Heye vom 13.8.2007

6 Gespräch mit Johannes Haas-Heye, April 2007

7 Festschrift zum 100. Geburtstag des Mannheimer Morgen, 17.10.1984, von Hans-Joachim Deckert

8 Gespräch mit Johannes Haas-Heye, April 2005

9 Brief Johannes Haas-Heye, 13.8.2007

10 ebda.

11 Otto Haas-Heye und Ludwig Rubiner (Hrsg.), ZEIT-ECHO, Ein Kriegstagebuch der Künstler, München, Buempliz-Bern 1914-1917

12 Libertas, 1928, Sammlung Liebenberg

13 Robert A. Kann (Hrsg.), Erinnerungen von Valerie Wolffenstein aus den Jahren 1891-1945, Geyer Edition 1981

14 BArch, DY 55/V241/13, 1947

15 Adrien Turel, Bilanz eines erfolglosen Lebens, Verlag Huber Frauenfeld 1976

16 Ernst von Salomon, Der Fragebogen, Rowohlt Verlag 1951

17 Sammlung RK, Hartmut Schulze-Boysen im Gespräch mit Hans Coppi, 6.3.1988

18 Völkischer Beobachter, 13.3.1921

19 Preußen, Gesetz vom 29.3.34, Landjahr für Schulentlassene

20 Saring, Toni, Der deutsche Frauenarbeitsdienst, Berlin 1934, S. 76

21 Marawkse-Birkner, Lilly, Der freiwillige Arbeitsdienst der weiblichen Jugend, in: Reichsarbeitsblatt 1932, S. II480

22 Deutscher Arbeitsdienst Sonderheft 1935, Röbke Hanna

23 Melitta Maschmann (Kurt Zentner Hrsg.), Fazit. Kein Rechtfertigungsversuch. Illustrierte Geschichte des Dritten Reiches, Südwest Verlag Neumann 1965, S. 357

24 Friedrich Reck, Gedanken zum Arbeitsdienste, Meißen 1936

25 Einer ist tot, Sammlung RK GDW, Harro Schulze-Boysen

26 Sammlung RK, GDW

27 Ernst von Salomon, Der Fragebogen, Rowohlt Verlag 1951

28 ebda., S. 479

29 Nicolas Sombart, Jugend in Berlin, Hanser Verlag 1984, S. 190

30 Sammlung RK, GDW

31 Helga Mulachié geb. Schulze im Gespräch mit Hans Coppi, 1988, Sammlung RK, GDW

32 Sammlung RK Nachlass Stella Mahlberg, »Das Rechtsalphabet der Familie«

33 Geheime Kommandosache, 7.10.1936, betr.: Referentenübersicht, Schulze-Boysen wurde als Verw. Techn. Nachr. um Ger. Kartei« geführt, vergl. Geertje Andresen/Hans Coppi (Hrsg.), Harro Schulze-Boysen – Grenzgänger im Widerstand. Briefe 1915-1942, Aufbau Verlag 1999

34 Interview mit Johannes Haas-Heye, 5.4.2007

35 Wend Graf zu Eulenburg-Hertefeld, Ein Schloss in der Mark Brandenburg, Erinnerungen an Liebenberg, Engelhorn Verlag 1990

36 Ruth Andreas-Friedrich, Der Schattenmann, Berlin 1947

37 Reichsverband der Schriftsteller, RDS

38 Telefongespräch mit Johannes Haas-Heye am 1.9.2007

39 Zur Geschichte der deutschen Frauenzeitschrift zwischen 1933 und 1970, zitiert nach Sylvia Lott, Berlin 1985

40 vgl. Norbert Frei/Johannes Schmitz (Hrsg.), Journalismus im Dritten Reich, C.H. Beck 1999, S. 104

41 vgl. Norbert Frei/Johannes Schmitz (Hrsg.), a.a.O., S. 97

42 Der Gegner, März 1933, Sammlung RK, GDW

43 Sammlung RK, GDW, Bundesarchiv

44 Barch, Blatt 33, DY 55/V241/13

45 Sammlung RK, Heinrich Karbe im Gespräch mit Hans Coppi, 16.4.1990

46 Werner Dissel, Junge Welt September 1989, Harro Schulze-Boysen: Freier, streitbarer Geist, zit. nach Coppi, Hans, Harro Schulze-Boysen – Wege in den Widerstand, Fölbach 1995, S. 184

47 BArch, DY 55/V 241/15, Blatt 95, 1. September 45, Brief an Joy Weisenborn

48 BArch, SgY4/1, Blatt 251

49 Bericht der Times, zit. n. N.N., Die Zerstörung von Guernica, Neue Zürcher Zeitung, 28.4.1937, Abendausgabe, S. 2. Steer erhielt anschließend Morddrohungen von Seiten der faschistischen Truppen.

50 Hubert Brieden, Heidi Dettinger, Marion Hirschfeld, »Ein voller Erfolg der Luftwaffe« – Die Vernichtung Guernicas und deutsche Traditionspflege, Nördlingen 1997

51 Die Durchführung des Luftschutzgesetzes, Völkischer Beobachter, 9.5.1937, S. 2

52 Else Lasker-Schüler 1869-1945. Bearbeitet von Erika Klüsener und Friedrich Pfäfflin, Marbach 1995

53 Hans Coppi, Wege in den Widerstand, S. 189, BA, Abt. Potsdam, Akte N, Bl. 31, Filmnr. 09112

54 BArch SgY4/1, Blatt 309

55 Die Wehrtechnische Fakultät blieb Rohbau; die Ruine überdeckte nach 1945 der Trümmerschutt. Heute liegt an dieser Stelle der 114,7 m ü. NN hohe Teufelsberg, nach alliierter Nutzung ein Naherholungsgebiet. Von hier hörten amerikanische Streitkräfte den Funkverkehr Richtung Ostblock ab.

56 Hans Coppi, Geertje Andresen (Hrsg.), Dieser Tod passt zu mir, Aufbau Verlag 1999, S. 237

57 Schreiben Eicke an Himmler, 10.8.1936, Abschrift im BDC, Eicke

58 Günther Weisenborn, Memorial. Der gespaltene Horizont, Niederschriften eines Außenseiters, Aufbau Verlag 1983

59 Günther Weisenborn, Memorial. Der gespaltene Horizont, Niederschriften eines Außenseiters, Aufbau Verlag 1983

60 Sammlung RK, Gespräch Hans Coppi mit Heinrich Karbe, 16.4.1990

61 ebda.

62 Günther Weisenborn, Memorial, Erstausgabe 1948, Röderberg-Verlag GmbH 1977, S. 18,

63 BArch, Sg Y4/V 1/1, Blatt 121

64 Brief an die Eltern 27.1.1938

65 BArch, Sg Y4/V 1/1, Vernehmungsakten der Gestapo

66 Nachlass Joy Weisenborn

67 Regina Griebel, Marlies Coburger, Heinrich Scheel, Erfasst? Das Gestapo-Album zur Roten Kapelle, audioscop 1992

68 Elfriede Paul, Ein Sprechzimmer der Roten Kapelle, Militärverlag der DDR 1981, S. 124

69 ebda. S. 128

70 Geertje Andresen/Hans Coppi (Hrsg.), Harro Schulze-Boysen – Grenzgänger im Widerstand. Briefe 1915-1942, Aufbau Verlag 1999

71 Ausstellung »Frau und Mutter – Lebensquell des Volkes«

72 Elfriede Paul, Ein Sprechzimmer der Roten Kapelle, Militärverlag der DDR 1981, S. 101

73 Briefwechsel Paul/Küchenmeister, 17.5.39, Sammlung RK

74 Reichskriegsgerichtsurteil, Harro Schulze-Boysen, S. 4 u. 6, Urteil gegen Walter Küchenmeister, S. 2 u. 5

75 BArch, R58/276

76 Robert A. Kann (Hrsg.), Erinnerungen von Vally Wolffenstein aus den Jahren 1891-1945, Geyer Edition 1981, S. 31

77 Vorstandssitzung 17.1.1939, BA/R109I/1029c

78 vgl. Günther Weisenborn, Joy Weisenborn, Einmal lass mich traurig sein, Briefe und Kassiber 1942-43, Arche Verlag 1984, S. 153

79 Sammlung RK, GDW, Briefwechsel Kuchenmeister, Paul

80 30.8.1969, Aufzeichnungen eines Gesprächs mit Rudi Bergtel, MfS HA IX/11, FV 98/66, Bd Nr 327

81 Blatt 40, DY 55/ V241/15 S. 211 ff.

82 BArch DY 55/ V241/15, Brief Heinrich Scheel an Ricarda Huch, Stenay 29. Juni 46

83 Memorial, Günther Weisenborn, Bericht. Berlin 1948

84 Ingeborg Engelsing-Kohler, Meine Erinnerungen an Harro und Libertas Schulze-Boysen, 9-seitiges Dokument, Sammlung RK, GDW

85 Ingeborg Malek-Kohler, Im Windschatten des Dritten Reichs, Herder Verlag 1986, S. 181

86 Hugo Buschmann: De la résistance au défaitisme, Les temps modernes, Paris, Nr. 46-47, August, September 1949

87 Ingeborg Malek-Kohler, Im Windschatten des Dritten Reichs, Herder Verlag 1986, S. 159 f.

88 Mildred und Arvid Harnack: The American Connection, S. 188, Die Rote Kapelle im Widerstand gegen den Nationalsozialismus, Hrsg. Peter Steinbach, Johannes Tuchel, 1994, GDW

89 Sammlung RK, GDW

90 MfS HA IX/11, FV 98/66, Bd. Nr. 327

91 Shareen Blair Brysac, Mildred Harnack und die »Rote Kapelle«, Scherz Verlag 2003, S. 292

92 Archiv des Auslandsnachrichtendienstes Russlands, Akte Korsikanez Nr. 34118, Band 1, Sammlung RK, GDW

93 Archiv des Auslandsnachrichtendienstes Russlands, Akte Korsikanez Nr. 34118, Band 1, Sammlung RK, GDW

94 Greta Kuckhoff, Vom Rosenkranz zur Roten Kapelle, Verlag Neues Leben 1972, S. 217

95 William Shirer, Berliner Tagebuch, Gustav Kiepenheuer Verlag 1991, S. 199

96 GDW, Sammlung Rote Kapelle, vgl. dazu Feldurteil des RKG, 2. Senat, 3. Juli 1943 gegen Hans Lautenschläger

97 MfS HA IX/11 FV 98/66, Bd Nr 475

98 MfS HA IX/11 FV 98/66, Bd Nr 475

99 Heinrich Scheel, Vor den Schranken des Reichskriegsgerichts, edition q 1993

100 Dieser Tod passt zu mir, Harro Schulze-Boysen, Grenzgänger im Widerstand, Brief an die Eltern 21.3.1940, S. 296

101 Ingeborg Malek-Kohler, Im Windschatten des Dritten Reiches, Herder Verlag 1986, S. 186

102 Elfriede Paul, Ein Sprechzimmer der Roten Kapelle, Militärverlag der DDR 1981, S. 124

103 Hugo Buschmann, De la résistance au défaitisme, Les temps modernes, Paris, Nr. 46-47, August, September 1949

104 Das Nationalsozialistische Kraftfahrkorps

105 ebda. S. 242

106 ebda. S. 249

107 Archiv des Auslandsnachrichtendienstes Russlands Akte Korsikanez Nr. 34118, Band 1, Sammlung RK, GDW

108 B. Chawkin/H. Coppi/J. Zorja: Russische Quellen zur Roten Kapelle, GDW, 1994, Original im Archiv des Auslandsnachrichtendienstes Moskau (i.f. AND Moskau, Nr. 34118, Band 1, S. 62)

109 Abgedruckt in: N. Leonow/W.Jampolski, Sovetskaja Rossija, 30.5.1991/B. Chawkin/H. Coppi/J. Zorja: Russische Quellen zur Roten Kapelle, GDW, 1994

110 Briefe an die Eltern, 18.1.1941, 5.2.1941

111 Hans Coppi, Geertje Andresen (Hrsg.), Dieser Tod passt zu mir, Aufbau Verlag 1999, S. 332

112 Ingeborg Engelsing-Kohler, Meine Erinnerungen an Harro und Libertas Schulze-Boysen, Sammlung RK, GDW

113 Ingeborg Engelsing-Kohler, Meine Erinnerungen an Harro und Libertas Schulze-Boysen, Sammlung RK, GDW

114 Ingeborg Engelsing-Kohler, Meine Erinnerungen an Harro und Libertas Schulze-Boysen, Sammlung RK, GDW, Aufzeichnungen vom 25.1.1946

115 BArch, R 58/1131, Schlussbericht des Chefs der Sicherheitspolizei und des SD IV A2

116 Ingeborg Malek-Kohler, Im Windschatten des Dritten Reiches, Herder Verlag 1986, S. 200

117 Ingeborg Engelsing-Kohler, Meine Erinnerungen an Harro und Libertas Schulze-Boysen, Sammlung RK, GDW, Aufzeichnungen vom 25.1.1946

118 Sammlung RK, GDW

119 Gespräch mit Johannes Haas-Heye, 5.4.2007

120 Archiv des Auslandsnachrichtendienstes Russlands, Akte Korsikanez Nr. 34118, Band 1, Sammlung RK, GDW

121 Nach Lenin adlige Revolutionäre, die 1825 den Eid auf den neuen Zaren Nikolaus I. verweigerten. Damit bekundeten sie ihren Protest gegen das absolutistische Zarenregime, gegen Leibeigenschaft, Polizeiwillkür und Zensur.

122 Korotkow an den NKWD, 9.3.1941, Akte Korsikanez Nr. 34118, Band 1, Sammlung RK, GDW

123 Original im AND, Moskau, Nr. 34118, Band 2, S. 26-28, Sammlung RK, GDW, Blatt 243

124 Erwin Gehrts, Oberst der Luftwaffe im RLM, wurde am 10. Oktober 1942 von der Gestapo verhaftet, vor dem Reichskriegsgericht am 10.1.1943 zum Tode verurteilt, am 10.2.1943 hingerichtet

125 zitiert nach Petscherski, S. 115/116, Sammlung RK, GDW, Blatt 248

126 Blatt 183, ebda.

127 Blatt 184, ebda.

128 Wladimir Petscherski, Neue Zeit, Nr. 12, Moskau, aus dem Archiv des sowjetischen Auslandsnachrichtendienstes, Vorgang 34118, Sammlung RK, GDW

129 AND Moskau, Nr. 34118 Band 2 S. 30, Quelle: Starschina, zitiert nach Zarew/Costello, Der Superagent. Der Mann, der Stalin erpresste, Zsolnay Verlag 1993, S. 135

130 Hitlers Krieg im Osten. 3.8.2004 NDR/SRR/3sat

131 Adolf Hitler, Mein Kampf, Band 2, Kapitel 14, S. 726

132 ebda.

133 Original im AND Moskau, Vorgang Hans Coppi; Chawkin/Coppi/ Zorja: Russische Quellen zur Roten Kapelle, GDW, 1994, Die Rote Kapelle im Widerstand gegen den Nationalsozialismus

134 Chawkin/Coppi/Zorja, zit. n. Wladimir Petscherskij, S. 137, Publikation der GDW, 1994, Die Rote Kapelle im Widerstand gegen den Nationalsozialismus

135 Greta Kuckhoff, Vom Rosenkranz zur Roten Kapelle, Verlag Neues Leben 1972, S. 263

136 Abschrift von Tonbandaufnahmen mit Genossin Kuckhoff in der Zeit von November 68 bis Februar 69, MfS, Sammlung RK, GDW

137 ebda.

138 Greta Kuckhoff, Vom Rosenkranz zur Roten Kapelle, Verlag Neues Leben, 1971, S. 266

139 Interview mit Johannes Haas-Heye, 5.4.2007

140 Ingeborg Engelsing-Kohler, Meine Erinnerungen an Harro und Libertas Schulze-Boysen, Sammlung RK, GDW

141 Günther Weisenborn, Joy Weisenborn, Joy, Einmal lass mich traurig sein, Briefe und Kassiber 1942-43, Arche Verlag 1984, S. 128

142 Heutige Gedenkstätte Haus der Wannseekonferenz

143 Interview mit Johannes Haas-Heye, 5.4.2007

144 Fröhlich, Elke (Hrsg.), Die Tagebücher von Joseph Goebbels, Teil I Aufzeichnungen 1923-1941. Im Auftrag des Instituts für Zeitgeschichte und mit Unterstützung des Staatlichen Archivdienstes Russlands, 1987, Bd. 3, S. 414

145 Sammlung RK, Gespräch mit Hans Coppi, 1988

146 Essener National-Zeitung, »Mit Zeitraffer und Zeitlupe«, Rubrik Kultur und Unterhaltung, 4.10.1941

147 ebda.

148 Cato Bontjes van Beek, Ich habe nicht um mein Leben gebettelt. Hermann Vinke, Ein Porträt. Arche Verlag 2003, S. 71

149 ebda.

150 Picker, Hitlers Tischgespräche, S. 156; Leiter F/Reichsfilmintendant an Goebbels, 7.12.44, BArch 55, Nr. 663, S. 92 ff.

151 BArch R 55/180 Blatt 57, Planung der Deutschen Kulturfilm-Zentrale, April 1940

152 Gerd Albrecht, Die Wochenschau als Instrument der Propaganda im Dritten Reich, 1979, S. 60

153 Greta Kuckhoff, Vom Rosenkranz zur Roten Kapelle, S. 148

154 Frankfurter Rundschau, 6.7.1968, Mein Freund Harro Schulze-Boysen, ohne Kennzeichnung des Autors

155 MfS HA IX/11 FV 98/66, Bd Nr 327

156 Frankfurter Rundschau, 6.7.1968, Mein Freund Harro Schulze-Boysen, ohne Kennzeichnung des Autors

157 ebda.

158 Wilhelmshöher Allee 18 lautete die Adresse.

159 Wladimir Petscherski, AND Moskau, Nr. 93621, Band 1

160 Unterlagen Privatarchiv A. Gurewitsch, Chawkin/Coppi/Zorja, Russische Quellen zur Roten Kapelle, GDW, 1994

161 MfS HA IX/11, FV 98/66, Bd. Nr. 254, Erinnerungen Helmut Marquardt

162 Auszug Vernehmungsprotokoll der Gestapo, RSHA IV2, 23.11.1942, s. Chawkin/Coppi/Zorja, Russische Quellen zur Roten Kapelle, Schriften der GDW, Die Rote Kapelle im Widerstand gegen den Nationalsozialismus, 1994, S. 142

163 Original im Archiv der GRU, Abschriften im AND, Moskau, Vorgang Nr. 34118, s. Chawkin/Coppi/Zorja, Russische Quellen zur Roten Kapelle, Schriften der GDW, 1994, S. 139, 140

164 Berliner Alltag im Dritten Reich, Fotografierte Zeitgeschichte, Droste Verlag 1981, S. 101

165 Robert A. Kann (Hrsg.), Erinnerungen von Valerie Wolffenstein, Geyer Edition 1981

166 Max Domarus (Hrsg.), Hitlers Reden, Löwit Verlag, Bd. IV, S. 1644-1657

167 ebda. S. 40-42

168 Bundesarchiv NS 8/71, Blatt 18, zit. bei Ernst Piper, A. Rosenberg, S. 546 mit Anm. 201

169 ebda, S. 547

170 ebda. S. 48

171 Abschrift von Tonbandaufnahmen mit Genossin Kuckhoff in der Zeit von November 68 bis Februar 69, MfS HA IX/11, FV 98/66, Bd. Nr 151, Blatt 192

172 Ingeborg von Schoenebeck, Nachlass Libertas Schulze-Boysen, Sammlung RK, GDW,

173 Berliner Aufzeichnungen 1942-1945, München 1964, S. 84 f.

174 Hans Coppi, Auszug aus einer Rede im Lustgarten anlässlich des sechzigsten Jahrestages des Kriegsendes

175 Nachlass Libertas Schulze-Boysen, Sammlung RK, GDW, Aufzeichnung Alexander Spoerl,»Libertas Schulze-Boysen«

176 ebda.

177 Flugblatt, Sammlung RK, GDW

178 »Einige Zeit vor ihrer Verhaftung ereignete sich ein sonderbarer Vorfall, der sie in große Aufregung versetzte: Ihr Arbeitszimmer befand sich im obersten Stock, zum Hof hinaus. Da das Haus nicht sehr hoch war, konnte man vom Dach des Nachbarhauses das Fenster bequem sehen. Auf dieses Fenster wurde während der Arbeitszeit ein Schuss abgegeben, der beide Scheiben durchschlug.« Peter von Hamm, Arbeitskollege, undatierte Notiz, Nachlass Günther Weisenborn, Archiv der Akademie der Künste

179 De la résistance au défaitisme, aus Les temps modernes 1949, No. 46, 47, 1949, S. 264-280

180 Barch SgY4/V1/1, Blatt 22

181 BArch SgY4/V1/1, Blatt 11

182 Johannes Haas-Heye, Aufzeichnungen aus dem Jahr 1995

183 BArch DY 55/V241/15, Blatt 54

184 Heinz Höhne, Kennwort: Direktor. Die Geschichte der Roten Kapelle, Frankfurt/Main, 1970

185 Anja Griese, geb. Hilgert, geb. 04, vernommen am 15.11.1945, Bd. 570, MfS-Ha IX/11 FV 98/66

186 Die letzten Stunden, Harald Poelchau, aufgezeichnet von Graf Stenbock-Fermor, Verlag Volk und Welt 1949

187 Sammlung RK, GDW

188 Abschrift eines Kassibers an Kurt Schumacher vom 23.12.42, BArch Sg Y4/V 1/1, Blatt 134

189 Memorial, Günther Weisenborn, Aufbau Verlag, Berlin 1948

190 Brief an die Mutter, 2. März 1943, Meine Sehnsucht ist das Leben, Manfred Flügge, Aufbau-Verlag, S. 150

191 Hugo Buschmann: De la résistance au défaitisme, Les temps modernes, Paris, Nr. 46-47, August, September 1949

192 DY 55/V241/17, Blatt 10

193 MfS-Ha IX/11 FV 98/66, Bd. 482

194 BArch Sg Y4/v1/14, S. 153-154, Kassiber vom 14.1.1942

195 MfS-HA IX/11 FV 98/66 Bd. Nr. 167, BstU, Befragung Ina Lautenschläger

196 Libertas ; (Gedichte u. letzte Briefe), Schulze-Boysen, Libertas, o.O.: [Selbstverl.], (1952)

197 Johannes Haas-Heye, Aufzeichnungen vom 2. Juli 1995

198 Gespräch mit der Autorin, 2005

199 Die deutsche Militärjustiz, zitiert nach O.P. Schweling, Die deutsche Militärjustiz in der Zeit des Nationalsozialismus, S. 391

200 MfS-Ha IX/11 FV 98/66 Band 77, siehe Kopien 335, 160-163

201 BArch R 58/1131

202 Elke Fröhlich (Hrsg.), Die Tagebücher von Joseph Goebbels, Teil II, Band 6 Oktober bis Dezember 1942, K G Saur 1996, S. 522 f.

203 Die letzten Stunden. Harald Poelchau, Erinnerungen eines Gefängnispfarrers, aufgezeichnet von Graf Alexander Stenbock-Fermor, Verlag Volk und Welt 1949, S. 44 f.

204 MfS, IX/11 FV 98/66 Band 466 Blatt 168

Bibliographie

Quellen

Archiv Liebenberg, Nachlass Libertas Schulze-Boysen

Gedenkstätte Deutscher Widerstand, Sammlung Rote Kapelle

Die Bundesbeauftragte für die Unterlagen des Staatssicherheitsdienstes der ehemaligen Deutschen Demokratischen Republik, IX/11 FV 98/66 »Rote Kapelle«

Bundesarchiv, Berlin

Sekundärliteratur

Aly, Götz/Susanne Heim, *Vordenker der Vernichtung. Auschwitz und die deutschen Pläne für eine neue europäische Ordnung*, Frankfurt a. M. 2004

Andreas-Friedrich, Ruth, *Der Schattenmann*, Berlin 1947

Bahar, Alexander, *Sozialrevolutionärer Nationalismus zwischen Konservativer Revolution und Sozialismus. Harro Schulze-Boysen und der »Gegner«-Kreis*, Koblenz 1992

Becker, Wolfgang, *Film und Herrschaft. Organisationsprinzipien und Organisationsstrukturen der nationalsozialistischen Filmpropaganda*, Berlin 1973

Benjamin, Walter, *Das Kunstwerk im Zeitalter seiner technischen Reproduzierbarkeit*, in: Benjamin, Walter, *Abhandlungen. Gesammelte Schriften*, Bd. I.1, Frankfurt a. M. 1991

Benz, Wolfgang/Graml, Hermann/Weiß, Hermann (Hrsg.), *Enzyklopädie des Nationalsozialismus*, München 1997

Benz, Wigbert/Bredemeyer, Bernd/Fieberg, Klaus, *Nationalsozialismus und Zweiter Weltkrieg. Beiträge, Materialien, Dokumente*, Braunschweig 2004

Biernat, Karl Heinz/Kraushaar, Luise, *Die Schulze-Boysen/Harnack-Organisation im antifaschistischen Kampf*, Berlin 1970

Blair-Brysac, Shareen, *Mildred Harnack und die Rote Kapelle*, Frankfurt a. M., Bern 2003

Blank, Alexander S./Mader, Julius, *Rote Kapelle gegen Hitler*, Berlin (Ost) 1979

Bontjes van Beek, Mietje, *Verbrennt diese Briefe! Kindheit und Jugend in der Hitlerzeit, 1922-1945*, Fischerhude 1998

Boveri, Margaret, *Der Verrat im 20. Jahrhundert*, Bd. 2, *Für und gegen die Nation, Das unsichtbare Geschehen*, Hamburg 1956

Boysen, Elsa, *Harro Schulze-Boysen. Das Bild eines Freiheitskämpfers*, Koblenz 1992

Coppi, Hans, *Die »Rote Kapelle« im Spannungsfeld von Widerstand und nachrichtendienstlicher Tätigkeit/Der Trepper Report vom Juni 1943*, Vierteljahreshefte für Zeitgeschichte, Jahrgang 44 (1996), Heft 3

Coppi, Hans, *Harro Schulze-Boysen – Wege in den Widerstand. Eine biographische Studie*, Koblenz 1993

Coppi, Hans/Andresen, Geertje, *»Dieser Tod passt zu mir«. Harro Schulze-Boysen, Grenzgänger im Widerstand, Briefe 1915 bis 1942*, Berlin 1999

Coppi, Hans u.a. (Hrsg.), Chawkin, Boris/Coppi, Hans/Zorja Juri, *Russische Quellen zur Roten Kapelle*, in: *Die Rote Kapelle im Widerstand gegen den Nationalsozialismus*, 1994

Coppi, Hans/Danyel, Jürgen (Red.), *Der »Gegner«-Kreis im Jahre 1932/33. Ein Kapitel aus der Vorgeschichte des Widerstandes*, Berlin 1990

Coppi, Hans/Danyel, Jürgen/Tuchel, Johannes (Hrsg.), *Die Rote Kapelle im Widerstand gegen den Nationalsozialismus*, Berlin 1994

Dörner, Bernward, *»Heimtücke«: Das Gesetz als Waffe. Kontrolle, Abschreckung und Verfolgung in Deutschland 1933-1945*, Paderborn 1998

Eschenburg, Theodor, *Letzten Endes meine ich doch, Erinnerungen 1933-1999*, Berlin 2000

Eulenburg-Hertefeld, Philipp zu/See, Klaus von (Hrsg.), *Das Ende König Ludwigs II.*, Frankfurt a. M. 2001

Evangelisches Bildungswerk Berlin (Hrsg.), *Die Widerstandsorganisation Schulze-Boysen/Harnack. Die »Rote Kapelle«*, Berlin 1990

Frei, Norbert/Schmitz, Johannes, *Journalismus im Dritten Reich*, München 1999

Flügge, Manfred, *Meine Sehnsucht ist das Leben*, Berlin 1998

428

François-Poncet, André, *Als Botschafter im Dritten Reich, Die Erinnerungen des französischen Botschafters in Berlin, September 1931 bis 1938*, Mainz 1980

Gellately, Robert, *Hingeschaut und weggesehen. Hitler und sein Volk*, Bundeszentrale für politische Bildung, Schriftenreihe, Band 416

Griebel, Regina/Coburger, Marlies/Scheel, Heinrich (Hrsg.), *Erfasst? Das Gestapo-Album zur Roten Kapelle*, Halle 1992

Grimme, Adolf, *Briefe*, Heidelberg 1967

Hachmeister, Lutz, *Der Gegnerforscher: Die Karriere des SS-Führers Franz Alfred Six*, München 1998

Haase, Norbert/Gedenkstätte Deutscher Widerstand (Hrsg.), *Das Reichskriegsgericht und der Widerstand gegen die nationalsozialistische Herrschaft*, Berlin 1993

Haas-Heye, Otto (Hrsg.), *Zeit-Echo/Ein Kriegs-Tagebuch der Künstler*, I. Jahrgang, Heft 18, München 1915

Haller, Johannes, *Aus dem Leben des Fürsten Philipp zu Eulenburg-Hertefeld*, Berlin 1924

Harpprecht, Klaus, *Harald Poelchau: ein Leben im Widerstand*, Reinbek 2004

Herbert, Ulrich/Orth, Karin/Dieckmann, Christoph (Hrsg.), *Die nationalsozialistischen Konzentrationslager. Entwicklung und Struktur*, Göttingen 1998

Höhne, Heinz, *Kennwort: Direktor. Die Geschichte der Roten Kapelle*, Frankfurt a. M. 1970

Hoffmann, Hilmar, *Mythos Olympia: Autonomie und Unterwerfung von Sport und Kultur*, Berlin 1993

Jungblut, Peter, *Famose Kerle. Eulenburg – Eine wilhelminische Affäre*, Hamburg 2003

Kann, Robert (Hrsg.), *Erinnerungen von Valerie Wolffenstein aus den Jahren 1891-1945*, Salzburg 1981

Kardorff, Ursula v., *Berliner Aufzeichnungen 1942-1945*, München 1997

Klein, Peter (Hrsg.), *Die Einsatzgruppen in der besetzten Sowjetunion 1941/42. Die Tätigkeits- und Lageberichte des Chefs der Sicherheitspolizei und des SD*, Berlin 1997

Krakauer, Siegfried, *Von Caligari zu Hitler – Eine psychologische Geschichte des deutschen Films*, Frankfurt a. M. 1974

Krauss, Werner, *Ein Romanist im Widerstand. Briefe an die Familie und andere Dokumente*, Berlin 2004

Kuckhoff, Greta, *Vom Rosenkranz zur Roten Kapelle*, Berlin (Ost) 1978

Linke, Magda, *Meine Erinnerungen an Libertas Schulze-Boysen*, GDW, AST/RK 37/67-69

Longerich, Peter, *Politik der Vernichtung. Eine Gesamtdarstellung der national-sozialistischen Judenverfolgung*, München 1998

Malek-Kohler, Ingeborg, *Im Windschatten des Dritten Reiches/Begegnungen mit Filmkünstlern und Widerstandskämpfern*, Freiburg 1986

Moeller, Felix, *Der Filmminister/Goebbels und der Film im Dritten Reich*, Berlin 1998

Mommsen, Hans, *Von Weimar nach Auschwitz*, München 2001

Mommsen, Wolfgang, *War der Kaiser an allem schuld?*, Berlin 2005

Mommsen, Wolfgang, *Der autoritäre Nationalstaat/Verfassung, Kultur und Gesellschaft im Deutschen Kaiserreich*, Frankfurt a. M. 1992

Paul, Elfriede, *Ein Sprechzimmer der Roten Kapelle*, Berlin (Ost) 1981

Perrault, Gilles, *Auf den Spuren der Roten Kapelle*, Reinbek 1969

Poelchau, Harald, *Die letzten Stunden: Erinnerungen eines Gefängnispfarrers*, Berlin 1949

Piper, Ernst, *Alfred Rosenberg. Hitlers Chefideologe*, München 2007

Radó, Sándor, *Deckname Dora*, Stuttgart 1972

Reichel, Peter, *Der schöne Schein des Dritten Reiches*, Frankfurt a. M. 1993

Rittmeister, John, *Hier brennt doch die Welt. Aufzeichnungen aus dem Gefängnis 1942-43*, Teller, Christiane (Hrsg.), Gütersloh 1992

Roeder, Manfred, *Die Rote Kapelle, Aufzeichnungen eines Staatsanwalts*, Hamburg 1955

Roloff, Stefan/Vigl, Mario, *Die Rote Kapelle. Die Widerstandsgruppe im Dritten Reich und die Geschichte von Helmut Roloff*, München 2002

Rosiejka, Gert, *Die Rote Kapelle. »Landesverrat« als antifaschistischer Widerstand*, Hamburg 1986

Rürup, Reinhard (Hrsg.), *Topographie des Terrors. Gestapo, SS und Reichssicherheitshauptamt auf dem »Prinz-Albrecht-Gelände«*, Berlin 2005

Salomon, Ernst von, *Der Fragebogen*, Hamburg 1951

Scheel, Heinrich, *Ein Schulungsmaterial aus dem illegalen antifaschistischen Widerstand der Roten Kapelle*, in: *Zeitschrift für Geschichtswissenschaft*, 32 (1984), S. 36-46

Scheel, Heinrich, Die »Rote Kapelle« und der 20. Juli 1944, in: Zeitschrift für Geschichtswissenschaft, 33 (1985), S. 325-337

Scheel, Heinrich, Vor den Schranken des Reichskriegsgerichts, Berlin 1993

Scheer, Regina, Im Schatten der Sterne, Berlin 2004

Schilde, Kurt (Hrsg.), Eva Maria Buch und die »Rote Kapelle«, Berlin 1993

Schulze-Boysen, Harro, Gegner von heute, Kampfgenossen von morgen, Berlin 1932, Neuauflage Koblenz 1992

Shirer, William, Berliner Tagebuch. Aufzeichnungen 1934-1941, Leipzig 1991

Sieg, John, Einer von Millionen spricht, Skizzen, Reportagen, Flugschriften, Berlin 1989

Steinbach, Peter, Widerstandsorganisation Harnack/Schulze-Boysen. Die »Rote Kapelle« – ein Vergleichsfall für die Widerstandsgeschichte, in: Geschichte in Wissenschaft und Unterricht, 42 (1991), S. 133-152

Steinbach, Peter/Tuchel, Johannes (Hrsg.), Widerstand in Deutschland 1933-1945. Ein historisches Lesebuch, München 1994

Trepper, Leopold, Die Wahrheit, München 1978

Tuchel, Johannes, Zwischen kriminalistischer Recherche und brutaler Folter. Zur Geschichte der Gestapo-Sonderkommission »Rote Kapelle«, in: Paul, Gerhard/Mallmann, Klaus-Michael (Hrsg.), Die Gestapo. Mythos und Realität, Darmstadt 1995

Vinke, Hermann, Cato Bontjes van Beek, Hamburg, Zürich 2003

Weisenborn, Günther/Weisenborn, Joy, Klopfzeichen. Einmal lass mich traurig sein. Briefe und Kassiber, Hamburg, Zürich 1984

Weisenborn, Günther, Memorial, Wien/München/Basel 1947

Weiss, Peter, Die Ästhetik des Widerstands, Bd. 1-3, Frankfurt a. M. 1981

Wickert, Christl (Hrsg.), Frauen gegen die Diktatur – Widerstand und Verfolgung im nationalsozialistischen Deutschland, Berlin 1994

Wildt, Michael (Hrsg.), Nachrichtendienst, politische Elite und Mordeinheit/Der Sicherheitsdienst des Reichsführers SS, Hamburg 2003

Witte, Karsten, Lachende Erben, toller Tag. Filmkomödie im Dritten Reich, Berlin 1995

Wituska, Krystina, Zeit, die mir noch bleibt, Göttingen 1973

Zimmermann, Peter/Hoffmann, Kay (Hrsg.), *Triumph der Bilder. Kultur- und Dokumentarfilme vor 1945 im internationalen Vergleich*, in: *Close Up. Schriften aus dem Haus des Dokumentarfilms*, Bd. 16., Konstanz 2003

Bildnachweis

Alle Fotos und Dokumente in diesem Buch außer den Fotos auf S. 169 (© Silke Kettelhake) und S. 299 (© Helga Hart) wurden dankenswerterweise von der Gedenkstätte Deutscher Widerstand zur Verfügung gestellt.